湖北省石首长江公路大桥技术创新

湖北交通投资集团有限公司　主编

人民交通出版社股份有限公司
北　京

图书在版编目(CIP)数据

湖北省石首长江公路大桥技术创新／湖北交通投资集团有限公司主编. — 北京：人民交通出版社股份有限公司，2022.7
ISBN 978-7-114-17235-9

Ⅰ.①湖… Ⅱ.①湖… Ⅲ.①公路桥—桥梁工程—湖北 Ⅳ.①U448.14

中国版本图书馆 CIP 数据核字(2021)第 066245 号

Hubei Sheng Shishou Changjiang Gonglu Daqiao Jishu Chuangxin
书　名：**湖北省石首长江公路大桥技术创新**
著 作 者：湖北交通投资集团有限公司
责任编辑：赵瑞琴　齐黄柏盈
责任校对：孙国靖　卢　弦　宋佳时
责任印制：刘高彤
出版发行：人民交通出版社股份有限公司
地　　址：(100011)北京市朝阳区安定门外外馆斜街 3 号
网　　址：http://www.ccpcl.com.cn
销售电话：(010)59757973
总 经 销：人民交通出版社股份有限公司发行部
经　　销：各地新华书店
印　　刷：中国电影出版社印刷厂
开　　本：889×1194　1/16
印　　张：26.75
插　　页：8
字　　数：840 千
版　　次：2022 年 7 月　第 1 版
印　　次：2022 年 7 月　第 1 次印刷
书　　号：ISBN 978-7-114-17235-9
定　　价：120.00 元

(有印刷、装订质量问题的图书由本公司负责调换)

湖北省石首长江公路大桥 技术创新

◆ 主桥路面铺装完成

◆ 主墩桩基施工

◆ 103号主墩承台施工

◆ 104号主墩围堰封底成功

◆ 中塔柱施工

◆ 塔柱钢筋绑扎

◆ 钢锚梁定位安装

湖北省石首长江公路大桥 技术创新

◆ 北边跨 PC 宽箱梁提升落梁

◆ 塔端斜拉索安装

湖北省石首长江公路大桥 技术创新

◆ 主桥施工中

◆ 主跨合龙段吊装

湖北省石首长江公路大桥 技术创新

◆ 主桥合龙

◆ 主桥荷载试验

湖北省石首长江公路大桥 技术创新

◆ 2019年9月28日，石首长江公路大桥正式建成通车

◆ 移动模架行走

《湖北省石首长江公路大桥技术创新》
编辑委员会

主　　审：裴炳志

主　　编：孙柏林

副 主 编：涂光亚　张门哲　丁望星　刘明虎　李春江
　　　　　张　斌

参　　编：黄运林　刘盛智　彭文渊　刘春成　孙文成
　　　　　吴学伟　董　钊　吕香华　李修坤　张家元
　　　　　陈虎成　李　扬　张育才　谢　东　钱振东
　　　　　方　志　刘路明　刘玉擎　龚维明　涂　浩
　　　　　王方旭　王子杰　朱建龙　岳　仲　刘德清

序

  湖北省石首长江公路大桥著立专业书志,盛邀作序,虽恐言不尽意,然觉责任与信任,故欣然接受,勉力而为之,冀不负所托。

  重大桥梁工程建设做技术总结,提炼技术创新特点和工程建设经验,供同类工程建设借鉴,对促进桥梁技术进步和提升桥梁建设品质,意义匪浅。

  湖北省石首长江公路大桥跨越天堑,连接两湖;规模宏大,长逾万米,宽超百尺;工艺繁湛,双塔主跨 820m 单侧混合梁斜拉桥主桥尤具结构特色。桥中经验,值得总结淬炼。

  著作内容齐全完整,含大桥工程总体规划、勘察设计、主桥施工、施工控制和技术研发,突显设计与施工技术创新,尚有桥址区域人文和自然环境发展变迁的研叙。读后若身临其境,体验工程建设之复杂,攻坚克难之艰辛,创新技术之价值,问题解决之新意。

  此书篇章结构严谨,行文脉络清晰,技术要素专业,表述重点突出。突显数据资料的真实与典型,体现编著者认真务实风格与严谨科学态度。

  阅此书,不仅知晓大桥建设的多项工程技术创新,更体会众参建者热忱的工作情怀,创建精品工程的雄心和不忘初心、牢记使命的责任感。历四载,大桥于己亥年国庆通车,礼贺祖国七十华诞,实属不易。

  湖北省石首长江公路大桥,连荆江南北,畅区域交通,利两湖乡亲,功莫大焉!是为序。

中国工程院院士 陈政清
2021 年 8 月 30 日

前　言

湖北交通投资集团有限公司是湖北省政府独资的交通投融资企业,成立于2010年10月,省委、省政府赋予的功能定位为交通基础设施投资、设计、建设、运营主体和交通产业开发、经营、发展主体。湖北交通投资集团有限公司业务涵盖交通物流、工程建设、交通服务、交通科技、交通金融、产城融合等板块;共建成高速公路3014km、长江大桥7座,在建1213km、长江大桥5座;并投资建设全球第四个、亚洲第一个专业货运机场——鄂州花湖机场。

湖北省石首长江公路大桥位于江汉平原和洞庭湖平原的接合部石首市郊,横跨"九曲回肠"的下荆江两岸,是《湖北省公路水路交通"十二五"规划》的重点项目,同时也是《湖北省省道网规划(2011—2030)》"953"高速公路网中纵五线(枣阳—石首)的重要组成部分。该桥于2015年12月18日开工,2019年9月28日通车,历时45个月,是"十三五"期间湖北交通投资集团有限公司建成的首座长江大桥。该桥的建成满足了石首市对过江交通的需求,优化了荆州区段过江通道的布局,完善了荆江地区应急保障通道,提高了该地区的防洪救灾能力,带动了沿线资源开发,促进了两湖平原经济交流,大力推进了湖北省长江经济带的建设进程,具有重要的战略意义。

该工程起于江陵县普济镇西侧约1.8km处,与潜石高速公路潜江至江陵段对接,起点桩号为K47+223.014;路线向南跨长江北干堤进入石首市境内,穿上人民大垸分蓄洪区,经横沟市镇设大垸互通连接省道S220后,上跨上人民大垸分蓄洪区子堤和箢子口故道,在碾子湾跨越长江至江南东升镇,跨长江南干堤,设石首东互通连接省道S221后,再经笔架山办事处进入高基庙镇。项目止于高基庙镇西侧约1.8km处,设高基庙互通与岳阳至宜昌高速公路石首至松滋段相接,全长39.723km,终点桩号为K86+945.951。项目概算总投资75.21亿元。跨江大桥全长10.454km,其中主桥为主跨820m混合梁斜拉桥。该桥在设计、施工、管理上解决了多项关键技术难题,如预应力混凝土超宽箱梁短线预制拼装施工及施工控制技术、超厚粉细砂地层大直径桩基组合压浆技术、钢箱梁面板U肋双面熔透焊接技术、超大跨度混合梁斜拉桥中跨合龙技术、钢桥面铺装技术、钢锚梁索塔锚固钢混结合新技术以及主梁钢混结合段活性粉末混凝土新材料研发、混凝土梁节段预制拼缝新材料研发等。

湖北省石首长江公路大桥的建设，汇集了30余家参建单位的建设者和许多知名桥梁专家的智慧和汗水，积累了许多有价值的经验。为系统地介绍这些经验，丰富大跨度混合梁斜拉桥的建造技术，特编写出版本书。

全书共5篇，第1篇为总体概况(分4章)，第2篇为勘察设计(分4章)，第3篇为主桥施工与关键制造技术(分8章)，第4篇为主桥施工控制(分4章)，第5篇为四新技术研究与应用(分9章)。全书由湖北交通投资集团有限公司、湖北石首长江公路大桥有限公司主编，参加工程建设的设计、施工、监理、监控、科研等单位共同编写。

限于编者水平，本书内容难免有不妥之处，恳请读者批评、指正。

编 者

2021年11月

目 录

第1篇 总体概况

1 项目背景 ··· 3
2 前期工作 ··· 6
  2.1 工程可行性研究 ·· 6
  2.2 初步设计 ·· 6
  2.3 施工图设计 ·· 7
3 项目建设条件 ·· 8
  3.1 地形地貌 ·· 8
  3.2 水文 ·· 9
  3.3 港口、航道 ·· 10
  3.4 护岸工程、航道整治 ·· 10
  3.5 河道条件及河势演变 ·· 12
  3.6 河工模型试验研究 ··· 14
  3.7 通航安全 ··· 15
  3.8 工程地质 ··· 16
  3.9 气象、风 ··· 19
  3.10 地震 ··· 19
  3.11 建设条件总结 ··· 20
4 工程概况 ··· 21
  4.1 建设规模 ··· 21
  4.2 项目起讫点 ··· 22
  4.3 技术标准 ··· 22
  4.4 工程投资及资金来源 ·· 23
  4.5 主要工程量 ··· 23
  4.6 工程项目的标段划分和参建单位 ·· 24
  4.7 各标段工程量及开工、竣工日期 ·· 25
  4.8 建设工期 ··· 25

第2篇 勘察设计

1 工程勘察 ··· 29
2 设计理念 ··· 31
  2.1 总体设计原则 ··· 31
  2.2 跨江大桥设计理念 ··· 31

3 长江大桥总体设计 ··· 33
3.1 桥位 ··· 33
3.2 主桥布跨思路 ··· 33
3.3 主桥桥型方案布置 ··· 34
3.4 初设桥型方案 ··· 37
3.5 推荐桥型方案 ··· 40

4 主桥结构设计 ··· 42
4.1 结构约束体系 ··· 42
4.2 索塔及基础设计 ··· 42
4.3 桥墩及基础设计 ··· 52
4.4 主梁设计 ··· 53
4.5 斜拉索设计 ··· 63
4.6 主桥结构计算 ··· 64
4.7 附属工程 ··· 67
4.8 钢桥面铺装设计 ··· 72

第3篇 主桥施工与关键制造技术

1 总体施工工艺流程 ··· 77
2 主桥桩基施工技术 ··· 80
2.1 总体施工方案 ··· 80
2.2 栈桥平台 ··· 81
2.3 钻孔平台 ··· 82
2.4 钻孔灌注桩施工 ··· 86
2.5 桩基施工功效统计 ··· 90

3 主桥承台施工技术 ··· 91
3.1 施工方案 ··· 91
3.2 钢板桩围堰(北塔) ··· 92
3.3 钢吊箱围堰(南塔) ··· 96
3.4 封底混凝土施工 ··· 100
3.5 承台混凝土施工 ··· 105

4 主桥索塔施工技术 ··· 110
4.1 施工方案 ··· 110
4.2 施工组织 ··· 110
4.3 液压爬模 ··· 113
4.4 下塔柱施工 ··· 117
4.5 下横梁施工 ··· 121
4.6 中塔柱施工 ··· 126
4.7 中上塔柱连接段施工 ··· 129
4.8 上塔柱施工 ··· 133
4.9 钢锚梁制造技术 ··· 137

5 钢箱梁施工技术 ··· 150
5.1 总体思路、制造重点及措施 ·· 150
5.2 焊接工艺评定试验 ·· 150
5.3 钢箱梁零件下料及加工 ·· 164
5.4 钢箱梁单元件制造 ·· 168
5.5 钢箱梁总成预拼工艺 ··· 174
5.6 南塔钢箱梁存梁 ··· 178
5.7 钢箱梁安装 ··· 180
5.8 钢箱梁涂装技术 ··· 186

6 预应力混凝土超宽箱梁预制拼装施工技术 ································· 189
6.1 分离式双边箱梁组合式移动模板 ·· 189
6.2 箱梁节段预制工艺 ·· 190
6.3 混凝土箱梁节段预应力张拉工序设计 ···································· 191
6.4 箱梁滑移 ·· 195
6.5 箱梁节段提升与落梁施工技术 ··· 198
6.6 箱梁节段胶拼控制技术 ·· 201
6.7 支架拆除 ·· 208

7 钢混结合段施工技术 ··· 209
7.1 钢混结合段安装施工 ··· 209
7.2 纵向预应力钢筋安装 ··· 209
7.3 钢混结合段与首节混凝土梁段拼接 ······································· 210
7.4 临时锁定 ·· 211
7.5 活性粉末混凝土（RPC）填充 ··· 212

8 斜拉索制造与安装技术 ·· 215
8.1 总体施工方案 ·· 215
8.2 主要施工设备 ·· 218
8.3 具体施工工艺 ·· 220
8.4 长索防退扭 ··· 223
8.5 临时减振措施 ·· 224
8.6 拉索护套损伤修复 ·· 224
8.7 拉索PVF氟化膜胶带缠绕施工 ·· 225

第4篇 主桥施工控制

1 概述 ·· 229
1.1 监控目标 ·· 229
1.2 监控原则 ·· 229
1.3 施工控制内容和总体流程 ··· 230
1.4 监控阶段与对象 ··· 231
1.5 施工控制理论计算分析 ·· 231

2 索塔施工控制 ·· 235
2.1 主要工作内容 ·· 235
2.2 索塔施工控制理论计算 ·· 235

2.3　索塔监测结果 ··· 241
3　主梁施工控制 ·· 243
　　3.1　钢箱梁制造控制 ··· 243
　　3.2　北边跨混凝土箱梁施工控制 ·· 246
　　3.3　斜拉索无应力索长的确定 ·· 259
　　3.4　钢箱梁线形与应力控制 ··· 261
　　3.5　斜拉索索力控制 ··· 266
　　3.6　最大悬臂工况下施工控制结果 ··· 268
4　中跨合龙控制及成桥状态数据 ·· 272
　　4.1　合龙方案 ··· 272
　　4.2　施工工艺及方法 ··· 272
　　4.3　合龙时几何状态的调整控制 ·· 280
　　4.4　成桥状态下监控数据 ·· 281

第5篇　四新技术研究与应用

1　设计技术创新与新材料应用 ·· 287
　　1.1　设计技术创新 ·· 287
　　1.2　新材料应用 ··· 288
2　桩基组合后压浆技术研究与应用 ··· 289
　　2.1　桩基组合后压浆技术试验研究 ··· 289
　　2.2　桩基组合后压浆技术应用及设计优化 ·· 296
　　2.3　结论与创新点 ·· 299
3　索塔锚固结合部钢混结合技术研究 ·· 300
　　3.1　钢锚梁索塔锚固结合部技术发展 ·· 300
　　3.2　索塔锚固钢混结合部承载能力模型试验设计 ··· 302
　　3.3　模型试验结果分析 ··· 308
　　3.4　结论与创新点 ·· 319
4　活性粉末混凝土在钢混结合段中的研究与应用 ··· 321
　　4.1　钢混结合段灌注材料的性能需求研究 ··· 321
　　4.2　钢混结合段灌注材料的配制技术研究 ··· 323
　　4.3　钢混结合段剪力键性能试验研究 ·· 329
　　4.4　钢混结合段 RPC 浇筑质量检测方法研究 ·· 331
　　4.5　结论与创新点 ·· 335
5　节段预制拼缝材料关键技术 ·· 337
　　5.1　性能需求指标 ·· 337
　　5.2　配方研究 ··· 340
　　5.3　现场应用技术研究 ··· 355
　　5.4　结论与创新点 ·· 362
6　节段预制桥梁桥面防水材料关键技术 ··· 364
　　6.1　研究内容 ··· 364
　　6.2　渗透修复型环氧基层处理剂配方选择及优化 ··· 365
　　6.3　渗透修复型环氧基层处理剂的工程应用性能研究 ·································· 368
　　6.4　接缝处防水施工工艺、养护方法及质量控制 ··· 376

  6.5 结论与创新点 ··· 380
7 钢桥面铺装研究 ··· 382
  7.1 钢桥面铺装体系力学控制指标计算与分析 ····································· 382
  7.2 钢桥面防腐防水黏结材料性能研究 ··· 383
  7.3 钢桥面铺装层间黏结性能试验研究 ··· 387
  7.4 钢桥面铺装层结构性能试验研究 ·· 395
  7.5 结论与创新点 ··· 409
8 施工技术创新 ··· 411
9 施工控制技术创新 ·· 412

参考文献 ··· 413

第 1 篇

总 体 概 况

1 项目背景

湖北省石首市地处鄂南湘北,位于江汉平原和洞庭湖平原的接合部,横跨"九曲回肠"的下荆江,因"有石孤立"于城区江边,以石为首而得名。西晋太康五年始置县制,1986年经国务院批准撤县设市。石首北与江陵、监利接壤,南与湖南华容、南县、安乡三县相邻,素有"湘鄂门户""鄂南明珠"之称。全市面积1427km²,辖14个乡、镇、办事处和1个省管经济开发区,总人口62.62万人,是全国精细化工产品生产出口基地、湖北省最大的速生丰产林基地、湖北省汽车零部件生产基地。

石首市区域内河网、湖泊密布,水产、矿产资源十分丰富,农、林、牧、副、渔五业得天独厚,作为荆州市的次中心城市,以发展化工、森工、机电为主,是一座具有滨江山水特色的工业城市。"十一五"以来,石首市交通运输事业迅速发展,但与日益增长的国民经济发展和人民物质文明生活需要之间的矛盾仍较为突出。万里长江将石首分割为南北两部分,本项目建成之前石首市南北交通只能通过三义寺等汽渡渡运,效率十分低下,且存在较大的安全隐患,成为全市交通发展的瓶颈,阻滞了人民生活水平提高的步伐,减缓了构建和谐社会、和谐交通的节奏。

枣阳至石首高速公路项目是《湖北省公路水路交通"十二五"规划》的重点项目,同时也是《湖北省省道网规划(2011—2030)》"953"高速公路网中纵五线(枣阳—石首)的重要组成部分。随着改革开放的深入,开发工业、农业、水利、旅游资源优势,发挥区位交通优势已是地方政府发展区域经济的共识。修建石首长江公路大桥,建成枣阳至石首高速公路大通道,完成石首境内"一横一纵"高速公路网,可畅通石首段长江南北快速交通,完善湖北省高速公路网布局,加强两湖平原区域路网联系,发挥区域路网整体互通互连优势,并且从国家促进中部地区崛起、开发沿长江经济带的宏观发展战略和整个社会、经济、交通格局、旅游开发等各方面看,项目建设具有重要意义。

建设石首长江公路大桥是石首人民多年以来的梦想,项目所在地荆州市、石首市两级人民政府为建设石首长江公路大桥做了大量的前期准备工作。本项目先后纳入荆州市"十一五""十二五"建设规划;2004年纳入《湖北省公路水路交通发展战略规划》《湖北省骨架公路网规划》;2009年纳入《湖北长江经济带开放开发总体规划》。经过地方政府的积极争取,2011年枣阳至石首高速公路项目列入《湖北省公路水路交通"十二五"规划》,规划等级为高速公路。

石首长江公路大桥的建设具有如下重大意义:

(1) 大力促进了两湖平原经济交流,推动了区域经济一体化发展。

当今世界全球经济正走向一体化,国内经济逐步走向区域化,经济正朝着增长点→增长极→增长带方向发展。长江中游地区的"两湖"平原,即湖北省的江汉平原和湖南省的洞庭湖平原,涵盖了以江汉平原为腹地的荆州市、荆门市、仙桃市、天门市、潜江市及孝感市、宜昌市的部分平原县市与湘北洞庭湖平原的岳阳市、常德市、益阳市等城市。"两湖"平原江湖水系相通、资源禀赋相同、产业结构相近、发展水平相当,经济文化往来十分密切,经济协作基础雄厚、互补性强,有着整体的区位优势、交通优势、经济优势、资源优势、产业优势、科教优势和旅游优势。从理论和实际上,具备区域经济一体化发展的基础。

高效、便捷的交通运输条件是社会经济发展的重要基础,目前,两湖平原有随岳高速公路和二广高速公路沟通南北,其中随岳高速公路位于两湖平原东侧,二广高速公路位于两湖平原西侧,两湖平原中部腹地的广大县市之间的联系仍需要绕行至上述两条高速公路。本项目位于江汉平原与洞庭湖平原接合部,其所在的枣阳至石首高速公路将两湖平原中部地区融入区域高速公路网,将有力促进两湖平原地区资源、产业、资金、人才等方面的交流与融合,实现优势互补、相互协作。

(2)满足了石首市过江交通需求,优化了荆州区段过江通道布局。

长期以来,由于石首市被长江天堑分割为南北两部分,受自然条件限制,市内两岸之间的交通出行极为不便,整个石首地区被硬性割裂,致使市域内部经济联系不足。同时,由于受过江通道的限制,石首市与周边县市之间缺乏快速高效的交通通道,区域内南北向的过江交通往往需要绕行。以石首至武汉为例,绕行荆州与经由新的便捷过江通道相比,里程增加约75km。除绕行荆州外,汽渡也是石首市居民之前主要过江方式之一,但汽渡过江方式自身存在着通行能力小、运行速度慢、等待时间长、不具备全天候服务能力等诸多难以克服的缺陷,特别是过江效率低和安全性能差等问题尤为突出。

石首长江公路大桥桥位及汽渡如图1-1-1所示。

图1-1-1　石首长江公路大桥桥位及汽渡

蜿蜒的长江自西向东横贯荆州,在荆州区段干线长达483km,约占湖北省长江总干线总长的46%,但之前仅有荆州长江大桥和荆岳长江大桥两处公路过江通道,其中荆州长江大桥是该区域最主要的过江通道,同时也是之前荆州市区长江两岸出行联系的唯一公路直达通道,承担着大量的城市内部及地区性过江需求。本项目的实施将在长江荆州区段新增一条过江通道,既能满足石首市过江交通的迫切需求,又可有效分流荆州长江大桥鄂东北至湘西南及江汉平原腹地至洞庭湖地区过江交通量流量,显著缓解荆州长江大桥交通压力。

(3)带动了沿线资源开发,推进了湖北长江经济带建设。

湖北省长江流域自然资源丰富、产业基础较好、城镇体系完备,具有独特的发展优势。湖北省委九届五次全会强调指出,要着力建设湖北长江经济带。湖北长江经济带开放开发的战略目标是:把湖北长江经济带建成引领湖北经济社会发展和促进中部崛起的现代产业密集带、新型城镇连绵带、生态文明示范带。本项目直接影响区位于湖北长江经济带中游,拥有丰富的矿产资源和独特的旅游资源。石首市已探明有铅、锌、铜、独居石、绿柱石、花岗岩、天然气、矿泉水等20多种矿藏,其中花岗石分布面积达150km^2,蕴藏量达2亿m^3。市区东北部46万亩的天鹅洲故道是我国长江流域保存最完好、面积最大的自然生态湿地。1992年,国家在此建立了两个国家级自然保护区——麋鹿保护区和白鳍豚保护区。2006年,石首被国家林业部正式授予"中国麋鹿之乡"称号,天鹅洲被中国旅游年会认定为"中国优秀旅游目的地"。

本项目连接了湖北长江经济带中游荆州港绣林港区,该港区凭借其得天独厚的区位优势和宝贵的深水航道资源,将建设成为荆州港南岸的核心港区,是石首市及其周边地区经济尤其是外向型经济发展的重要依托。

根据《湖北省长江经济带开放开发总体规划》,以现代综合运输体系为基础,大力发展旅游业和物流业将是近阶段促进长江经济带发展的重点任务。本项目的实施不仅有利于沿线丰富的矿产资源和独特的旅游资源的开发,形成便捷的矿产运输通道和舒适的旅游服务通道,同时也为荆州港绣林港区的物流集散提供了便捷的集疏运通道,促进沿江物流运输业的发展。

(4)完善了荆江地区应急保障通道,提高了防洪救灾能力。

图1-1-2 荆江大堤

万里长江、险在荆江,长江中游防洪是事关江汉平原和大武汉千百万人民群众生命财产安全的大事,本项目即位于素有"九曲回肠"之称的荆江区段,通过其所在的枣阳至石首高速公路通道,北与沪渝高速公路相通、南与岳阳至宜昌高速公路相连,在荆江区段形成一个抗灾能力强、运输能力大、反应速度快的高速公路应急保障通道。本项目实施后,在荆江区段出现大汛时,将为两岸广大人民群众及财产的迅速转移,以及防洪抢险人员和物资的及时运输,赢得宝贵时间,对保障荆江防洪大堤安全具有十分重要的意义。

荆江大堤如图1-1-2所示。

2 前期工作

2.1 工程可行性研究

2010年10月底,受荆州市交通运输局委托,以湖北省交通规划设计院为总体牵头单位,成立了项目工程可行性研究小组。

工程可行性研究小组于2010年11月开始前期研究工作,2010年12月编制了工程可行性研究工作大纲和详细的工作计划,在1:5万地形图上初步拟订了路线走廊。

2011年1月,在初步路线走廊的基础上开展外业踏勘与调查工作,勘察设计人员赴荆州市(石首市、江陵县)、潜江市广泛收集项目影响区经济、交通发展和地质水文普查资料、各种比例的地形图等。通过实地收集经济、交通发展现状及规划、城镇规划、港口建设、地形、地质、地震、气象、水文、防洪、堤防、航道、环保、工程材料来源、料场分布及单价、征地拆迁等方面的资料,广泛听取沿线地方政府及各主管部门有关人员的意见,并对可能的桥址进行了实地勘察,初步拟定了工程可行性研究阶段桥位及接线方案。1月下旬,根据所收集的资料,就工程可行性研究初步方案向石首市政府进行了汇报。

2011年3月,完成了桥位17km^{2}区域的河道水下地形图测量,同时开展了航迹线测量工作。

2011年3月下旬,在武汉召开了潜江—石首高速公路石首段(含石首长江公路大桥及南北两岸接线)工程可行性研究方案审查会,会议基本明确了本项目桥位及线位的走向,对各桥位的初步工程方案提出了相关修改完善意见。

2011年4月,根据桥位处地形、地质情况及初步桥型布置方案等情况,提出需要钻探和物探的具体区域和地质勘查的具体要求,委托湖北省交通规划设计院岩土分院进行各桥位方案的地质调查和地质勘探工作,同时对沿线的不良地质地段和地质灾害进行了重点调查,地质勘察工作历时一个月。

2011年5月10日,在项目影响区现有公路交通量观测资料的基础上,进行了24h的交通量OD调查。

2011年3月至2012年4月,结合本项目为跨越长江的特大型桥梁的特点,开展了本项目相关专题试验研究工作,编制了各项专题研究或咨询报告。2012年6月,在各项专题研究的基础上,完成了《报告》(送审版)的编制工作。

2012年8月,通过了湖北省发展和改革委员会、湖北省交通运输厅的工程可行性研究预审;2013年4月,原项目名称"潜江至石首高速公路石首长江公路大桥及南北两岸接线工程"改为"石首长江公路大桥"。

2013年10月、11月,通过了国家发展和改革委员会及交通运输部的项目申请报告审查,2015年1月30日通过了国家发展和改革委员会批复。

2.2 初步设计

本项目两阶段设计由湖北省交通规划设计院和中交公路规划设计院有限公司组成的联合体承担。

2012年7月至2013年3月,联合体完成两岸接线四等控制网测量、地形测量(1:2000)等工作。

2013年1月至4月,完成主桥首级控制网测量,同时开展二等平面控制测量、二等水准及跨河水准测量。

2013年6月至7月,开展了初测外业调查工作,2014年9月进行了初测外业补充调查。

2013年2月至4月,开展了石首长江公路大桥(长江大桥段)初勘工作。2013年5月12日,长江大桥段初勘通过了湖北交通投资集团有限公司组织的外业验收检查。2014年9月中旬至10月底,开展了石首长江公路大桥接线勘察工作。

2014年12月2日至3日,通过了湖北省交通运输厅组织的初测初勘外业验收。

2015年2月底,提交了初步设计送审稿。

2015年3月11日至12日,初步设计通过了湖北省交通运输厅组织的预审,3月底完成初步设计修编后上报交通运输部审批。

2015年5月27日至29日,初步设计通过了交通运输部组织的部审,6月中旬完成了初步设计补充材料的上报。

2015年7月31日,交通运输部以交路函〔2015〕565号文件批复了湖北省石首长江公路大桥初步设计。

2.3 施工图设计

2015年6月26日,通过了湖北省交通运输厅组织的定测详勘外业验收。

2015年12月11日,湖北省交通运输厅以鄂交建〔2015〕656号文件对滩桥、引桥及接线工程一期土建工程施工图设计进行了批复。

2016年9月9日,湖北省交通运输厅以鄂交建〔2016〕472号文件对石首长江公路大桥主桥索塔、辅助墩和过渡墩施工图设计进行了批复。

2017年2月16日,湖北省交通运输厅以鄂交建〔2017〕85号文件对主桥上部构造施工图设计进行了批复。

3 项目建设条件

3.1 地形地貌

本项目地处两湖平原(江汉平原、洞庭湖平原)地理中心,属平原兼有山岗的地貌。江南为高亢平原,中间以平地为主,江北为平原。整体地势略呈西北高、中间低,向西南倾斜。境内河湖密布,河网、湖泊、洼地密集交错,堤垸较多,长江由西向东蜿蜒而过,有"九曲回肠"之称。项目区地貌类型分为河流堆积地貌和构造剥蚀残丘地貌。

河流堆积地貌(图1-3-1)主要分布于普济镇—邓家岭一组（K47+223.035~K82+770）,主要是由长江发生大量堆积和地表水流将大量的风化碎屑物带到洼地不断扩大和发展而形成的。该区域地势平坦、开阔,略有起伏,地面高程为20~30m,冲积平原基岩一般埋藏较深,其堆积巨厚的第四系沉积物,以细颗粒为主,地下水埋深较浅。

图1-3-1 河湖冲积平原区地形地貌

构造剥蚀残丘地貌(图1-3-2)主要分布于邓家岭一组—高基庙镇(K82+770~K86+946),主要是经过长期剥蚀切割、外貌成低矮或平缓的起伏地形。该区海拔在30~50m不等,山势平缓,自然坡度多在5°~10°之间,相对高差较小。植被发育,多以灌木和农作物为主,残丘间冲沟内多发育冲沟、农田和水塘。

石首长江公路大桥位于石首市长江下游南北碾子湾段,场地地貌单元属于长江河床及漫滩,两岸地形总体较平坦,按其地貌特点将桥位区分为三区:北岸漫滩（Ⅰ区）、长江河床（Ⅱ区）、南岸漫滩（Ⅲ区）。长江北岸场地多为杨树林,地势平缓,地面高程一般为33.6~35.2m。桥位中段为长江河床,勘察期间水面宽约1100m,靠北岸约有320m宽的深水区,为长江主航道,呈V形,最低高程约6m,两侧高程约22m,最大坡度达30%,北岸护坡上为混凝土块的软体排列,并抛填有大量块石;中南部河床为浅水区,地形较平缓,江底高程一般为22.5~26.7m,总体向北岸倾斜,坡度约0.58%。长江南岸场地为漫滩,地面高程一般为32~35m,总体地势平缓,由南向北倾斜,坡度约0.56%。

图 1-3-2　构造剥蚀残丘地貌

3.2　水文

3.2.1　设计流量及设计水位

枝城水文站、沙市水文站、石首水位站位于桥位上游,桥位距以上三站的距离分别为193.5km、105.8km、11.8km,监利水文站位于桥位下游50.2km处。大桥水文分析报告以枝城站、石首站为主要设计依据站,用实测水位流量资料与防洪规划拟定的水位流量关系进行比较,推求了桥位处的设计洪水流量、水位。石首大桥桥位处的设计洪峰流量由三峡水库正常运行后的枝城站设计洪峰流量扣除荆南三河的分流得到,设计洪水位依据石首站设计洪水位(频率计算)成果,采用高水位水面比降进行推算,成果见表1-3-1。

石首长江公路大桥桥位设计洪水成果（1985国家高程基准）　　表1-3-1

频率(%)	0.33	1	5	10
设计洪峰流量(m³/s)	49800	45300	45300	45300
设计洪水位(m)	38.05	37.78	37.78	37.78

石首长江公路大桥南、北引桥分别跨越南碾垸和北碾垸两个地方民垸。桥位处设计水位低于垸堤堤顶高程,该区的设计水位按垸堤堤顶高程进行控制。南碾垸堤顶高程为39.0m,北碾垸堤顶高程为39.3m。

3.2.2　冲刷计算成果

采用三百年一遇设计洪水为计算的水文条件,采用地质初勘报告成果,用分层土逐层计算法,结合本桥河工模型试验成果进行冲刷计算。冲刷计算成果见表1-3-2、表1-3-3(自然冲刷主要考虑2001年之后的河床演变情况)。

自然冲刷及桥下一般冲刷计算成果　　表1-3-2

820m方案	101号~102号	103号(北塔)	104号(南塔)	105号	106号	107号~122号
自然冲刷(m)	1.0	1.0	4.0	4.0	1.0	1.0
一般冲刷(m)	0.89	1.16	3.73	2.29	1.94	0.31~2.2

桥墩局部冲刷计算成果　　表1-3-3

820m方案	101号~102号	103号(北塔)	104号(南塔)	105号	106号	107号~122号
局部冲刷(m)	0.72	1.48	17.24	6.46	5.68	2.67~3.13

3.2.3 接线内涝水位

项目全线内涝水位、分布段落详见表1-3-4。

本项目接线内涝水位(1985国家高程基准) 表1-3-4

市、县	桩号范围	分区面积（km²）	1%内涝水位（m）	备注
江陵县	K47+223~K51+578	171.9	28.48	起点—长江北干堤
石首市北岸	K51+578~K65+728	362.0	33.87	上人民大垸蓄滞洪区
石首市南岸	K75+984~K84+300	175.6	31.92	长江南干堤—喻家碑村处县道
石首市南岸	K84+300~K86+946	117.59	29.39	喻家碑村处县道—终点宜岳高速公路

3.2.4 上人民大垸蓄滞洪区的蓄洪水位

工程穿越处的上人民大垸蓄滞洪区内设计蓄洪水位为40.50m（对应85黄海高程38.347m）。

3.3 港口、航道

根据《荆州港总体规划》的批复，石首河段的港口岸线有：桥位上游的绣林岸线、桥位下游的春风港岸线和五码口岸线。桥位距离以上港口岸线较远，对港区岸线无影响。绣林港区规划岸线4000m，陆域纵深230~905m，规划用地305.5万m²，可靠泊3000吨级船舶。绣林港区将规划为区域性综合港区，为石首市的散货、件杂货运输服务，港区由上游至下游规划布置有专业码头作业区1900m、工业综合码头作业区2250m和船舶修造区850m。

本河段航道等级为Ⅰ-(2)级。2020年航道建设标准为3.5m×150m×1000m，通航由2000~3000吨驳船组成的6000~10000吨级船队。根据宜昌—城陵矶航段的航道条件，并兼顾港口的规划情况，选用5000吨级单船作为桥梁通航净空高度和设计通航桥孔水深的控制船型。

3.4 护岸工程、航道整治

3.4.1 护岸工程

工程所处河段是下荆江河势控制工程6个整治河段之一。

1999年至2002年，石首河段护岸工程纳入长江重要堤防隐蔽工程项目，守护范围自茅林口至鱼尾洲，全长31km，守护长度17.32km，其中新护12.66km，加固4.66km，主要工程为枯水位以上护坡和枯水位以下护脚，工程共分四期完成。石首河段的护岸工程一方面阻止了已护段岸线的崩退，保持了岸线的稳定；另一方面，这些护岸工程的实施有效约束了河势的大范围摆动，从总体上初步控制了工程河段的河势格局。

2004年以后，荆江河段局部河段出现新的河势变化情况，尤其是考虑到荆江河段将面临三峡水库蓄水运用所引起的坝下游河道长时期冲刷问题，水利部批准了《荆江河段河势控制应急工程》。河势应急控制工程包括：①古长堤—向家洲段，护岸长2000m，为新护段；②茅林口段，护岸长4500m，其中新护段3300m，加固段1200m；③北门口段，护岸长4500m，其中加固段2500m，新护段2000m；④北碾子湾段，加固长约5000m，空白段进行新护，长1300m。

石首河段已建护岸工程平面图如图1-3-3所示。

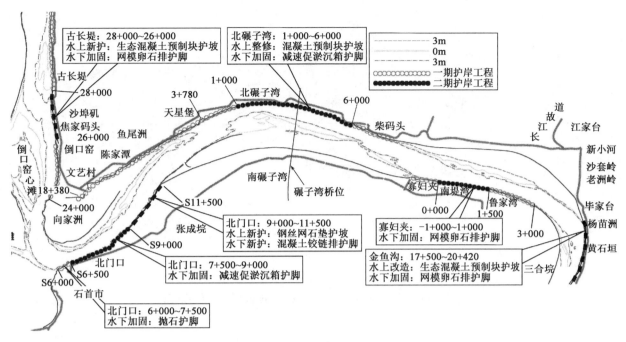

图 1-3-3　石首河段已建护岸工程平面图

3.4.2　航道整治

荆江河段是长江中游防洪的重点河段,历史上河道变化剧烈。为进一步控制工程河段的河势格局,有效约束河势的大范围摆动,确保岸线及航道的稳定,水利部门和航道部门自 1998 年之后,相继实施了多项堤岸加固和航道整治工程。如碾子湾水道航道整治工程于 2000 年至 2004 年建设完工,工程包括左岸 1 号~7 号丁坝及 13 号、14 号两道护滩带、右岸 8 号~12 号护滩带和 1000m 长的寡妇夹护岸。

随着河势控制工程和航道工程的陆续实施,河道格局总体稳定,碾子湾水道的航道条件得到一定程度的改善,工程守护岸线保持得较稳定,曾出现的航槽易位格局将不会重现。但仍存在不稳定因素:柴码头附近仍不断发生崩岸险情,南碾子湾凸岸滩体上段冲刷后退,弯顶段河道不断展宽,下荆江河段由于自身的自然特性加之三峡工程"清水"下泄的影响,一直是长江干线航道维护最为困难的河段,还需通过一系列系统的航道整治工程后才能彻底改善航道条件。

2013 年 3 月 18 日,国家发展和改革委员会批准实施荆江河段航道整治工程。同年 9 月,有史以来规模最大的航道整治工程——荆江航道整治工程开工,建设工期为 42 个月。工程重点对荆江河段昌门溪至熊家洲段内的枝江至江口河段、太平口水道、斗湖堤水道、周天河段、藕池口水道、碾子湾水道、莱家铺水道、窑监大河段、铁铺至熊家洲河段共计 9 个滩段、13 个浅滩实施治理,共建设护滩、护底带 34 道、坝体 6 道、深槽护底带 3 道、高滩守护 39.32km、护岸加固 20.58km。本工程的实施,可使荆江河段在 2015 年达到规划确定的航道尺度 3.5m×150m×1000m,通航保证率 98% 的 I 级航道标准。

石首长江公路大桥处于碾子湾水道,该水道的整治工程主要包括:对南碾子湾上段一带高滩岸线进行守护 2285m;对左岸柴码头一带已护岸线进行加固 1235m;对右岸鲁家湾一带已护岸线进行加固 1401m。

碾子湾水道航道整治工程及桥位处边滩守护工程平面图如图 1-3-4 所示。

从历年来的航道维护实际来看,为了将主流过渡段稳定在柴码头—寡妇夹一带,保持南碾子湾边滩的高大完整,是碾子湾水道航道稳定的前提和基础。因此,通过对桥轴线右岸上下游一定范围内南碾子湾边滩进行守护,保持桥区稳定的滩槽格局,防止建桥后可能出现的不利变化,从而保障桥区通航条件的稳定是十分必要的。

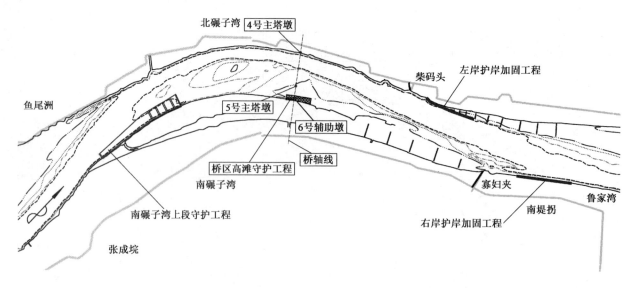

图 1-3-4 碾子湾水道航道整治工程及桥位处边滩守护工程平面图

3.5 河道条件及河势演变

3.5.1 河道条件

万里长江,险在荆江,藕池至城陵矶河段称为下荆江,总长170km,属典型的蜿蜒型河道,素有"九曲回肠"之称。

石首河段位于长江中游下荆江之首,地处湖北省石首市境内,上起茅林口,下迄南碾子湾,全长31km。该河段平面形态较为复杂,按河势可分为三段:上段长江自北向南流,河道顺直分叉;中段为石首弯道,呈鹅头形急弯,右岸有藕池口,是长江分流入洞庭湖的重要口门之一;下段长江走向自西向东,河道微弯。河段左岸干堤为荆江大堤,其外有合作垸、人民大垸、北碾垸等民垸;右岸为石首城区和广大农田,有荆南长江干堤保护。石首长江公路大桥位于石首河湾段的下段——南碾子湾处。

桥区河段河势图如图1-3-5所示。

3.5.2 河势演变

本项目位于长江中游下荆江河段中的新厂—半头岭河段间的碾子湾附近,该河段处于长江中游下荆江河段内。下荆江属典型的蜿蜒型河道,历史上河道变化频繁且剧烈,自然裁弯频繁发生,河曲带十分宽阔,最大约达30km。近期河床演变特点为急弯段切滩撇弯、主流易位频繁,北岸崩岸剧烈,特别是经1998年、1999年两次洪水后,崩岸加剧,多处以崩窝的形式发生。

1) 历史河势演变

该河道形态的演变过程大致可分为三个阶段:①分汊分流河型阶段。下荆江分汊分流河道形态,开始于魏晋,结束于隋唐之际。它的水文特征是河道水位变幅小,流量比较均匀,洪水过程极不显著。②单一顺直河型阶段。唐宋时代,云梦泽消亡,河流完全摆脱了漫流状态,统一的河道塑造完成。③分流蜿蜒河型阶段。元明之际,二元结构的边界条件已经全线发育形成,河道缩窄,心滩靠岸,迫使水流弯曲,侵蚀彼岸,在弯道环流的作用下,河湾得到不断的发展,导致了蜿蜒河型的形成,至清同治年间已基本定型。

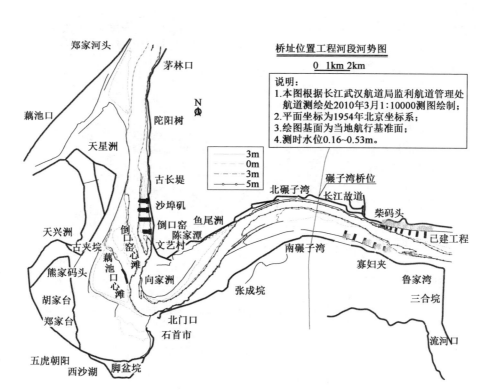

图 1-3-5　桥区河段河势图

2）桥址区河段河势演变

(1) 岸线变化

1970 年至 1998 年，由于沙滩子自然裁弯等重大河势变化，该段河势发生剧烈调整。左岸柴码头一带原凸岸边滩急剧后退，寡妇夹处由右向弯道调整成顺直过渡段；1998 年至 2001 年，由于上游向家洲的撒弯，鱼尾洲顶冲点下移，致使该河段河势相应发生调整，使南碾子湾右岸淤积，与此同时，北碾子湾、寡妇夹发生大幅崩坍；2001 年以来，在工程河段上游向家洲左、右岸实施了一定的护岸工程后，桥址河段的河势逐步得到控制，岸线趋于稳定。项目正式开始之前，碾子湾处已经发展成曲率半径为 6400m 左右较为理想的弯道。

(2) 深泓变化

1970 年至 1975 年，深泓在天星堡附近居左，下行后逐渐向中间摆动，桥址位置摆幅达 370m；受上游新生滩的变化影响，1980 年至 1986 年，深泓发生大幅摆动，主流出石首弯道后居中下行至柴码头，受其顶冲后摆回至河道中间，最大摆幅约 340m；1993 年，主流出石首弯道后贴左岸下行，在天星堡深泓摆至河道中间。

1994 年，向家洲附近狭颈崩穿，1994 年至 2001 年，向家洲狭颈新河逐步发展为主河道，深泓贴新河左岸而下，主流由北门口贴右岸下行至天星堡附近，逐渐摆至左岸下行；2001 年至 2010 年，随着整治工程的修建，受上下游河道整治工程的影响，石首弯道深泓逐渐稳定，新生滩附近深泓居中，北门口附近深泓贴右岸下行，桥址位置附近的深泓平面位置稳定，贴左岸下行。

(3) 深槽变化

桥位所在河段上段，向家洲附近 1993 年后形成的深槽，一直稳定在河道北侧，受上游来流冲刷。从 1993 年到 2008 年，不断冲深发展，由于受人工守护工程的限制，深槽并没有进一步逼近河岸堤线。总的来看，此处深槽比较稳定。

(4) 河道横断面变化

1970 年断面形态为偏 W 形，深泓在左汊。1975 年，断面形态发展呈 V 形，深泓向北岸摆动约 200m。1980 年至 1998 年，断面形态由 U 形向 W 形转变，此后，断面形态重新回到偏 V 形。深泓也由靠近河心处摆动到北岸,摆动最大幅度达 1000m。实测资料显示,1970 年至 2000 年,该断面冲淤情况复杂,大致趋势为河道深槽向北岸摆动,导致北岸不断崩退,南岸淤积发展;2000 年以后,深泓年变化不大。三峡水库蓄水以来,断面深槽冲刷,桥位断面变化如图 1-3-6 所示。

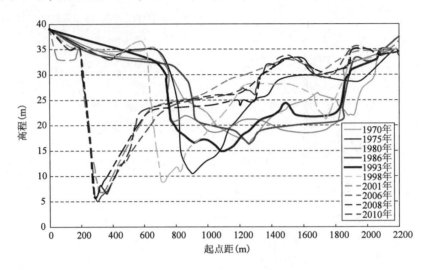

图 1-3-6　碾子湾桥位断面变化图

3）河演趋势分析

石首河段自 20 世纪 40 年代以来,演变一直很剧烈。近代有 1949 年的碾子湾裁弯、1967 年的中洲子裁弯、1972 年的沙滩子裁弯及沙滩子新河切滩,共缩短河长约 52km。而 1990 年以来的重大河势变化,主要是 1994 年 6 月 11 日石首河湾向家洲段发生的切滩撇弯,撇弯后弯顶上、下游的河势调整显著,主泓线摆动很大,顶冲点位置也不断变化,使得石首河湾的北门口及下游的碾子湾、寡妇夹等处不断出现崩岸险情。石首弯道的治理利用自然切滩撇弯之势,适当采取工程措施,稳定主流走北门口一线下行,再向左岸北碾子湾弯道一带过渡,与金鱼沟弯道平顺衔接,稳定金鱼沟段河势。

从近期河势演变分析结果来看,桥址所在的石首河段,在 1998 年前岸线、深泓变化剧烈。1998 年以后,随着相关护岸工程的实施,桥位附近岸线、主泓线才渐渐趋于稳定。河段河床形态变化相对较大,冲淤变化明显。三峡水库蓄水后,河床在一定时期内将继续冲刷,因此对桥址区北侧岸线需进一步采取防护措施。

3.6　河工模型试验研究

该河段的河床边界组成不稳定,缺乏节点控制,加上来水来沙条件的年际年内变化,历史上桥址河段河势极不稳定,曾多次发生裁弯取直和撇弯切滩的剧烈演变。荆江裁弯取直以后至今,桥址河段已逐渐完成了因下游侵蚀基准面下降而引发的河势调整。目前的河势是藕池口段主流稳定在倒口窑心滩和新生滩（藕池口心滩）的左侧,主流出石首弯道后向左过渡进入碾子湾弯道,后经过柴码头顺直过渡段,进入金鱼沟弯道。近期桥址附近的河床演变主要表现在河床冲淤交替和洲滩消长变化,左岸深槽基本稳定,右岸南碾子湾边滩随来水来沙条件的变化而发生冲淤变化。

随着河势控制工程以及航道整治工程的实施与逐步完善,河道边界条件趋于稳定,三峡水库的修建使该河段来沙量减少、来水过程变化幅度降低、干流流量增加以及上游进口河段的河势趋于稳定都会使得该河段向稳定方向发展。在河势保持基本稳定的同时,随着来水来沙条件的变化,南碾子湾凸岸边滩等洲滩以及左岸深槽仍将发生年际之间的变化,深泓线也将随着弯道进出口段冲淤变化而略有摆动。

3.6.1 定床模型试验结论

定床模型试验结果表明,建桥前后桥址河段流速横向分布形态基本没有变化,即水流动力轴线(主流线)的位置不变,主跨布置与不同流量下主流区基本吻合。除了桥轴线下游一定范围内,流速的大小也没有发生变化,拟建工程的修建不会对桥址河段的河势稳定产生不利影响。

大桥的修建对上游壅水、水流流速分布、近岸流速、单宽流量、水流流向的影响较小,即大桥的修建不会影响本河段的河势,也不会对防洪、航运产生明显不利影响。

3.6.2 动床模型试验结论

动床模型试验结果表明,不同来水来沙条件下,虽然桥址河段主槽内发生冲淤变化,但是河道平面形态稳定,深泓位置摆动不大,深槽位置稳定;不同来水来沙条件下,南碾子湾边滩形态位置稳定,头尾处会发生一定的冲淤调整;不同年份、不同流量的流速分布主流线位置基本重合,表明大桥的修建不会对本河段的河势产生影响。

由于建桥改变了局部的河道边界条件,因此桥址断面上下游发生了一定的冲淤调整,桥址附近岸线发生了冲刷后退。系列年试验表明,这种冲刷后退在初期发展迅速,但后期又会发生回淤,即因为工程修建引起的冲刷后退不会持续发展。

3.7 通航安全

3.7.1 航道演变趋势分析

河道总体格局仍将保持稳定:随着上游藕池口水道航道整治工程、石首弯道一带护岸工程的不断实施,上游河势将趋于稳定,上游河道对碾子湾水道的影响力减小;而后来实施的北碾子湾岸线守护、过渡段关键岸线的守护,使碾子湾水道自身得到了较好的控制。因此,总的河势格局仍将保持稳定。

局部滩槽将发生一定调整,成为该水道航道条件新的不稳定因素:碾子湾水道右岸侧边滩上段滩线不断后退,弯顶段河道将不断展宽,左侧深槽变窄,右侧滩体冲刷,过流能力增强,凸岸边滩有可能形成切滩,尤其是随着三峡建库后清水下泄逐段向下游发展,有可能影响航道条件的稳定性。

3.7.2 通航安全专题结论

桥位位于长江中游碾子湾水道,该水道历史上变化较大,在2001年水利部门实施了北碾子湾护岸工程及2000—2003年航道部门实施了碾子湾水道航道整治工程后,碾子湾水道总体河势及航道比较稳定。三峡水库蓄水运行后,受到上游来沙量减少的影响,该水道深槽受到普遍冲刷,但槽滩格局并没有出现较大变化,总体河势仍相对较稳定。

碾子湾桥位处历史上曾发生航槽易位,但随着人工治理工程的实施,航槽发生大幅度摆动的情况基本不会重演,近期航槽位置较稳定。综合考虑建桥选址相关因素,在继续实施河势控制与航道整治工程、采取大跨度桥型、合理布置桥跨的前提下,同意推荐碾子湾桥位,其通航要求见表1-3-5。

通航要求　　　　　　　　　　　　　　　　　　　　　表1-3-5

设计最高通航水位(m)	37.64
设计最低通航水位(m)	24.14
航道等级	Ⅰ-(2)
通航尺度	单孔单向通航净宽≥225m,单孔双向通航净宽≥420m 通航净空高度不小于18m

3.8 工程地质

3.8.1 区域地层

项目区地层由于先期构造的破坏及岩浆岩的侵入,第四系沉积物的大面积覆盖,冷家溪群、板溪群、震旦系、白垩系在附近桃花山、烈火山出露。

区域地层划分见表1-3-6。

区域地层划分　　　　　　　　　　表1-3-6

界	系	统	组(段)	地层代号	主要岩性
新生界	第四系	全新统		Q_4	冲积淤泥、淤泥质土、砂质黏土、黏质砂土、砾石
		上更新统	白水江组	Q_{3b}	黄褐色砂质黏土,含铁锰质薄膜
		中更新统	白沙井组	Q_{2b}	黄红色砂质黏土,含铁锰质薄膜
		下更新统	汨罗组	Q_{1m}	黄白色黏土,局部夹细砂

3.8.2 地质构造

1) 区域构造

桥址所在区域的构造范围主要位于新华夏系第二沉降带中部、洞庭湖坳陷北端与汉水坳陷南部的复合部位,华夏隆起呈近东西向斜贯东部,构造较为简单。桥址区附近无大的区域地质构造,整体稳定性较好。

新构造运动单元分区简图如图1-3-7所示。

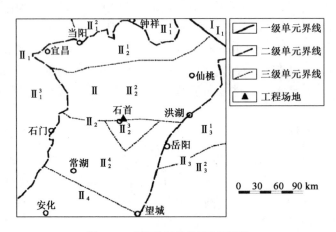

图1-3-7　新构造运动单元分区简图

2) 区域断裂构造

工程近场区断裂主要有三条:F8天阳坪断裂、F9黄山头—南县断裂、F23澧县—石首断裂。天阳坪断裂在近场区为前第四纪断裂,该断裂离桥址区15km以上,且与桥轴线近垂直,对桥址区基本无影响。黄山头—南县断裂为早—中更新世活动断裂,该断裂离桥址区30km以上,对桥址区无影响。澧县—石首断裂为前第四纪断裂,该断裂现代小震和有感地震也相对集中,但近场区所在的东段地震活动不明显,断裂距离桥址区5km以上,走向与桥轴线垂直,对桥址区影响较小。

近场区区域地质构造图如图1-3-8所示。

3）工程地质特征

桥址区揭露的地层均为第四系松散沉积物，岩性主要以粉细砂为主，夹有黏性土及卵砾石层，两岸上部为黏性土及粉土，长江子堤为人工填土。根据浅层地震结果，桥位区基岩埋深在250m以下。

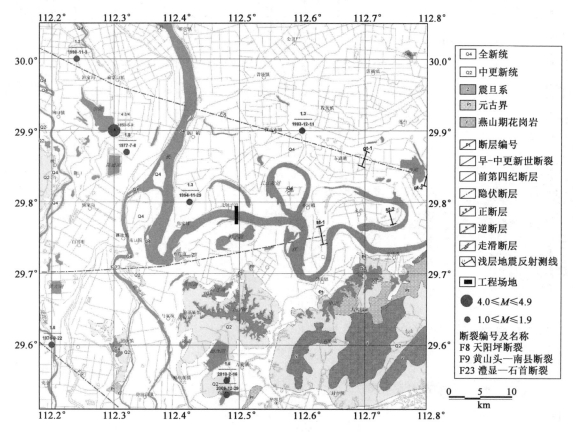

图1-3-8　近场区区域地质构造图

北塔、南塔地层情况如图1-3-9、图1-3-10所示。

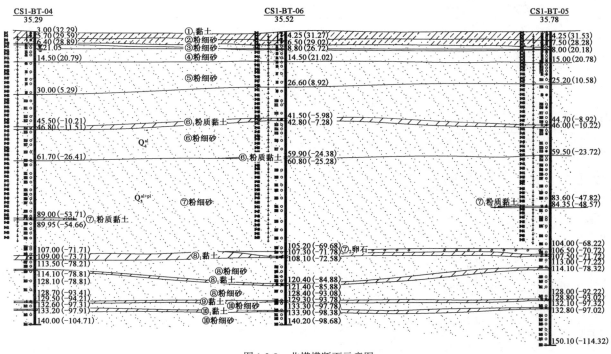

图1-3-9　北塔横断面示意图

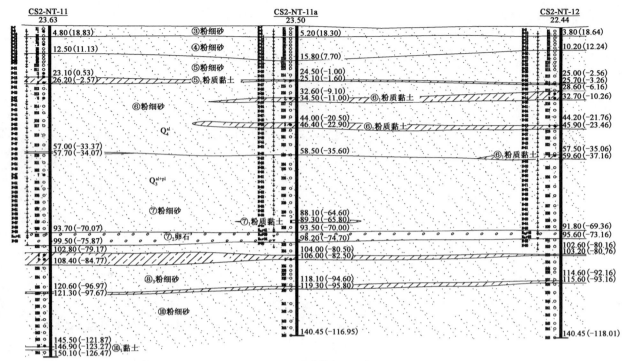

图 1-3-10 南塔横断面示意图

长江大桥段各土层的岩土体参数见表 1-3-7。

岩土体参数一览表　　　　　　　　表 1-3-7

层号	地层名称	密度或状态	承载力基本容许值 f_{a0} (kPa)	钻孔桩桩端土承载力容许值 q_r (kPa)	钻孔桩桩侧土摩阻力标准值 q_{ik} (kPa)	沉桩桩端土承载力标准值 q_{rk} (kPa)	沉桩桩侧土摩阻力标准值 q_{ik} (kPa)	土石工程等级
①$_1$	黏土	可塑	140		40		45	I
①$_2$	粉质黏土	软塑	100		35		40	I
②	粉土	稍密	125		35		40	I
③	粉细砂	松散	100		30		35	I
③$_1$	淤泥质粉质黏土	流塑	80		20		25	I
④	粉细砂	稍密	135		45		50	I
⑤	粉细砂	中密	175		50		55	I
⑤$_1$	黏土	可塑	170		50		55	I
⑥	粉细砂	密实	230		60		65	I
⑥$_1$	粉质黏土	可塑	175		55		60	I
⑦	粉细砂	密实	240	1050	65	6000	70	I
⑦$_1$	粉质黏土	可塑	200		50	1600	55	II
⑦$_2$	圆砾	密实	450	2100	130	7000	140	II
⑦$_3$	卵石	密实	500	2750	150	8000	160	II
⑧$_1$	卵石	密实	550	2750	155	8000	165	II
⑧$_2$	黏土	可~硬塑	250	1500	70	2500	75	II
⑧$_3$	粉细砂	密实	250	1050	65	6500	70	I
⑧$_3$-1	含砾黏土	硬塑	260	1600	70		75	II
⑧$_3$-2	卵石	密实	550	2750	155		165	II
⑨	黏土	硬塑	260	1500	70		75	II
⑩	粉细砂	密实	260	1100	70		75	I
⑩$_1$	黏土	硬塑	300		75		80	II

4) 不良地质

桥址区未发现大的滑坡、泥石流、地面塌陷及地裂缝等不良地质现象,主要不良地质作用为砂土液化及岸坡崩塌(崩窝),特殊性岩土为局部段软土。

初勘按 7 度标准进行液化判别,计算结果结果表明:②层稍密状粉土、⑤层中密状粉细砂为不液化土层;③层松散状粉细砂大部液化,④层稍密状粉细砂局部液化。液化等级:北岸液化等级为轻微~中等,河床段液化等级为轻微,南岸段液化等级为中等~严重。对于砂土液化区段的桥梁,在基础设计时考虑了沙土液化的影响。

北碾子湾护岸于 2001 年施工,后来长江北岸桥轴线下游 1000m 内出现三处岸坡崩塌,距大桥北塔最近的一处约 245m,崩塌的形状呈窝状。塌窝上下游为长轴方向,长约 65m,塌进最大深度约 35m。北岸为冲刷岸,虽然对护坡进行了处理,但仍出现了崩塌现象,说明北岸的水下护脚及水下护底效果不甚理想,桥梁位置处岸坡下部砂层同样存在掏空的危险,有崩塌的可能性,而桥梁北塔位置正好位于长江北岸护岸顶部,因此在设计中采取了有效的防冲刷和加固措施,保证了该岸坡的稳定。

3.9 气象、风

石首市属亚热带季风气候区,四季分明,光能充足,热量丰富、无霜期长。年平均降水量为 1099~1230mm,自西北向东南逐渐增多。4 月至 10 月降水量占全年总降水量的 74.5%,雨热同季,全年积温较高,无霜期长,年平均气温 15.9~16.6℃,西南部偏高,东北部较低,7 月平均气温 29.2℃,1 月平均气温 3.9℃。极端最高气温 38.6℃,极端最低气温 -14.9℃。全市太阳年辐射总量为 104~110kCal/cm^2,年日照时数 1800~2000h,年无霜期 242~263d,太阳辐射量占全年 75%,≥10℃的积温为全年的 80%。

桥位边界层风特性分析:主桥桥位处的设计基本风速为 23.90m/s,平均风风剖面幂指数为 0.16。桥面高度设计基准风速为 30.514m/s,桥面高度静阵风风速为 37.502m/s,结构颤振失稳检验风速为 46.10m/s,结构静风稳定性检验风速对于二维和三维分析分别为 36.62m/s 和 61.03m/s;施工阶段按 10 年重现期取值相应的桥面高度设计基准风速为 25.632m/s,结构颤振失稳检验风速为 38.72m/s。

3.10 地震

3.10.1 地震活动环境

(1)区域涉及长江中游地震带,区域自有地震记载以来共发生 $M \geqslant 4.7$ 级破坏性地震 26 次,其中最早的地震记载是 1351 年 8 月 30 日湖北枝江北 $4\frac{3}{4}$ 级地震;最大地震为 1631 年 8 月 14 日湖南常德 $6\frac{3}{4}$ 级地震,震中烈度Ⅷ+。

(2)区域内破坏性地震主要在钟祥、安乡—常德、益阳等地呈条带分布,大多数发生于 1900 年以前,破坏性地震和现代小震发生的频度和强度均为中等较低水平。区域内 $M \geqslant 4.0$ 级地震平均震源深度为 11.9km,属浅源地震。

(3)区域涉及的长江中游地震带有明显平静和活跃交替现象。区域内未来百年具有发生 M5~M6 级地震的可能性,太阳山断裂带、潜北断裂、沙湖—湘阴断裂、仙女山断裂、通海口地垒边界断裂等更新世断裂及两湖断坳边界等地,均具有发生的构造条件。区域内历史和现代地震活动呈中等偏下水平,对工程场地的主要影响来自区域内较大中强震和邻区大震,最大影响烈度为Ⅵ度。近场区内发育多条早第四纪断裂,北西向的黄山头—南县断裂和近东西向的澧县—石首断裂作为江汉洞庭的内部次级单元的界线,对新构造期地形地貌有一定控制作用的构造线,具备发生中等地震的潜势。

3.10.2 工程场地基岩地震危险性分析

本项目地震基本烈度为Ⅵ度,地震动反应谱特征周期为0.35s。通过地震危险性概率分析,工程场地基岩水平向峰值加速度见表1-3-8。

工程场地基岩水平向峰值加速度　　　　表1-3-8

超越概率	50 年				
	63.2%	10%	5%	2%	1%
峰值加速度(cm/s²)	18.9	56.6	74.6	105.1	134.0

3.11　建设条件总结

项目区地处两湖平原(江汉平原、洞庭湖平原)地理中心,属河流堆积地貌,分布有长江冲积平原、河床及漫滩,两岸地形较平坦,长江北岸为分蓄洪地区,主要特点如下:

(1)地质条件差:地层主要为第四系松散沉积物,自上而下分别为粉质黏土、粉土、松散及密实粉细砂,夹有卵砾石层,长江粉细砂覆盖层厚度普遍达200m以上,且物理力学学性质较差,主墩桩基最大长度近120m。

(2)河道条件复杂:项目区域内江河交织,堤垸众多且均有行洪功能,北岸为人民大垸分蓄洪区;桥区长江河道为著名的长江防洪险段,河床南段滩多水浅;水利部门对桥梁纵断面、跨径布置、下部构造尺寸和阻水率提出了严格要求。

(3)通航条件复杂:桥址河段历史上河势演变较为剧烈,但近期护岸后趋向稳定,通航水域宽度、航槽变化较频繁,长江干线航道等级高;要求通航孔跨径大、覆盖水域广,桥墩船撞力标准高,以满足通航安全需要。

(4)气象、水文复杂多变:桥址极端最高温度38.6℃、最低温度-14.9℃,温差达53.5℃;长江最高、最低水位落差近20m,南岸边滩季节性出露面积大,塔墩基础冲刷深度20多米,对桥梁建设和运营安全均带来挑战。

(5)建筑材料较匮乏:桥位区为平原湖网地区,沿线软土广泛分布,工程北岸接线地处人民大垸分蓄洪区内,地势低平,取土十分困难、成本很高,桥梁建材均需外地采购、运输距离长。

4 工程概况

本项目起于江陵县普济镇西侧约1.8km处,与枣(阳)石(首)高速公路潜江至江陵段对接,起点桩号为K47+223.014;路线向南跨长江北干堤进入石首市境内,穿上人民大垸分蓄洪区,经横沟市镇设大垸互通连接省道S220后,上跨上人民大垸分蓄洪区子堤和笼子口故道,在碾子湾跨越长江至江南东升镇,跨长江南干堤,设石首东互通连接省道S221后,再经笔架山办事处进入高基庙镇。项目止于高基庙镇西侧约1.8km处,设高基庙互通与岳阳至宜昌高速公路石首至松滋段相接,终点桩号为K86+945.951。

4.1 建设规模

路线总长39.723km,采用高速公路标准建设,设计速度100km/h;其中长江大桥长10.454km(含引桥),双向六车道,桥面有效宽度33.5m;北岸接线长17.852km,南岸接线长11.417km,双向四车道;主线桥梁总长23.468km,桥隧比59.8%。全线设置互通3处:大垸互通(A形单喇叭)、石首东互通(T形+菱形)、高基庙互通(T形枢纽),同时设置包括1处服务区、1处停车区、1处大桥监控所、2处匝道收费站和1处养护站在内的交通工程和沿线设施。

项目建设规模见表1-4-1。

项目建设规模　　　　　　　　　表1-4-1

项　目		单　位	标准、规模	备　注
路线里程		km	39.723	
公路用地		亩	3161.56	
路基土石方		万 m³	401.8634	
桥梁涵洞	长江大桥	m/座	10454/1	含引桥
	特大桥	m/座	5975/5	不含长江大桥和分离式桥梁
	大桥	m/座	3720.5/14	
	中桥	m/座	324/4	
	涵洞	道	31	
路线交叉	互通式立交	处	3	
	分离式立交	m/座	3045/5	
	通道	道	42	
附属设施	服务区	亩/处	129.2/1	
	停车区	亩/处	39.5/1	
	监控管理分中心	亩/处	13.0/1	
	养护工区	亩/处	28.0/1	
	收费站	亩/处	18.8/2	
概算总额		万元	752103.178	

4.2 项目起讫点

1）路线起点

起点位于江陵县普济镇谭湾村，距普济镇以西约1.8km，为枣阳至石首高速公路与省道S103（汉沙线）交叉点，与在建枣石高速公路潜江至江陵段顺接，起点桩号为K47+223.014。

2）路线终点

主线下穿蒙华铁路后，路线终点设于高基庙镇西侧约1.8km处的龚家台村附近，对接岳（阳）宜（昌）高速公路，终点桩号为K86+945.951。

3）中间控制点

路线中间控制点主要是长江大桥桥位，综合本项目与城市规划衔接、建设里程、投资规模、通航、防洪、水文、地质等条件，通过技术经济综合分析比选，最终采用碾子湾桥位，作为路线布设的一个重要中间控制点。

4.3 技术标准

结合项目功能、自然条件、预测交通量、路网结构等因素综合分析，项目采用高速公路标准，设计速度100km/h。大垸互通至石首东互通段（含长江大桥）采用双向六车道标准，路基、桥梁宽度33.5m（不含布索区），路线长12.174km；其余路段采用双向四车道标准，路线长27.549km，路基宽度26m。

主要技术标准和技术指标见表1-4-2。

主要技术标准和技术指标　　　　表1-4-2

项　　目		单　位	指　　标
公路等级		级	高速公路
设计速度		km/h	100
路基宽度		m	26/33.5
桥涵汽车荷载等级			公路—Ⅰ级
设计洪水频率			1/100、1/300
平曲线最小半径		m	2200（规范值：700）
竖曲线最小半径	凸	m	16000（规范值：10000）
	凹	m	10000（规范值：4500）
竖曲线最小长度		m	282
最大纵坡		%	2.836
最小坡长		m	400
横坡		%	2
路面等级		级	高级
立交匝道设计车速		km/h	60、40、30
停车视距		m	160
交通工程及沿线设施等级			A级
跨长江特大桥	主桥桥型及主跨		主跨820m单侧混合梁斜拉桥
	设计使用年限	年	≥100
	主桥/跨江段大桥长度	m	1445/2375

续上表

项 目		单 位	指 标
跨长江特大桥	长江大桥长度(含引桥)	km	10.4535
	设计最高通航水位	m	37.64
	设计最低通航水位	m	24.14
	航道等级	级	I-(2)
	通航尺度		单孔单向通航净宽≥225m,单孔双向通航净宽≥420m;通航净空高度不小于18m
	桥梁宽度	m	桥面有效宽度33.5
	车道数	条	双向六车道
	抗震设计参数		主桥E1水准:50年超越概率5%的地震动峰值加速度为74.6cm/s²。 主桥E2水准:50年超越概率2%的地震动峰值加速度为105.1cm/s²
	船舶撞击力		南主墩:顺水流方向设计防撞力为28MN。 北主墩:顺水流方向设计防撞力为16MN。 主桥南辅助墩:顺水流方向设计防撞力为18MN。主桥北辅助墩:顺水流方向设计防撞力为5.7MN。南滩桥桥墩T107～T116:顺水流方向设计防撞力为4.5MN。南滩桥桥墩T117～T122:顺水流方向设计防撞力为3.6MN。各墩垂直水流方向设计防撞力按顺水流方向的50%取值

道路净空标准:主线上跨二级公路(或以上等级)≥5.0m;主线上跨三级公路(或以下等级公路)≥4.5m;主线上跨高速公路或支线上跨主线≥5.0m;汽车通道≥3.5m,机耕通道≥3.0m,人行通道≥2.5m。

耐久性设计环境类别:I类;环境作用等级I-B。

4.4 工程投资及资金来源

2015年7月31日,交通运输部以《关于湖北省石首长江公路大桥初步设计的批复》(交公路函〔2015〕565号)对湖北省石首长江公路大桥批复初步项目概算75.21亿元。其中,项目资本金18.8亿元,约占总投资的25%,由湖北交通投资集团有限公司、中交公路规划设计院有限公司、中交第二公路工程局有限公司、中国铁建大桥工程局有限公司、湖北长江路桥股份有限公司、中国葛洲坝集团有限公司按照57.5%、1%、10%、11.5%、10%、10%的比例出资,其余资金通过国内银行贷款解决。

4.5 主要工程量

石首长江公路大桥工程规模庞大,主要工程量如下:
(1)土石方498万m³;
(2)混凝土158万m³;
(3)钢材23.2万t;
(4)路面:底基层共691811m²,基层:1190585m²,面层:2347816m²;
(5)特大桥、大桥:20座;
(6)涵洞、通道:31座。

4.6 工程项目的标段划分和参建单位

设计单位:湖北省交通规划设计院股份有限公司、中交公路规划设计院有限公司、中国公路工程咨询集团有限公司等。

设计双院制审查单位:中铁大桥勘测设计院集团有限公司、中交第二公路勘察设计研究院有限公司。

中心试验室:湖北省公路工程咨询监理中心。

监理单位:第一驻地办——湖北高路公路工程监理咨询有限公司;

　　　　　第二驻地办——武汉桥梁建筑工程监理有限公司;

　　　　　房建驻地办——中冶南方武汉威仕工程咨询管理有限公司;

　　　　　机电驻地办——北京中交路通交通工程咨询有限公司。

石首长江公路大桥工程项目主要标段划分及承建单位见表1-4-3。

工程项目主要标段划分及承建单位　　　　　表1-4-3

序号	合同编号	合同类型	参建单位	合同名称、内容
1	SS-1	施工	湖北长江路桥股份有限公司	北岸接线工程(包括路面工程)、大垱互通
2	SS-2	施工	中国铁建大桥工程局集团有限公司	北索塔、辅助墩、北边跨、北钢箱梁安装、斜拉索安装、北引桥
3	SS-3	施工	中交第二公路工程局有限公司	南索塔、辅助墩、南边跨、南钢箱梁安装、斜拉索安装、南滩桥、南引桥
4	SS-4	施工	中国葛洲坝集团股份有限公司	南岸接线工程(包括路面工程)、石首东、高基庙互通
5	SSGXL-1	施工	武船重型工程股份有限公司	钢箱梁、钢锚梁制造和运输
6	SSXLS-1	施工	江苏法尔胜缆索有限公司	斜拉索制造
7	SSTZ-1	施工	武汉正瑞表面工程技术有限公司	钢箱梁、钢锚梁涂装工程
8	SSFJ-1	施工	湖北成润建设集团公司	房建工程
9	SSLH-1	施工	河南坤越园林绿化工程有限公司	绿化工程
10	SSJA-1	施工	北京华凯交通科技有限公司	交安工程
11	SSJD-1	施工	中铁十二局集团电气化工程有限公司	机电工程
12	SSQMPZ-1	施工	保利长大工程有限公司	主桥钢桥面铺装,滩、引桥桥面铺装
13	SSBTSH-1	施工	湖北省航道工程有限公司	边滩守护
14	XJWS-1	施工	湖北省协诚交通环保有限公司	污水处理工程
15	SSLH-2	施工	绿建景观设计工程有限公司	附属区绿化工程
16	SSDT	采购	武汉金茂电梯有限公司	索塔内电梯采购、安装
17	SSSS-1	采购	北京毛勒桥梁设施技术有限公司	主桥伸缩装置采购、安装
18	SSZZ-1	采购	成都市新筑路桥机械股份有限公司	主桥支座采购、安装
19	CSXT-1	采购	北京华夏中安机电工程有限公司	钢箱梁除湿系统采购、安装
20	XLSZNQ-1	采购	中铁大桥科学研究院有限公司	斜拉索外置式阻尼器采购、安装
21	ZNQ-1	采购	湖南省潇振工程科技有限公司	塔梁阻尼器采购、加工、安装
22	ZJ-6	咨询服务	上海中世建设咨询有限公司	项目造价咨询
23	DAGL-1	咨询服务	湖北武汉交投职工技协服务部	档案管理
24	HBSBJC	咨询服务	湖北协诚交通环保有限公司/长江水利委员会长江流域水土保持监测中心站	环境保护及水土保持监测

续上表

序号	合同编号	合同类型	参建单位	合同名称、内容
25	QLGL-1	咨询服务	湖北省公路工程咨询监理中心	机电工程管理
26	QLGL-2	咨询服务	湖北省公路工程咨询监理中心	施工监控及健康监测管理
27	QLGL-2	咨询服务	中交公路规划设计院有限公司/湖北交通工程检测中心有限公司	施工监控及健康监测服务
28	SSLMZX-1	咨询服务	东南大学	钢桥面铺装施工质量监控服务
29	DQJGJC-1	检测	湖北省公路工程咨询监理中心	交工验收质量检验评定试验检测
30	SSJAJC-1	检测	中路高科交通检测检验认证有限公司	交通安全设施工程检测服务
31	SSQLHZ-1	检测	湖北交投智能检测股份有限公司	桥梁荷载试验服务
32	SSQ-KY01	科研课题研究	中交公路规划设计院有限公司/南京东大自平衡桩基检测有限公司/同济大学	超厚粉细砂地层大跨径斜拉桥索塔关键技术研究协作单位
33	SSQ-KY02	科研课题研究	湖南大学	混合梁斜拉桥预制混凝土(PC)宽箱梁品质提升关键技术研究
34	SSQ-KY03	科研课题研究	东南大学/湖北交投建设集团有限公司/海聚高分子材料科技(广州)有限公司/广东省长大公路工程有限公司	大跨径钢桥桥面铺装耐久性关键技术研究
35	SSQ-KY04	科研课题研究	湖南省潇振工程科技有限公司	运营荷载下新型阻尼器对索支承桥变形与振动的控制性能研究

4.7 各标段工程量及开工、竣工日期

石首长江公路大桥工程量大,累计使用钢筋171869t、砂771926m³、碎石1085372m³、水泥794010t、预应力材料15276t、其他钢材44959t,各标段主要工程量见表1-4-4。

各标段主要工程量　　　　　　　　　表1-4-4

标 段	钢筋(t)	砂(m³)	碎石(m³)	水泥(t)	预应力钢材(t)	其他钢材(t)	土石方(m³)
SS-1	53000	241260	300000	353276	4325	5400	2280000
SS-2	37538	132168	177595	94868	3516	746	63506
SS-3	36796	170133	238052	109396	3619	834	21912
SS-4	44535	228365	369725	236470	3816	3594	2620000
SSGXL-1						29646	
SSXLS-1						3551	
B、C匝道钢箱梁						1188	
总 计	171869	771926	1085372	794010	15276	44959	4985418

4.8 建设工期

石首长江公路大桥于2015年12月18日开工,2019年9月28日建成通车,历时45个月,各主要分项工程的开工和完工时间见表1-4-5。

石首长江公路大桥主要分项工程开工、完工时间　　　　　　　表1-4-5

分项工程	开工日期	完工日期
北索塔及基础	2015年10月1日	2018年3月20日
南索塔及基础	2015年12月18日	2018年4月16日
钢箱梁制造、安装	2017年6月18日	2019年4月12日
钢锚梁制造、安装	2017年6月18日	2018年3月20日
斜拉索制造、安装	2017年12月18日	2019年3月31日
边跨PC宽箱梁预制、拼装	2017年3月6日	2018年4月26日
钢混结合段施工	2018年1月15日	2018年2月9日
中跨合龙	2019年4月8日	2019年4月9日
主桥钢桥面铺装	2019年7月8日	2019年7月27日
南滩桥、南引桥	2015年12月18日	2018年8月18日
北引桥	2015年11月14日	2019年5月12日
互通立交(含高基庙互通保通)	2016年4月11日	2019年9月10日
引桥桥面铺装及接线工程路面	2018年1月28日	2019年1月27日
交通工程	2018年9月3日	2019年9月14日
房建工程	2017年12月28日	2019年3月15日

第 2 篇

勘察设计

1　工程勘察

工程勘察主要创新点及亮点具体如下：

1）勘察工作手续完备，健康安全措施到位

严格按照国家、行业及地方的各项管理规章制度，申请并获批各类施工许可文件，保证项目合法合规；密切关注勘察作业人员的健康状况，保证人员工作环境安全和身心健康。

(1) 桥位横跨长江航道，水上交通繁忙，水上勘察工作需经过海事部门审批。勘察项目组专门制定了《水域钻孔施工方案》《水上钻探安全与防污染措施计划书》，并通过海事部门的评审，取得了《水上水下施工许可证》；桥位南北岸两侧接线穿插跨越长江一级和二级堤防设施，为此向湖北省水利厅提交了相关申报审批材料，经审批通过并下发了勘察施工许可。在勘察施工之前，取得了海事和水利两个行政主管部门的许可手续，保证项目的实施作业合法合规。

(2) 本项目主要利用钻探船舶进行水上勘察作业，桥位跨江段水域江深流急，水文条件复杂，勘察作业环境风险因素多，控制难度大，为此特别针对勘察作业安全管理以及专项健康、安全和环境(HSE)管理体系保障措施进行了严格规定，并在项目实施过程中严格遵守与执行，保证在项目过程中无一安全事故发生。

项目区为全国血吸虫病重疫区，该病主要通过皮肤、黏膜与疫水接触受染，感染者会出现极度消瘦、腹水、巨脾、腹壁静脉怒张等症状，引起的异位损害以肺和脑部为主，危害十分严重。在此区域进行水上勘察作业，皮肤暴露与疫水接触概率极大，勘察人员在身体和心理上均存在巨大的压力。为缓解勘察人员心理压力以及保证身体健康，在勘察过程中，与当地防疫机构进行沟通合作，抽调专业防疫人员进驻勘察项目部，与作业人员一同生活和工作，将防疫知识和措施融入日常工作的每个环节当中，缓解了勘察人员的心理压力，增强了防疫效果，保障了勘察人员的身心健康。

为保证施工过程不对环境进行污染，施工机组均进行泥浆循环利用，同时均准备了废品、废油回收器具，并由健康、安全与环境管理体系(HSE)经理指导、检查、督促和整改，水上勘察时。生活和生产垃圾均运送到岸边垃圾站进行处理。

2）勘察手段多样、综合判断、依据充分、建议合理

在系统梳理勘察工作流程，搜集资料、分析资料的基础上，通过地质调绘、钻探、物探、原位测试、室内试验等多种手段进行综合判断，取得的成果资料数据丰富，依据充分。

(1) 在广泛搜集前期资料的基础上，在现场采用现场追索法、实地量测等方法，进行了 1:500 精度的工程地质调绘，研究桥位两岸地形地貌、岸坡变迁演变历史、特殊岩土以及地质灾害发育情况。

(2) 结合地质调绘成果，在工可报告的基础上，先进行物探工作量布设，在桥位区顺轴线布置 3 条测线、垂向轴线布置 6 条测线并在索塔位置处进行加密，开展浅层地震和侧扫声呐扫描综合物探工作。基本探明桥位区的地层大致分布、层面起伏、水底构筑物、异物及不良地质现象，为之后的钻探工作布置提供依据。

(3) 通过浅层地震和侧扫声呐扫描成果显示，地层分布平稳，起伏不大，且地下无沉船、管线等大型不可移动障碍物。后续钻探工作在物探成果基础上，根据相关规范进行布置，布孔数量超过规范标准。

(4) 由于软土样品较多，易受扰动，为保证岩土试样质量以及加快工作进度，在现场建立土工试验

室。根据项目岩土体特点以及对参数的要求,选用合适且数量充足的试验设备。

(5)钻探揭露项目区第四系覆盖层厚度超过200m(钻探未揭穿),对于地层时代 Q_3 与 Q_4 的深度界线在通过物探和钻探进行判别时,只能通过经验进行区别,但由于 Q_3 与 Q_4 两个不同时代的岩土体物理力学性质,特别是承载力方面差别较大,因此为了更加准确地提供岩土体力学参数,进行精细化设计,必须准确划定 Q_3 与 Q_4 的地层时代分界线。勘察项目组从岩芯中采集了碳质含量高的木质样品(腐木)送往美国 BETA 试验室进行检测,通过测定碳14的衰变指标,来确定样品所处的年代。放射性碳年龄测试结果见表2-1-1。

放射性碳年龄测试结果一览表　　表2-1-1

孔 号	样 号	试样名称	取样深度(m)	放射性碳年龄	13C/12C(‰)	常规碳年龄	推测地质时代
CS1-ND-16	CN-1	粉细砂	65	(21790±100)BP	-20.1	(21870±100)BP	Q_3
	CN-2	腐木	94	超过测试范围	-28.7	>43500BP	Q_3
	CN-3	腐木	140	超过测试范围	-25.7	>43500BP	Q_3
CS1-BT-06	CN-4	粉细砂	49	(9860±50)BP	-21.5	(9920±50)BP	Q_4
	CN-5	粉细砂	79	(31790±220)BP	-19.9	(31870±220)BP	Q_3
	CN-6	粉细砂	117	(29990±180)BP	-21.8	(30040±180)BP	Q_3

(6)采用地质调绘、物探、钻探、原位测试、室内试验等综合勘察方法,手段丰富,成果充足。在取得的各项勘察成果基础上进行综合判断,分析评价桥位区岩土体的物理力学特性指标。为满足设计需要,提出了指标的建议值:含水率、密度、孔隙比、饱和度、压缩系数、压缩模量等提供平均值为建议值;直剪快剪、固结快剪、标准贯入与动力触探试验击数等提供标准值为推荐值,为设计工作提供了有效合理的处置依据。

3)优化钻探工艺,提高工作效率,保证勘察精度

项目区地层主要为第四系覆盖层,厚度超过200m。对于超厚覆盖层的钻探,要保证正常的工作效率以及勘察精度,需要解决孔斜和护壁这两个主要问题。

(1)引入孔内测斜仪,确保超深钻孔垂直度

《建筑工程地质勘探与取样技术规程》(JGJ/T 87—2012)中规定:深度超过100m的钻孔,每深100m允许偏差为±2°。勘察过程中,针对孔斜问题,通过采用钻铤加压(比普通钻杆壁厚4~6倍,提高重力和刚度)、低转速慢扫孔等设备措施优化方式进行解决,同时在钻探过程中每40m进行一次测斜监测,如发现孔斜现象,即时进行纠正,如重新支垫钻机、扩孔、调整钻进压力、更换岩芯管及钻杆等。通过上述措施,钻探控制孔斜方面取得了良好效果,实测孔斜每100m偏差均小于±2°,满足规范要求。

(2)配置高质量泥浆,确保深厚砂层钻探孔壁稳定,提高钻孔成孔效率、取芯质量

桥梁桩基采用摩擦桩,桩长较长,因此勘察期间的钻孔孔深较大,最深超过200m。因此,钻探时如何保证孔壁的稳定性,是决定钻探效率和质量的关键因素。利用膨润土矿物泥浆进行护壁是我国较多采用的方法,但是膨润土泥浆作为护壁材料具有很大的局限性,尤其是对于一些水下深厚复杂地层条件而言。因此,通过比选,选定多样化复合化学泥浆作为钻探的护壁泥浆,其具有黏度较大、堵漏效果良好、护壁效果佳的优点,能够彻底解决钻孔成孔过程中出现的漏浆或坍塌等不良问题,确保了钻探成孔质量。而且由于泥浆中掺入适量的化学聚合物,泥浆本身具有了能够快速沉淀钻屑的性能,可减少二次清孔的工作,大大提高了钻孔成孔的效率。

2 设计理念

2.1 总体设计原则

在充分理解项目特点的基础上,根据本项目在路网中的功能及其技术特点,结合沿线大型构造物和互通立交的分布情况,合理选用技术标准,进行灵活设计。总体设计遵循以下原则:

(1)安全性原则:把安全放在首位,采取一切有效方法和措施,保证公路设施自身安全、运行车辆行驶安全及驾乘者的安全。

(2)服务社会原则:公路建设应有利于社会进步和发展。对社会环境有重大影响部位,应根据可持续发展原则进行方案论证。应少占农田,少干扰居民村落及学校,保护名胜古迹。

(3)尊重地区特性原则:不同地区有其独有的特征,地理位置、地形、地貌、气候气象、文化传统、风俗习惯、审美观等形成了不同地区特有的公路景观环境特征,在设计中应充分考虑。充分重视桥梁景观设计,力求造型简洁、美观,总体上与周围建筑、环境协调,以体现区域人文历史特色。

(4)整体协调性原则:使结构物这一人工系统与沿线自然系统和其他人工系统配合协调,并努力使公路在满足运输功能的基本前提下,完善原有景观环境。桥位及接线的布置应充分考虑自然环境和野生动物保护问题,特别需要照顾到对长江野生水生物环境保护方面的影响。

(5)节约型原则:设计中应根据水文、地质、河道条件,选用与之相适应的桥梁结构形式和简捷易行、成本低的施工方案。

(6)可持续发展原则:重视航道资源的充分利用,通航孔的设置充分考虑了河道现状和预测的将来河道变化需要,同时应考虑到河床演变的复杂性,对通航孔的布设留有余地。本项目是长江上又一座重大工程,设计方案充分吸取了国内、外已建桥梁的新理念、新材料、新工艺和先进经验成果;桥梁所采用的结构形式和材料,充分考虑了桥梁施工的可行性、结构的耐久性和维护的便利性,确保桥梁正常服役期限100年。

2.2 跨江大桥设计理念

鉴于本项目位于长江防洪的重要江段及其重要的战略地位、建设条件复杂、工程规模大、设计施工难度大。为使大桥建设体现我国21世纪的建设水平,跨江大桥设计理念主要体现了以下几点:

(1)切实贯彻国家有关公路法规和技术政策,使设计符合"技术先进、安全可靠、耐久适用、经济合理、美观协调、环境保护"的要求。

(2)认真贯彻"六个坚持、六个树立"新理念,即:坚持以人为本,树立安全之上的理念;坚持人与自然相和谐,树立尊重自然,保护环境的理念;坚持可持续发展,树立节约资源的理念;坚持质量第一,树立让公众满意的理念;坚持合理选用技术指标,树立设计创新的理念;坚持系统论的思想,树立全寿命周期成本的理念。

(3)立足科学发展观,着力于自主创新,紧密结合工程建设条件适时引进国内外最新技术,精细设计,以降低工程建设成本。

(4)工程设计切实立足于"可到达、可检查、可维护、可更换"的理念,以降低运营期的维护难度及工作量,降低维护成本。

3 长江大桥总体设计

3.1 桥位

采用石首市长江碾子湾桥位方案。碾子湾桥位桥址处两岸地势平缓,江面宽约2240m,江面宽度适中,河道较顺直,工程河段岸线变化较明显。近年来,随着护岸工程的实施,工程河段岸线逐步趋于稳定。桥位断面深泓点随年份不断发生变化,2001—2010年断面深泓点靠近左岸,1970—1993年断面深泓点靠近中部,1998年断面深泓开始左偏。实测资料显示,1970—2010年断面没有明显的冲淤单向变化,表现为冲淤交替变化。

碾子湾桥位处通航水域示意图如图2-3-1所示。

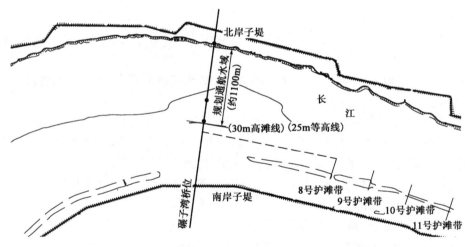

图2-3-1 碾子湾桥位处通航水域示意图

3.2 主桥布跨思路

主桥桥型选择及桥墩位置的布设考虑以下几个因素:

(1)通航要求:单孔单向通航净宽不小于225m,单孔双向通航净宽不小于420m,通航净高不小于18m。

(2)碾子湾水道具备建设桥梁的大河势条件,但碾子湾水道仍存在不稳定的因素,在该水道进行桥梁建设应充分考虑不利情况的发生,宜采取大跨度方案,并尽可能覆盖深槽水域的变化范围,以适应深槽冲淤变化而造成航槽的摆动。

(3)桥位处河床断面历年来深泓摆动较大,目前工程河段航道最小维护水深为航行基面下3.2m,从桥址处断面情况看,考虑河势变化基面下3.2m水深水域变化范围约为1599m,如通航桥孔完全覆盖这一水域则桥梁规模过大。考虑到荆江河段实施了大量的河势控制工程,再加上航道整治工程的实施,预计在未来长时期内,碾子湾水道仍将维持1998年以来相对稳定的河势及滩槽格局。因此,通航孔主要以1998年以来航槽格局为基础地形进行布置。

(4)该桥位处通航水域宜按从左岸至右岸护滩带头部之间的规划通航水域考虑,由于鱼尾洲顶冲点下移后,南碾子湾右岸发生淤积,实际可通航水域约为1100m(左右两岸沙坎间距)。为不限制由于航槽摆动而引起的航道调整,主通航孔应尽量覆盖现行及规划航道水域,并尽量覆盖深泓、深槽摆动范围。

(5)桥位深槽偏靠左岸侧,主通航孔亦应偏靠左岸布置,且主通航孔应满足单孔双向通航要求;并考虑在主通航孔右侧布置一副通航孔,以适应今后船舶流量增加后的多线通航要求,副通航孔净宽应满足单孔单向通航要求。另外,由于桥位水域变化范围大,亦可考虑多个大跨径的桥式结构以满足"在运输繁忙的较宽河流上,过河桥梁应满足多孔通航的原则"。

(6)从维护右岸坡稳定、满足船舶航行需要、保证桥梁安全及节省工程投资等角度考虑,将主通航孔左侧主墩基础设置在左岸的高漫滩上,且深槽水域不宜设置桥墩;右侧主墩基础针对的桥型方案,考虑通航、河势演变及桥式结构本身合理布跨的要求选点布置。

(7)根据枯水期、中水期和洪水期航迹线的实测位置验证各方案通航孔尺寸及主墩的布设是否合适。

(8)考虑结构的力学性能方面的要求,桥跨布置须考虑合理的边中跨比。为了降低主桥规模,节省工程造价,一般情况下,跨江主桥结构不宜布置到大堤之外(即堤外陆地)太多,造成主桥规模"浪费"。

根据以上分析,本桥的主要布跨思路如下:

(1)采取大跨度方案,尽可能覆盖深泓水域的变化范围,以适应由于深泓冲淤变化而造成航槽的摆动。

(2)为避免由于航槽摆动而引起的航道调整,各通航孔应覆盖现行及规划航道水域,并能覆盖深泓、深槽摆动范围。

(3)碾子湾桥位深泓紧靠左岸侧,主通航孔亦应靠左岸布置,从维护岸坡稳定、满足船舶航行需要、保证桥梁安全及节省工程投资等角度考虑,应将主通航孔左侧主墩基础设置在左岸的高漫滩上,减小北主墩受船撞概率和风险,且满足深槽水域不宜设置桥墩的原则。

(4)桥位南北两岸为分洪民垸,有分洪要求,且地质条件不适宜建设悬索桥锚碇,桥位适宜采用斜拉桥方案,而不适宜采用悬索桥方案,且主跨800m左右较适合。

(5)根据防洪部门的建议,跨长江子堤桥梁跨径不小于70m。

(6)考虑与主桥跨径的匹配性、经济可行及美观需要,以标准跨径60m连续箱梁桥作为滩桥方案。

通过以上分析,桥梁方案的各通航孔应基本覆盖约1100m的规划通航水域,且主通航桥孔不宜少于550m。

3.3 主桥桥型方案布置

根据以上布跨思路、建设条件要求,结合桥梁合理边中跨比,初步拟定6个桥型方案,如图2-3-2所示。

1)主桥方案一:主跨820m单侧混合梁斜拉桥(图2-3-3)

主桥跨布置为(75+75+80)m+820m+(300+100)m双塔单侧混合梁斜拉桥,主桥长1450m。该方案利用主跨+南边跨覆盖1100m可通航水域,中跨可满足单孔双向通航要求,南边跨满足中高水期单孔单向通航要求。由于主桥北边跨处在高漫滩上,结合堤岸地形布跨和便于施工等特点,北边跨主梁采用预应力混凝土箱梁,支架现浇;中跨及南边跨采用钢箱梁。该方案结合地形布跨,经济性较好,设计施工技术较成熟;缺点是结构体系不对称,结构受力相对复杂。

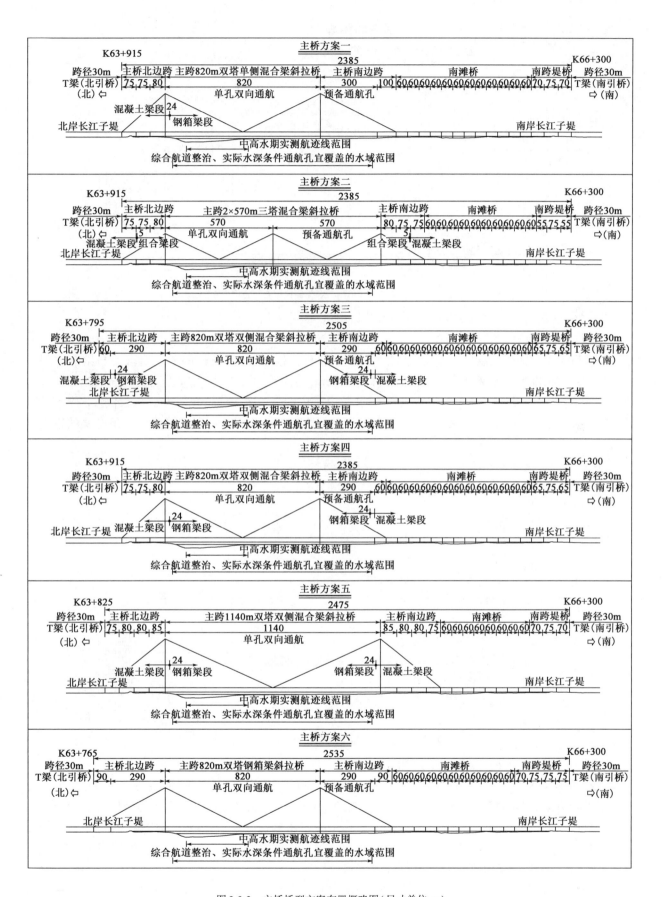

图 2-3-2 主桥桥型方案布置概略图(尺寸单位:m)

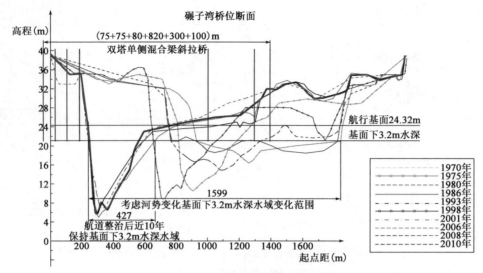

图 2-3-3 主跨820m单侧混合梁斜拉桥布置方案分析

2）主桥方案二：主跨 2×570m 混合梁斜拉桥（图2-3-4）

主桥桥跨布置为(75+75+80)m+2×570m+(80+75+75)m三塔混合梁斜拉桥，主桥长1600m。该方案采用两个主跨覆盖规划可通航水域，且两个主跨均可满足双向通航的通航要求。与组合梁斜拉桥相比，本方案调整了边跨布置，边跨长度缩短了60m，边跨设置了一段预应力混凝土π形梁，其余主梁采用组合梁，边中跨比0.4。三塔混合梁斜拉桥由于中跨采用组合梁，经济性好，设计施工技术较成熟；缺点是主跨相对较小，中墩距离航迹线相对较近，对通航有一定影响，还需设置混合组合梁的钢混结合段。

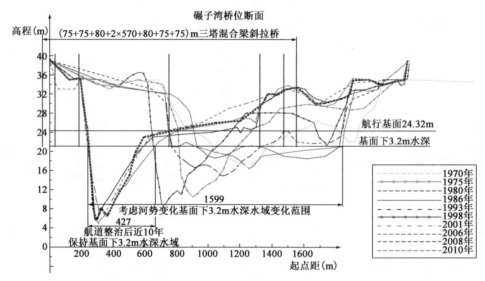

图 2-3-4 2×570m三塔斜拉桥布置方案分析

3）主桥方案三：主跨820m双塔双侧混合梁斜拉桥

主桥桥跨布置为(60+290)m+820m+(290+60)m双塔双侧混合梁斜拉桥，主桥长1520m。该方案布跨思路与方案一基本相同，利用主跨+右边跨覆盖1100m可通航水域。主桥南北边跨设置了一段支架现浇的预应力混凝土箱梁，其余主梁采用钢箱梁，边中跨比0.427。该方案桥型结构采用对称布置，结构受力情况较好，设计施工技术较成熟；缺点在于北边跨钢箱梁长度较大，经济性相对较差，安装施工不便。

4）主桥方案四：主跨820m双塔双侧混合梁斜拉桥

主桥桥跨布置为(75+75+80)m+820m+(290+60)m双塔双侧混合梁斜拉桥，主桥长1400m。该方案布跨思路与方案一基本相同，利用主跨+南边跨覆盖1100m可通航水域。该方案与方案一的区别在于南边跨设置了一段混凝土箱梁,经济性更好,设计施工技术较成熟;缺点在于仍为不对称结构,受力相对复杂,且有一个南边跨需在江中支架现浇。

5)主桥方案五:主跨1140m双塔双侧混合梁斜拉桥

主桥桥跨布置为(75+80+80+85)m+1140m+(85+80+80+75)m双塔双侧混合梁斜拉桥,主桥长1780m。该方案利用主跨跨越全部可通航水域。主桥南北边跨均为支架现浇预应力混凝土箱梁,中跨主梁采用钢箱梁。该方案桥型结构采用对称布置,通航条件及对河势的适应性最好,主墩受船舶撞击的概率最小;缺点主要在于经济性相对较差。该方案若实施,将为世界第一斜拉桥,技术难度相对较高。

6)主桥方案六:主跨820m双塔钢箱梁斜拉桥

主桥桥跨布置为(90+290)m+820m+(290+90)m双塔钢箱梁斜拉桥,主桥长1580m。该方案布跨思路与方案一基本相同,利用主跨+右边跨覆盖1100m可通航水域。主梁采用钢箱梁,边中跨比0.463。该方案桥型结构采用对称布置,结构受力情况较好,无钢混结合段,设计施工技术成熟;缺点在于北边跨钢箱梁长度大,经济性差,安装施工不便。

比选结论为:碾子湾桥位820m+290m桥跨布置方式对通航水域的覆盖及航槽变化的适应性相对较好,对河道冲淤变化、航道水流条件及船舶通航的影响较小。根据通航、水利等相关部门的批复意见,推荐采用主跨820m斜拉桥。

根据《湖北省石首长江公路大桥项目申请报告审查会专家组意见》:主跨2×570m的三塔斜拉桥中墩距航迹线相对较近,通航适应性稍差,但技术难度相对较小,且投资最低;专家组建议下阶段深化双塔和三塔斜拉桥方案比选。

因此,初步设计阶段采纳前期研究成果,着重对推荐的主跨820m斜拉桥方案和三塔斜拉桥方案作进一步的研究比较。

3.4 初设桥型方案

本项目初步设计阶段,在工程可行性研究相关结论的基础上,结合初测、初勘成果及专题成果,深度研究了长江大桥桥跨布置方案,对工程可行性研究桥型方案进行了以下优化:

(1)桥位处深泓紧靠左岸侧,从维护岸坡稳定、满足船舶航行需要考虑,各方案主通航孔左侧主墩基础位置与工程可行性研究方案基本相同,设置在北岸的高漫滩上。

(2)由于北边跨主墩位置距离北岸子堤距离较短且北边跨均处于高漫滩上,北边跨如采用落地支架施工的预应力混凝土梁,其支架高度不超过30m,陆地施工较方便;同时预应力混凝土主梁自重大,压重能力强,工程造价低,因此,各斜拉桥方案北边跨均采用预应力混凝土主梁。

(3)初步设计主桥方案一在工程可行性研究推荐方案的基础上,进一步优化了南边跨布置,南边跨由工程可行性研究方案(290+100)m调整为(300+100)m。方案一桥跨布置为(75+75+80)m+820m+(300+100)m双塔单侧混合梁斜拉桥,该方案与工程可行性研究推荐方案相比,对通航水域的覆盖及航槽变化的适应性更好。

(4)初步设计主桥方案二布跨思路与方案一相同,主要是中跨及南边跨采用组合梁与主桥方案一采用的钢箱梁进行技术经济比选,北边跨由于压重需要相应增加混凝土梁段的长度。方案二桥跨布置为(65.4+2×72+80.6)m+820m+(296+104)m双塔混合组合梁斜拉桥。

(5)初步设计主桥方案三维持了工程可行性研究报告三塔斜拉桥方案的2×570m主跨跨径,主要考虑原因如下:南主墩基础位于南碾子湾水下边滩范围,主墩基础处地面高程28.36m,南边跨辅助墩基础所处的南岸高漫滩平均地面高程约32m,南主墩基础处水深较浅,在中、枯水期该处河床地面基本出露,因此南主墩基础不存在深水施工问题。因此无须将南主墩基础置于南岸高漫滩之上而使三塔斜拉桥的主跨跨径增加到2×610m左右,2×570m主跨跨径可以覆盖1100m通航水域。

主桥方案三的桥跨结构采用对称布置,中跨及南北边跨采用经济性更好的组合梁及预应力混凝土主梁,其桥跨布置为(69.8+77.4+77.8)m+2×570m+(77.8+77.4+69.8)m 三塔混合组合梁斜拉桥。

(6)考虑到原设计桥型方案北主墩距离长江北岸岸坡较近,主墩承台的一部分位于护岸的岸坡上,承台开挖会破坏原有的护岸结构。优化后的长江大桥桥型方案整体向北岸侧平移10m,保证北主墩承台位于护岸顶部,承台采用钢板桩围堰施工基本不破坏原有护岸结构,结合北岸岸坡加固处治专项设计方案的实施能够保证施工及运营期北岸岸坡的稳定。

最终,初步设计长江大桥采用以下四个桥型方案进行同等深度技术经济比选。

长江大桥跨江段方案一(推荐):主跨820m双塔单侧混合梁斜拉桥

方案一(推荐)桥跨布置为(75+75+80)m+820m+(300+100)m双塔单侧混合梁斜拉桥+3×(5×50)预应力混凝土等截面连续箱梁+(55m+75m+55m)预应力混凝土等截面连续箱梁,桥梁全长2385m,其中主桥斜拉桥长1450m。

长江大桥跨江段方案一(备选):主跨820m双塔双侧混合梁斜拉桥

方案一(备选)主桥桥跨布置为(75+75+80)m+820m+(260+75)m双塔双侧混合梁斜拉桥,主桥斜拉桥长1385m。

长江大桥跨江段方案二:主跨820m双塔组合混合梁斜拉桥

方案二主桥桥跨布置为(65.4+2×72+80.6)m+820m+(296+104)m双塔组合混合梁斜拉桥,主桥斜拉桥长1510m。

长江大桥跨江段方案三:主跨2×570m组合混合梁斜拉桥

方案三主桥桥跨布置为(69.8+77.4+77.8)m+2×570m+(77.8+77.4+69.8)m三塔组合混合梁斜拉桥,主桥斜拉桥长1590m。

对拟定的四个桥型方案综合比较见表2-3-1。

四个桥型方案的桥跨布置示意如图2-3-5所示。

主桥桥型方案综合比较　　　　　　　　　　表2-3-1

比较项目	方案一 主跨820m双塔单侧混合梁斜拉桥方案	方案一 主跨820m双塔双侧混合梁斜拉桥方案	方案二 主跨820m双塔组合混合梁斜拉桥方案	方案三 主跨2×570m组合混合梁斜拉桥方案
主桥桥跨布置	(75+75+80)m+820m+(300+100)	(75+75+80)m+820m+(260+75)m	(65.4+2×72+80.6)m+820m+(296+104)m	(69.8+77.4+77.8)m+2×570m+(77.8+77.4+69.8)m
主桥长/主桥长+滩桥长	1450/2385m	1385/2385m	1510/2445m	1590/2385m
主梁结构形式	北边跨双边箱混凝土梁,中跨及南边跨PK断面钢箱梁	边跨双边箱混凝土梁,中跨整体式钢箱梁	北边跨整体箱混凝土梁,中跨及南边跨箱形断面组合梁	边跨π形混凝土梁,中跨双边工字梁组合梁
主梁受力特性及耐久性、桥面铺装	钢箱梁整体性及受力性能较好;边跨混凝土梁采用双边箱断面,混凝土梁抗裂性能较好。混凝土桥面铺装成熟可靠。钢桥面铺装耐久性有一定风险,但技术日趋成熟,加强施工质量管控是关键	组合混合梁发挥了钢梁与混凝土结构各自的材料受力特性,结构整体刚度大;主跨跨径大,混凝土桥面板在使用过程中容易出现裂缝。混凝土桥面铺装成熟可靠	边主梁+大小横梁体系受力明确;边跨π形混凝土梁宽度达到36.5m,使用过程中抗裂性能相对较弱。混凝土桥面铺装成熟可靠
斜拉索	均为双索面,扇形布置,PPWS索			
抗风性能	抗风性能好		抗风性能最好	抗风性能相对较弱,主梁需采取一定的气动措施

续上表

比较项目	方案一		方案二	方案三
	主跨820m双塔单侧混合梁斜拉桥方案	主跨820m双塔双侧混合梁斜拉桥方案	主跨820m双塔组合混合梁斜拉桥方案	主跨2×570m组合混合梁斜拉桥方案
基础规模	单个基础规模较大		单个基础规模最大,基础总体规模最大	单个基础规模相对较小,基础总体规模与方案一相当
对河势(床)演变的适应性	各桥型方案的主跨均跨越了现有基本稳定的深槽,桥跨布置兼顾了可能出现的深槽摆动,对河势(床)演变的适应好			
对防洪的影响	各桥型方案对桥位处壅水、水流流速分布、近岸流速、南碾子湾边滩流速、单宽流量、水流流向的影响较小,即大桥的修建不会影响本河段的河势,也不会对防洪产生明显不利影响			
对地质条件的适应性	地质条件较简单,各方案基础均采用桩基础,对地质条件适应性好;各方案需重视北主墩基础对岸坡稳定的影响			
通航与船撞	主跨+南边跨覆盖可通航水域,采用大跨度桥型方案对通航安全影响相对较小;主跨820m双侧混合梁斜拉桥方案的南边跨相对较小,通航部门建议采用较大的南边跨跨径。北塔位于浅水区,船撞风险低;主跨跨径大,南塔船撞风险较低、船撞力相对较小			中墩距离航迹线较近,对船舶通航安全不利。南塔位于浅水区,船撞风险低;中塔船撞风险较高、船撞力相对较大
工可阶段通航论证意见	(820+290)m桥跨布置方案对通航水域的覆盖及航槽变化的适应性相对较好,兼顾了可能出现的深槽摆动,满足船舶通航要求;三塔方案的中墩对通航水域占用较多,对船舶安全通航有一定影响			
主要施工条件	北边跨位于高漫滩上,采用混凝土主梁,具备搭设支架预制施工的条件;主跨及南边跨钢箱梁可在水中吊装	南边跨混凝土梁施工需在水中搭设高支架,存在一定安全风险,施工费用较高。其余同单侧混合梁方案	北边跨位于高漫滩上,采用混凝土主梁,具备搭设支架预制施工的条件;主跨及南边跨钢梁可在水中吊装,桥面板预制吊装施工	边跨均位于高漫滩上,采用混凝土主梁,具备搭设支架的预制施工的条件;主跨钢梁可在水中吊装,桥面板预制吊装施工
综合技术难度	同类型、同规模或更大规模桥梁较多,技术成熟		主跨超过820m的组合混合梁斜拉桥,没有成功案例,设计、施工技术难度很大,存在风险	大跨度三塔斜拉桥有其自身的特点和技术难度,570m跨径三塔斜拉桥技术难度较高。国内同类型同规模桥成功经验相对较少,技术比较成熟
景观协调性	气势雄伟壮观,主桥适应水域,景观效果好			主桥对称协调,但跨径较小,桥梁景观效果略差
施工工期	42个月	42个月	44个月	42个月
主桥建安费(亿元)	13.3566	14.4119	15.5167	13.7457
综合比较意见	推荐方案	比选方案	比选方案	比选方案

通过技术经济综合比选,最终推荐主跨820m的双塔单侧混合梁斜拉桥方案。

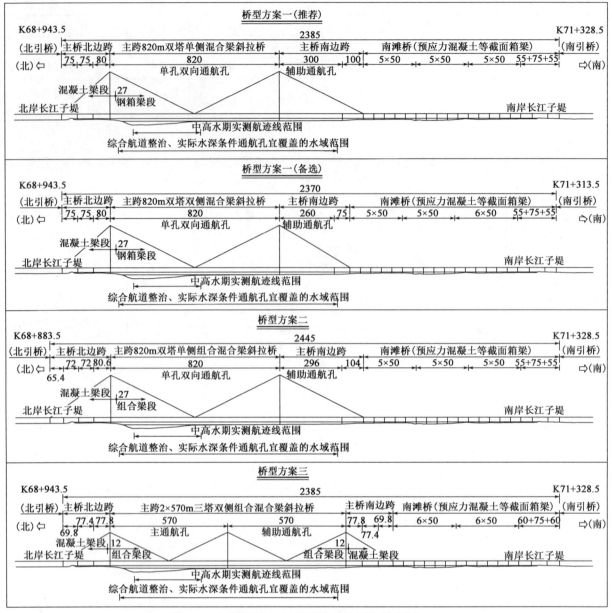

图 2-3-5 初设阶段长江大桥桥型布置示意图(尺寸单位:m)

3.5 推荐桥型方案

1) 主桥北边跨布置

北边跨位于滩地上,无通航要求,北塔位置距北碾垸堤距离约160m,从经济性和施工可行性角度考虑,采用混凝土主梁,并考虑合理的边中跨比、刚度要求、跨堤等因素。出于保护大堤考虑,在保证北塔位置不动的情况下,施工图设计将北辅助墩和北过渡墩南移5m,北边跨布置为 $3 \times 75m = 225m$,北边跨与中跨比例 0.274。

2) 主桥南边跨布置

南边跨处于浅水区,需预留225m宽的辅助通航孔,考虑到南侧水域淤积明显,加之常水位时水深较浅或河床出露,辅助通航孔通航的概率较低,考虑合理的边中跨比、刚度要求、施工可行性等因素,南边跨布置为 $300m + 100m = 400m$,南边跨与中跨比例 0.488。

3) 主桥总体布置

主桥采用主跨820m的双塔单侧混合梁斜拉桥方案,桥跨布置为(75+75+75)m+820m+(300+100)m。主梁钢混结合面位于北塔附近,伸入主跨距北塔中心线26.5m处;北边跨采用混凝土主梁,长251.5m;中跨和南边跨采用钢主梁,全长1193.5m。

主桥桥型布置图如图2-3-6所示。

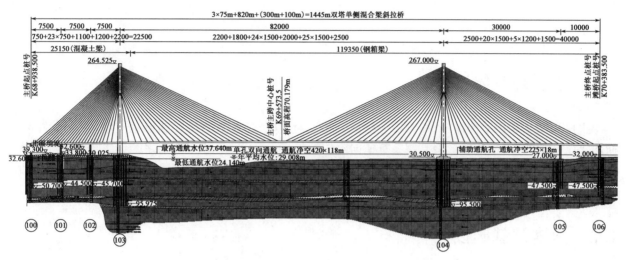

图2-3-6 主桥桥型布置图(尺寸单位:cm;高程单位:m)

4) 滩桥桥跨布置

滩桥位于滩地上,综合考虑防洪、施工方案、经济性等因素,标准段采用了50m等截面预应力混凝土箱梁,桥跨布置为5×50m+5×50m+5×50m。跨堤孔桥上部结构采用(50+80+50)m悬臂浇筑预应力混凝土变截面连续箱梁。

滩桥桥型布置图如图2-3-7所示。

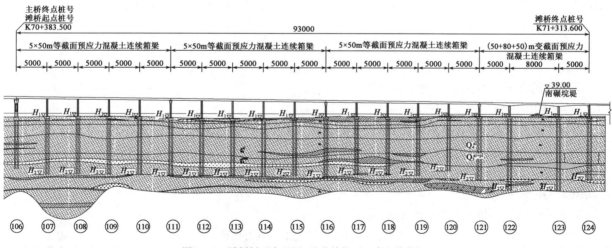

图2-3-7 滩桥桥型布置图(尺寸单位:cm;高程单位:m)

4 主桥结构设计

4.1 结构约束体系

主桥采用半漂浮结构体系,在索塔下横梁处和各辅助墩、过渡墩处设置球形钢支座;在索塔处设置横向支座,同时过渡墩处球形钢支座具有横向限位功能;索塔下横梁处与主梁之间设纵向黏滞阻尼器。在南辅助墩、南过渡墩墩顶钢箱梁内设置混凝土压重块,避免施工期、运营期出现支座上拔力。主梁北、南两端、过渡墩顶各设一道伸缩缝,其不受约束的伸缩总量分别为1440mm和1840mm。

4.2 索塔及基础设计

4.2.1 索塔基础方案比选

1) 主要因素分析

(1) 地质条件

本桥桥址处地质钻探深度范围内未见基岩,基岩埋藏深,无法直接作为基底的持力层。持力层基本以粉细砂为主,地层分布比较稳定,层厚比较均匀,因此基础不均匀沉降相对较小。

(2) 水文及冲刷条件

北塔位于常水位时的滩地陆地上,地面高程约35.2m,一般情况下不被水淹没。采用桩基础方案对应的冲刷计算总深度为3.64m;南塔位于浅水区,河床面高程约26.3m,常水位水深3m左右,采用桩基础方案对应的冲刷计算的总深度为24.97m。

(3) 船舶撞击作用

根据专题研究成果,北塔横桥向船撞力为16MN,南塔横桥向船撞力为28MN。

2) 基础结构方案比选

结合建设条件,以南塔为研究对象,对沉井基础和桩基础两种形式进行比选。沉井基础方案总体构造如图2-4-1所示。

沉井基础方案和桩基方案综合比选见表2-4-1。

沉井基础方案和桩基方案综合比选　　表2-4-1

比选内容	沉井方案	桩基方案
方案特点	整体性好、刚度大,可承受较大的竖向荷载及水平荷载	整体性相对较差,可承受较大的竖向力和水平荷载
地质适应性	适应性较好,由于地质条件差,无良好持力层,埋深较深,沉降相对较大	摩擦桩地质适应性较好,基桩深度大,地层均匀,不均匀沉降相对较小
施工难度	施工中需要大型锚碇系统,浮运和下沉对施工场地和条件也有较高要求,同时沉井的加工制造、浮运定位、施工下沉均需要较高的技术水平,对施工单位的能力和施工手段、施工设备有较高要求	为普遍采用的深基础形式,江河湖海已建桥梁绝大多数采用此类基础,百米以上的桩设计和施工中也已经积累了丰富的经验,是可靠的基础形式

续上表

比选内容	沉井方案	桩基方案
施工对通航影响	由于锚碇系统需要设侧向锚缆,并且其长度超过300m,因此施工期间对通航的影响相对较大	桩基础布置比较灵活,形式多样,针对不同地质情况进行调整比较容易,对通航影响较小
防船撞能力	本桥船撞力不是基础受力的控制工况,沉井抵抗水平荷载的优势不能充分发挥	承受水平荷载和冲击荷载的能力不如沉井基础,但考虑本桥的船撞荷载相对较小,采用桩基础更能体现出经济性
冲刷影响	冲刷深度和范围均较大,若采用沉井基础,初步估算冲刷深度将达到50m以上,在桥位处河槽本身存在不稳定因素,会对河床产生较大影响	冲刷影响相对较小,南塔冲刷深度26m左右,对河床演变影响小
工程量及经济性	需要混凝土 58843m^3,回填 47005m^3,开挖土方 105848m^3。造价高	桩基及承台需要混凝土梁 45500m^3
比选结论	不具优势	综合较优

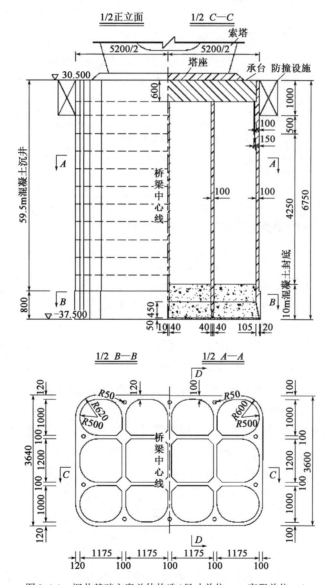

图 2-4-1 沉井基础方案总体构造(尺寸单位:cm;高程单位:m)

由表 2-4-1 可知,相对桩基础而言,沉井基础沉降相对较大;沉井的加工制造、浮运定位、施工下沉均需要较高的技术水平,并对通航的影响相对较大;沉井基础对河床冲刷影响大;其优点是防撞能力强,但本桥船撞力相对较小,不是基础受力的控制工况,沉井抵抗水平荷载的优势不能充分发挥。经综合比较研究,索塔基础最终推荐采用桩基础方案。

3)桩基础方案桩基直径比选

对大型摩擦桩群桩基础,由定性分析可知,在混凝土用量一定的情况下,桩径越小,表面积越大,提供的侧摩阻力越大。但桩径小,需要的桩基根数会增加,相应承台尺寸和体积增大,进而增加施工周期和施工费用。由于基础施工需要尽量在枯水期完成,因此应尽量减小桩基根数,设计阶段对直径2m、2.2m、2.5m三种桩基直径方案进行了工程量对比,见表2-4-2,进一步综合考虑结构构造、冲刷、施工、工期、经济性等,最终推荐采用直径2.5m方案。

桩径比选　　　　　　表2-4-2

桩径方案	方案一:2m	方案二:2.2m	方案三:2.5m
承台尺寸(m)	54×39	53.7×37.2	60.75×35.75
桩基根数	84	66	56
桩长(m)	120	120	120
承台混凝土(m^3)	16272	15405	16955
桩基混凝土(m^3)	31651	30091	32970
钢筋(t)	4471	4245	4658
冲刷	三个方案差别不明显,方案二相对较优		
施工	技术成熟,平台规模均较大,处于同等规模		
工期	相对较长	相对较快	
经济性	一般	较好	较好

4.2.2 河势稳定风险分析及北塔基础冲刷应对措施

1)风险分析

(1)桥位河段河势稳定性总体情况

历史上,桥址河段河势极不稳定,曾多次发生裁弯取直和撇弯切滩的剧烈演变。桥址所在的石首河段,在1998年前岸线、深泓变化剧烈。

荆江裁弯取直以后,该河段已逐渐完成了河势的调整。当前的河势是藕池口河段主流稳定在倒口窑心滩和新生滩的左侧,主流出石首弯道后向左过渡进入碾子湾弯道,经过柴码头顺直过渡段,进入金鱼沟弯道。近期河床演变主要表现在河床冲淤和洲滩消长变化,左岸深槽基本稳定,右岸南碾子湾边滩随来水来沙条件的变化而发生冲淤变化。

2001年以来,在工程河段上游向家洲左、右岸实施了一定的护岸工程后,工程河段的河势逐步得到控制,岸线、主泓线逐渐趋于稳定。北碾子湾处已经发展成曲率半径6400m左右、较为理想的弯道。三峡水库蓄水以来,河床在一定时期内将继续冲刷。

石首弯道切滩撇弯后,主流顶冲点在北门口附近,然后向鱼尾洲至天星堡一带过度,之后贴北碾子湾至柴码头凹岸下行,这种态势是较为理想的河势。碾子湾桥位处在碾子湾水道的弯道中部,深泓易于稳定,为最理想桥位。

(2)建桥同步采取的河势稳定措施

本项目实施的同时,采取有利于河势稳定的措施。设计阶段委托开展了桥轴线上下游一定范围内南碾子湾边滩守护、堤坡防护、重要工点处防渗加固等专项设计,防止河势向不利方向发展,防止桥梁工点处的局部冲刷。设计方案通过行业组织的专项审查。在桥梁建设的同时,同期实施。

综上所述,本项目的修建不会对该河段的河势产生影响,河势将是稳定的。因此,在该河段整体河势稳定的前提下,北塔所设置的具体位置不会因河势变化对其产生根本性的安全性问题。但应关注后期可能存在的局部岸坡破坏或冲刷带来的安全风险,并需采取必要的应对措施。

2)应对措施

在上述总体控制河势变化措施的基础上,对北塔位置及基础设计还采取了进一步的措施,以降低可能存在的局部岸坡破坏或冲刷导致的安全风险。主要体现在:

(1)在外业验收前设计方案的基础上,根据有关意见,将北塔中心位置在桥轴线上往北侧移动10m,使北塔位置进一步远离深槽和河床边坡。调整之后北塔中心线距桥轴线河床最深处(高程约0m)的水平距离为100m左右。结合桥梁总体跨径的合理布置、结构设计、近北碾埝堤桥墩的位置等综合考虑,北塔向北移动10m已是极限值,难以再往北移动。

(2)根据工程可行性研究阶段的水文专题研究报告及初设阶段的进一步计算分析,北塔位置理论的累计最大冲刷值为3.64m。理论上讲,桥梁基础的受力按该值进行计算分析来指导设计是满足要求的。鉴于该河段河势变化风险和河床局部不利冲刷的可能性对于"百年大计"工程带来的安全风险,结合多次会议各方面专家提出的建议和指导性原则,对于本桥,"在建设期间,偏于保守考虑,适当加大投入,以降低安全风险"的理念是合适的。为此,设计按照北塔位置最大冲刷值为20m来进行基础受力计算和设计。该处地面高程约35.2m,考虑20m最大冲刷,相当于桩基自由长度约9m。假设现北侧河床边坡形态不变,相当于现河床往北移动约68m。一般来讲,在该河段整体实施边滩守护、航道整治,以及与桥梁建设同步实施边滩守护、堤坡防护、重要工点处防渗加固的前提下,如此大距离的深槽整体北移是非常小概率事件,反而言之,北塔运营期的安全是有足够保证的。

(3)北塔基础的施工对边坡带来的不利影响是短期的、临时性的,而且,在施工期间,要按照专项设计要求,实施保障基坑、边坡等安全的临时工程,并最终实施完成边滩守护、堤坡防护、防渗加固等工程。因此,北塔基础施工期间的安全也是有保证的。

(4)结合专题研究对索塔桩基础实施了压浆措施,在适度优化桩长的前提下,实际上进一步加大了桩基础的承载能力。

(5)运营管理方面,将桥位区一定范围及重要工点(含北塔基础)的冲刷监测纳入全桥运营期健康监测系统,以及时准确掌握河势及重要工点冲刷状态,进而做好防冲刷及桥梁运营管理方面的预案准备。

4.2.3 索塔基础设计

南、北塔基础结构相同,均采用圆端矩形承台,平面外轮廓尺寸为67.5m×35.75m,一级承台厚度为7m,二级承台厚度为2.5m,基础均采用58根直径2.5m钻孔灌注桩基础,持力层为密实的粉细砂,按摩擦桩设计。基于理论计算的桩长达125m以上,为缩短桩长,降低成孔施工质量的安全风险,桩端采用了后压浆提高竖向承载力技术,并开展了试验研究,基于研究成果并综合考虑,优化后的桩长采用119m。桩基试验研究得出的压浆施工工艺和技术参数直接用于指导施工。

索塔基础构造如图2-4-2所示。

4.2.4 索塔桩基后压浆技术

1)技术需求

桥址区揭露的地层均为第四系松散沉积物,基本全为粉细砂层,属于超厚软弱地层。基础设计采用钻孔灌注桩方案,桩径为2.5m,桩长125m。在方案既已确定的前提下,提高钻孔灌注桩竖向承载力的措施主要是改良地基特性,提高其物理力学参数,从而提高桩端抗压承载能力和桩侧摩擦承载能力,并减小桩基沉降。改良地基的工程措施主要是采用压浆加固技术。桩端后压浆是指通过压浆管对桩端土层进行压浆,压浆后不仅会提高桩端土的性状,而且会提高浆液上返段桩体的侧摩阻力。

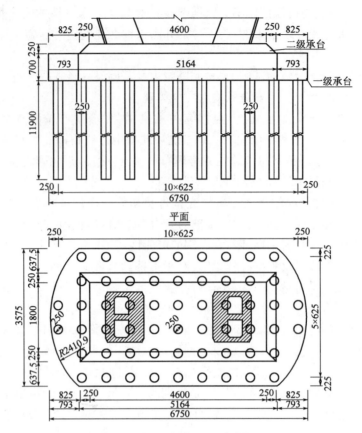

图 2-4-2 索塔基础构造(尺寸单位:cm)

2)桩基试验

主桥试桩根数共 6 根,编号为 SSSZ01~06,分布于南北桥塔的边跨侧,桩径 2.2m/2.0m,桩长 90~120m 不等。采用自平衡法进行测试。对 SSSZ01~02 加载一次,待压浆达到强度后直接进行静载试验,对 SSSZ03~06 加载两次,第一次静载试验完成后进行桩端压浆,待达到强度后再进行第二次静载试验。试桩侧阻力、端阻力及其比例见表 2-4-3,各试桩等效转换 Q-s 曲线如图 2-4-3 所示。

试桩侧阻力、端阻力及其比例 　　表 2-4-3

桩号	压浆前			压浆后			侧阻提高(%)	端阻提高(%)
	总侧阻	总端阻	端阻力所占比例(%)	总侧阻	总端阻	端阻力所占比例(%)		
SSSZ01	—	—	—	62869	16654	20.94	—	—
SSSZ02	—	—	—	67914	22930	25.24	—	—
SSSZ03	44034	1903	4.14	100574	14963	12.95	128.40	686
SSSZ04	48244	8871	15.53	100320	17623	14.94	107.94	99
SSSZ05	46222	6003	11.49	84663	16782	16.54	83.16	180
SSSZ06	46472	4427	8.70	85258	13861	13.98	83.46	213

3)桩长优化与技术应用

基于研究成果并综合考虑,优化后的桩长采用 119m。桩基试验研究得出的压浆施工工艺和技术参数直接用于指导施工。还自主研发了自动控制器及数据采集系统,通过流量计、压力计及电子称重计等电子设备记录现场压浆数据,并由电子计算机统一控制,可将现场记录数据通过无线传输,实现远程同步接收,便于远程监控。

桩基后压浆技术研究及应用详见第 5 篇相关内容。

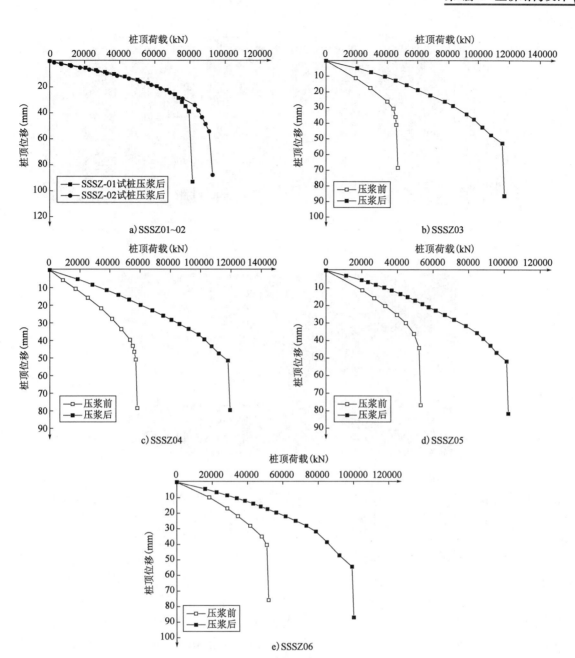

图 2-4-3 各试桩等效转换 Q-s 曲线

4.2.5 索塔塔身设计

1）索塔建筑造型设计

索塔造型在整座桥梁的建筑景观设计中占有重要的地位。对索塔造型进行美学上的分析，应和当地人文、周边环境和历史文脉相结合。本项目属超大跨桥梁，索塔的造型设计受结构力学的限制较大，只能在宏观结构立体构成上来研究。就已建成的大跨桥梁而言，门形、A 形、H 形、钻石形、倒 Y 形、独柱形等各种造型的塔形都有实施先例（图 2-4-4）。为避免与桥址附近桥梁雷同，经研究首选钻石形塔。

基于更加便于施工和利于工期的考虑，决策采用独柱型上塔柱而成为常规的钻石形索塔（图 2-4-5）。

2）索塔结构设计

经综合研究比较，确定北、南索塔均采用倒 Y 形下塔柱内收腿造型的钢筋混凝土框架结构。采用收腿的下塔柱方案以适应整体的群桩基础和承台，避免了不收腿方案带来的必须采用分离式基础或扩大整体式基础的规模。桥面以上索塔塔柱的高度依据合理的塔高与跨径比确定。

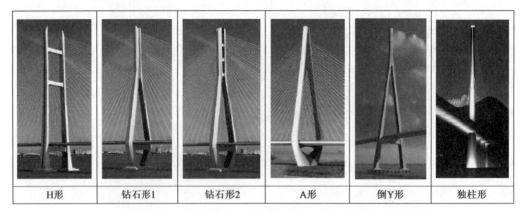

图 2-4-4　索塔建筑造型方案

图 2-4-5　索塔建筑造型实施方案

最终确定的结构方案为：北塔总高232m，南塔总高234m，南、北塔除下塔柱高度不同外，其余构造均相同，上塔柱（含塔冠）高73.5m，中塔柱（含中、上塔柱过渡段）高125m，北塔下塔柱（含下横梁）高33.5m，南塔下塔柱高35.5m，索塔在桥面以上高度约为198.2m，高跨比为0.242。

塔柱采用空心箱形断面，上塔柱横桥向尺寸由9m变化到12m，顺桥向为等宽8.5m，塔柱两个方向的壁厚均为1m；中下塔柱横桥向尺寸由6.6m变化到10m，顺桥向尺寸由8.5m变化到13m；中塔柱顺桥向壁厚1.2m，横桥向壁厚1.1m；下塔柱两个方向的壁厚均为1.8m；下塔柱底设2m高实心段，为保证下塔柱能够抵抗船舶撞击力，下塔柱底部实心段以上至高程42m的范围设1道1.5m厚的隔板。上、中塔柱连接段设两道厚度2m的横隔板予以加强，连接段上部设高度0.5m、宽度4.4m的混凝土垫块用于支撑1～3号斜拉索锚块。

为平衡钢锚梁使用过程中出现的不平衡力，增强结构的耐久性，并考虑断索、换索等工况，在上塔柱锚固区范围的塔柱截面内设置了一定数量的预应力。

索塔横梁采用箱形断面，高8m，顶宽11.558m，底宽11.783m，腹板、顶底板壁厚均为1m，在主梁支座处设2道壁厚1m的竖向隔板，横梁内布设15-22预应力钢绞线。

北索塔塔身构造如图2-4-6所示。

4.2.6　索-塔锚固设计

设计对钢锚箱和钢锚梁两种结构方案进行了综合比选，确定采用钢锚梁方案，通过钢牛腿与塔壁连接传力；钢牛腿通过焊接与壁板上的开孔板连接件与混凝土塔壁实现连接。第1～3对（NA01～03、NJ01～03、SJ01～03、SA01～03）斜拉索由于与竖向角度较大，直接锚固在混凝土底座上；第4～26对斜拉索锚固在钢锚梁上，每个桥塔设置23个钢锚梁（图2-4-7）。钢锚梁施工过程中一端固定，一端滑动，滑动端交错设置。全桥斜拉索张拉完成、桥面二期恒载施工完毕后，拧紧滑动端钢锚梁与钢牛腿间高强螺栓,完全锁死锚梁与牛腿间的相对滑动。

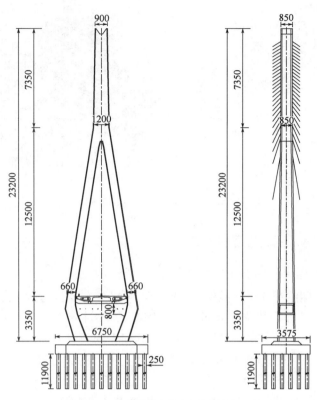

图 2-4-6　北索塔塔身构造(尺寸单位:cm)

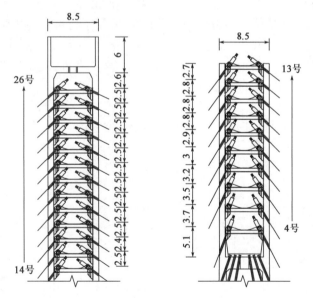

图 2-4-7　钢锚梁布置图(尺寸单位:m)

每个钢锚梁锚固4根斜拉索,两侧锚梁横向通过板件连成整体。斜拉索竖向分力通过锚梁上锚固构件完全地传递至牛腿;斜拉索的大部分横桥向水平分力由钢锚梁横向连接板承受;斜拉索的顺桥向水平分力分为两部分,恒载索力由钢锚梁承担,后期使用荷载索力由钢锚梁与塔壁共同承担。钢锚梁-钢牛腿组合索塔锚固构造如图 2-4-8 所示。

本桥设计专门对钢壁板与混凝土塔壁结合的受力机理以及混凝土塔壁的抗裂性进行了研究,钢壁板与混凝土塔壁采用了开孔板连接件的新型结合形式(图 2-4-9),完全取消了剪力钉,并专门开展了局部模型试验研究,验证了该结构的安全性与合理性。

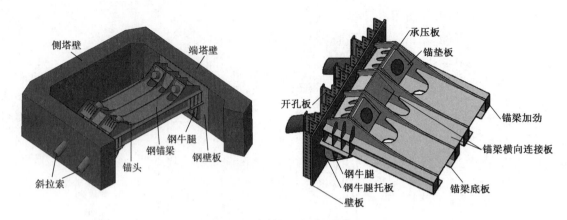

图 2-4-8　钢锚梁及钢牛腿构造图

4.2.7　索塔锚固新型钢-混凝土结合技术

1）新型钢-混凝土结合构造的提出

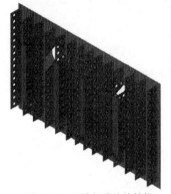

图 2-4-9　开孔板式连接结构

在以往的项目中,钢牛腿的钢壁板与混凝土塔壁间采用焊钉连接件(剪力钉)进行结合,由钢牛腿传递而来的拉索全部竖向分力以及部分水平分力都由钢壁板上的剪力钉传给混凝土塔壁。剪力钉不仅受到很大的竖向剪力,而且还受到水平向剪力作用,特别是在牛腿承载面附近钢壁板上的剪力钉,还可能承受拉拔力,而在剪力和拉拔力共同作用下,加之剪力钉作用力分布的不均匀性,剪力钉的抗剪承载能力大受影响,有时达不到设计预想的结果。

基于上述认识,专门对钢壁板与混凝土塔壁结合面受力机理以及混凝土塔壁的抗裂性进行了研究,采用了抗剪能力更强、抗剪和拉拔力分布更均匀的开孔板连接件(PBL剪力键)的新型结合形式,完全取消了剪力钉。

对两种方案进行了剪力键受力规律进行了对比计算,如图 2-4-10、图 2-4-11 所示。

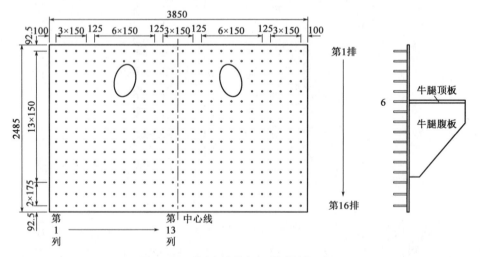

图 2-4-10　剪力钉连接方案(尺寸单位:mm)

计算表明:成桥索力作用下,两种方案连接件受力分布规律基本相同。连接件竖向剪力和拉拔力沿塔横向均呈"四峰"分布,即在牛腿腹板对应位置处达到峰值;连接件竖向剪力整体沿塔竖向从上往下越来越大,但牛腿腹板附近连接件在牛腿顶板附近会出现峰值剪力;连接件拉拔力沿塔竖向从上往下先增大后减小,均在牛腿顶板对应位置出现拉拔力峰值。

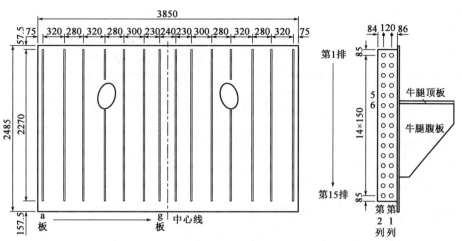

图 2-4-11　开孔板连接件连接方案(尺寸单位:mm)

成桥索力作用下两种方案的连接件受到的最大竖向剪力和拉拔力有所差异。由表 2-4-4 可知:方案一焊钉连接件最大竖向剪力为 30.4kN,最大拉拔力为 18.9kN。方案二开孔板连接件最大竖向剪力为 32.0kN,比焊钉方案大了 5.3%;最大拉拔力为 15.0kN,比焊钉方案小了 20.6%。

连接件最大竖向剪力和拉拔力　　　　　　　　　表 2-4-4

连 接 方 式	最大竖向剪力(kN)	最大拉拔力(kN)
焊钉	30.4	18.9
开孔板	32.0	15.0

2)物理模型试验研究

选取索力最大的锚固节段进行局部模型试验,相关内容见第五篇。

3)受力验算

实桥结构计算分析结论:在预应力、自重、索力和整体升温共同作用下,连接件最大竖向剪力为 71.7kN,最大横桥向剪力为 48.7kN,最大拉拔力为 18.7kN;钢锚梁最大 Mises 应力为 190MPa,钢牛腿最大 Mises 应力为 180MPa;混凝土主拉应力不超过 1.84MPa,最大主压应力为 7.5MPa。锚固构造的结构受力满足要求。

4.2.8　索塔防腐涂层设计

1)涂装部位及腐蚀环境

对索塔塔身所有外表面进行涂层防腐,包括南、北塔的塔柱及下横梁。

根据项目所处环境条件和《混凝土桥梁结构表面涂层防腐技术条件》(JT/T 695—2007),本桥腐蚀环境类型采用Ⅲ-1 级和 Im1 级强腐蚀环境。根据现场条件及水文条件,除南塔塔柱底部约 5m 范围按表湿区外,其余均按表干区采用。

2)防腐涂层体系

索塔混凝土表面涂层防腐体系方案见表 2-4-5。

索塔混凝土表面涂层防腐体系方案　　　　　　　　　表 2-4-5

部　　位		涂料种类	涂料名称	涂装道数及最低干膜厚度
表干区	除表湿区外的南、北塔柱及下横梁外表面	底涂层	环氧封闭底漆	≤50μm
			环氧腻子	填补、刮涂
		中间涂层	环氧树脂漆	140μm
		面涂层	四氟型高耐候自洁性氟碳面漆	60μm
		总干膜厚度*		不低于 200μm

续上表

部 位		涂料种类	涂料名称	涂装道数及最低干膜厚度
表湿区	南塔塔柱底部约5m范围外表面	底涂层	湿固化环氧封闭底漆	≤50μm
		中间涂层	湿固化环氧树脂漆	250μm
		面涂层	四氟型高耐候自洁性氟碳面漆	70μm
		总干膜厚度*		不低于320μm

注：*由于底涂层会渗入混凝土结构中，一般底涂层不计入总干膜厚度。

3）技术要求

(1)涂层体系防腐寿命为长效型(H)20年。

(2)涂层体系设计方案参考《混凝土桥梁结构表面涂层防腐技术条件》(JT/T 695—2007)中S3.07和S3.08。

(3)混凝土表面涂层颜色采用《漆膜颜色标准样卡》(GSB 05-1426—2001)中的72B03淡灰。

(4)混凝土防腐涂层的材料、施工、质量控制、试验检验、管理维修、安全卫生和环境保护等技术要求遵照相关标准、规范、规程执行。

4.3 桥墩及基础设计

北辅助墩及北过渡墩采用混凝土片墩，横向两片墩分离，墩身为空心矩形截面，墩身设置竖直装饰槽。北辅助墩墩身横桥向宽6m，顺桥向厚4m；北过渡墩横桥宽度及顺桥厚度在墩顶4.05m范围内顺桥向自下向上以斜直线形式加厚，横桥向宽8.65m，墩顶顺桥向厚6m，墩底截面横桥向宽6m，顺桥向厚4.5m，墩顶接北引桥侧设置盖梁，盖梁横桥向宽度15.65m，顺桥向厚2.1m；北辅助墩及过渡墩承台均为矩形，平面尺寸为9.2m×9.2m，厚3.3m，单幅墩采用4根直径2.2m的钻孔灌注桩。北辅助墩桩长75m，北过渡墩桩长80m，持力层均为密实的粉细砂，均按摩擦桩设计。北过渡墩及基础构造如图2-4-12所示。

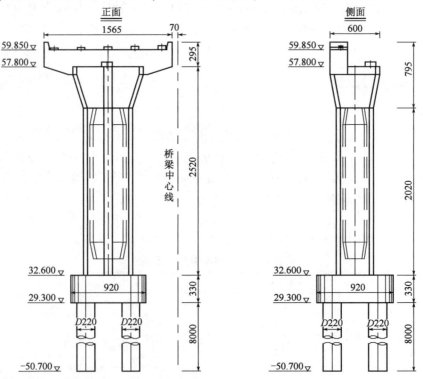

图2-4-12 北过渡墩及基础构造(尺寸单位：cm；高程单位：m)

南辅助墩采用混凝土片墩，横向两片墩分离，承台采用整体结构，平面尺寸为31.5m×15m，厚4.5m，基础采用16根直径2.2m的钻孔灌注桩，桩长70m。南过渡墩采用混凝土片墩，横向两片墩分离，墩身横桥向宽6.5m，顺桥向厚5m，承台采用整体结构，平面尺寸为31.5m×9.5m，厚4.5m，基础采用12根直径2.2m的钻孔灌注桩，桩长75m。持力层均为密实的粉细砂，按摩擦桩设计。南过渡墩及基础构造如图2-4-13所示。

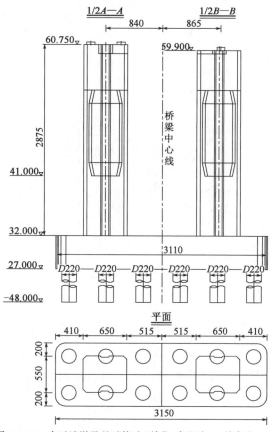

图2-4-13　南过渡墩及基础构造（单位：高程为m，其余为cm）

4.4　主梁设计

根据主桥桥型布置，主梁采用钢-混凝土混合梁结构。北边跨位于岸上，考虑经济性、施工便利性和结构受力等因素，选用预应力混凝土箱梁，边、中跨比0.274；南边跨和中跨主梁采用外形统一的钢箱梁。与整体式箱断面相比，PK断面混凝土箱梁施工便利、抗裂性更好，PK断面钢箱梁桥面散热好，因此混凝土箱梁和钢箱梁均采用双边箱的PK断面，即采用分离式双边箱断面，两边箱之间以横梁相连接。南塔区和南边跨墩顶考虑支座和阻尼器安装、施加压重混凝土等构造需要，在箱梁底面中央区增设一道水平封闭底板，为单箱三室断面。主桥箱梁全宽38.5m，至索塔区缩窄为35.98m，钢箱梁顶板顶缘至底板顶缘的高度3.8m，钢混结合段箱梁外轮廓梁高3.822m（对应的预应力混凝土箱梁外轮廓梁高3.822m）。

4.4.1　钢箱梁

1）钢箱梁梁段划分

根据桥梁结构特点、桥位自然条件、运输设备及起吊能力、架设工期等因素，全桥钢箱梁共划分为15类84个梁段。标准梁段长15m，共66个，最大吊装重量316.6t；中跨合龙段梁段长12.4m，吊装重量236.8t；钢混结合段梁段长5.2m，吊装重量224.6t；全桥梁段最大吊装重量316.6t，最小吊装重量224.6t。

主桥钢箱梁梁段划分如图2-4-14所示。

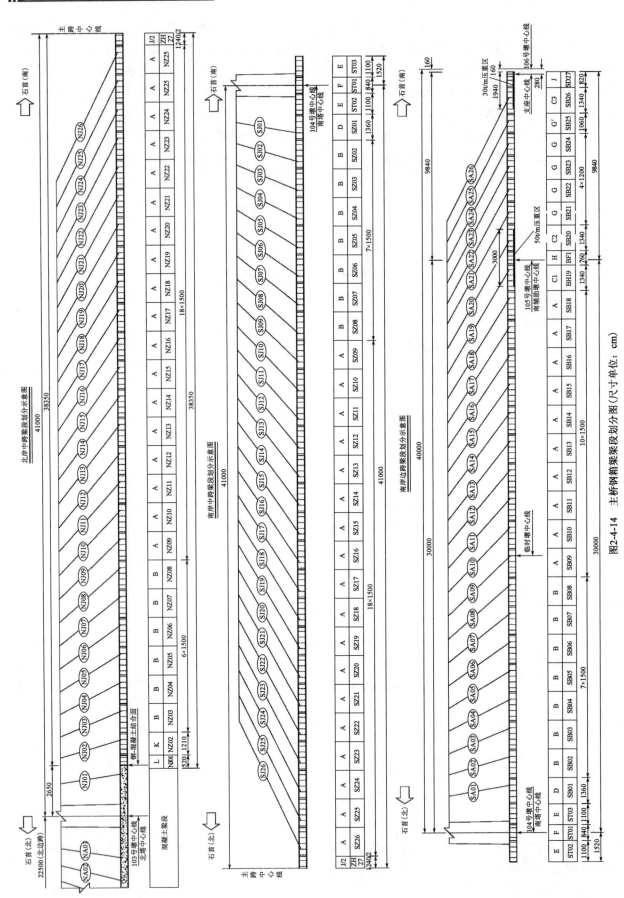

图2-4-14 主桥钢箱梁梁段划分图 (尺寸单位: cm)

2)钢箱梁构造

(1)钢箱梁截面全宽38.5m(包括2×2.5m锚索区和风嘴区),至索塔区缩窄为35.98m,桥面中心处轮廓梁高3.822m;钢箱梁标准横断面如图2-4-15所示。

(2)钢箱梁由桥面顶板、底板、内腹板、外腹板、横隔板(横梁)、风嘴、索梁锚固构造等组成,斜拉索锚固于风嘴处的外腹板上。标准梁段板厚如下:顶板厚16～20mm,标准梁段U形加劲肋上口宽300mm,下口宽180mm,肋厚8mm,肋高296～300mm,肋中心标准间距为600mm;水平底板厚18～22mm,斜底板厚16～22mm,底板U形加劲肋上口宽250mm,下口宽400mm,肋厚8mm,肋高260mm,肋中心标准间距为790mm、800mm;内腹板除在支座区、钢混结合段处板厚分别采用24mm、20mm以外,其余板厚均在14～18mm之间,内腹板内侧设置多道平板肋加劲;外腹板板厚36mm,内侧设置2道240mm×24mm平板肋进行加劲。标准梁段长15m,内设5道实腹式横隔板,间距3.0m;有斜拉索处横隔板厚16mm,无斜拉索处横隔板厚12mm,与顶板U形加劲肋连接区域的上连接板厚20mm;索梁锚固方式为钢锚箱式。

(3)钢箱梁主体结构材质采用Q345qD,采用TMCP技术轧制生产工艺,风嘴等附属结构采用Q235C,钢箱梁吊点、后锚点、临时匹配件等采用Q345D。主桥钢箱梁外表面采用电弧喷涂+油漆涂装体系,内表面采用油漆涂装体系+抽湿系统。

(4)全桥在中跨设置2台钢箱梁检查车,南边跨设置2台箱梁检查车,全桥共4台。

钢箱梁标准横断面如图2-4-15所示。

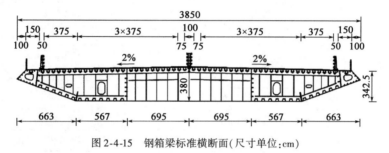

图2-4-15 钢箱梁标准横断面(尺寸单位:cm)

3)U肋与桥面板连接工艺要求

为提高桥面系抗疲劳性能,U形加劲肋与顶板间的组装间隙全长范围内不得大于0.5mm,U形加劲肋与顶板间纵向焊缝采用熔透型、双面成型焊接工艺;横隔板与顶板及U形加劲肋间的组装间隙不得大于1.0mm,两者之间应采用带坡口的角焊缝焊接,从顶板到U肋应连续施焊至弧形缺口端部,在U肋与顶板交接处80mm范围内不得起熄弧;横隔板与U肋间的焊缝距离弧形缺口70mm范围在横隔板上开5mm的双面坡口,并1:8平顺过渡(即40mm),在弧形缺口端部围焊,同时应打磨匀顺。对横隔板与U肋相交处的弧形缺口棱边应打磨倒圆角,半径≥2.0mm,弧形缺口不得有凸凹等缺口,否则应打磨匀顺。详见图2-4-16。

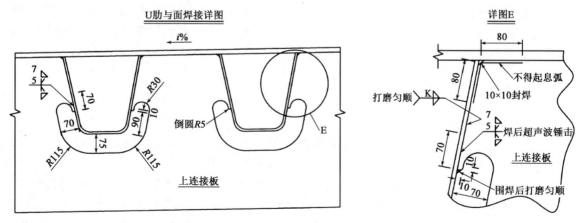

图2-4-16 U肋与顶板、U肋与横隔板连接详图(尺寸单位:mm)

4)钢箱梁防腐体系

钢箱梁及桥面系的防腐蚀设计采用长效防腐涂装方案,防腐年限要求如下:

(1)钢箱梁外表面(不含行车道钢桥面)、桥面系钢构件采用电弧喷涂方案,要求防腐年限大于30年。

(2)钢箱梁和风嘴内表面采用除湿系统+涂料涂装方案,要求防腐年限大于50年。

(3)钢桥面防腐蚀涂层年限应与桥面铺装寿命保持一致。

钢箱梁、桥面系钢构件各部位防护涂装方案见表2-4-6。

钢箱梁、桥面系钢构件各部位防护涂装方案 表2-4-6

防腐方案	涂层及涂装要求	设计值	场地
钢箱梁(除桥面)外表面	表面净化处理	无油、干燥	厂内
	二次表面喷砂处理	Sa3级、Rz60~100μm	厂内
	电弧喷铝	≥200μm	厂内
	环氧封闭漆	用量0.08kg/m²,无厚度要求	厂内
	环氧云铁厚浆中间漆	≥1×80μm	厂内
	脂肪族聚氨酯面漆	≥1×40μm	厂内
	脂肪族聚氨酯面漆	≥1×40μm	现场
钢箱梁及风嘴内表面,湿度应小于50%	二次表面处理	Sa2.5级	厂内
	环氧富锌底漆	≥2×40μm	厂内
	环氧厚浆漆	≥2×80μm	厂内
钢桥面	手工动力除锈	St2(未锈蚀拉毛,锈蚀部位除锈)	厂内
	醇溶性无机硅酸锌车间底漆	锈蚀部位	厂内
	环氧铁红防锈漆(临时防护)	≥2×40μm	厂内
	全自动抛丸处理	Sa2.5级、Rz25~60μm	现场
	环氧富锌底漆	≥2×40μm	现场

(4)钢材表面预处理和车间底漆涂装由钢构件加工单位完成,钢板进场经辊平后表面预处理Sa2.5级,涂装醇溶性无机硅酸锌车间底漆一道。节段焊接工作完成,钢桥面应对工序间防锈的车间底漆进行拉毛处理,锈蚀部位进行除锈补涂车间底漆,再涂装临时性防护漆(环氧铁红防锈漆);为保证锚箱、腹板内侧、边棱角及难于喷涂到的部位等处的漆膜厚度,应根据钢板焊接顺序,适时将这些部位先行涂装。

在车间进行涂装施工时,梁端应预留10cm不做涂装,以免影响现场焊接。在现场焊接工作完成后,焊缝部位经动力机械处理达到St3级,按上述方案进行涂装。钢箱梁工地横向环缝焊接完毕,在完成必要的处理和质量检测后,将被U肋封闭的顶、底板内表面完成涂装后,方可连接U肋嵌补段。

高强螺栓拼接摩擦面:表面处理Sa3.0级后火焰喷铝160μm,其表面抗滑移系数应不小于0.55,工地施拧前还应复验,不小于0.5。高强度螺栓施拧完毕,喷铝面应及时封孔,剩余防腐蚀涂层按钢箱梁外表面涂装方案执行。

4.4.2 北边跨混凝土主梁

1)施工工艺设计理念

跨江大桥北边跨PC主梁作为斜拉桥的主梁结构,具有结构构造和预应力体系复杂的特点;结合混凝土初凝、终凝时间特点和拌和运输能力,宜采用分段施工工艺。

分段施工工艺是将梁段按预制或现浇的方式分段连成整体的施工过程。混合梁斜拉桥的边跨PC主梁采用短线法预制和分段现浇施工方法均有成功的案例。2010年建成通车的荆岳长江公路大桥南边跨采用支架上预制、存梁、安装的施工工艺。同期建设的鄂东长江公路大桥采用纵向分段的现浇施工工艺。短线法预制(荆岳长江公路大桥)和分段现浇(鄂东长江公路大桥)施工方案比较见表2-4-7。

短线法预制和分段现浇施工方案比较　　　　　表2-4-7

比较项目	短线法预制(荆岳长江公路大桥)	分段现浇(鄂东长江公路大桥)
设计概况	PC梁跨径布置:(2×75+80+22)m;节段划分:共38个节段,其中2个湿接缝,标准节段长7.5m,最小节段长4.5m,湿接缝长2.5m	PC梁跨径布置:(3×67.5+72.5+12.5)m;浇筑节段划分:(20+2×25+6×22.5+17+2×22.5+16.9)m
施工方案	分段预制、匹配制造、逐段拼装;高空支架预制平台2个,按顺序预制节段,作为匹配梁完成后纵向移至设计位置,逐节段胶拼成跨	分段分层(高度方向分两层)现浇;从交接墩至主墩逐段现浇成跨
地质条件和支架基础设计	覆盖层厚21.1～26.3m,基岩为全强风化、中风化的变余粉砂质泥岩,基岩面平缓。支架基础为预应力管桩,管桩进入强风化岩层深度不小于1～1.5m	覆盖层厚度27～31.8m,基岩为粉砂岩,基岩面较平坦。排架基础为陆上钻孔桩,水中钢管桩,支撑柱桩基础进入弱风化岩
沉降要求	3.75m×21.2m平面不均匀沉降1cm	零沉降,支架杆件挠度不大于相应结构跨度的1/500
标准段混凝土方量	303m³	850m³
支架设计	钢管排架结构,纵向间距6m,横向每排布置4根φ820×10mm钢管立柱	钢管排架结构,纵向间距9～15m,横向每排布置7根φ1228×14mm钢管立柱

短线法预制和分段现浇的比较表明,分段现浇单次浇筑的混凝土方量大,为避免混凝土结构待强阶段的开裂,要求支架基础零沉降,支架杆件挠度不大于1/500跨度,对支架及其基础设计具有极高的要求。短线法要求预制平台零沉降,支架存梁安装时主梁已施加体内预应力,存梁四支点支承平面允许有1cm的不均匀沉降,存梁支架的刚度及基础的沉降要求不高。

短线法预制为节段间匹配制造,可有效消除相邻梁段因龄期差产生的收缩裂纹,且待强阶段梁段可以自由收缩,消除了外界拘束条件下梁段早期开裂的可能;短线法实现工厂化制造,养护、存梁时间长,加载龄期晚,可最大限度降低收缩、徐变对PC梁受力不利的影响。总体而言,短线法预制PC主梁质量可靠,开裂风险可控,对存梁支架刚度要求和地基承载力要求不高,适用范围广。

跨江大桥北边跨PC主梁尾跨跨越长江北碾垸堤,其他位于北岸的高漫滩上,地面高程33.0m左右,近年最大洪水位高程在36.0m以上,即高水位时支架基础均可能被洪水淹没;桥址区揭露的地层均为第四系松散沉积物,岩性主要以粉细砂为主,夹有黏性土及卵砾石层,根据浅层地震结果,桥位区基岩埋深在250m以下,各地层的承载能力低。综合桥址区水文、地质条件,边跨混凝土梁的支架系统达到零沉降的目标要求难度大;结合短线法预制和节段原位现浇施工的优缺点,跨江大桥北边跨PC主梁选择采用短线法预制的施工工艺设计。

2)北边跨混凝土主梁梁段划分

北边跨预应力混凝土主梁采用与主跨钢箱梁外形统一的预应力混凝土箱梁,综合考虑桥梁结构特点、桥位自然条件、施工质量、梁段运输及起吊设备能力、施工工期等因素,采用短线法预制拼装的施工方案。箱梁梁段共划分为14类36个梁段,节段采用整幅预制,采用C55混凝土;标准梁段长7.5m,吊装重量815.7t,其他梁长5.0～7.5m,吊装重量736.1～1046.2t(不含墩顶梁段),最重梁段为墩顶梁段1389.3t。

北边跨预应力混凝土主梁梁段划分如图2-4-17所示。

3)北边跨混凝土主梁梁段构造

箱梁全宽38.5m,至北塔区缩窄为35.5m,标准梁段桥梁中心线梁高3.822m,顶板厚35cm,底板厚40cm,斜底板厚35cm,内腹板厚55cm;根据受力的需要,索塔区和支点区各部位板厚均相应增厚。索塔处横隔板厚2.5m;辅助墩顶横隔板厚2.5m,过渡墩顶梁横隔板厚3.0m,与钢混结合段可相连接的横隔板厚0.8m,其余横隔板厚32cm,顺桥向横隔板标准间距为3.75m(3.0m)。混凝土箱梁标准横断面如图2-4-18所示。

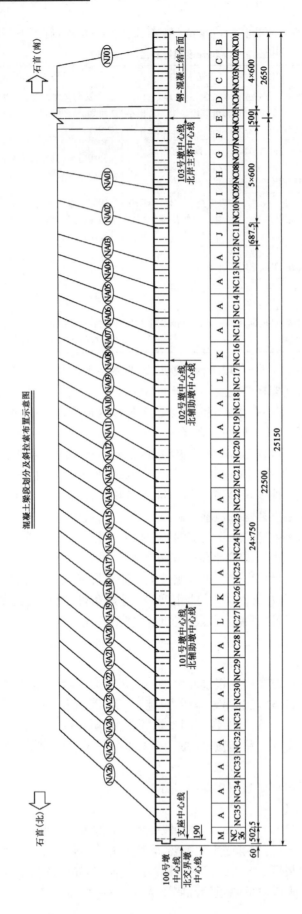

图2-4-17 北边跨预应力混凝土主梁段划分图(尺寸单位:cm)

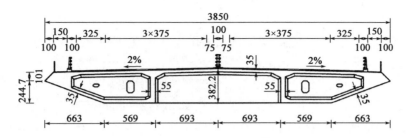

图 2-4-18　北边跨混凝土梁标准横断面(尺寸单位:cm)

箱梁采用三向预应力混凝土结构,纵向预应力分为体内束和体外束,体内束采用 $\phi 50$ 预应力高强钢棒,体外束采用无黏结镀锌钢绞线,每跨混凝土箱梁梁段架设完毕、斜拉索张拉到位后,再张拉该跨体外束。横向预应力采用 $\phi_s 15.2$ 高强低松弛钢绞线,在箱梁顶板、水平底板、斜底板内均有布置;腹板竖向预应力采用单排 $\phi 50$ 预应力高强钢棒。

4)纵向体内预应力选择和主梁预应力体系研究

斜拉桥 PC 主梁需根据受力需要配置大量纵向预应力,北边跨 PC 主梁短线法预制,常规的预应力梁齿块锚固及预应力平弯、竖弯均会影响标准化的预制施工。PC 主梁的预应力体系有钢绞线、高强钢丝和预应力钢棒,其中钢绞线应用最为广泛,高强钢棒主要应用于竖向预应力,高强钢丝因其现场锚固困难应用最少。为方便节段预制施工,以在主梁端面接长、锚固为要求,对钢绞线和高强钢丝的锚固、接长构造进行了优化设计。

预应力钢绞线常规的连接器是夹片式和挤压式在一个带翼锚板上的结合使用,其外形尺寸较大,通过对挤压锚的优化设计,采用带内丝的钢管套将两个优化后的挤压锚具串联,连接器尺寸由挤压锚头外径和连接钢管套的尺寸决定。高强钢丝锚固常为冷铸镦头锚或热铸锚,钢丝束通过连接螺杆连接张拉端和固定端锚杯,通过优化选用钢丝直径和根数,减小钢丝束、连接器及锚固螺母外径。经优化后的钢绞线、高强钢丝和预应力高强钢棒主要参数的比较见表 2-4-8。

预应力体系主要参数比较　　　　　表 2-4-8

主 要 参 数	预应力高强钢棒	钢 绞 线	预应力钢丝
钢束型号	$\phi 50$	15-7	$37 \times \phi 6$
标准抗拉强度(MPa)	830	1860	2060
张拉控制力(kN)	1467	1357	1616
连接器尺寸(mm)	$\phi 85 \times 265$	$\phi 118 \times 420$	$\phi 100 \times 325$
锚固螺母尺寸(mm)	$\phi 95 \times 120$	$\phi 130 \times 70$	$\phi 150 \times 70$
锚固形式	全螺纹钢棒+锚固螺母	挤压锚头+锚固螺母	冷铸镦头锚杯+锚固螺母
接长形式	全螺纹钢棒+外连接套	挤压锚头+外连接套	冷铸镦头锚杯+内连接螺杆
波纹管内径	预应力波纹管内径受钢棒外径控制,≥70mm	预应力波纹管内径受锚头外径控制,≥100mm	预应力波纹管内径受锚杯外径控制,≥110mm

比较表明,钢绞线和高强钢丝锚固、接长构造经优化后,预应力高强钢棒在锚固螺母、连接器外形尺寸及波纹管内径上仍优势明显,且其施工最为简便。经综合比选,PC 主梁的体内纵向预应力选用预应力高强钢棒体系,钢棒材质采用 40CrNiMoA,调质热处理,屈强比不超过 0.85。

主梁纵向预应力选择体内和体外配套的预应力体系。体内预应力钢棒在主梁悬臂拼装中逐步张拉、灌浆和接长,平衡施工中的主梁恒载,并提供压应力储备;体外预应力在一跨完成后张拉,和体内预应力共同平衡二期恒载及活载作用。

5）北边跨混凝土主梁预制、拼装施工要求

预制施工要求为：

（1）箱梁节段预制采用短线浇筑法，梁段预制采用连续浇筑，即将已浇好的梁段作为相邻浇筑块件的端模，依次浇筑相邻梁段。

（2）预制箱梁节段时，匹配梁段与待浇梁段间接缝涂刷专用隔离剂，隔离剂在待浇梁段钢筋骨架入模前涂刷。在梁段分离后，用清水和钢丝刷对匹配梁段和新浇梁段的接头断面进行清洗。

（3）首节梁段剪力键成形采用钢制剪力键模板固定在梁端模板上，在梁段上形成凸形键；作为匹配面时，在待浇梁段上形成凹面键槽，并预留涂胶空隙。节段存放、运输过程应特别注意保护梁端的剪力键，可采用环氧胶对其密封，以免出现损伤。

（4）为减轻墩顶部 K 梁段的吊装、运输重量，对其 HG9 横隔板（厚 2.5m）采取二次浇筑施工，即梁段预制阶段先形成箱形断面，梁段安装后再浇筑箱内填充混凝土。

（5）塔墩顶梁段预制时，应注意预留支座螺栓套筒和灌浆孔和体外束锚具预埋件。

（6）部分梁段横隔板体外束（含备用束）转向器和减振器应注意按图纸进行预埋。

（7）预制节段应注意模板表面处理。混凝土浇筑完毕，应采取可靠措施及时予以保温保湿养护，保温保湿养护周期不少于 12d，存梁周期不少于 3 个月。

（8）箱梁预制过程中，预制模板安装尺寸应充分考虑混凝土收缩和箱梁自重带来的梁段尺寸误差，箱梁预制梁段的检查项目和允许偏差见表 2-4-9。

箱梁预制节段检查项目和允许偏差　　　　　　　　　　　表 2-4-9

检查项目		允许偏差
表面平整度（mm/m^2）		5mm
节段长度		±1mm
断面尺寸	梁高	±3mm
	宽度	+5mm,0mm
	顶、底、腹板厚	+3mm,0mm
孔道位置误差		±3mm
端面垂直度		±3mm
横坡		±0.15%
吊点及其他预埋件位置		5mm
其他要求		见《公路桥涵施工技术规范》（JTG/T F50—2011）第 16.6、17.3 条

（9）过渡墩和索塔梁段的支点横隔板 H10、H11 和梁段风嘴混凝土厚度大，预制时布置冷却水管，减少混凝土水化热造成的影响。

（10）为保证主跨侧 NC01～NC04 梁段移运顺利通过北塔，预制时按两侧风嘴采用后浇处理。

（11）为保证相邻梁段的拼接精度，减少混凝土收缩变形差异，应尽量缩短相邻梁段之间的混凝土龄期差。

北边跨混凝土箱梁采用分段预制、逐段拼装的施工方案；箱梁全宽达 38.5m，梁段长 5.0～7.5m，采用整幅预制，梁段重量 736.1～1046.2t（不含墩顶梁段）。将梁段提升至存梁支架上，存梁时间不少于 3 个月后，从北塔（103 号墩）向北过渡墩（100 号墩）方向逐段拼接成形，施工注意事项如下：

（1）在 100 号墩附近平地上设置预制台座及提升设备，搭设存梁平台和钢管支架。通过提升设备将预制节段逐步提升至存梁平台和钢管支架上进行存放。

（2）存梁、移梁支架必须具有足够的强度和刚度，能满足梁段存梁、移梁、调梁的基本功能，还要满足结构安全和施工监控对支架变形的要求。支架顶面预拱度高程应综合桥面设计高程和支架弹性变形确定,并通过有效预压措施消除支架的非弹性变形。

(3)上构架设流程:①将NC01预制梁段吊装至100号墩墩顶平台上存放,梁段处于四点临时支撑状态,此前梁段顶、底板横向预应力束及横隔板部分预应力束均张拉完成;②将NC01梁段运输至其安装位置存放不少于3个月;③依次将NC02～NC36预制梁段提升、运输至其安装位置存放不少于3个月,梁段均处于四点临时支撑状态,此前梁段顶、底板横向预应力束及横隔板部分预应力束均张拉完成;④首先对NC02～NC36梁段进行试拼(不张拉纵向预应力),将桥面高程、线形控制在规范允许范围内,再将梁段分离;⑤用桥面起重机或浮式起重机将钢混结合段NJ01(钢箱梁L梁段)吊装就位,与支架上已经调整到位的NC01梁段拼接,浇筑NJ01梁段钢格室填充混凝土,张拉体内预应力束,完成钢、混凝土梁段之间的连接;⑥向岸侧拼装NC02梁段,涂抹环氧胶,张拉顶板、底板纵向体内预应力束,完成NC01、NC02混凝土梁段拼装;⑦按上述步骤,向岸侧逐段完成NC03～NC06拼装,张拉NC04～NC06梁段纵向临时预应力,继续按顺序完成NC07～NC36梁段的拼装;⑧逐步安装近塔端第1孔混凝土梁段对应的斜拉索及对应的主跨钢箱梁梁段,混凝土梁段临时支点同步脱离(其中塔区NC01～NC10梁段临时支点暂不脱离),同步张拉第1孔混凝土箱梁横隔板剩余预应力束,最后张拉体外预应力束;⑨按上述步骤,完成远塔端第2、3孔混凝土梁段安装,梁段临时支点同步脱离;⑩塔区NC01～NC10梁段临时支点脱离,解除NC04～NC06梁段纵向临时预应力,主跨钢箱梁合龙;⑪最后一次调整斜拉索索力,主桥贯通。

(4)梁段在吊装至支架存放前,应先完成纵向临时预应力(在临时支点附近的顶底各张拉10束预应力高强钢棒)、横向预应力和竖向预应力张拉(其中横隔板底部预应力按设计图要求进行部分张拉),预应力严格按照设计图纸要求的步骤进行张拉;梁段存放和运输过程中,采用四点支承,保证梁段的平衡稳定,不允许出现跷跷板现象,并在临时支点处加设滑板(或橡胶垫块),以确保箱梁在施加预应力后能自由变形。

(5)梁体运输、拼装及存放过程中均采用四支点支撑保证梁段的平衡稳定,在梁段运输及顶升拼装过程中应对四个临时支点的支座反力进行实时、有效的监控,实际支座反与计算的支座反力差值应控制在±500kN以内,且不允许出现支座脱空现象,因此梁段运输过程中应严格控制左右两条运梁轨道顶面的平行度和平面度。运梁临时支座平面尺寸不宜小于1.0m×1.0m,临时支座采用板式橡胶支座,以降低运梁支点不均匀受力带来的不利影响。

(6)为确保移梁、拼装及存梁过程中梁体局部受力安全,在临时支座处梁体底部增设加强钢板,后期需注意对梁体钢板外露部分进行防腐处理。

(7)梁段运输就位后,梁段拼装连接,撤除临时预应力,张拉纵向预应力(体内束),并按照设计要求张拉剩余的横向预应力束。

(8)主跨侧NC01～NC04梁段运输至主跨侧安装位置后,再浇筑风嘴混凝土,K梁段待安装后再浇筑墩顶HG9横隔板箱内填充混凝土。

拼装施工要求为:

(1)梁段体内预应力管道采用镀锌预埋金属波纹管成孔,在拼接时需妥善处理孔口,可粘贴一块厚10mm左右的经环氧树脂浸泡过的海绵垫圈或其他可靠措施,以防止压浆时出现漏浆及匹配面处串孔、堵孔现象。

(2)梁段匹配面涂环氧树脂作为黏结剂,环氧树脂黏结剂的配合比、配制方法、物理力学性能以及固化时间等应由施工单位根据不同的温度等作业条件做相关试验后确定;环氧树脂黏结剂的胶结强度需满足设计要求,初步固化时间应大于2h,并在24h内完全固化达到胶结强度,确保涂胶、加压等工序在固化前完成。胶层要均匀,厚度控制在2～3mm,且保证有多余环氧树脂从接缝中被挤出。

(3)梁段接缝面必须洁净,除去油污等杂质,混凝土表面应平整,疏松表面层及附着的水泥应清除干净,涂胶前混凝土表面要干燥或烘干。涂胶的混凝土表面温度不宜低于5℃,否则须采取加温措施;在常温条件下,拌制完的环氧树脂宜在45min内涂刷完毕,90min内进行拼接;涂刷过程以及拼装后2h

内采取措施,防止雨水侵入和阳光照射。

(4)为保证两梁段拼接面高程、倾斜度保持一致,减少涂胶后的梁段位置调节时间,应进行试拼装。试拼装时,调整待拼节段高程,将梁段拼接面靠拢,保证梁段拼接面完全匹配,检查梁段块件高程、中线和匹配面的情况,预应力孔道接头对位情况,预应力钢筋及张拉设备是否完善。试拼完成后将移开0.4~0.5m(以方便拼装为准),除纵向进行平移外,梁段的高程和倾斜度不应再重新调整。

(5)环氧胶接缝施工期间,预张拉部分顶板、底板纵向预应力螺纹钢筋,接缝间压应力控制在0.3MPa左右,直至环氧胶固化;预应力螺纹钢筋预张拉完成后,考虑胶接材料的固化时间,12~24h内对剩余预应力钢筋终张拉到位,完成管道压浆。

(6)梁段拼装完毕,对胶缝进行严格防水密封处理。

(7)为保证钢格室内混凝土填充密实,在钢格室顶板处预留有浇筑孔、出气孔和压浆孔,待钢格室混凝土浇筑完成后,应对浇筑孔进行封焊;填充混凝土施工完毕,应采用超声波等物探手段,检查钢格室内混凝土是否完全饱满后,方可进行下一步施工。如发现有不密实的部位,应采用钻孔压浆进行补强,同时还应预留运营期压浆通道。

(8)箱梁拼装过程中,适时监测各设定梁段的几何控制测点,并满足表2-4-10所列误差要求,拼装线形还应满足施工控制指令要求。

梁段拼装过程允许误差　　　　　表2-4-10

项　　目	验收标准
立面高程	±15mm
轴线偏位	10mm
纵向长度	±10mm
横向坡度	±0.001(rad)
纵向坡度	±0.003(rad)
拼缝错台	5mm
其他	见《公路桥涵施工技术规范》(JTG/T F50—2011)第16.6、17.3条

(9)纵向预应力螺纹钢筋张拉时,原则上锚固两个梁段(最后一个锚固梁段除外),即一个拼接面的预应力螺纹钢筋的连接器接长率控制在50%左右。

(10)箱梁施工中应特别注意预埋件的埋设,确保不遗漏,确保尺寸及位置的准确性。所有施工预埋件在施工完成后应予割除,恢复原状,并注意防锈和美观。

4.4.3 主梁钢混结合段设计

混合梁钢混结合段为钢梁、混凝土两种不同材料连接的关键结构,钢混结合面位于北塔附近,并伸入主跨距北塔中心线26.5m。

钢混结合段长5.2m,采用部分连接填充混凝土方式,其中钢格室为箱形结构,长度为2.0m,高0.8m,标准宽0.6m、0.79m;钢格室腹板及抗剪钢板上开有$\phi65$圆孔,并穿过$\phi20$钢筋与进入该圆孔的混凝土包裹在一起形成钢筋混凝土剪力键(PBL键)。钢格室通过钢箱梁加强段与钢箱梁连接,其内填充混凝土;钢箱梁加强段采用在U肋中间加设T形加劲的方式,长2.0m。

钢混结合段与混凝土梁段之间采用"先拼装、后填充钢格室混凝土"的方式进行连接;为保证钢箱梁与混凝土箱梁紧密结合,设纵向预应力体内束($\phi50$螺纹钢筋)穿过钢混结合段锚固于钢箱梁后承压板上;为保证填充混凝土在钢格室内能够自由流动,在钢格室顶板上开设浇筑孔,腹板上设置连通孔。

钢混结合段立面构造如图2-4-19所示。钢混结合段钢格室过渡段构造单元如图2-4-20所示。

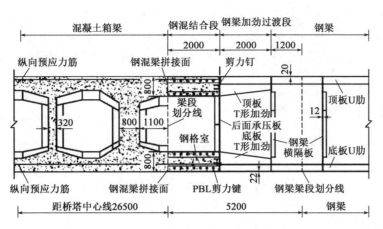

图 2-4-19　钢混结合段立面构造(尺寸单位:mm)

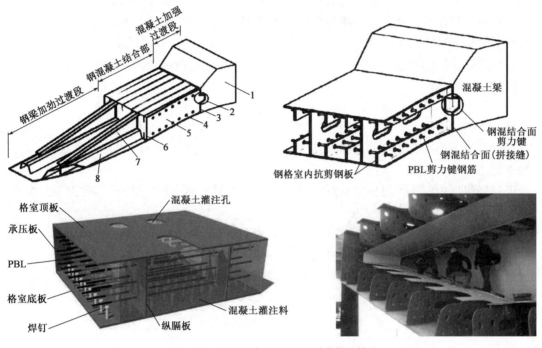

图 2-4-20　钢混结合段钢格室过渡段构造单元

4.5　斜拉索设计

4.5.1　斜拉索布置及索体设计

主桥钢箱梁段顺桥向标准索距为15m,北边跨混凝土箱梁段标准索距为7.5m,南边跨钢箱梁尾索区标准索距为12m。斜拉索按扇形布置,每个索面由26对高强度平行钢丝斜拉索组成,全桥共4×26对斜拉索。

主桥斜拉索采用施工经验相对成熟的低松弛高强平行钢丝成品索,钢丝标准强度为1770MPa。斜拉索外层PE设置双螺旋线,以提高抵抗风、雨振的能力,钢丝表面采用锌-5%铝合金镀层,对应成品索的疲劳性能满足250MPa应力幅的要求,相应的钢丝疲劳应力幅为410MPa。钢箱梁斜拉索顺桥向标准间距为15m,边跨混凝土箱梁段斜拉索顺桥向标准间距为7.5m,全桥共设4×26对斜拉索。斜拉索最大索长为440.138m(SJ26号斜拉索),最大规格为PES-367,单根索最大重量为48.388t(NJ26号斜拉索)。根据索力的不同,采用PES-367~PES-109共16种规格的斜拉索。

斜拉索设计预期寿命为50年,并考虑其可更换性。斜拉索采用多防腐系统,包括钢丝镀"锌-铝"合金层、高密度聚乙烯护套保护层和护套表面缠包双层聚氟乙烯(PVF)氟化膜胶带,以保证斜拉索在其设计寿命期内免遭腐蚀。

4.5.2 斜拉索锚具

(1)斜拉索两端均采用冷铸型锚具(均为张拉端),其设计寿命与斜拉索一致,为不少于50年;锚具外表面防腐体系的防腐年限应大于25年。

(2)斜拉索锚具由锚杯、锚板、连接筒、弯曲限制器、螺母、前后密封盖板及冷铸锚填料等部分组合而成。

4.5.3 斜拉索减振措施

由于本桥斜拉索很长,自振频率较低,在风或行车荷载的激励下斜拉索极易产生振动,需加以控制。斜拉索减振措施的目标是将其振幅控制在可接受的范围之内。从满足拉索的二次弯曲强度、疲劳强度和使用者的视觉安全三方面考虑,确定本桥拉索振动的允许幅值控制在其长度的1/1700以内。参考同类工程的减振研究结果,为使斜拉索的风/雨激振和涡激振得到抑制,本桥斜拉索采用阻尼器、气动措施并用的综合减振方案。

1)气动措施

由于成桥后斜拉索护套表面需要缠包的PVF氟化膜胶带覆盖,因此还需在胶带表面现场缠绕固定螺旋线,使风/雨激振得到有效抑制,同时要确保拉索在设计风速下的风阻系数$C_d \leq 0.8$。

2)减振阻尼器布置方式

减振阻尼器包括内置式阻尼器(减振橡胶圈)和外置式阻尼器,外置式阻尼器类型采用杠杆质量减振器LMD(Lever Mass Damper)。

内置式阻尼器在全部斜拉索的塔端、短斜拉索的梁端安装,外置式阻尼器只在较长斜拉索的梁端安装;斜拉索梁端的阻尼器布置方案为:编号为NA01~NA04、NJ01~NJ04、SJ01~SJ04和SA01~SA04的较短斜拉索梁端采用内置式阻尼器(减振橡胶圈),其余较长斜拉索梁端均采用外置式阻尼器。

4.6 主桥结构计算

4.6.1 计算模型

采用土木结构分析软件MIDAS/Civil2012对全桥运营状态计算分析。索塔、桥墩、钢梁、混凝土梁采用三维梁单元模拟,斜拉索采用索单元模拟;计算模型考虑了斜拉索垂度、$P\text{-}\Delta$效应及大位移效应等非线性因素。

边界条件如下:主梁在辅助墩处为竖向约束,在过渡墩、塔梁交界处为竖向、横向约束;索塔和桥墩承台底考虑基础刚度。

全桥结构总体计算模型如图2-4-21所示,总体计算的钢箱梁和北边跨混凝土箱梁计算模型分别如图2-4-22、图2-4-23所示。

4.6.2 作用(荷载)及组合

1)作用荷载

(1)恒载。

一期恒载:包括主梁、索塔、斜拉索及防腐材料的重量,主梁及索塔按照实际断面尺寸计取;压重块按实际重量取。

图 2-4-21 全桥空间结构静力分析结构离散图

图 2-4-22 钢箱梁截面有限元模型

图 2-4-23 北边跨混凝土箱梁截面有限元模型

二期恒载:按照 101.7kN/m 考虑,钢梁段二期恒载按照 71.3kN/m 考虑,包括防撞护栏及底座、桥面检修道栏杆、梁底检修车轨道重量、桥面铺装、泄水管等。

不均匀沉降:假定成桥后索塔不均匀沉降 3cm,过渡墩不均匀沉降为 1.5cm。

收缩徐变:考虑施工阶段及成桥后 10 年收缩徐变。

(2)活载:公路—Ⅰ级汽车荷载,按双向八车道加载。

汽车荷载考虑以下系数:按《公路桥涵设计通用规范》(JTG D60—2015)相关规定计算,横向折减系数取 0.5,纵向折减系数取 0.94,偏载系数取 1.15;综合系数:$8 \times 0.50 \times 0.94 \times 1.15 = 4.324$。

冲击系数按《公路桥涵设计通用规范》(JTG D60—2015)相关规定计算,程序中按照结构基频方法输入。

(3)温度荷载。

体系温度:钢结构体系升温 30℃,体系降温 -25℃。

混凝土结构体系升温 18℃,体系降温 -19℃。

体系温差:斜拉索与塔、梁间的温差为 ±15℃,塔身左、右侧温差为 ±5℃。

温度梯度:混凝土主梁温度梯度按《公路桥涵设计通用规范》(JTG D60—2015)第 4.3.12 条计算,考虑 10cm 桥面铺装厚度,$T_1 = 14℃$,$T_2 = 5.5℃$。

钢箱梁温梯度差参考英国 BS5400 中相应规定,取值如图 2-4-24 所示。

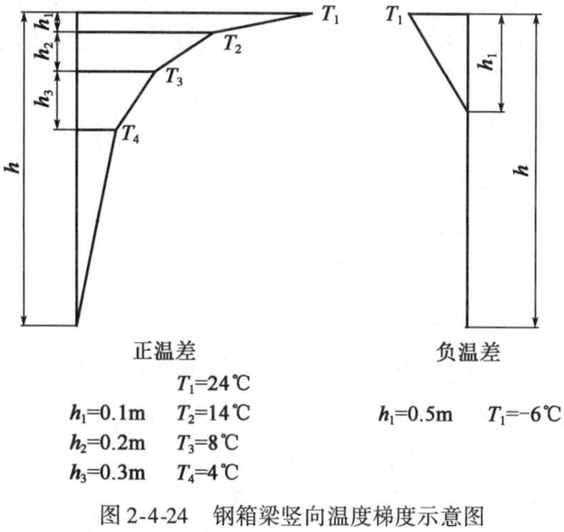

图 2-4-24 钢箱梁竖向温度梯度示意图

正温差
$T_1 = 24℃$
$h_1 = 0.1$m $T_2 = 14℃$
$h_2 = 0.2$m $T_3 = 8℃$
$h_3 = 0.3$m $T_4 = 4℃$

负温差
$h_1 = 0.5$m $T_1 = -6℃$

(4)风荷载。

根据石首长江公路大桥《主桥结构抗风性能研究报告》和《公路桥涵设计通用规范》(JTG D60—2015)的相关规定,取石首地区成桥阶段设计基本风速为 $v_{10} = 29$m/s(百年一遇)。

与汽车荷载组合时,按桥面高度处风速 25m/s 计算,超过该风速不与汽车荷载组合。

施工风速重现期:20 年;施工风速 $v_{10} = 29$m/s $\times 0.88 = 25.52$m/s,地表类别为 A 类,地表粗糙度系数取 0.12。

按《主桥结构抗风性能研究报告》,主梁三分力系数见表 2-4-11;桥墩及索塔阻力系数按《公路桥梁抗风设计规范》(JTG/T D60-01—2004)取值。

成桥状态下主梁三分力系数列表(0°攻角)　　表2-4-11

主梁类型	风阻系数 C_D	风升系数 C_L	扭矩系数 C_M	体阻系数 C_H	体升系数 C_V
主梁	1.186	−0.054	0.0165	1.186	−0.054

其他抗风设计参数取值参照《公路桥梁抗风设计规范》(JTG/T D60-01—2004)取值。

参照规范《公路桥涵设计通用规范》(JTG D60—2015)第4.3.13条规定,支座摩阻系数$\mu=0.05$,桥墩承受的汽车制动力偏安全取为$F=\mu W$,W为支座反力。

(5)地震荷载。

本桥地震基本防烈度为6度;场地水平向峰值加速度及地震设防标准见表2-4-12。

地震作用参数及设防标准　　表2-4-12

设防地震概率水平	地表水平向峰值加速度	一般冲刷层水平向峰值加速度	结构校核目标
E1:50年10%	0.209g	0.152g	校核结构应力、承载力和裂缝
E2:50年2%	0.372g	0.273g	校核延性极限承载力、位移及变形

(6)船舶撞击荷载。

按设计文件和相关专题研究结论,桥墩的船舶撞击力取值见表2-4-13。

船舶撞击力　　表2-4-13

桥　墩	横桥向船撞力(MN)	顺桥向船撞力(MN)
辅助墩(101号、102号)	5.7	2.85
北塔(103号)	16	8
南塔(104号)	28	14
辅助墩(105号)	18	9
过渡墩(106号)	4.5	2.25

(7)施工临时荷载。

根据相关设计图纸,考虑施工时桥面起重机荷载:前支点压力为2157.32kN,后锚点拉力为392.24kN;梁段起吊荷载根据相关设计图纸取值。

2)荷载组合

根据《公路桥涵设计通用规范》(JTG D60—2015)的规定,结合本桥特点,成桥阶段分析主要考虑以下九种荷载组合:

纵桥向总体静力计算荷载组合:

组合一:恒载+汽车

组合二:恒载+汽车+升温+温差+静风荷载(纵风,桥面行车最大风速25m/s)

组合三:恒载+汽车+降温+温差+静风荷载(纵风,桥面行车最大风速25m/s)

组合四:恒载+静风荷载(纵风,百年一遇)

组合五:恒载+纵向船舶撞击

横桥向总体静力计算荷载组合:

组合六:恒载+汽车+升温+温差+静风荷载(横风,桥面行车最大风速25m/s)

组合七:恒载+汽车+降温+温差+静风荷载(横风,桥面行车最大风速25m/s)

组合八:恒载+静风荷载(横风,百年一遇)

组合九:恒载+横向船舶撞击

以上组合中恒载包括结构重力、支座沉降、预加力、收缩徐变等,可变荷载包括汽车、温度荷载和正常运营风荷载,偶然荷载包括百年风荷载和船舶撞击荷载;

以上所有荷载组合中,组合一为基本组合,组合二、三、六、七为附加组合;组合四、五、八、九为偶然荷载组合,主要对下部构造和基础进行构件承载能力极限状态验算。

4.6.3 计算工作内容

主桥结构计算分析主要包括如下部分的内容：

(1)施工阶段荷载组合索塔、主梁等的位移、内力、应力状态，施工阶段主桥结构的稳定性计算分析。最不利工况包括裸塔状态、起吊中跨3号梁段时、起吊中跨14号梁段时、起吊中跨26号梁段时、最大双悬臂状态、最大单悬臂状态；

(2)成桥运营状态荷载组合索塔、主梁、斜拉索等的位移、内力、应力计算分析，成桥运营状态特殊工况(如斜拉索失效或换索)下的索塔、主梁、斜拉索等的位移、内力、应力计算分析，成桥运营状态主桥结构的稳定性计算分析；

(3)主桥结构动力分析及抗震计算分析；

(4)北边跨预应力混凝土主梁横桥向计算分析；

(5)钢混结合段、钢箱梁正交异性桥面板、索梁锚固钢锚箱、索塔锚固钢锚梁局部计算分析；

(6)钢箱梁桥面起重机前支点稳定性计算分析；

(7)索塔基础、桥墩及基础等受力计算和验算。

4.7 附属工程

4.7.1 主桥支座设计

斜拉桥结构约束体系是桥梁总体设计的重要内容，包括竖、纵、横3个方向。一般将竖向和纵向合在一起，按照主梁与索塔(塔墩)间的连接方式，分为全漂浮、支承(半漂浮)、固结和刚构4种基本体系。实际上，对于主梁与索塔(塔墩)间非固结的大跨径斜拉桥，3个方向的约束体系具有独立性。其中，纵向约束体系对桥梁整体结构受力行为影响很大，是结构约束体系的主要特征；竖向约束体系仅影响到主梁局部区域受力；而横向约束体系则对桥梁横向受力有直接影响。结构约束体系设计的目的是改善结构在极限风、地震等作用下的内力和位移反应，减小伸缩装置、支座等的位移量和动力磨损，增加桥梁在极限静、动力作用下的安全度。以全桥静、动力性能最优为目标开展了结构约束体系的设计，本节阐述竖向、横向支座的设计成果，纵向约束的阻尼装置的设计见相关内容。

4.7.1.1 支座选型与设计技术要求

(1)经计算分析研究，主桥设计采用的支座类型为竖向球形钢支座(QZ)、竖向拉压球型支座(SXZ)、横向支座(KFPZ)。支座均为特殊设计，支座的竖向承载力、水平承载力、转角、位移量等应符合表2-4-14的要求。

主桥支座设计参数表　　　　　表2-4-14

使用位置	支座规格	数量	支座设计承压力	设计抗拉力	转角	纵向位移	横向地震剪力	横向位移	竖向位移
		套	kN	kN	rad	m	kN	m	m
南索塔	QZ40000-SX	2	40000	—	0.02	±0.75	—	±0.04	—
北索塔	QZ15000-SX	2	15000	—	0.02	±0.8	—	±0.04	—
南辅助墩	SXZ20000/1000SX-e900	2	20000	1000	0.02	±0.9	—	±0.2	—
北辅助墩1	SXZ20000/1000SX-e750	2	20000	1000	0.02	±0.75	—	±0.2	—
北辅助墩2	SXZ27500/1000SX-e750	2	27500	1000	0.02	±0.75	—	±0.2	—
南交接墩	SXZ10000/1000DX-e900	2	10000	1000	0.02	±0.9	4000	—	—

续上表

使用位置	支座规格	数量	支座设计承压力	设计抗拉力	转角	纵向位移	横向地震剪力	横向位移	竖向位移
		套	kN	kN	rad	m	kN	m	m
北交接墩	SXZ15000/1000DX-e750	2	15000	1000	0.02	±0.75	4300	—	—
南塔横向	KFPZ15000SX-800	2	15000	—	0.02	±0.8	—	弹性7mm	±0.1
北塔横向	KFPZ15000SX-750	2	15000	—	0.02	±0.75	—	弹性7mm	±0.1

注："—"表示该项无参数。

(2)横向支座的横向位移指支座轴向具有 7mm 的弹性压缩量(不留间隙),弹性刚度不大于 1500kN/m,在 7mm 位移内,支座受力很小,大于 7mm 后为理论刚性受力。

(3)支座材料应符合《桥梁球型支座》(GB/T 17955—2009)、《橡胶支座 第 4 部分:普通橡胶支座》(GB 20688.4—2007)的要求。

(4)支座适用温度范围为 -40 ~ +60℃。

(5)在竖向设计载荷作用下,支座竖向压缩变形不得大于支座总高度的 1%。

(6)单向活动支座约束向位移量除特殊要求外,均≤(4±0.5)mm。

(7)活动支座的设计摩擦系数:在支座竖向设计载荷作用下,聚四氟乙烯板或改性超高分子量聚乙烯板在硅脂润滑条件下的设计摩擦系数 $\mu \leq 0.03$。

(8)支座所有金属零部件应全部采用"镀镍磷合金处理 + 外部全不锈钢防护罩"。

4.7.1.2 支座总体结构

(1)普通球型支座(QZ),其总体构造示意如图 2-4-25 所示。

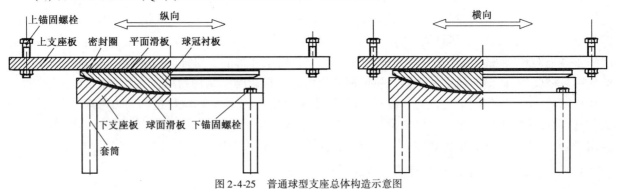

图 2-4-25 普通球型支座总体构造示意图

(2)拉压球型支座(SXZ),其总体构造示意如图 2-4-26 所示。

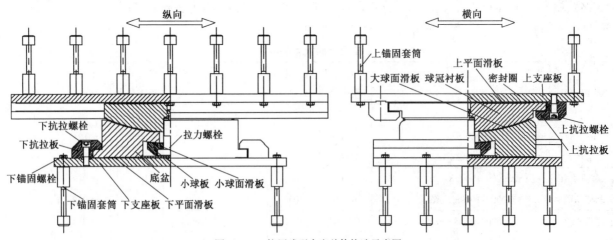

图 2-4-26 抗压球型支座总体构造示意图

(3)横向抗风盆式支座(KFPZ),其总体构造示意如图 2-4-27 所示。

4.7.1.3 制造与安装要求

竖向球形钢支座:安装前检查垫石顺桥向和横桥向的水平度,确保其水平度误差不大于 1/1000,且整个平面的平面度误差不大于 1mm。

横向支座:与主梁采用螺栓连接,滑板与垫石采用预埋钢板焊接的方式固定支座。支座总成安装前应检查主梁上支座的安装位置与塔柱上的滑动面的配合位置是否适当。塔柱内侧上的滑动面与支座总成之间的安装间隙应根据安装时的温度设定。

4.7.2 塔梁阻尼装置

(1)阻尼装置允许结构在静力荷载(如温度、汽车、基础沉降等)或者动力荷载的静力分量(如风荷载中的平均风部分)下的慢速变位,在动力作用(如地震、脉动风、车辆制动力等)下具有阻尼耗能作用,其阻尼力与速度之间符合 $F = CV^\alpha$。

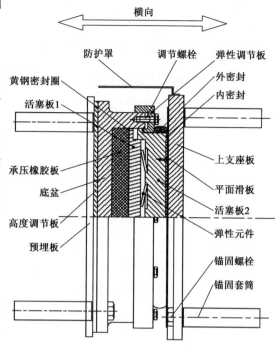

图 2-4-27 横向抗风盆式支座总体构造示意图

(2)在南、北索塔处各设置 4 个纵向阻尼装置,其主要参数见表 2-4-15。

塔梁阻尼装置技术参数一览表　　表 2-4-15

项　目	设　计　参　数	103 号墩(北塔)	104 号墩(南塔)
动力阻尼参数	力与速度函数	$F = CV^\alpha$	
	速度指数 α	0.3	0.3
	阻尼系数 $C[kN/(m/s)^{0.3}]$	3000	3000
	最大反应速度(m/s)	0.259	0.259
	阻尼力(kN)	2000	2000
	地震反应计算冲程(mm)	±200	±200
静力限位参数	额定最大行程(mm)	±750	±800
	静力限位力(kN)	3500	3500
	两个方向的限位刚度(MN/m)	100	100
	限位后位移量(mm)	≤50	≤50
	阻尼/静力限位设计安全系数	2/1.5	2/1.5
	阻尼装置水平转动(°)	2	2
	阻尼器数量(套)	4	4

(3)阻尼装置对各种动力激励如脉动风、车辆制动力和车辆颠簸等引起的不同频率、速度和振幅的振动均具有良好的阻尼作用。

(4)阻尼装置安装后能够在 -5 ~ +50℃气温、100% 相对湿度的环境工作,并能承受以下气象条件下的各种可能组合:雨、雹、雾、烟、风、臭氧、紫外线、砂、尘及盐雾。

(5)在大桥桥位处工作条件下,阻尼装置的油缸服务寿命可达到 60 年、可动构件达到 20 年;关节轴承和销子能承受拉、压交替荷载的冲击。

(6)阻尼装置的制造执行了 AASHTOLRFD 规范关于减震装置的规定,并参照美国公路新技术测评中心(HITEC)1998年编制的"隔震和耗能装置的试验指导"技术报告,提出了黏滞阻尼装置的出厂检验和质量预检试验的要求。

(7)阻尼装置采用了带有RS485数据接口功能,并接入本项目健康监测系统。

4.7.3 塔梁临时固结锚固索

(1)南塔:竖向临时锚固索型号PES,上端锚固于主梁梁底,下端锚固于索塔下横梁底面;纵向临时限位索型号PES7-211,一端与钢箱梁阻尼器连接件锚固,另一端锚固于临时支座承压垫石内侧面。

临时锚固索仅在施工期间使用,合龙后根据设计要求予以拆除。

(2)北塔设临时限位装置:在北边混凝土箱梁底部和北塔下横梁顶面布置混凝土限位挡块,施工期间在梁底挡块和横梁挡块之间的空隙内塞填钢垫块,主跨合龙后根据设计要求予以拆除。

4.7.4 防撞护栏

(1)桥面防撞护栏采用统一的金属梁柱式护栏,主桥边缘、中央防撞护栏的防撞等级分别为SS、SAm级。护栏立柱采用钢板焊接成形,护栏立柱高1500mm,标准间距为1500mm。沿立柱高度设置四道横梁,横梁标准规格尺寸为160mm×120mm×6mm×8000mm,冷弯半径(外径)$R \leqslant 20$mm。

(2)主桥防撞护栏钢箱梁段的立柱底座板在工厂与桥面板焊接,底座板与立柱采用螺钉连接;北边跨混凝土箱梁段的立柱底座设在混凝土路缘石上,施工时应根据护栏立柱布置尺寸准确预埋底座预埋件。

(3)混凝土路缘石采用现浇法施工。为了避免混凝土的收缩、徐变和温度裂缝,每隔6m设置一道断缝,其端部涂刷脱模剂,作为现浇下一段的端头模板。

(4)伸缩装置处防撞护栏为满足桥梁的伸缩和转动变位,在两端立柱之间联系横梁上设置长圆孔满足主梁伸缩要求,可沿横梁的内导管滑动和转动。

4.7.4.1 滩桥桥面护栏

滩桥桥面护栏的总体布置、立柱及横梁构造与主桥相同,护栏主体钢结构采用Q345C钢,仅立柱底座采用混凝土缘石,路侧立柱混凝土缘石与箱梁翼缘板连为一体,但中央分隔带护栏基座则利用箱梁翼缘板在其端部形成嵌固式基础,将护栏嵌固在翼缘板之间(图2-4-28)。伸缩装置处护栏为满足桥梁的伸缩和转动变位,在两端立柱之间联系横梁上设置长圆孔满足主梁伸缩要求,可沿横梁的内导管滑动和转动,同时对该范围立柱进行了加密、对横梁进行了加强。

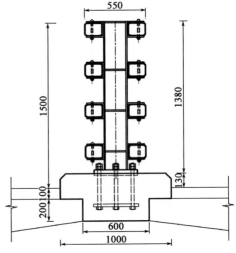

图2-4-28 桥梁嵌固式基础钢护栏(尺寸单位:mm)

4.7.4.2 引桥桥面护栏

引桥采用混凝土护栏,路侧护栏与预制小箱梁翼缘板连为一体,但中央分隔带护栏基座则利用预制小箱梁翼缘板在其端部形成嵌固式基础,将护栏嵌固在翼缘板之间(图2-4-29)。

4.7.4.3 桥梁中央分隔带基础嵌入式护栏安全性能验证

常规桥梁护栏基础一般与翼缘板固结,本项目中央分隔带护栏提出了采用"倒凸型"嵌入式基础新型结构,将护栏嵌入中央分隔带翼缘板之间,常规的两道护栏变为一道,取消了护栏基础与翼缘板之间的螺栓或钢筋连接和混凝土凿毛连接,可减小桥梁永久荷载、提高施工方便性、降低工程造价、方便运营期维护,同时改善桥梁和护栏之间的受力。但是从护栏对车辆防护的角度出发,新型基础护栏的安全性能需要进行验证。

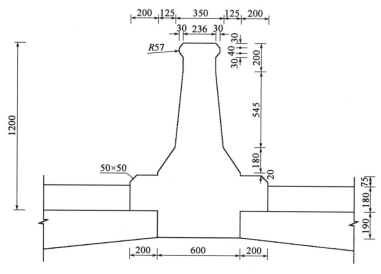

图 2-4-29　桥梁嵌固式基础混凝土护栏（尺寸单位：mm）

综合运用计算机仿真、实车碰撞试验技术开展了护栏的安全性能研究工作：采用计算机仿真按照设计防护等级碰撞条件对桥梁中央分隔带基础嵌入式护栏进行安全性能评估，在此基础上提高碰撞条件进一步分析护栏的安全储备，并根据安全储备情况，钢护栏采用 HA 防护等级中的 25t 大型客车进行实车碰撞试验，混凝土护栏采用 SS 防护等级中的 33t 大货车进行实车碰撞试验；在仿真和试验的基础上，建立桥梁-护栏-车辆模型，进一步考察桥梁对于车辆碰撞护栏荷载的响应。

对滩桥中央分隔带基础嵌入式钢护栏，采用高精度计算机仿真模型，进行安全性能评估，按照设计防护等级 SS 级，以及按照 HB、HA 防护等级的车辆碰撞护栏模拟结果均显示车辆均可顺利导出，各项指标满足标准要求；进一步采用 HA 级 25t 的大型客车组织桥梁基础嵌入钢护栏的实车足尺碰撞试验，车辆碰撞后顺利导出，各项指标满足标准要求，护栏横梁立柱发生一定变形，基础有剐蹭痕迹但无明显损坏；提取仿真数据，仿真结果显示碰撞力对桥梁主体影响较小。可得结论：设计防护等级 SS 级的桥梁基础嵌入式钢护栏具有较高的安全储备，嵌入式基础安全可靠，碰撞荷载对桥梁主体影响较小。

对引桥中央分隔带基础嵌入式混凝土护栏，采用高精度计算机仿真模型，进行安全性能评估，按照设计防护等级 SA 级，以及按照 SS 防护等级的车辆碰撞护栏模拟结果均显示车型均可顺利导出，各项指标满足标准要求；进一步采用 SS 级 33t 的大型货车组织桥梁基础嵌入式混凝土护栏的实车足尺碰撞试验，车辆碰撞后顺利导出，虽然出现较大侧倾，但各项指标满足标准要求，护栏混凝土墙体顶部出现了少量混凝土结构脱落区域，但未发生结构性破坏，护栏基础有碰撞痕迹但无明显损坏；提取仿真数据，仿真结果显示碰撞力对桥梁主体影响较小。可得结论：设计防护等级 SA 级的桥梁基础嵌入式混凝土护栏具有较高的安全储备，嵌入式基础安全可靠，对桥梁主体不利影响较小。

4.7.5　桥面排水设计

根据环保要求，长江大桥段桥面均应按集中排水设计，在两岸设置桥面雨水收集系统。

（1）钢箱梁段在两侧风嘴处面板处沿纵向布置 U 形集水槽，北边跨混凝土钢箱梁段在梁体两侧沿纵向布置 U 形集水槽；在正常运营状况下，桥面污水先汇集至主梁两侧集水槽，并通过集水槽并沿纵桥向向两岸集中排放，经过滤、沉淀后经污水管流入溢流箱、沉淀池。遇雨水天气状况下，桥面积水先沿 2% 横坡排至桥面两侧 U 形集水槽，当水量较大时沿桥面横坡和纵坡进行自由漫流排放。

（2）混凝土梁段集水槽采用 321 + Q345qD 复合钢板，两层钢板厚度分别采用 3mm、8mm，321 奥氏不锈钢应符合《不锈钢复合钢板和钢带》（GB/T 8165—2008）的要求。

（3）桥面铺装应根据箱梁顶板的横坡、纵坡，进行连续摊铺，以达到桥面排水设计要求。在铺装层与路缘结构物结合部位进行填充防水处理,防止雨水渗入铺装层内部。

4.7.6 伸缩缝设计

主梁北端、南端伸缩装置的伸缩量分别为1440m、1840m,竖向转角均为±0.02rad,平面内转角均为±0.01rad。伸缩缝的设计使用寿命为不小于20年。

(1)伸缩装置应具有足够的刚度承担恒载和活载(最不利布置)的共同作用,中心线处最大竖向挠度不得超过$L/600$,其中L为沿道路方向的伸缩装置宽度。

(2)伸缩装置应具有良好的三维变形功能,能抵抗施加在路面上任意方向的200kN制动荷载,同时还应具备"防水、防尘、防噪"功能。

(3)伸缩装置应具备良好的止排水构造,以免雨水泄漏污染影响美观。

(4)伸缩装置上表面应设置相应防滑措施,以防止车辆通过时打滑,保证在至少5年运营时间内伸缩装置的摩擦系数不小于0.55。

(5)伸缩装置所有可能损坏的工作部件,应考虑在不影响桥梁正常通行运营条件下进行更换。

4.8 钢桥面铺装设计

4.8.1 钢桥面铺装方案比选

钢桥面铺装作为桥梁的功能层,其材料的优良性、结构的适宜性、性能的优异性、施工的便利性及经济的合理性等对桥梁行车质量及铺装使用寿命至关重要。本项目从材料、结构、施工工艺及经济性方面进行考虑,结合石首长江公路大桥的结构特点、交通条件、气候特征及功能需求,并充分借鉴武汉及毗邻区域钢桥面铺装的实践经验,通过对不同钢桥面铺装方案进行相关的调查对比研究,最终确定出适宜的钢桥面铺装方案。

桥位所处位置属亚热带季风气候区,年平均气温15.9~16.6℃,极端最高气温38.6℃,极端最低气温-14.9℃,温差较大。全市太阳年辐射总量104~110kCal/cm^2,年日照时数1800~2000h。同时,石首长江公路大桥建成后,长江荆州区段新的过江通道被打通,与相关路段一起,构成便捷连接江汉平原和洞庭湖平原的南北向公路大通道,通行压力大。在此条件下,石首长江公路大桥所用的铺装材料必须具有优良的高温抗车辙能力、低温抗裂性能、防渗水性能、抗滑性能以及抗疲劳性能,并需具备一定的变形追从性。因此,如何合理地利用不同铺装材料的性能特点以保证钢桥面铺装层在环境因素及重交通荷载作用下具有良好的路用性能是钢桥面铺装所需解决的重要问题。

结合铺装使用条件,对常用的"双层改性沥青玛蹄脂碎石混凝土""双层环氧沥青混凝土""下层浇筑式沥青混凝土+上层改性沥青玛蹄脂碎石混凝土"及"下层环氧沥青混凝土+上层改性沥青玛蹄脂碎石混凝土"四种铺装方案进行比选,并从材料特性、使用寿命、维养特征、施工工艺、工程造价等方面进行技术经济比较,结果见表2-4-16。

四种典型钢桥面铺装对比汇总　　　表2-4-16

方案特征	双层改性沥青玛蹄脂碎石混凝土	双层环氧沥青混凝土	下层浇筑式沥青混凝土+上层改性沥青玛蹄脂碎石混凝土	下层环氧沥青混凝土+上层改性沥青玛蹄脂碎石混凝土
铺装体系	双层同质铺装体系: ①具有良好的界面安全性、变形协调性能和高温稳定性,抗滑性能好优异。 ②疲劳性能一般,易出现脱层现象	双层同质铺装体系: ①具有良好的界面安全性、变形协调性能及优异的抗疲劳性能和高温稳定性。 ②表层抗滑性能一般,并易于出现"一裂到底"的现象	双层异质铺装体系: ①界面安全性、变形协调性、抗滑性能和维养便捷性较好。 ②抗疲劳性能及高温抗车辙性能相对较弱	双层异质铺装体系: 界面安全性、变形协调性能、抗疲劳性能、高低温稳定性及抗滑性能均表现优异

续上表

方案特征	双层改性沥青玛蹄脂碎石混凝土	双层环氧沥青混凝土	下层浇筑式沥青混凝土+上层改性沥青玛蹄脂碎石混凝土	下层环氧沥青混凝土+上层改性沥青玛蹄脂碎石混凝土
使用寿命	中	高	高	高
维养特点	养护工作量较大,维养便捷性一般	养护工作量较大,修复较困难,面积较大时需封闭交通	养护工作量较小,(主要修复改性沥青玛蹄脂碎石混凝土磨耗层),主要修复改性沥青玛蹄脂碎石混凝土,修复较简单,无须封闭交通	养护工作量较小(主要修复改性沥青玛蹄脂碎石混凝土磨耗层),主要修复改性沥青玛蹄脂碎石混凝土,修复较简单,无须封闭交通
施工工艺	改性沥青玛蹄脂碎石混凝土沥青混凝土施工对施工要求相对较低。具备相应施工条件的单位相对较多	环氧沥青混凝土施工对时间温度的要求较高。施工技术经验更加丰富且具有更多有铺装施工能力的队伍	浇筑式沥青混凝土施工对温度要求较高。在施工设备上需高温专用施工设备,相对来讲,施工单位较少	环氧沥青混凝土施工对时间温度的要求较高。施工技术经验更加丰富且具有更多有铺装施工能力的队伍
经济性	500~700	1200~1800	700~1100	800~1200
	单位面积造价最低	单位面积造价最高	单位面积造价较低,但对施工设备要求较高	单位面积造价较低

通过对不同钢桥面铺装材料及铺装结构、使用寿命、维养特征、施工工艺以及铺装经济性的分析比较,"下层环氧沥青混凝土+上层改性沥青玛蹄脂碎石混凝土"铺装方案和"下层浇筑式沥青混凝土+上层改性沥青玛蹄脂碎石混凝土"铺装方案在材料特性、使用寿命、施工工艺以及工程造价、运营后维养便捷等方面综合表现相对优异。

综合对比"下层环氧沥青混凝土+上层改性沥青玛蹄脂碎石混凝土"和"下层浇筑式沥青混凝土+上层改性沥青玛蹄脂碎石混凝土"两种铺装方案,在防水性能、变形协调性、抗疲劳性能上均优异,参考相关专题试验成果。两种铺装结构在高温抗车辙性能方面的试验结果见表2-4-17。

组合结构试件车辙测试结果(次/mm)　　　　　表2-4-17

方案/技术指标	60℃	70℃
下层浇筑式沥青混凝土+上层改性沥青玛蹄脂碎石混凝土	5862	2861
下层环氧沥青混凝土+上层改性沥青玛蹄脂碎石混凝土	7627	3826

钢桥面铺装层的工作温度范围为-10~70℃,且《公路钢桥面铺装设计与施工技术规范》(JTG/T 3364-02—2019)中,5.1.1条款条文说明中阐明"在实测中,我国多座桥梁钢桥面铺装极端最高温度高达65~68℃",3.4.3条款对处于夏炎热区的铺装组合结构车辙试验动稳定度要求为70℃时的取值,参考相关专题试验成果,"下层环氧沥青混凝土+上层改性沥青玛蹄脂碎石混凝土"铺装结构的高温抗车辙稳定性更加优异。

综合上述分析,结合桥型结构、桥址的气候条件和交通条件,确定采用"下层环氧沥青混凝土+上层改性沥青玛蹄脂碎石混凝土"铺装方案作为主桥钢桥面铺装方案。

4.8.2　桥面铺装结构

1)钢箱梁行车道铺装结构
钢箱梁部分行车道采用双层铺装方案:
铺装上层:40mm厚的高弹改性沥青玛蹄脂碎石混凝土(SMA13);
铺装下层:30mm厚的环氧沥青混凝土环氧沥青混凝土(EA10);
黏结层:0.45~0.55kg/m² 钢桥面铺装用环氧树脂黏结剂Ⅱ型(热拌);
防水黏结层:0.45~0.5kg/m² 钢桥面铺装用环氧树脂黏结剂Ⅱ型(热拌);
防腐层:环氧富锌漆厚50~100μm;

钢桥面板表面经喷砂除锈处理至Sa2.5级,粗糙度50~100μm。

主桥钢箱梁桥面铺装结构示意如图2-4-30所示。

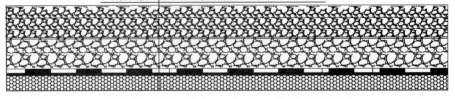

图2-4-30 主桥钢箱梁桥面铺装结构示意图(热拌环氧)

2)中央分隔带护栏基座间铺装结构

主桥钢箱梁段中央分隔带护栏基座间铺装结构设计采用浇筑式沥青混凝土。

3)检修道铺装结构

1.18~2.36mm粒径碎石撒布,碎石撒布量为4.0~6.0kg/m²;

环氧树脂防水黏结层,用量为1.5~2.0kg/m²;

防腐层:环氧富锌漆厚50~100μm;

钢桥面板表面经喷砂除锈处理至Sa2.5级,粗糙度50~100μm。

4)钢混结合段铺装结构

钢混结合段北端与混凝土梁段铺装相衔接,北边跨混凝土箱梁铺装采用40mm高弹改性沥青玛蹄脂碎石混凝土(SMA13)+60mm密级配改性沥青混凝土(AC-20C),钢箱梁桥面铺装采用40mm高弹改性沥青玛蹄脂碎石混凝土(SMA13)+30mm环氧沥青混凝土(EA10),在钢混结合段(2m)、钢箱梁加强段(3.2m)及钢箱梁K梁段(4.8m)设置10m(=2m+3.2m+4.8m)的平缓过渡段,以便30mm环氧沥青(EA10)向60mm密级配改性沥青混凝土(AC-20C)沥青铺装过渡,过渡段终点为钢混结合段北端与混凝土梁段铺装衔接处(桩号K69+184.8)。同时在环氧沥青混凝土(EA10)与密级配改性沥青混凝土(AC-20C)相接处设置横向施工缝。

5)北边跨混凝土箱梁铺装结构

北边跨混凝土箱梁桥面铺装,行车道采用40mm高弹改性沥青玛蹄脂碎石混凝土(SMA13)+60mm密级配改性沥青混凝土(AC-20C)铺装方案,混凝土桥面板粗糙化处理采用精细铣刨,铺装总厚度100mm。

北边跨混凝土箱梁铺装结构示意如图2-4-31所示。

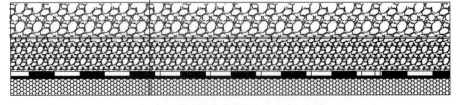

图2-4-31 北边跨混凝土箱梁铺装结构示意图

第 3 篇

主桥施工与关键制造技术

1 总体施工工艺流程

石首长江公路大桥索塔基础采用回旋钻机成孔,水下混凝土灌注成桩施工,承台采用钢板桩围堰、钢套箱围堰施工,索塔采用爬模法施工,北边跨主梁采用短线预制拼装施工,北中跨主梁、南边跨主梁、南中跨主梁采用桥面起重机悬臂拼装施工。

北边跨梁段共 36 个,从中跨侧往边跨侧依次编号为 NC01~NC36;钢混结合段编号为 NJ01;北中跨钢箱梁段共 25 个,依次编号为 NZ02~NZ26;北塔边跨侧斜拉索依次编号为 NA01~NA26,北塔中跨侧斜拉索依次编号为 NZ01~NZ26;南塔 0 号块钢箱梁由 3 个梁段组成,编号分别为 ST03、ST01、ST02;南边跨钢箱梁段共 29 个,依次编号为 SB01~SB19、BF1、SB20~SB26、SBH、SD27,其中 BF1 为辅助墩顶梁段,SBH 为边跨合龙段,SD27 为过渡墩顶梁段;南中跨钢箱梁段共 26 个,依次编号为 SZ01~SZ26;中跨合龙段梁段编号为 ZH27;南塔边跨侧斜拉索依次编号为 SA01~SA26,南塔中跨侧斜拉索依次编号为 SJ01~SJ26。

全桥具体施工工艺流程如下:
1)索塔、桥墩施工,主梁施工准备
(1)100 号~102 号、105 号、106 号辅助墩、过渡墩基础及墩身施工;
(2)北边跨混凝土箱梁存梁、移梁支架地基处理及基础施工;
(3)北边跨混凝土箱梁预制台座地基处理施工;
(4)南边跨钢箱梁存梁支架施工;
(5)同步进行索塔桩基础、承台、塔身施工。
2)北边跨梁段预制施工
(1)北边跨混凝土箱梁存梁、移梁支架搭设,并进行压重,消除支架及基础非弹性变形;
(2)北边跨混凝土箱梁梁段匹配预制施工;
(3)逐节段预制 NC01~NC36 混凝土梁段,逐节段吊装至移梁、存梁支架上进行存放(存放周期不少于 3 个月),各梁段处于四点临时支撑状态;
(4)完成 103 号、104 号索塔施工。
3)塔区主梁施工
(1)主桥塔、墩竖向支座安装就位;
(2)北塔钢混结合段与 NC01 梁段连接,张拉相应体内纵向预应力;
(3)北塔 NC02~NC09 胶拼,进行塔梁间的临时固结,塔区梁段临时预应力张拉;
(4)北塔 NC10~NC11 胶拼;
(5)北塔安装 NA01、NJ01 斜拉索并一次张拉到位;
(6)北塔安装江侧桥面起重机;
(7)南塔区搭设临时支架,安装顺桥牵引装置以及线形(包括高程与轴线)调整装置,并对支架顶面高程进行初调到位;
(8)南塔利用浮式起重机按顺序起吊 SB01、ST03、ST01、ST02、SZ01 梁段,并纵桥向牵引到位,精确调整梁段高程、轴线;

(9)将位置调整好的 SB01、ST03、ST01、ST02、SZ01 梁段焊接连成整体,安装塔梁间临时固结;

(10)南塔安装桥面起重机;

(11)南塔安装 SJ01、SA01 斜拉索并一次张拉到位。

4)2 号~5 号梁段施工

(1)北塔岸侧 NC12~NC16 混凝土梁胶拼(胶拼梁段比斜拉索安装梁段提前 2 个梁段),同时江侧 NZ02~NZ05 钢箱梁施工,同步进行 NA02~NA05、NJ02~NJ05 斜拉索施工;

(2)北塔第 1 跨(102 号墩与 103 号墩之间)及中跨混凝土梁体外预应力张拉;

(3)南塔江侧、岸侧 SB02~SB05、SZ02~SZ05 钢箱梁依次对称施工,同步依次进行 SA02~SA05、SJ02~SJ05 斜拉索施工。

5)6 号~7 号梁段施工

(1)北塔岸侧 NC17~NC18 混凝土梁胶拼(胶拼梁段比斜拉索安装梁段提前 2 个梁段),同时江侧 NZ06~NZ07 钢箱梁施工,同步进行 NA06~NA7、NJ06~NJ7 斜拉索施工;

(2)北塔拆除第 1 跨(102 号墩与 103 号墩之间)内及中跨混凝土梁支架;

(3)南塔 SB06~SB07、SZ06~SZ07 钢箱梁依次对称施工,同步依次进行 SA06~SA07、SJ06~SJ07 斜拉索施工。

6)8 号~15 号梁段施工

(1)北塔岸侧 NC19~NC26 混凝土梁胶拼(胶拼梁段比斜拉索安装梁段提前 2 个梁段),同时江侧 NZ08~NZ15 钢箱梁施工,同步进行 NA08~NA15、NJ08~NJ15 斜拉索施工;

(2)北塔第 2 跨(101 号墩与 102 号墩之间)混凝土梁体外预应力张拉;

(3)南塔 SB08~SB09、SZ08~SZ09 钢箱梁依次对称施工,同步依次进行 SA08~SA09、SJ08~SJ09 斜拉索施工;

(4)南塔 SB10、SZ10 吊装施工;

(5)南塔 SA10、SJ10 斜拉索第一次张拉,将临时墩与岸侧 9 号钢箱梁进行连接;

(6)南塔桥面起重机前移;

(7)南塔 SA10、SJ10 斜拉索第二次张拉;

(8)南塔 SB11~SB15、SZ11~SZ15 钢箱梁依次对称施工,同步依次进行 SA11~SA15、SJ11~SJ15 斜拉索施工。

7)16 号~17 号梁段施工

(1)北塔岸侧 NC27~NC28 混凝土梁胶拼(胶拼梁段比斜拉索安装梁段提前 2 个梁段),同时江侧 NZ16~NZ17 钢箱梁施工,同步进行 NA16~NA17、NJ16~NJ17 斜拉索施工;

(2)北塔拆除第 2 跨(101 号墩与 102 号墩之间)内混凝土梁支架;

(3)南塔 SB16~SB17、SZ16~SZ17 钢箱梁依次对称施工,同步依次进行 SA16~SA17、SJ16~SJ17 斜拉索施工。

8)18 号~25 号梁段施工

(1)北塔岸侧 NC29~NC36 混凝土梁胶拼(胶拼梁段比斜拉索安装梁段提前 2 个梁段),同时江侧 NZ18~NZ25 钢箱梁施工,同步进行 NA18~NA25、NJ18~NJ25 斜拉索施工;

(2)北塔第 3 跨(100 号墩与 101 号墩之间)混凝土梁体外预应力张拉;

(3)南塔 SB18~SB19、SZ18~SZ19 钢箱梁依次对称施工,同步依次进行 SA18~SA19、SJ18~SJ19 斜拉索施工;

(4)南塔顶推预存在辅助墩顶的 BF1 梁段,使与边跨 SB19 梁段拼接,然后将 BF1 梁段与辅助墩通过支座连接;

(5)南塔边跨桥面起重机前移;

(6)南塔解除边跨临时墩与边跨 SB09 钢箱梁之间的连接;

(7)南塔 SB20~SB25、SZ20~SZ25 钢箱梁依次对称施工,同步依次进行 SA20~SA25、SJ20~SJ25 斜拉索施工。

9)26 号梁段施工

(1)北塔江侧 NZ26 钢箱梁施工,同步进行 NA26、NJ26 斜拉索施工;

(2)北塔拆除第 3 跨(100 号墩与 101 号墩之间)内混凝土梁支架;

(3)南塔 SB26、SZ26 钢箱梁对称施工,同步进行 SA26、SJ26 斜拉索施工。

10)边、中跨合龙段施工

(1)南塔边跨桥面起重机前移;

(2)南塔边跨桥面起重机起吊 SBH 梁段(边跨合龙段);

(3)南塔将 SBH 梁段与边跨 SB26 梁段焊接;

(4)南塔顶推预存在过渡墩顶的 SD27 梁段,使其与 SBH 梁段拼接,然后将 SD27 梁段与交接墩通过支座连接。

(5)中跨合龙段 ZH27 施工。

11)调索及桥面系施工

(1)北塔 NJ01~NJ06 斜拉索第二次张拉,南塔 SA23~SA26、SJ23~SJ26 斜拉索第二次张拉;

(2)桥面系施工。

2 主桥桩基施工技术

北索塔群桩基础位于陆地,南索塔群桩基础位于长江水域南浅滩,距南岸约325m。北索塔桩基采用反循环回转钻机成孔,然后下放钢筋笼,浇筑水下混凝土成桩;南索塔桩基因为在水中采用钢管桩及钢护筒联合平台利用枯水期进行钻孔施工,成孔后的施工工艺与北索塔桩基相同。

2.1 总体施工方案

2.1.1 施工工艺流程

以北索塔桩基施工为例,施工工艺流程如图3-2-1所示。

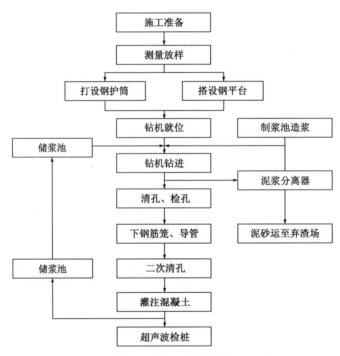

图3-2-1 施工工艺流程图

2.1.2 施工重难点

(1)施工钢平台受地形限制较为狭小,钢平台施工难度大。
(2)钻机配套的泥浆搅拌罐无法满足多台钻机同时钻进要求。
(3)钢筋笼安装时间较长,桩底沉渣厚度过厚。
(4)地质情况与设计差别较大,多次遇到大粒径卵石层、粉细砂层(夹砾石、木头)及胶结砾石层。
(5)单桩混凝土灌注量达到600m³以上,灌注时间约10h,桩基上部混凝土灌注困难。

2.2 栈桥平台

以南索塔桩基施工栈桥为例,栈桥的设计与施工如下所述。

2.2.1 栈桥设计

栈桥顺桥向布置在桥位下游侧,栈桥中心线距桥轴线30.75m。栈桥全长1200m,标准跨径12m,5跨一联,栈桥净宽6.2m,顶面高程+39.0m。栈桥标准跨立柱采用φ630×10mm、φ820×10mm、φ1020×10mm三种型号钢管桩,钢管桩3根一组,横向间距2.5m,伸缩缝处采用φ630×10mm钢管桩4根一组,纵向间距3m,横向间距5m。钢管间设I25a型钢平联,设[20槽钢剪刀撑,桩顶横梁为2I45b的工字钢,主梁为8片贝雷梁,2片为1组,采用45花架连接,组与组中心距为1.9m。顶面设置I25a横向分配梁及I12.6纵向分配梁,桥面板采用1cm厚花纹钢板。栈桥构造如图3-2-2、图3-2-3所示。

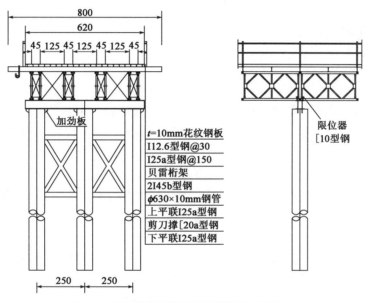

图3-2-2 施工栈桥标准断面构造图(尺寸单位:cm)

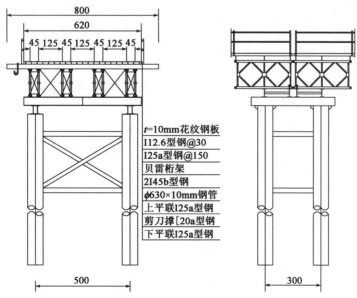

图3-2-3 施工栈桥伸缩缝断面构造图(尺寸单位:cm)

2.2.2 栈桥施工

钢管桩的插打采用从两侧向中间进行,两个作业面同时施工,江中心方向采用打桩船从江中心向江岸侧施工。打桩船经过测量队检验复核GPS后在施工墩位处抛锚定位,并锚紧缆绳,将$\phi1020\times10mm$钢管桩于岸边临时码头处用履带起重机吊上运输船,用机动舟顶推运输船至打桩船一侧带缆备用。根据测量指令,调整打桩船上导向架位置至满足相应精度要求。打桩船起吊钢管桩,垂直放置入导向架内,经测量定位后缓慢下放,并在自重作用下入土稳定。检测钢管桩垂直度,满足要求后开始低挡振动下沉,待钢管桩入土3~5m后即可高挡振动下沉,直至设计高程。江岸方向采用75t履带式起重机配合DZ-150振动锤插打施工,分配梁、贝雷片和面板统一采用75t履带式起重机钓鱼法配合安装。

2.3 钻孔平台

2.3.1 北索塔钻孔平台

1)筑岛平台

筑岛施工工艺主要包括施工准备→岸坡防护→打设钢护筒→岛面分层填筑→岛面分块硬化等步骤。施工前根据现场情况修建一条进场便道作为筑岛材料及钻机等设备的进场通道。靠近长江岸坡防护采用$\phi630\times12mm$钢管桩作为支撑结构,内侧密排[20槽钢作为挡土结构,内侧回填江砂。用挖掘机配合长臂挖掘机将护筒范围内的黏土层放坡挖除,施打时以导向架控制钢护筒的平面位置及垂直度。平面位置及垂直度满足设计要求后,采用振动锤吊打开始沉桩;用江砂回填护筒周围间隙并采用灌水法使之密实;分区对护筒间岛面进行分层填筑并用小型打夯机夯填密实。岛面江砂和石渣填筑完成且密实度满足要求后,采用C20混凝土对平台范围内分区进行硬化。

2)钢平台

沿线路右侧修建施工便道至长江子堤,子堤至长江岸坡间修建栈桥,利用索塔基础钻孔灌注桩护筒搭设钻孔施工钢平台与栈桥连接,平台与栈桥高程为37.5m,满足汛期连续施工需要。平台基础由钢护筒及辅助钢管桩组成,钢护筒按设计桩位布置。钢护筒采用20mm厚Q235b钢板卷制,内径2900mm,长度18m,用永安400型振动锤打入承台底2m至中密粉细砂层。为保证一次打设到位,用长臂挖掘机将护筒范围内的黏土层放坡挖除,施打时以导向架控制钢护筒的平面位置及垂直度。

3)工期与经济指标比较

(1)工期

根据现场情况,采用筑岛方案各工序可采取平行作业,预计需要工期23d,各工序时间安排见表3-2-1;采用钢平台方案,预计需要工期30d,各工序时间安排见表3-2-2。

筑岛方案各工序时间安排表 表3-2-1

序号	施工内容	2015年9月													
		4	6	8	10	12	14	16	18	20	22	24	26	28	30
1	钢护筒施工														
2	靠江侧钢管桩														
3	焊接[20槽钢														
4	基坑回填														
5	分层筑岛														
6	岛面混凝土硬化														

钢平台方案各工序时间安排表　　　　表3-2-2

序号	施工内容	2015年9月													10月	
		4	6	8	10	12	14	16	18	20	22	24	26	28	30	1	3
1	钢护筒施工																
2	钢护筒割孔																
3	一字梁安装																
4	贝雷梁安装																
5	I20分配梁安装																
6	平台钢板铺设																

（2）工程造价

钻孔平台采用筑岛方案时，由于岛面高程低于周边栈桥及平台高程，根据机械设备进出场需要，还需在103号墩位的左侧修建一条进场便道，所以工程造价估算时将此费用一同纳入。钻孔平台筑岛和便道费用构成、金额见表3-2-3。

筑岛及便道工程造价估算表　　　　表3-2-3

序号	项目名称	单位	工程数量	估算单价	金额	备注
一	筑岛				1423195	
1	打钢管辅助桩	根	11.00	3931.44	43246	φ630管
2	钢管桩下部	t	58.10	2396.41	139231	
3	护筒周边回填砂	m³	7714	71.61	552380	
4	筑岛填砂	m³	1337	71.61	95739	
5	平台填石渣	m³	1368	134.85	184472	
6	C25平台硬化混凝土	m³	855.00	477.34	408127	
二	进场便道				5304797	
1	便道填江砂	m³	25857	71.61	1851555	
2	便道垫石渣	m³	15980	134.85	2154873	
3	C25路面硬化混凝土	m³	2720	477.34	1298369	
	造价合计	元			6727992	

根据施工方案和合同预算编制约定，估算钢平台工程造价约2213104元，工程费用构成及金额见表3-2-4。

钢平台搭设工程造价估算表　　　　表3-2-4

序号	项目名称	单位	工程数量	估算单价	金额	备注
1	打钢管辅助桩	根	22.00	3931.44	86492	φ630管
2	钢管桩下部	t	64.377	2396.41	154274	
3	钻孔平台	m²	2508.90	657.06	1648488	
4	一字梁制安拆	t	38.10	8500.00	323850	定制成品
	造价合计	元			2213104	

（3）指标对比

①在平台建设工期方面，钢平台方案较筑岛平台方案时间长7d；另外，在钻孔施工结束后，预计钢平台拆除需要10d时间，筑岛挖除需要3d时间。

②工程造价方面，钢平台方案较筑岛平台方案节省费用451.49万元，费用相差较大主要是受新建便道工程造价影响。

③另外,由于筑岛平台顶面高程为36m,低于现已完成的周边栈桥和平台顶面高程为1.5m,致使施工场地的完整性被破坏,可供钻孔设备和附属机具摆放的有效区域减少,施工过程中机具设备摆放和管道布置受限。

平台方案各项指标对照见表3-2-5。

平台方案各项指标对照表　　　　表3-2-5

序号	比较项目	单位	方案名称	
			钢平台	筑岛
1	工期	d	30	23
2	工程造价	元	2213104	6727992
3	场地面积		相对宽松	狭小
4	机具设备布置		相对容易	受限

综上,采用钢平台法对钻孔灌注桩平台进行施工。

4）钢平台施工

钢护筒采用20mm厚Q235b钢板卷制,内径2900mm,长度18m,用永安400型振动锤打入承台底2m至中密粉细砂层。为保证一次打设到位,用长臂挖掘机将护筒范围内的黏土层放坡挖除,施打时以导向架控制钢护筒的平面位置及垂直度,平面允许偏差小于5cm,垂直度小于1/200。

平台基础由钢护筒及辅助钢管桩组成,钢护筒按设计桩位布置。

为便于安拆,支撑牛腿采用可收缩拆除的一字梁形式,一字梁采用钢板焊接成箱形结构,沿设计位置及高程在钢护筒两侧割槽穿出,一道梁分为三个节段,节段间以螺栓连接。每道一字梁两侧各放置1片2HN700×300承重梁,I20工字钢分配梁横桥向布置在承重梁顶部,1cm厚钢面板与分配梁焊接。

一字梁结构及布置如图3-2-4所示。

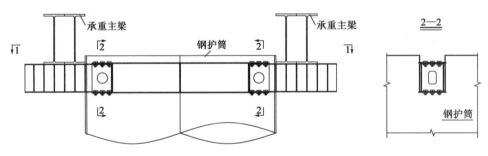

图3-2-4　一字梁结构及布置图

在钢栈桥右侧搭设20m×27m辅助施工平台作为泥浆循环系统存放及门式起重机的拼装场地。钢平台平面布置如图3-2-5所示。

图3-2-5　钻孔平台平面布置图

2.3.2 南索塔钻孔平台

1) 钻孔平台设计

钻孔平台采用梁柱组合式结构,平台尺寸为100.5m(横桥向)×66m(纵桥向)。采用φ1020×10mm钢管桩作为基础,钢护筒顶、底口增设1.0m长、厚10mm的加强箍;钢管桩间设置I25a型钢平联及斜撑,利用贝雷桁架作为主梁,顺桥向布置,花架连接。每组贝雷桁架采用[10槽钢交叉连接,以增强整体稳定性;分配梁采用I20a型钢,间距为30cm;面板采用10mm厚花纹钢板,接缝之间焊接。平台两侧护栏高1.2m,采用工字钢和小直径钢管焊制;立杆采用I12型钢,间距3m,底部焊接在I20a型钢端头;水平扶手采用直径42mm钢管,设置两道,立杆顶部及中间各一道。平台四周挂设救生圈、警示标语、安装照明及通航警示标志等设施。

钻孔平台总体平面布置如图3-2-6所示。

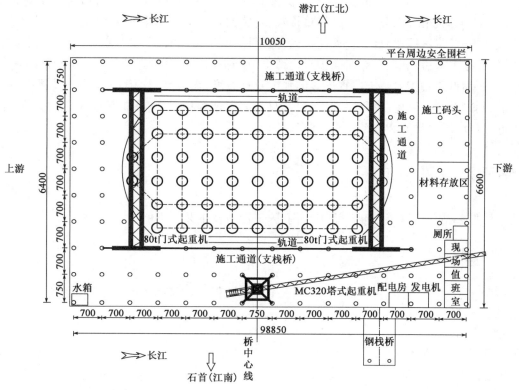

图3-2-6 钻孔平台总体平面布置图(尺寸单位:cm)

2) 钻孔平台搭设

钻孔平台利用打桩船插打钢管桩,50t履带式起重机安装上部分配梁及面板施工。钻孔平台搭设完毕后,采用80t门式起重机配合DZJ-200型振动桩锤沉设钢护筒。

打桩船驶入施工桩位处抛锚,通过自带GPS(全球定位系统)进行精确定位。起吊钢管桩,垂直放置入导向架内,并在自重作用下入土稳定。检测钢管桩垂直度,满足要求后开始低挡振动下沉。钢管桩插打就位并完成平联、斜撑施工后,及时进行分配梁及面板施工。

3) 钢护筒

钢护筒的长度为39m,入土22.5m,外径为2.80m,壁厚为25mm。设计要求钢护筒打入完毕后,其位于承台底面处中心偏差小于25mm,倾斜度不大于1/200。

为了避免钢护筒沉放时,钢护筒顶底口应力集中而导致局部屈曲,在其顶、底口增设1.0m长、厚10mm的加强箍。另外,为方便钢护筒的打设,将护筒刃脚部分加工成刃形,加劲箍的下端加工成流线形,减少护筒与地层间的摩阻力。

钢护筒在后场钢构件加工厂分节加工制作，钢板由卷板机卷制固定好以后进行焊接，焊接完毕后进行焊缝无损检测。

钢护筒采用驳船或平板汽车运输至施工现场，为避免钢护筒在起吊运输过程中变形，钢护筒设置加强箍，并设置型钢十字形内撑，均匀布置。

钢护筒利用平台上搭设的80t门式起重机配合DZJ-200型振动桩锤振动下沉，为保证钢护筒下沉过程中的垂直度，满足钢护筒下沉时定位及精度要求，设置导向架引导钢护筒下沉。在导向架安装前利用全站仪准确放出钢护筒的中心，利用相邻钢管桩顶及钢管桩下平联安装导向架，要求钢护筒中心与导向架中心一致。导向架加工完成后，在导向架内下沉钢护筒。

利用平台上搭设的80t门式起重机将钢护筒节段起吊放入导向架内并依靠自重下沉，护筒下沉的平面偏差控制在不大于25mm，每节段的倾斜率应尽量控制在0.5%以内，前一节偏差应在后一阶段反向调整。

当钢护筒下沉着河床后，用80t门式起重机将DZJ-200型振动桩锤安装在钢护筒顶端，启动振动桩锤将钢护筒打入河床；吊装次节钢护筒，焊接接长，安装振动桩锤继续冲打钢护筒至设计高程。

安放振动锤时，将液压钳对位后，夹住护筒，缓慢松钩，测量垂直度，进行点振，测量观察护筒垂直度和平面位置，满足要求后，施振至导向架顶口。待下节钢护筒下沉到设计位置后，吊下振动锤，起吊上节护筒进行接长，为保证钢护筒接缝位置焊接的强度及垂直度，在下节钢护筒顶口内壁设置内衬套。安装上节钢护筒，测量调整垂直度，满足要求后进行焊接，为保证焊接质量，在护筒接头四周设置挡风、遮雨装置。焊缝质量应满足设计和规范要求。

2.4 钻孔灌注桩施工

以北索塔桩基钻孔及混凝土灌注施工为例，施工设备及工艺如下所述。

2.4.1 钻孔设备

针对超厚粉细砂层的超长钻孔灌注桩施工，可选的施工设备有旋挖钻机和旋转钻机。

1）旋挖钻机

优点：

(1)设备先进，自动化程度高；

(2)对地层适应性较强，钻孔效率高；

(3)环境污染小。

缺点：

(1)护壁效果较差；

(2)钻斗提升过程中产生活塞效应，易产生缩孔和塌孔；

(3)对钻孔平台要求高。

2）旋转钻机

优点：

(1)设备先进，自动化程度较高；

(2)成孔质量高，对地层适应性强；

(3)钻机效率较高；

(4)对平台要求低。

缺点：

(1)施工成本相对较高；

(2)设备较为笨重,泥浆循环较为复杂。

结合现场、工期及成孔质量等因素,选择液压动力头旋转钻机作为石首长江公路大桥 103 号索塔钻孔设备。

ZDZ3500 型液压动力头钻机,其动力传递为电动机→液压泵→液压马达→动力头。工作原理:由动力头驱动钻杆,钻杆带动钻头回转钻进,采用气举反循环排渣。主要配套设备有 ZX250 型泥浆分离器、R110IU-A8 螺杆式空压机、制浆罐等。根据地层情况采用笼式刮刀钻头,钻头配重为 25t,每套钻孔设备功率见表 3-2-6。

每套钻孔设备功率　　　　　　表 3-2-6

ZDZ3500 钻机(kW)	ZX250 型泥浆分离器(kW)	R110IU-A8 空压机(kW)	3PNL 泥浆泵(kW)	总功率(kW)
179	58	110	2×22	391

2.4.2 循环系统及钻孔顺序

根据进度安排,进场 8 台钻机,钢平台上布置 6 台钻机施工,2 台备用。每台钻机由泥浆制浆池、泥浆分离器、空压机、泥浆管路等构成独立的循环系统,按照钻机施工的先后顺序,采取分区、跳桩施工等措施。桩位布置及施工顺序如图 3-2-7 所示。

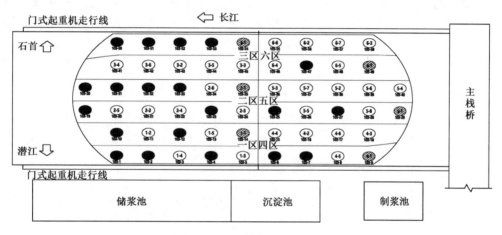

图 3-2-7　桩位布置及施工顺序平面图

2.4.3 钻孔施工

1)泥浆参数

大直径超厚粉细砂地层钻孔施工,泥浆的性能指标是成孔及保证基桩质量的关键,因此采用优质 PHP(聚丙烯酰胺不分散低固相)泥浆,配合比见表 3-2-7。

PHP 泥浆配合比　　　　　　表 3-2-7

水(kg)	膨润土(kg)	羧甲基纤维素(CMC)(g)	Na_2CO_3(kg)	PHP(g)
1000	80	80	4.32	32.4

PHP 泥浆性能指标见表 3-2-8。

泥浆性能指标　　　　　　表 3-2-8

黏度(s)	重度(g/cm³)	含砂率(%)	胶体率(%)	失水量(mL/30min)	泥皮厚度(mm)	pH 值
20~22	≤1.05	<1	≥98	≤15	<1.5	8~10

每钻进 2h 检测 1 次泥浆指标,地层变化时增加检测次数。钻孔、泥浆循环净化再生及清孔阶段各泥浆的指标符合表 3-2-9 的要求。

各阶段泥浆指标 表3-2-9

性 质	阶 段			试 验 方 法
	新制泥浆	循环再生泥浆	清孔泥浆	
重度(g/cm³)	≤1.05	1.08~1.20	1.03~1.10	泥浆相对密度剂
黏度(Pa·s)	20~22	17~25	17~20	标准漏斗黏度计
失水量(mL/30min)	≤15	14~16	≤10	滤纸、玻璃板
泥皮厚度(mm)	1.0~1.5	1~2	≤1	尺
胶体率(%)	>98	≥96	>98	量筒
含砂率(%)	<1.0	<4	<2.0	含砂率计
pH值	8~10	9~10	8~9	试纸

2)旋流固液分离循环再生系统

泥浆分离再生闭合环路系统主要包括制浆池、泥浆净化器、泥浆沉淀池、储浆池。泥浆通过管道循环,泥浆净化器分离出的泥浆造成护筒内液面下降,通过补充新鲜泥浆保证护筒内水头。为解决泥浆搅拌罐无法满足多台钻机同时钻进的问题,在钢平台外侧原地面修建一座大型的新鲜泥浆制备池,始终保持大量的新鲜泥浆备用。

本项目对常规泥浆循环系统进行了优化,将回浆管道由两条调整为一条,极大节省了对空间的占用。旋流固液分离循环再生系统在离心力的作用下对排除泥浆进行固液分离,并通过循环管道实现泥浆循环利用,加强了对环境的保护。泥浆循环系统布置如图3-2-8所示。

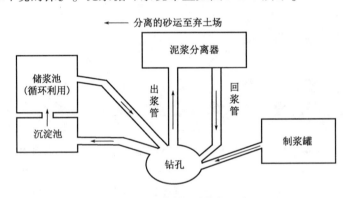

图3-2-8 泥浆循环系统布置图

3)钻机钻进

(1)开钻前检查

复核护筒平面位置及护筒顶高程;检查设备性能是否完好;量测钻头;检查钻头对中情况;检查钻机就位稳定情况。

(2)开孔钻进

开孔采用正循环钻进,利用泥浆净化器降低泥浆中的含砂率,根据除砂量补充新鲜泥浆维持护筒内液面的高度。

(3)反循环钻进

钻头低于护筒内水头15m后,改用气举反循环钻进,采用提钻、减压、慢转、补充泥浆进行钻进,待护筒内泥浆指标满足要求后可正常向下钻进成孔,在护筒底口上下5m范围内时要减压钻进控制进尺速度。

(4)护筒外钻进

钻头超出护筒底口5m以上时,按正常速度钻进,钻进中对变层部位要注意控制进尺,每钻进一根钻杆要注意扫孔,以保证钻孔直径满足要求。为解决不良地质问题,在即将到达不良层时,提前进行泥浆指标的调整,通过降低砂率、增大比重、增加黏度来增加护壁效果,确保孔壁安全;钻进过程中减少钻压、放慢钻进速度,观察泥浆排浆口出浆情况,及时采取调整风压、提钻头等方式防止堵管。粉细砂层钻进速度控制在 1.5m/h 以内、粉细砂层(夹砾石、木头)速度控制在 0.7m/h 以内、胶结砾石层速度控制在 1.0m/h 以内可满足钻孔成桩要求。

针对不同地层控制不同的钻进参数见表 3-2-10。

不同地层钻进参数　　　　　　　　　　　　　　　表 3-2-10

地　层	钻压(t)	转数(r/m)	进尺速度(m/h)
护筒底口附近	0.8~2	5~8	0.2~0.3
砂层	8~10	5~8	1.0~2.0
黏土层	8~10	5~8	0.8~1.5
卵砾石层	9~10	3~5	0.5~1.0

(5)钻进要点

①在护筒上做好标记,保证转盘中心、钻杆与钻头尖始终保持在同一条直线上,采用增加配重、提钻减压钻进,保证成孔垂直度。

②钻杆螺栓全部上满并紧固牢固,防止螺母脱落,质量不满足要求的螺栓禁止使用。

③钻进中孔内液面应高于孔外水位 1.5~2.0m,当水头变化时,应及时调整孔内水头。钻进至接近钢护筒底口位置 2m 左右时,控制进尺,采用低钻压、低转数钻进,当钻头钻出护筒底口 5m 后,再恢复正常钻进状态。

④钻机减压钻进或增加配重块,孔底承受的钻压不得超过钻具重力之和(扣除浮力)的 80%。

⑤加接钻杆时,应先停止钻进,将钻具提离孔底 8~10cm,维持泥浆循环 10min 以上,以清除孔底沉渣并将管道内的钻渣携出排净。加接钻杆时连接螺栓应拧紧上牢,认真检查密封圈,以防钻杆接头漏水漏气。

⑥松散砂层和卵砾层钻进中保持低压、低转速,确保护壁质量。

⑦升降钻具应平稳,尤其是钻头处于护筒底口位置时,必须防止钻头钩挂护筒。

⑧钻进应分班连续进行,详细、真实、准确填写钻孔原始记录,密切注意地层变化。

⑨钻孔过程中如遇特殊情况需停钻提出钻头时,应增加泥浆比重和黏度,确保护壁稳定。

4)清孔、成孔检查

钻至设计高程后,把钻头提离孔底 0.5~0.8m,开慢转速,不停泵继续慢慢往下清孔至设计高程,泥浆指标满足要求后,拆除钻杆、钻头,移除钻机至下一孔就位。

采用超声成孔质量检测仪进行检孔。孔深、孔径、垂直度满足要求后安放钢筋笼、导管。

2.4.4　钢筋笼制作安装

1)钢筋笼制作

钢筋笼采用滚焊机分段加工,每段长度 12m,钢筋笼主筋采用直螺纹套筒连接接长,在胎架上长线法预拼,合格后分节运至现场吊装。

2)钢筋笼安装

钢筋笼利用门式起重机起吊下放,采取起重机主钩和副钩两点吊装法。吊放中逐节验收钢筋笼的连接接头和声测管接头质量。最后一节钢筋笼,根据钢筋骨架顶面设计高程与灌注混凝土平台高程计算高度,制作接长吊环焊接在钢筋笼主筋上,吊环固定在平台上。

2.4.5　混凝土施工

1)导管安装

导管选用壁厚 10mm、内径 325mm 的无缝钢管,接头采用插入式丝口连接,使用前按照实际压力的

1.3倍进行水密承压试验。

2）二次清孔

为避免桩底沉渣厚度过厚等问题,导管下放完成后,检查沉渣厚度及泥浆各项指标,如不满足要求,则利用导管进行二次清孔。二次清孔采用气举反循环法,将孔底7~10m段泥浆全部弃掉并补充新鲜泥浆,要保证孔内泥浆进行一个完整的循环。清孔后孔底沉渣控制在10cm以内,泥浆指标满足以下条件:相对密度1.03~1.10,黏度17~20s,含砂率<2%,胶体率>98%。

3）混凝土灌注

混凝土配合比见表3-2-11。

混凝土配合比　　　　　　　　表3-2-11

类别	水泥	水	砂	碎石	粉煤灰	减水剂
重量(kg/m³)	319	170	740	1111	107	4.25

混凝土坍落度180~220mm,扩展度500~600mm,初凝时间18h,和易性、黏聚性、保水性良好。封底混凝土采用20m³料斗,封底结束后替换小料斗,采用2台混凝土汽车泵连续灌注。

为解决单桩混凝土灌注量大,上部混凝土灌注困难问题,浇筑过程中利用一台30型振动锤制作成一个小型振动装置,通过振动导管加速料斗内混凝土的下落,防止因导管堵塞造成断桩事故。

4）桩基检测

采用中国科学院武汉岩土力学研究所生产的RSM-SY5型工程声测仪对桩基进行检测,检测时混凝土龄期不低于14d,或强度达到设计强度的70%以上。

5）桩端压浆

压浆管采用φ30、壁厚大于2.5mm的普通小钢管作为压浆管,在桩底部采用钻头均匀钻出4排(每排4个)、间距3cm、直径3mm的压浆孔作为压浆喷头,外面套上自行车内胎封严。

压浆管底密封橡胶皮开塞在桩混凝土浇筑完成后24~48h,由压浆泵用清水将管底橡胶皮冲开,确保管路系统畅通。

压浆总体控制原则:实行压浆量与压力双控,以压浆量(水泥用量)控制为主。在声测工作结束后,且混凝土强度达到设计强度80%以上时进行压浆工作。

2.5　桩基施工功效统计

以南索塔桩基施工为例,根据现场58根桩基的施工数据统计,各道工序施工时间如下所示:

(1)钻机纯钻进时间92.2h,加钻时间31.7h,按照正常辅助施工时间6h进行控制,单根桩基钻进成孔耗时118.2h(约5d),钻进速度1m/h。

(2)桩基成孔后进行一清并提钻,一清耗时33h,加强泥浆指标的控制后,可节约时间至30h。

(3)桩基钢筋笼下放时间耗时23h,通过对场地合理规划,提高工人操作熟练程度后可控制在20h。

(4)桩基下导管、风管及二清时间耗时9h。

(5)桩基混凝土浇筑时间耗时9h。

通过分析单根桩成桩时间控制在:成孔时间+辅助时间+下钢筋笼时间+一清、二清时间+灌注时=118.2h+33h+20h+9h+9h=189.2h(7.9d)较为合理,可以按照总体控制时间控制钻进效率。

3 主桥承台施工技术

3.1 施工方案

主桥承台包括103号索塔承台和104号索塔承台。103号索塔承台位于陆地，围堰施工方案可选择筑岛围堰和钢板桩围堰，混凝土封底方案可选择干封工艺或水封工艺。104号索塔承台位于水中，施工时正值汛期，河床冲刷大，为确保汛期承台施工的安全稳定性，采用有底钢吊箱围堰进行施工。下面首先对103号索塔承台的施工方案进行分析。

（1）筑岛围堰

本桥承台开挖深度十余米，筑岛围堰占地面积较大，造价较高；承台底面高程低于长江水位，同时长江水位变化复杂，加之筑岛围堰抗冲刷能力较差，因此不考虑此方案。

（2）钢板桩围堰

钢板桩围堰强度高，防水性能好，适用范围广泛。本桥承台位置水位变化明显，而钢板桩配合内支撑使用可以较好地控制水位变化的影响，同时钢板桩围堰可以减少钢筋混凝土的使用，减少土方开发，降低对周围环境的改变，因此本桥承台采用钢板桩围堰施工。

（3）干封工艺

由于施工期间长江水位上涨迅速，围堰内外存在9.7m的水头差，采用干封工艺时，存在发生管涌和流土的可能。流砂（土）一旦发生，会很快波及地基内部，发展过程快，往往抢救不及，造成严重后果。

（4）水封工艺

水下进行封底混凝土浇筑可以有效避免管涌和流砂（土）的发生，施工安全性相对较高，但需对封底混凝土施工工艺进行严格把控，本项目采用水下混凝土封底方案。

103号索塔承台混凝土浇筑分三次进行：第一次施工一级承台3m，第二次施工一级承台剩余4m，第三次施工二级承台2.5m，钢板桩围堰承台分层施工示意如图3-3-1所示。承台实际施工时间为2016年2—6月，为长江枯水期，长江水位高程在23.9~32.35m之间。具体施工步骤为：

(1)拆除钻孔平台，门式起重机轨道、支栈桥，拔除相应钢管桩；

(2)割除部分钢护筒，整平钢板桩围堰施工区域内场地至高程+30.000m；

(3)安装上层圈梁，以其作为导向装置，插打钢板桩围堰；

(4)清理基坑至+26.500m，切割钢护筒至设计位置，并利用剩余钢护筒作为下层内支撑的辅助竖向支撑结构；

(5)安装下层内支撑及圈梁；

(6)继续清理基坑至+20.500m（封底混凝土底），实际施工中，根据围堰外水位和围堰内排水情况，确定合理开挖方式；

(7)在清理基坑的过程中，安装上层内支撑；

(8)基坑清理到设计高程后，整平基坑，准备对基坑进行封底；

(9)浇筑封底混凝土；

(10)待封底混凝土达到设计强度后，抽水、割除钢护筒、凿除桩头，浇筑底层承台；

(11)待底层承台达到强度要求后,在底层承台与钢板桩间隙内填筑2.7m厚砂,浇筑0.3m厚混凝土圈梁;

(12)拆除底层内支撑,继续浇筑顶层承台;

(13)待顶层承台达到强度要求后,拆除顶层内支撑,浇筑塔座,待塔座混凝土达到强度要求后,浇筑第一节塔柱。

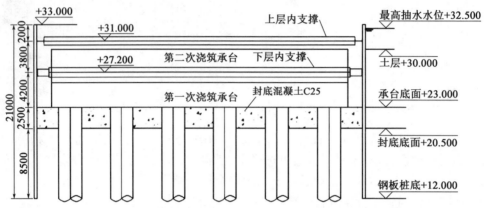

图3-3-1 钢板桩围堰承台分层施工示意图(尺寸单位:mm;高程单位:m)

104号索塔承台封底混凝土厚度为2.8m,分3舱3次封底完成,每个舱水下封底一次性连续浇筑完成。下承台分三层进行浇筑,浇筑厚度为2m+2m+3m,浇筑方量为18171.5m³,浇筑过程中按大体积混凝土进行了温控计算,并采用了冷却水管进行温控的措施。承台混凝土由后场统一拌制,采用10m³罐车进行运输,通过汽车泵+溜槽进行混凝土入模。

承台钢筋在后场进行统一加工,分层绑扎承台钢筋,承台顶层钢筋与索塔预埋钢筋采用劲性骨架进行定位,并对塔式起重机标准节的预埋件进行了预埋。

3.2 钢板桩围堰(北塔)

3.2.1 钢板桩围堰设计

103号索塔承台采用的钢板桩围堰由500根SP-U400×170×15.5型21m长钢板桩组成,顶面高程33m,入土深度18m,围堰封底混凝土抽水设防水位32.5m。围堰平面设计为八边形,每侧离承台边缘1.75m,在31m和27.2m高程处设上、下两层支撑。上层横撑采用φ1000×12mm钢管,围檩为HN900×300型钢,下层横撑采用φ1200×14mm钢管,围檩为箱形断面。围檩及横撑最大吊装重量9t,最远吊距50m,利用塔式起重机安装。钢板桩围堰封底混凝土厚度为2.5m。钢板桩围堰平面及立面布置如图3-3-2、图3-3-3所示。

3.2.2 钢板桩围堰施工

钢板桩施工流程为测量放线→打设定位桩→安装导向圈梁→钢板桩插打→钢板桩复打→钢板桩合龙。

在钢板桩插打位置用挖掘机开槽,将黏土层挖除,开槽宽度为1.5m。按照测量放样数据在钢板桩围堰各角点及直线段施工导向装置。导向装置采用上、下型钢支架法固定在承台外侧钢护筒上,顶面支架采用I25工字钢制作,下部支架采用I20工字钢制作,支架根部与钢护筒焊接牢固。顶面支架沿钢板桩环向焊接I25工字钢作为平面导向控制措施,下部支架同时作为钢板桩围堰顶层圈梁存放平台。钢板桩导向装置如图3-3-4所示。21m长钢板桩采取上述定位及导向措施后,插打的悬臂长度控制在10m之内,能够满足垂直度及平面位置施工精度的要求。

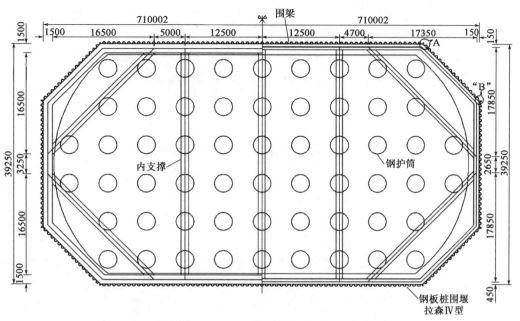

图 3-3-2 钢板桩围堰平面布置图(尺寸单位:mm)

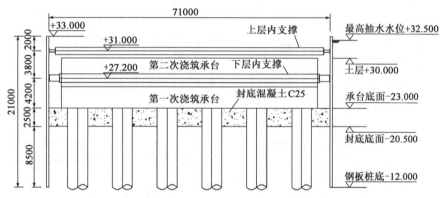

图 3-3-3 钢板桩围堰立面布置图(尺寸单位:mm;高程单位:m)

钢板桩围堰沿大里程中心点分别向两侧采用 2 套钢板桩插打设备对称施工,施工设备为 100t 和 80t 两台履带式起重机配两台 DZ120 振动锤。振动沉桩前,振动锤的桩夹应夹紧钢桩上端,并使振动锤与钢桩重心在同一直线上。沉桩过程中,随时检测桩的垂直度并校正。钢板桩沉设贯入度每击 20 次不小于 10mm,否则停机检查。沉桩过程中,发现打桩机导向架的中心线偏斜时必须及时调整。距离小里程侧直线段合龙口剩余 10m 时,通过计算及过程控制确保顺利合龙。钢板桩插打及复打施工时间为 20d。

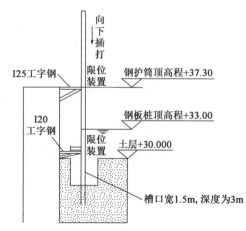

图 3-3-4 钢板桩导向装置示意图

3.2.3 围堰内开挖及支撑安装

围堰内基坑开挖方量为 $57m \times 85m \times 5m = 24225m^3$,施工采用 3 台挖掘机配合 8 台自卸汽车开挖及运输。土方弃至 K69+040 右侧弃土场。另采用 1 台挖掘机修整边坡。每天开挖及运输的土方为 $2000m^3$,开挖考虑到钢板桩的施工干扰,需 14d 可开挖完成。承台基坑开挖断面如图 3-3-5 所示。

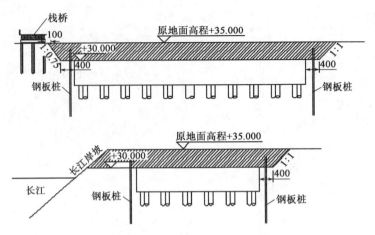

图 3-3-5 承台基坑开挖断面示意图(尺寸单位:cm;高程单位:m)

围堰内取土采用普通挖掘机配合长臂挖机进行。承台内共分为 4 个区域,由普通挖掘机在围堰内分区开挖,倒土至小里程及下游侧。长臂挖掘机将靠近钢板桩土挖除后由汽车运至弃土场。塔式起重机在施工过程中可配合大料斗取土至基坑外侧。围堰内取土至 26.6m 高程后,切除上部钢护筒,安装底层钢支撑。底层钢支撑安装时在钢板桩周边及斜撑位置开槽,利用两台塔式起重机先安装底层支撑牛腿、圈梁、横撑和斜撑,然后将横撑固定在钢护筒上。为保证圈梁与钢板桩间受力均匀,将圈梁与钢板桩间空隙采用钢板填塞密实。安装完毕后利用挖掘机配合自卸汽车取土,由 30m 高程施工至 27m 高程。围堰中间位置 27~25m 高程由挖掘机开挖,两台塔式起重机可利用空闲时间提升 $8m^3$ 大料斗配合运土。为增加施工效率,每台塔式起重机采用 2 个料斗循环使用,靠近钢板桩内侧土体采用长臂挖掘机挖除干净。每次分层取土高度为 1m。围堰内 25m 高程以上开挖量为 $2460m^2 \times 5m = 12300m^3$,经 15d 开挖完成。基坑开挖分区及开挖示意如图 3-3-6、图 3-3-7 所示。

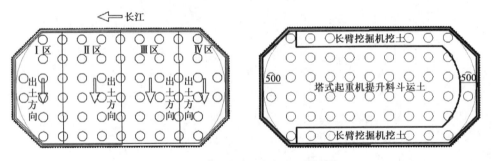

图 3-3-6 承台开挖基坑分区示意图(尺寸单位:cm)

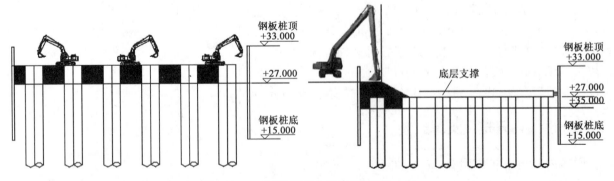

图 3-3-7 承台基坑开挖示意图(高程单位:m)

钢板桩围堰内 25m 高程以下在排水开挖时有涌砂出现,因此采用不排水吸泥法开挖,吸泥设备为 4 套 200ZSQ300-20-37 型抽砂泵,额定流量为 $300m^3/h$。抽砂泵的效率由风量、风压的大小、水的深度和射水器的喷射力决定。经常移动吸砂泵的位置对抽砂泵的效率也有影响。空压机和抽水机尽量就近安装,减少管路损失,保证气压在 0.5MPa 以上,以供给最大的风量和水量。水的深度越深越好,实践证明:水深 2m 以下,吸砂效率极差,甚至吸不出水,2~4m 效率较好;4~6m 以上效果最佳。吸泥量由排水量中所含泥沙的浓度决定;浓度与地质情况和射水器的喷水力、水量、水压及射水位置都有关系。吸砂管口和喷水一般要离开吸泥面 10~30cm。过低易于堵塞,过高吸出的水浓度低,均影响吸泥效果,因此吸泥机应经常上下、左右移动,保持在最佳吸泥效果的位置上。如施工过程中吸砂效果不好,可采用向围堰内抽水增加水深的方法。

抽砂泵采用 2 台履带式起重机及 2 台塔式起重机提升、移位,抽砂水经沉淀池沉淀后排放。在抽砂达到设计高程后安装顶层钢支撑。为保持顶层钢支撑竖向稳定,在顶层和底层钢支撑间间隔一根钢护筒安装 $\phi 300 \times 12$mm 竖向钢管,竖向钢管与钢支撑间切割成弧形断面后焊接牢固。围堰内钢支撑安装示意如图 3-3-8 所示。

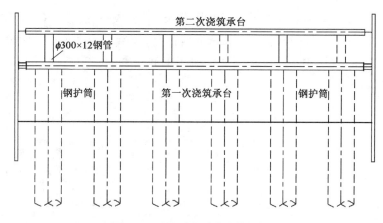

图 3-3-8 围堰内钢支撑安装示意图

3.2.4 基坑及钢板桩围堰监控

基坑监测的目的如下:

(1)根据监测结果,发现可能发生危险的先兆,判断工程的安全性,防止工程事故的发生,提前采取必要的工程措施。

(2)以基坑监测的结果指导现场施工,进行信息化反馈优化设计,使设计达到优质、安全、经济合理、施工快捷。

(3)为设计人员提供准确的现场监测结果与理论预测值比较,用反分析法求得更准确的设计参数,修正理论公式,不断地修改和完善原有的设计方案,同时保证数据准确、连续、可靠。

基坑开挖后,在基坑周边布置监控点。监控点设置在基坑周边 10m 和 15m 处且不宜破坏的地点,除临江侧外三面各布置 2 排,监控点环向间距不大于 15m,采用全站仪对围堰周边土体监控点的沉降及水平位移全程进行监控。基坑监测点的水平位移控制值为 30mm,报警值为 24mm;累计竖向沉降控制值为 25mm,报警值为 20mm。变形速率报警值为:水平位移变化速率大于 2mm/d,沉降变化速率大于 1mm/d。

基坑监测频率为:在围堰施工期间每天采集数据 2 次,围堰支撑及封底混凝土浇筑完成后每天采集数据 1 次,直至承台施工完成。监控期间一旦累计变化和变化速率达到警戒建议值时,马上采取措施,提高监测频率,确保基坑安全。

钢板桩围堰监测点布置在每边跨中中间位置,上、中、下各设置一处监测点,共 12 处。上监测点设置于钢板桩桩顶,中间观测点设置于顶层和底层圈梁中间位置(高程 +29.0m),下部观测点设置于底层圈梁与封底混凝土之间(高程 +25.0m)。底层圈梁安装完毕后测桩顶和中间观测点的初值;封底混凝土完成抽水后测下部观测点的初值。

钢板桩围堰监测报警值以监测项目的累积变化量和变化速率控制。报警绝对值为70mm,变化速率为8~10mm/d。在钢板桩施工过程中,如监测数据达到报警值,分析异常原因,采取补救措施,如有必要,立即启动相应的应急方案。

钢板桩围堰监测频率为:一般阶段2d/次,汛期和抽水阶段1d/次。

3.3 钢吊箱围堰(南塔)

3.3.1 钢吊箱围堰设计

104号索塔承台采用的钢吊箱围堰由底板、壁板、内支撑、下放系统、悬吊系统、导向及定位系统等组成。钢吊箱整体尺寸为70.6m(横桥向)×38.85m(纵桥向)×16.7m(高度),竖向分三节(8m+7.2m+1.5m),其中最上层的1.5m为防浪板。承台封底混凝土的底高程为+20.3m,设计吊箱堰顶高程+37m。钢吊箱围堰结构如图3-3-9所示。

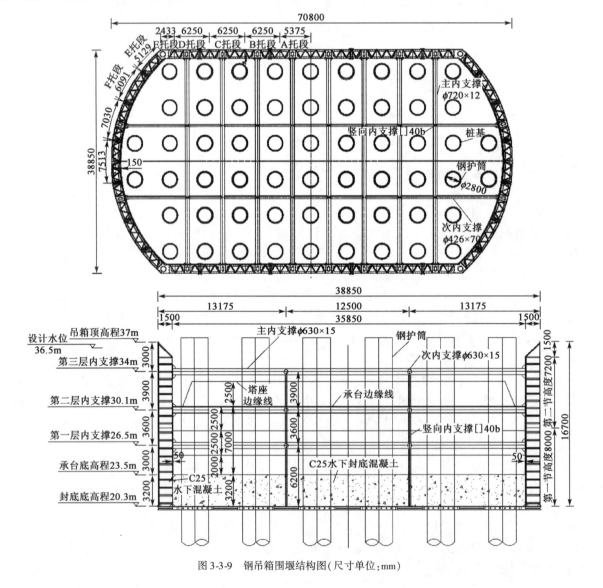

图3-3-9 钢吊箱围堰结构图(尺寸单位:mm)

1) 钢吊箱围堰底板

钢吊箱围堰底板采用 Q235b 钢材。主梁采用 2HN350×175×7×11 型钢,分配梁采用 I20a,面板采用 10mm 钢板,底板在钢护筒两侧设有悬吊系统锚固孔,与钢护筒之间设有封堵板。钢吊箱围堰底板结构如图 3-3-10 所示。

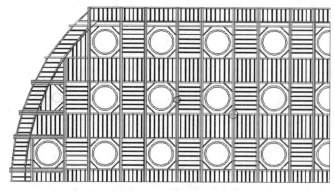

图 3-3-10　钢吊箱底板结构图

2) 钢吊箱围堰壁板

钢吊箱围堰壁板采用 Q345b 钢材。面板采用 6mm 钢板,侧板采用 8mm 钢板,环板采用 10mm 钢板,环板桁架采用单∠90×12mm 角钢、2∠90×12mm 角钢和 2∠100×16mm 角钢,面板竖肋采用∠100×80×10mm 角钢和∠100×16mm 角钢。

3) 钢吊箱围堰内支撑

钢吊箱围堰内支撑采用 Q235b 钢材。主内支撑采用 $\phi630×15$mm 钢管,次内支撑采用 $\phi426×15$mm 钢管,竖向内支撑采用 [ ]40b 对扣槽钢。

4) 下放及悬吊系统

钢吊箱围堰内壁上共设置 16 个下放吊点,在护筒顶部设置悬吊梁及扁担梁,均采用 2HN600×200 型钢;吊杆采用 PSB930 级 $\phi40$ 精轧螺纹钢,扁担梁上对称布置 100t 千斤顶作为下放系统。钢吊箱围堰下放悬吊系统如图 3-3-11 所示。

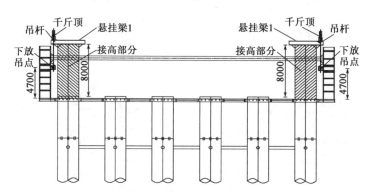 

图 3-3-11　钢吊箱下放、悬吊系统(尺寸单位:mm)

5) 导向及定位系统

导向系统采用内、外共同导向。内导向设置于吊箱壁板内侧,作用于相邻钢护筒上,上下共设置两层,每层共设置 10 个点。外导向设置在下游侧钻孔平台与吊箱相邻的钢管桩上,作用于下游钢吊箱外侧壁板上,共设置 2 个点。内导向起主要导向作用,外导向起辅助导向作用。导向系统平面布置如图 3-3-12 所示。

导向系统分两种形式:一种为刚性导向系统,由型钢与钢板组合焊接而成;另一种为橡胶护舷导向系统,由橡胶护舷和钢板组合焊接而成的连接构件两部分组成。连接构件直接焊接于钢吊箱内侧壁板上,与橡胶护舷采用高强螺栓连接。两种导向系统结构形式分别如图 3-3-13 和图 3-3-14 所示。

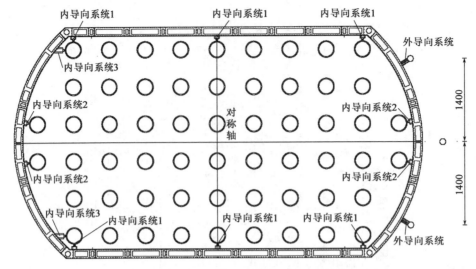

图 3-3-12 钢吊箱导向系统平面布置图(尺寸单位:cm)

图 3-3-13 刚性导向系统

图 3-3-14 橡胶护舷导向系统

6) 水平定位系统

水平定位系统焊接在钢吊箱内侧壁板上,采用型钢组合焊接而成,为活动式结构,高度方向设置3层,每层布置10个,在高度方向上与内导向系统避开布置。水平定位系统平面布置与结构如图 3-3-15 所示。

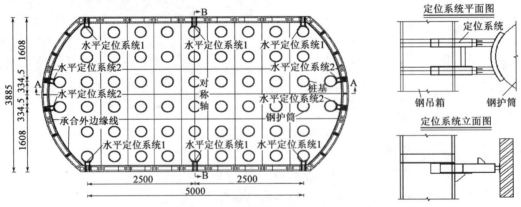

图 3-3-15 水平定位系统(尺寸单位:cm)

7) 纠偏系统

钢吊箱下放时正值汛期,面临高水位、高流速、水流压力大的自然条件。为确保整个下放过程万无一失,避免钢吊箱在下放过程中因受水流冲击而导致无法下放,单独对钢吊箱增设了纠偏系统。在钢吊箱江侧及岸侧内壁板下放吊点处焊接牛腿梁,在对应钢护筒上设置抱箍,在抱箍与牛腿梁之间采用2个滑轮组及钢丝绳连接;钢丝绳绕线后引至吊箱顶,端头设挂钩,采用门式起重机提升即可以对钢吊箱进行纠偏。

3.3.2 钢吊箱围堰施工

钢吊箱围堰总体施工流程为:基坑开挖(抽砂)→承台范围内施工平台上部拆除→接高钢护筒→安装导向装置→拼装底板、第一围堰壁板及第一层内支撑→拼装下放系统→围堰第一次下放→拼装第二层围堰壁板及第二、三层内支撑→围堰继续下放,达到设计高程(同时抽砂精平河床高程)。

1)抽砂吸泥

钢吊箱下放期间,水位急剧上涨,洪水流速加大,河床回淤加快,尤其是钢吊箱下游回淤严重。钢吊箱施工过程中通过对河床回淤情况的合理预判,采用下放前预先抽砂、过程中同步抽砂以及后期突击抽砂的"三部曲"抽砂方案,有效解决了汛期河床急速回淤问题,确保了钢吊箱顺利下放至设计高程。

(1)下放前预先抽砂

钢吊箱拼装之前,拆除承台范围内施工平台,并对承台范围内河床进行探底,防止索塔桩基清桩头时残余混凝土块堵塞抽砂管。采用2台抽砂泵抽砂,将原河床底全面排查,确定施工区域河床具体情况。底板拼装前采用6根反循环抽砂管(配12台180kW空压机)进行抽砂,抽砂时河床底先形成"锅底"形状,控制承台中央河床高程为18m,承台四周河床底高程控制在19.5m。抽砂基坑边线比围堰设计边线超宽5m,上游超宽8m。钢吊箱拼装前河床排查抽砂如图3-3-16所示。

(2)过程中同步抽砂

钢吊箱底板及第一节壁板拼装完毕后,开始下放,下放过程中配备6根抽砂管采用反循环抽砂法连续抽砂并在承台范围内跟踪测量。钢吊箱范围内河床抽砂采取底板开孔的方式进行。钢吊箱下放过程中同步连续抽砂如图3-3-17所示。

图3-3-16 钢吊箱拼装前河床排查抽砂

图3-3-17 钢吊箱下放过程中同步连续抽砂

(3)后期突击抽砂

当下放距设计高程1.5m时因倒虹吸现象,下游河床回淤进一步加剧。此时利用2艘2000m³/h的抽砂船对下游平台扩大抽沙面积转移回淤点,同时配备10名潜水员排查钢吊箱河床淤积点,对河床淤积点突击抽砂并跟踪测量。钢吊箱下放后期抽沙船突击抽砂如图3-3-18所示。

2)钢吊箱拼装

钢吊箱加工完成后船运到现场平台边停靠,用75t履带式起重机、220t汽车起重机和门式起重机分别将钢吊箱底板块段吊装就位。根据测量放样对其位置进行调整,使底板平面位置及相对高程达到要求。首节钢吊箱底板从上游往下游依次拼装

图3-3-18 钢吊箱下放后期抽沙船突击抽砂

并焊接到位。底板拼装完成后开始进行壁板拼装,壁板垂直度均调整到设计值以内。首节钢吊箱壁板安装从转角处开始,以提高钢吊箱的抗倾覆能力,然后从转角处向两边依次进行其余壁板拼装。

底板拼装时,现场加工浮箱在底板下方对底板焊接质量进行检查。第一块钢吊箱壁板拼装时,用钢板将底角垫高3cm,便于后续钢吊箱块段的调整。第一块壁板安装后焊接角钢,临时支撑钢吊箱侧面;然后起吊相邻块段,缓慢向第一块靠拢,测量放样调整第二块的位置,检查调整钢吊箱的垂直度和两块壁板之间的间隙,使壁板间隙达到最佳状况;再临时固定第二块钢吊箱,焊接临时支撑,使其形成较为稳定的结构;再将吊车缓慢松钩,进行下一块段施工。按照此方法施工,直至第一节所有壁板安装完成。第二节壁板以第一节壁板为基准,采用相同的施工方法完成拼装。

第一节壁板安装完成后,采用门式起重机及履带式起重机吊装焊接第一道内支撑系统;第二节壁板安装完成后,焊接第二道、第三道内支撑系统。

3) 钢吊箱下放施工

钢吊箱下放分三个步骤:

(1) 钢吊箱第一节壁板及内支撑拼装完成后,安装钢吊箱下放系统。下放前利用浮箱对底板下吊点进行全面检查,并且排查箱底河床是否有淤积,检查无误后开始第一次下放。

(2) 第一次下放时,先整体将钢吊箱提升10cm,使钢吊箱重量转移至吊点、悬吊梁、钢护筒承受,确认正常后割除钢吊箱拼装平台。下放施工缓慢进行并同步对各隔舱对称加水。下放过程采用计算机和人工测量双控,每下放45cm进行一次测量复核,对钢吊箱姿态进行调整;待下放基本到位时根据测量微调钢吊箱,保证底面各点在同一水平位置以方便后续施工,最后锁死钢吊箱各个吊点。

(3) 钢吊箱第二节拼装完毕后开始第二次下放并同步进行抽砂,下放完成后钢吊箱基本处于悬浮状态。为保证钢吊箱整体位置精确,现场锁死各个吊点后在钢吊箱壁板内对称同步加水,避免钢吊箱因受力不均匀出现位置偏差。

首节钢吊箱下放历时4.5d,第二节钢吊箱下放受河床回淤影响,下放速度减慢,历时约9.5d,于2016年7月6日顺利下放到位。钢吊箱最终下放到位后的轴线顺桥向偏差为1cm,横桥向偏差为1.6cm;垂直度顺桥向偏差为1/5650,横桥向偏差为1/4480;吊箱顶面高程偏差为-3cm。钢吊箱下放到位后的定位精度远高于设计及规范要求。钢吊箱下放到位后的现场情况如图3-3-19所示。

图3-3-19 钢吊箱顺利下放到位后现场情况

3.4 封底混凝土施工

3.4.1 103号承台

103号索塔承台施工靠近长江,封底面积大,封底要求质量高,导管数量布置多,施工控制难度大。封底混凝土浇筑遵循对称、分区、不留死角三个原则进行导管布置。

封底混凝土施工工艺流程如图 3-3-20 所示。

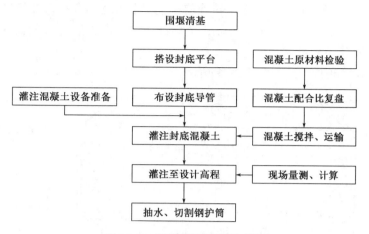

图 3-3-20 封底混凝土施工流程图

针对 103 号承台封底混凝土施工的特点,采取的主要施工措施如下:

①基坑清理到位后,由潜水员下水逐片检查,测量标高达到施工要求后,方能进行水下封底混凝土。为防止在水下混凝土浇筑的冲击振动作用下,基底粉细砂层发生液化,在每个导管底部挂设 2m×2m 方形薄铁板,以保证混凝土与基底粉细砂层隔离,并可增大混凝土流动半径,以减少因混凝土冲击振动引起的粉细砂层液化。

②为防止粉细砂层液化产生的不均匀沉降,需要求封底混凝土具有整体性,确保封底混凝土一次浇筑完成。承台面积大,为保证封底混凝土质量,在围堰内布置多个导管,共设 50 个导管点,保证各导管有效半径全部搭接,并覆盖基坑底部。

③为防止普通混凝土在大面积水下围堰封底施工过程中,混凝土离析造成封底失败,采用具有高强抗分散性和很好流动性的水下不分散混凝土进行封底施工。高强抗分散性和较好的流动性能可实现水下混凝土的自流平、自密实,抑制水下施工时水泥和集料分散,并且不污染施工水域。与普通混凝土相比,水下不分散混凝土减少了导管的布置和移动,加快了封底速度,同时也减少了人工和机械使用,更不需要潜水员水下辅助作业。另外,采用水下不分散混凝土进行封底,平整度、密实性等方面均能一次性达到设计要求,不需要进行二次处理。

1)基底处理

为保证封底混凝土的效果,基坑清理到位后,由潜水员下水逐片检查,测量标高达到施工要求后,方能进行水下封底混凝土。在封底混凝土覆盖范围内钢护筒外壁因为锈蚀及泥浆粘附,潜水员用钢丝刷进行清除,以保证封底混凝土与钢护筒的黏结力、增加抗浮稳定。为避免基底土体上翻影响封底混凝土的质量,在每个导管底部挂设 2m×2m 的 2mm 厚钢板。

2)混凝土配合比及技术指标

封底混凝土厚度为 2.5m。为确保每次封底混凝土间能相互覆盖、相互交叉,采用多导管法施工。混凝土采用 C30 水下混凝土,原材料为华新水泥 P.O42.5,洞庭湖产天然 Ⅱ 区中砂,宜昌鸿涛采石场 4.75~19.0mm 碎石(4.75~9.5mm、9.5~19.0mm),聚福德高性能减水剂(缓凝型),胶凝材料用量 1.0%,絮凝剂掺量为水泥用量的 3%。水为长江江水。水下混凝土配合比见表 3-3-1。

混凝土配合比   表 3-3-1

强度等级	水灰比	每立方米材料用量(kg)						坍落度(mm)
		水	水泥	砂	碎石	外加剂	絮凝剂	
C30	0.49	170	349	736	1104	4.36	10.47	180~220

封底混凝土技术指标为流动度保持在 2h 内,初凝时间 24~26h,混凝土扩散半径 4~5m。

3）封底导管的安装

封底导管采用 $\phi 325\times 10$mm 无缝钢管。导管使用前进行组装，编号后进行接头水密承压、抗拉试验。单根导管按顶节 0.5m，第二、三节 1.0m，其余标准节 3m 来配置。导管距离基底的距离控制在 30cm。相邻两套导管安装距离最大不超过 8m。

承台封底混凝土导管布置示意如图 3-3-21 所示。

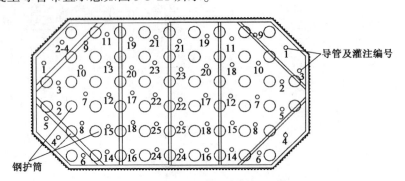

图 3-3-21　承台封底混凝土导管布置示意图

103 号索塔承台封底混凝土导管点共设置 50 处，从左右两侧对称向中间位置浇筑。为保证封底混凝土的施工质量，混凝土采用一次浇筑完成。沿导管周边及钢板桩与钢护筒间位置设置观测点，观测点覆盖整个平面位置，通过观测点的测量数据计算封底混凝土灌注过程中高程的变化。

4）首盘混凝土方量

为了保证混凝土封底灌注的质量，混凝土灌注时导管埋深不小于 0.5m。根据计算，首批混凝土方量为 16.96m³。为保证导管埋深，确保拔球混凝土灌注一次成功，首批混凝土采用 18m³ 大料斗，封底成功后换成 3m³ 小料斗继续浇筑混凝土。

5）封底混凝土浇筑

封底混凝土施工平台利用钢护筒作为承重结构。将 2I40 工字钢在场地焊接成整体后利用塔式起重机吊至护筒顶面，工字钢接长利用钢护筒顶搭设临时平台焊接，焊接并加固完毕后将 I20 工字钢分配梁按照间距 50cm 横桥向均匀安装，最后在分配梁顶面铺设 1cm 厚钢板，形成封底混凝土施工平台。根据设计位置在钢平台上预留封底混凝土灌注导管及高程测设点位置，在导管位置设置导管翻板。封底混凝土平台如图 3-3-22 所示。

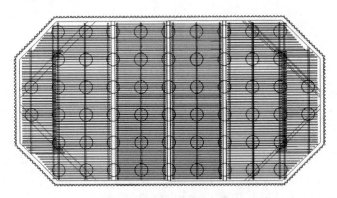

图 3-3-22　封底混凝土平台布置图

在进行封底施工时，长江水位最大高程为 29.64m，封底混凝土按照 32.5m 高程设防。封底混凝土浇筑施工应在混凝土初凝前完成，施工时间应尽可能短，根据混凝土初凝时间灌注速度不应小于 140m³/h。为防止因拌和站设备故障影响封底混凝土施工，施工前联系相邻标段的拌和站共同供应混凝土，同时做好材料的提前储备工作。封底混凝土施工需要水泥约 2200t、砂 2800m³、碎石 4600m³、外加剂 22t。现场可储存水泥 800t、砂 7000m³、碎石 14000m³、外加剂 30t。

封底混凝土采用4个18m³大料斗及4个3m³小料斗浇筑。料斗利用塔式起重机移位,封底混凝土采用50套导管按顺序由上下游向中间进行对称浇筑,导管的最大间距不超过8m。导管通过导管翻板固定在平台上,导管底口距离基底的距离控制在30cm。封底混凝土浇筑详细步骤如下:

第一步:1号、2号下料点拔球,1号、2号下料点浇筑混凝土至1.3m。
第二步:3号、4号下料点拔球,浇筑混凝土至1.3m。
第三步:5号、6号下料点拔球,浇筑混凝土至1.3m,3号下料浇筑混凝土至设计高程。
第四步:7号、8号下料点拔球,4号、5号下料点浇筑至设计位置。
第五步:9号、10号下料点拔球,浇筑混凝土1.3m,1号、2号混凝土浇筑至设计位置。
第六步:11号、12号下料点拔球浇筑至1.3m。
第七步:13号、14号下料点拔球浇筑混凝土至1.3m,9号、10号混凝土浇筑至设计位置。
第八步:15号、16号下料点拔球浇筑至1.3m,6号、7号、8号混凝土浇筑至设计位置。
以此类推,完成全部封底混凝土的浇筑。

为确定封底混凝土的浇筑效果,在混凝土顶高程量测点安排专人进行量测。混凝土顶面高程采用测绳悬挂平底测砣量测,重点测量导管周边、钢板桩倒角、钢护筒与钢板桩空隙等部位。根据观测的数据计算导管的埋深情况,适当调整导管的高度、位置、确定单个导管的混凝土灌注量及导管移至下一位置的时间;根据灌注点附近混凝土顶面高程测量数据来分析混凝土流动规律,及时调整封底混凝土灌注顺序。

封底混凝土的施工要求为:

(1)混凝土灌注前,合理布置导管。

(2)封底混凝土灌注过程中导管埋深控制在0.5~1.0m之间,混凝土要保证连续施工。

(3)封底混凝土高程测定采用平底测砣,测量绳必须复核后才能使用,导管平面布置及导管底口位置根据测量高程进行微调,导管尽可能布置在最低点,防止混凝土大范围流动造成离析。

(4)在移动导管之前必须加密测量混凝土面高程,特别是对混凝土不易流到的边角处要加密测量,保证封底混凝土面达到设计高程;混凝土灌注过程中对混凝土升高高度勤量测,特别是导管的周围位置,根据测量数据分析总结混凝土的流动规律,适当调整导管的位置、高程及灌注混凝土数量,确保承台封底质量。

(5)混凝土灌注应在各点之间经常交替进行,任一点混凝土灌注间隔时间不超过30min;当某一导管周围混凝土面与其他点高差达到10cm以上,此时需对其他点进行灌注,保证混凝土面整体均匀上升。

(6)封底混凝土强度达到设计要求前,围堰不得受到冲击、干扰和承受额外荷载,以免影响混凝土强度增长,确保混凝土的强度、整体性和水密性。

(7)封底完成后待混凝土强度达到设计强度后拆除第三层支撑、割除周边钢护筒及桩头处理,准备工作完成后,进入到主墩承台施工。

6)竖向支撑转换

现场制作20组抗压试件,根据试验数据确定封底混凝土养生和抽水时间,抽出围堰内水后加设I25工字钢格构柱。因底层横撑距离封底混凝土顶面距离3.7m,格构柱在钢护筒间采用梅花形布置。为保证支撑系统的稳定性,I25工字钢格构柱焊接成H形。工字钢底部焊接20cm×30cm钢板增大工字钢与混凝土的接触面积,顶部与横撑钢管焊接牢固,现场检查焊接位置及支撑点是否牢固,检查合格后方可割除钢护筒。

钢护筒先沿混凝土面切割后再进行竖向两侧对称切割,切割后的钢护筒分两部分由塔式起重机提出基坑范围内。钢护筒切割完成后对桩头采用风镐进行人工凿除。首先将桩头内的钢筋剥离,在设计桩顶位置高10cm位置水平打孔使混凝土出现横向裂缝,将桩头放倒后根据起吊能力分解成小块吊离基坑。人工配合风镐继续处理桩头至设计高程,并确保凿出的设计桩顶位置混凝土完整密实、集料均匀。格构柱安装避开模板位置直接埋设在承台混凝土内。

支撑体系转换示意如图3-3-23所示。

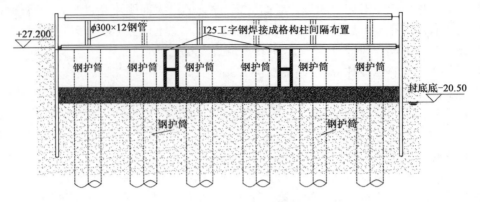

图3-3-23 支撑体系转换示意图(高程单位:m)

3.4.2 104号承台

104号索塔承台钢吊箱封底混凝土施工流程为:钢吊箱下放→封堵围堰与钢护筒间空隙→检查清理钢吊箱底板淤砂→安装二舱浇筑平台→安装导管→安装料斗→水下浇筑二舱封底混凝土→安装第一舱浇筑平台,水下浇筑一舱封底混凝土→安装第三舱浇筑平台,水下浇筑三舱封底混凝土。封底混凝土分舱如图3-3-24所示。

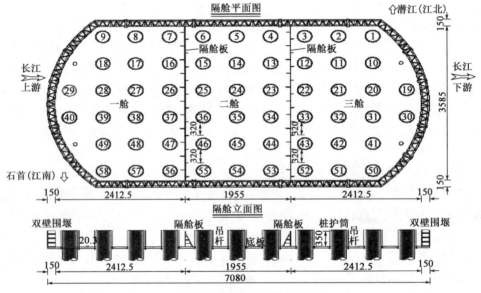

图3-3-24 封底混凝土分舱结构图(尺寸单位:cm)

混凝土配合比的合理设计,是封底成功的重要因素之一。除采用双掺技术提高混凝土的和易性、流动性及稳定性外,还对封底混凝土的其他性能指标进行了规定:

(1)混凝土强度不能小于设计强度;
(2)混凝土初始坍落度为(20±2)cm;
(3)5h后,混凝土坍落度≥15cm;
(4)混凝土初凝时间≥15h;
(5)混凝土满足泵送要求。

在封底混凝土浇筑过程中,根据现场具体情况,对混凝土配合比不断地进行调整,严格控制混凝土的性能,使得混凝土的各项指标均满足封底混凝土的质量要求。承台水下封底混凝土配合比见表3-3-2。

承台水下封底混凝土配合比　　　　　　　　表 3-3-2

强度等级	水泥(kg/m³)	粉煤灰(kg/m³)	砂(kg/m³)	碎石(kg/m³)	水(kg/m³)	外加剂(kg/m³)	水胶比
C30	264	88	774	1162	162	2.816	0.46

承台水下封底混凝土浇筑采用导管法。施工前需对导管进行水密试验等检测,检测合格后在导管口安装大料斗,用门式起重机提住放至规定地点。由于承台面积广,封底分三舱三次浇筑完成,先施工中间舱(二舱),再施工上游舱(一舱),最后施工下游舱(三舱),确保封底施工时钢吊箱稳定,不发生倾斜。

封底时,先浇筑钢吊箱围堰壁侧混凝土,采用梭槽运送混凝土至料斗内;再浇筑围堰中心混凝土,采用汽车泵泵送混凝土入料斗。

第一根导管封底成功后,继续连续浇筑。浇筑时利用测绳实时检测导管周围混凝土的浇筑高度,待下一个浇筑点混凝土高度不小于140cm后插入后续导管。当导管底口距离底板20cm,埋深不小于120cm,进行第二根导管封底施工。采用此方法不断扩大浇筑范围,直至一个舱封底完成。

封底混凝土浇筑的顺序为从岸侧向江侧推进。整个舱混凝土达到要求高度后再精细测量,对高程没达到要求的地方进行补灌。封底混凝土预留20cm调平层方便后期承台钢筋顺利施工。

3.5 承台混凝土施工

当封底混凝土施工完成之后,103号、104号索塔承台混凝土施工工艺类似,下面以104号索塔承台为例来介绍承台混凝土的施工工艺和方法。

104号承台混凝土施工流程为:围堰抽水→内支撑加固→破桩头→清理泥沙→浇筑垫层→一级承台第一层钢筋混凝土施工(2m厚,温控施工)→一级承台第二层钢筋混凝土施工(2m厚,温控施工)→一级承台第三层钢筋混凝土施工(3m厚,温控施工)→二级承台钢筋混凝土施工(2.5m厚,温控施工)。

承台面积广、体积大,合理的分层可以减小混凝土最大温升,降低混凝土内表温差。影响承台分层分块的因素如下:

(1)结构设计要求:塔柱预埋钢筋底高程,内支撑系统布置高程。
(2)混凝土浇筑能力要求:按照两台拌和站拌和能力,混凝土施工连续不间断,施工时间不应过长。
(3)温控要求:根据温控方案,分层厚度不宜过厚。

钢吊箱内水抽干后,测量放出桩顶高程,放出钢护筒的切割线并进行桩头破除施工。破桩头过程中,同步清除封底混凝土表面积砂和淤泥,对局部过高点进行凿除。桩头破除完成达到设计高程并清理干净后,浇筑垫层混凝土,使钢筋绑扎场地平整。

3.5.1 承台钢筋、冷却水管及模板安装

1)钢筋施工

根据承台施工的分层情况,将钢筋分三层进行安装施工。首先绑扎第一层承台钢筋、底层主筋及温控冷却水管;再绑扎第二层承台钢筋及温控冷却水管;最后绑扎第三层承台钢筋、塔柱预埋钢筋、二级承台预埋钢筋、塔式起重机预埋件及温控冷却水管。

承台主筋采用直螺纹接头连接,其他钢筋绑扎按照规范进行焊接或搭接。由于钢筋用量较大,钢筋网格、层次较多,为保证钢筋能按设计位置正确放置,采用竖直钢筋架立各层钢筋网片,做到上下层网格对齐,层间距正确,并确保钢筋的保护层厚度。钢筋胎架采用$\phi 28$钢筋设置,立杆间距2m,水平横杆顶面与每层钢筋网的底面齐平。

冷却水管采用导热性好且有一定强度的钢管制作,公称直径48mm、壁厚2.5mm。冷却管采用丝扣连接。冷却水管安装时,将其按设计位置固定在支架上,做到管道通畅,接头可靠,不漏水、阻水。安装冷却水管完毕后,逐根做密水检查。

2)模板安装

一级承台模板采用钢吊箱壁板,二级承台模板采用定型钢模板。

一级承台浇筑完成后,先对承台轮廓线进行放样,待承台钢筋绑扎完成后安装模板。模板安装前,将模板内侧打磨清理干净,并且粘贴模板布。模板采用螺栓及对拉杆进行固定。模板安装时检查拼缝是否存在错台、间隙,如有错台,及时调整,如有间隙,利用泡沫胶及时封堵,混凝土浇筑前将多余泡沫胶清理干净。

3.5.2 承台混凝土浇筑

承台混凝土浇筑从上游往下游分层推进,分层厚度30cm。承台圆弧段由泵车布料,直线段由16根溜槽分区布料,局部由泵车配合,施工时采用2台汽车泵进行浇筑。

1)混凝土配合比

承台混凝土强度等级为C40。考虑大体积混凝土施工需要,采用低水化热混凝土,配合比见表3-3-3。每层混凝土顶面30cm添加聚丙烯纤维,配合比为0.9。

承台混凝土配合比　　　表3-3-3

强度等级	设计坍落度(mm)	水泥(kg/m^3)	粉煤灰(kg/m^3)	矿渣粉(kg/m^3)	砂(kg/m^3)	碎石(kg/m^3)	减水剂(kg/m^3)	水(kg/m^3)	水胶比
C40	160~200	236	116	77	748	1123	4.29	150	0.35

2)混凝土浇筑

为保证混凝土具有良好的匀质性及黏聚性,承台混凝土在搅拌机中搅拌时间均大于60s,混凝土拌合物入模坍落度控制值为(180±20)mm。浇筑至最后一层30cm时,将混凝土的坍落度降至160mm以下。混凝土浇筑采用溜槽及汽车泵布料,从上游往下游分层推进,多点同时浇筑。混凝土浇筑时,由四周往中心布料,布料过程始终保持承台周边混凝土高度略高。

混凝土浇筑期间,由专人检查预埋钢筋和其他预埋件的稳固情况,对松动、变形、移位的预埋钢筋和其他预埋件,及时将其复位并固定好。

3)混凝土凿毛及养生

当浇筑后的混凝土强度达到2.5MPa后,可进行混凝土表面的人工凿毛施工。凿毛时先凿承台边部,凿毛的混凝土渣进行分区蓄水养护。凿毛完成后,对凿毛面进行清洗,确保无杂质。

承台混凝土采用冷却水管降温和蓄水养生。每层混凝土开始浇筑至覆盖冷却水管后,即开始水循环,从下到上依次通水。待混凝土浇筑完成且达到初凝后开始蓄水养生,蓄水深度为20cm,利用冷却水管出水口的水进行混凝土表面的蓄水养护,以控制混凝土表面温度与内部温度的差值在规范要求以内。

各层混凝土的养护时间不少于14d。养护完成后,将冷却管注浆填充。

3.5.3 承台大体积混凝土施工温控措施

1)现场温控措施

在混凝土施工中,从混凝土的原材料选择、配比设计以及混凝土的拌和、运输、浇筑、振捣到通水、养护等全过程进行控制,以达到控制混凝土质量、混凝土内部最高温度、混凝土内表温差及表面约束的目的,从而有效控制大体积混凝土温度裂缝的形成及发展。

(1)原材料温度控制

①集料采用增加储存量、搭建遮阳篷、通风、喷雾等普通措施冷却,集料温度控制为比气温低4℃。

②胶材采用延长储存时间、转运和倒仓等措施冷却,将水泥、矿粉温度控制为≤60℃,粉煤灰温度控制为≤40℃。

③安排专业厂家提前一周于彩钢棚内安装喷雾装置对棚内空气进行雾化降温。

④气温>26℃施工采用冰块冷却拌和水的措施，混凝土拌和时间为60s，保证入模温度，冰块冷却拌和水提前准备，备冰量为拌和水用量的50%。

(2) 原材料技术参数控制

①选择低中热的水泥品种，水泥的碱含量不大于0.6%。

②粉煤灰的烧失量不大于8%，需水量比应小于100%。

③集料选择强度高、级配好、低热膨胀系数、低吸水率、没有碱活性的优质集料。

④减水剂的减水率应大于20%且稳定性良好。

(3) 冷却水管布置

①承台冷却水管采用$\phi 42 \times 2.5mm$、具有一定强度、导热性能好的铁皮管制作，弯管部分采用冷弯工艺预处理，管与管之间以全焊紧密连接。

②冷却水管布置层距为1.0m，冷却水管平面间距1.0m，整个承台共埋设11层冷却水管，其中一级承台8层、二级承台3层，相邻两层之间冷却水管方向交错进行布置。

③冷却水管采用循环通水，将从出水口出来的温水集中收集在围堰各舱内，利用水泵将温水抽到水箱中，形成热水循环，保证通水温度为25℃，供水速度为$3.0m^3/h$。

④混凝土浇筑前检查冷却水管水密性，对漏水位置及时修补；每当混凝土浇筑覆盖完一层冷却水管后，及时通水循环。

(4) 温控指标

承台大体积混凝土温控主要指标和参考指标见表3-3-4、表3-3-5，承台大体积混凝土冷却水管通水要求见表3-3-6。

承台大体积混凝土温控主要指标 表3-3-4

浇筑温度(℃)	内表温差(℃)	降温速率(℃/d)
≤28	≤25	≤2.0

承台大体积混凝土温控参考指标 表3-3-5

内部最高温度(℃)	混凝土表面与大气或与养护环境温差(℃)	冷却水管进、出水口水温差(℃)	冷却水与混凝土内部最高温度差(℃)	养护水与混凝土表面温差(℃)
≤65	≤20	≤10	≤25	≤15

承台大体积混凝土冷却水管通水要求 表3-3-6

升温期通水时间及要求	降温期通水时间及要求	停水时间
混凝土覆盖冷却水管前通水，水流量≥50L/min，形成素流，冷却水进水水温≤25℃，进、出口水温差≤10℃	根据测温结果，通过水阀控制降低水流量，水流平缓，以层流状态冷却混凝土，以确保降温速率≤2.0℃/d，冷却水进水水温≤25℃，进、出口水温差≤10℃	内部最高温度≤45℃，且最大内表温差≤20℃

2) 温控成果分析

(1) 一级承台

一级承台各层混凝土温度特征值监测数据见表3-3-7。一级承台各层混凝土温度测点温度-时间曲线如图3-3-25、图3-3-26所示。

一级承台各层混凝土温度特征值监测数据 表3-3-7

部位	入模温度(℃)	内部最高温度(℃)	最高温度出现时间(h)	最大内表温差(℃)
一级承台第一层	27.5~31	62.9	69	22.8
一级承台第二层	26.5~30	59.0	95	25.9
一级承台第三层	26.2~29.5	65	64~100	19.7~25.5

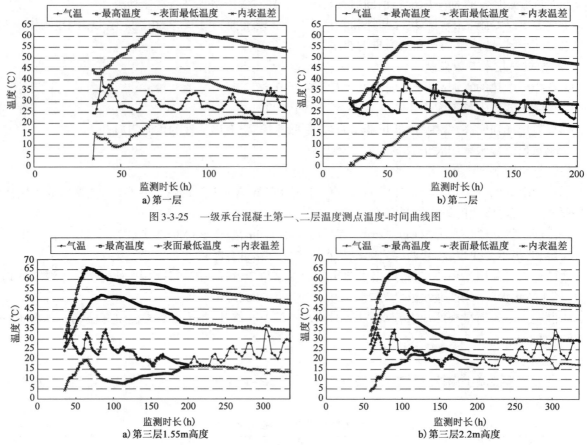

a) 第一层　　　　　　　　　　　　　　　　b) 第二层

图3-3-25　一级承台混凝土第一、二层温度测点温度-时间曲线图

a) 第三层1.55m高度　　　　　　　　　　　b) 第三层2.2m高度

图3-3-26　一级承台混凝土第三层1.55m、2.2m高度温度测点温度-时间曲线图

由表3-3-7和图3-3-25、图3-3-26可知：各测点监测区域混凝土于浇筑后34~58h开始升温，于65~100h到达温峰，内部最高温度为59~65℃，符合温控标准≤65℃的标准。温峰过后通过调节冷却水控制降温速率为3.2~3.6℃/d（一层）、1.7~2.7℃/d（二层）、0.6~2.9℃/d（三层），部分时段为了控制内表温差超出≤2℃/d的要求。混凝土内表温差前期随内部温度增加而增加，后期随表面温度波动而波动，最大内表温差为22.8~25.9℃（第二个浇筑层最大内表温差为25.9℃，第三个浇筑层最大内表温差为25.5℃），略超出温控标准≤25℃的要求，分析原因为侧面紧贴内仓，内仓与江水相连，内仓温度较低导致侧表面温度较低。第一个浇筑层内表温差符合温控标准≤25℃的要求。

（2）二级承台

二级承台各层混凝土温度特征值监测数据见表3-3-8。二级承台各层混凝土温度测点温度-时间曲线如图3-3-27所示。

二级承台各层混凝土温度特征值监测数据　　　　　表3-3-8

部　位	入模温度（℃）	内部最高温度（℃）	最高温度出现时间（h）	最大内表温差（℃）
第一层测点	25~27.6	56	68	24.1
第二层测点	25~27.6	56.9	76	19.9

由表3-3-8和图3-3-27可知：各测点监测区域混凝土于浇筑后26~30h开始升温，于68~76h到达温峰，内部最高温度为56.9℃，符合温控标准≤65℃的标准。温峰过后通过调节冷却水控制降温速率为0.1~3.3℃/d（第一层测点为0.1~3.1℃/d，第二层测点为0.1~3.3℃/d），因为部分时段气温较低，为避免内表温差继续扩大，内部继续通水导致部分时段超出温控标准≤2.0℃/d的要求。混凝土内表温差前期随内部温度增加而增加，后期随表面温度波动而波动，最大内表温差为24.1℃，符合温控标准≤25℃的要求。

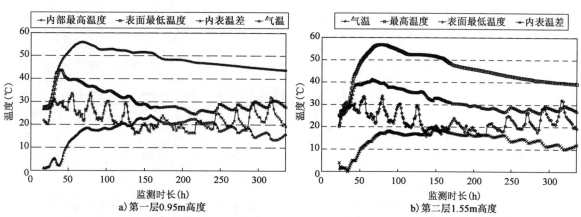

图3-3-27 二级承台混凝土第一层0.95m、第二层1.55m高度温度测点温度-时间曲线图

3）温控成果总结

（1）混凝土配合比优化较大限度地降低了胶材用量，从而降低了混凝土水化热的总量；一级、二级承台上表面30cm采用纤维混凝土，较好地提高了表面混凝土的抗裂能力，保证了上表面混凝土的外观质量。

（2）加大投入、采用多种措施控制混凝土原材料温度，从而控制了混凝土浇筑温度，基本符合温控标准要求；于混凝土浇筑前即开通冷却水，对入模混凝土进行进一步冷却，较好地控制了混凝土浇筑温度。

（3）冷却水管设置分水器、独立水泵、独立水闸，分别编号并派专人负责，大大提高了冷却的效率，冷却水降温消峰效果良好；后期根据测温结果调整或关停水管，较好地控制了混凝土内表温差及降温速率。

4 主桥索塔施工技术

主桥索塔分为103号索塔和104号索塔,采用的施工技术大致相同,本章以104号索塔为例介绍主桥索塔的施工技术。

4.1 施工方案

主桥索塔结构包括塔柱、下横梁和钢锚梁。塔柱采用液压爬模法进行施工。根据塔柱总的高度和结构特点,整个塔柱划分为42个施工节段。其中下塔柱为1号~8号节段,中塔柱为8号~30号节段,上塔柱为31号~42号节段。下塔柱最开始的0.5m实心段与二级承台一同浇筑,1号~2号节段利用爬模模板及部分爬架采用塔式起重机提升模板法施工,3号~8号节段采用液压爬模施工;中塔柱9号~28号节段采用液压爬模施工,为控制塔柱应力和变形,平均每隔18m设置一道主动横撑,共计6道;中上塔柱连接段29号~30号节段采用支架及爬模施工;上塔柱31号~44号节段采用液压爬模施工。下横梁采用钢管支架现浇,与两端塔柱异步施工,待中塔柱施工完成9号~10号节段后施工下横梁。下塔柱实心段、中下塔柱过渡段及中上塔柱过渡段为大体积混凝土,按大体积混凝土施工要求进行施工,设置冷却水管等温控措施。

为保证索塔两塔肢平行施工,在承台上下游侧布置有2台QTZ315型塔式起重机施工,混凝土采用地泵泵送入模,利用混凝土布料机进行混凝土浇筑施工。

上塔柱内的钢锚梁采用ZSC800型塔式起重机进行吊装施工。首节钢锚梁采用预埋定位钢板+安装支架进行定位,在主桥施工平台上安装钢锚梁预拼支架,待钢锚梁预拼完成后将锚梁和牛腿分开吊装至塔顶安装。

4.2 施工组织

4.2.1 施工总体平面布置

主桥索塔施工总体平面布置如图3-4-1所示。

拌和站设置2台120m³/h拌和机,生产能力约为120m³/h,距离主墩约1.6km,采用12台10~12m³混凝土罐车运输混凝土。其他施工设备为3台塔式起重机、2台电梯、2套泵送设备、2台混凝土泵车。

钢筋加工场距离主墩约1.7km,半成品钢筋在钢筋加工场加工,平板车运输。

4.2.2 塔式起重机的选型及布置

索塔施工塔式起重机的选型及布置形式主要考虑以下因素:
(1)塔柱施工模板、爬架的空间尺寸及安装荷载的要求;
(2)钢锚梁的安装荷载(包括从平台起吊及塔上安装)要求;

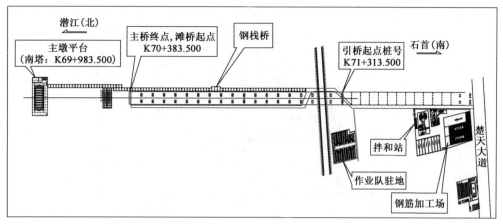

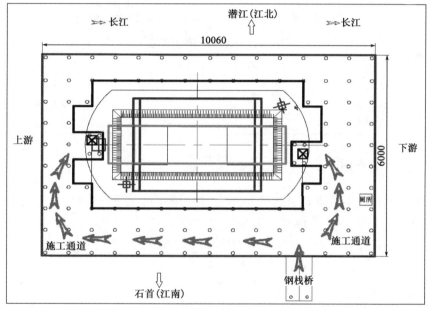

图 3-4-1 主桥索塔施工总体平面布置图(尺寸单位:cm)

(3)塔式起重机自身的拆除荷载及空间位置要求;
(4)方便塔柱施工材料的垂直运输;
(5)横梁支架的安装与拆除要求;
(6)施工电梯的安装荷载及平面位置影响;
(7)混凝土泵送部分设备荷载及平面位置影响;
(8)主梁施工部分设备及材料的垂直运输;
(9)主梁平面位置的影响;
(10)抗风性能等。

综合考虑上述因素要求,索塔施工配置3台塔式起重机(2台QTZ315塔式起重机、1台ZSC800塔式起重机)。2台QTZ315塔式起重机分别安装在第一级承台上游大里程和下游小里程,呈对角线布置。1台ZSC800塔式起重机布置在上游塔侧中间位置。塔式起重机布置如图3-4-2所示。

下塔柱与中塔柱施工时,使用2台QTZ315塔式起重机。上游侧中塔柱完成,下游侧中塔柱施工的同时,安装ZSC800塔式起重机,并利用ZSC800塔式起重机拆除上游大里程侧QTZ315塔式起重机。上塔柱完成后,拆除ZSC800塔式起重机,仅留1台QTZ315塔式起重机辅助斜拉索施工(位于下游小里程)。

塔式起重机配制与使用情况见表3-4-1。

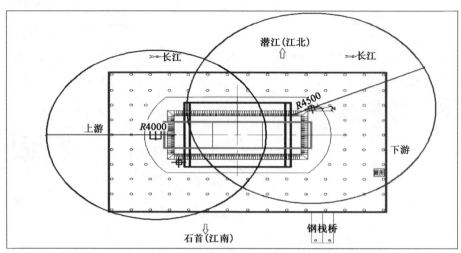

图 3-4-2 塔式起重机布置图(尺寸单位:cm;高程单位:m)

塔式起重机配制与使用情况　　　　　　　　　　　　　　　　表 3-4-1

塔式起重机编号	塔式起重机型号	起重力矩(kN·m)	最大吊重(t)	安装时间	拆除时间
1	QTZ315	3150	16	下塔柱施工期间	主桥完工后
2	QTZ315	3150	16	下塔柱施工期间	中塔柱完工后
3	ZSC800	8000	42	中塔柱完工后	上塔柱完工后

4.2.3 电梯的选型及布置

电梯是索塔施工人员上下的主要交通工具,根据主桥索塔施工不同阶段,进行电梯的布置。为保证主桥索塔施工人员顺利上下,在塔身侧布置上海宝达 SCQ200GP 型双笼电梯配合塔柱施工。

在塔柱的上下游侧各布置一台斜爬电梯,塔柱合龙后,在下游侧安装电梯平台,将上游侧电梯拆除倒运至下游上塔柱,直至完成整个索塔施工。

4.2.4 混凝土泵送设备

塔柱混凝土采用一级泵送浇筑方案,塔柱总高度 234m,泵送高度 229m,根据塔柱混凝土泵送高度要求,混凝土泵送设备选用 2 台三一 HBT80C-2118 型高压混凝土泵。主要性能参数见表 3-4-2。

HBT80C-2118 型混凝土输送泵主要性能参数　　　　　　　　表 3-4-2

理论混凝土输送量(m^3/h)	80/48.8
理论混凝土输出压力(MPa)	10.8/18
主油缸直径×行程(mm)	$\phi 160 \times 2100$
主油泵排量(cm^3/r)	335
柴油机功率(kW)	132
理论最大输送距离(125mm)(m)	1000(水平)
	320(垂直)

根据塔柱混凝土浇筑要求,并保证两塔肢平行作业互不干扰,在两塔肢上下游侧各布置一套混凝土泵管;上塔柱施工时,在上塔柱下游侧布置一套混凝土泵管。泵管布置如图 3-4-3 所示。

混凝土泵管选用高压泵管,泵管直径为 125mm,单根长度为 3.0m,壁厚为 8mm。泵管从高压拖泵处接出,水平管道沿施工平台到达两塔肢处,竖向管道沿塔柱上升到混凝土施工部位。

为方便混凝土泵管的安装、拆卸及修理,泵管布置在塔柱外侧,并靠近电梯附墙的位置,沿塔柱方向每 4.5m 设置一道附墙固定泵管。

4.2.5 旋梯设置

下塔柱施工期间,施工人员采用旋梯上下。旋梯共布置2套,分别布置在两个下塔柱正面,与塔式起重机不在同一面,与钢箱梁边缘的净距为50cm。旋梯布置如图3-4-4所示。

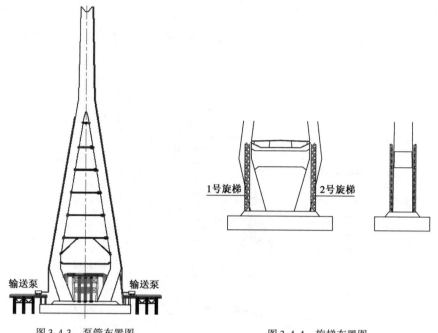

图3-4-3 泵管布置图　　图3-4-4 旋梯布置图

下塔柱施工时,旋梯即同步拼装,以便人员上下。塔柱相应位置设预埋件,焊接附着臂,保证旋梯牢固。下横梁施工完成后,拆除上游旋梯,保留下游旋梯用于箱梁和桥面系施工,待桥面系施工完成后拆除。

4.3 液压爬模

塔柱模板采用液压爬模。液压爬模的动力来源是本身自带的液压顶升系统,液压顶升系统包括液压油缸和上下换向盒,换向盒可控制提升导轨或提升架体,通过液压系统可使模板架体与导轨间形成互爬,从而使液压爬模稳步向上爬升。液压爬模在施工过程中无须其他起重设备,操作方便,爬升速度快,安全系数高。

液压爬模主要分为模板系统、爬架系统、液压系统、埋件系统及安全防护平台等。塔柱四个面的爬架相互分离,在施工时通过跳板连通,形成环形操作平台。液压爬模结构如图3-4-5所示。

4.3.1 模板系统

塔柱外模共有8块模板,最大块模板尺寸为6618mm×6180mm,重量2.67t。模板随塔柱斜率渐变而逐步裁切匹配。倒角处模板与一侧大模板连接为一个整体,与另一侧大模板通过斜拉杆连接,模板质检拼缝采用子母口缝设计,保证浇筑时缝隙紧固而不出现漏浆、胀模等现象。

模板面板采用18mm厚的维萨板,周转次数50次以上,内模面板采用国产优质21mm厚面板,周转次数20次以上,木工

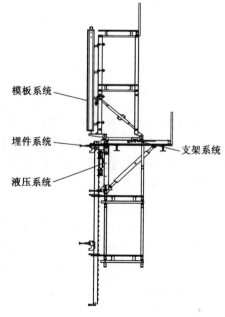

图3-4-5 液压爬模结构示意图

字梁采用80mm×200mm型号,模板背楞采用2[14槽钢。

模板高度为6.18m,混凝土浇筑高度为5.9m,下包已浇筑混凝土面10cm以保证浇筑质量,模板上口挑出10cm防止水泥浆外溅。

4.3.2 爬架系统

爬架系统主要由承重三角架、后移装置、中平台、起重平台、导轨、附墙装置、主背楞组成。爬架构造如图3-4-6所示。

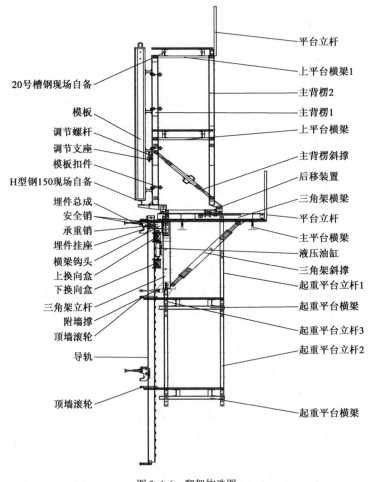

图3-4-6 爬架构造图

爬架安装时首先吊装导轨至安装层墙体,并用专用螺栓固定,然后吊运附墙段至导轨上安装。吊装采用四点吊,靠近墙体后根据倾斜方向临时固定壁体一端的螺栓,再移位固定另一端的螺栓,最后同时拧紧。附墙架就位固定后,起吊工作架至附墙段上部,交叉固定上下拼接点与斜节点,最后调整和固定上下架体的脚手架连杆。

根据主桥索塔结构,纵桥向下塔柱布置3榀爬模机位,间距分别为3m和2.4m,沿塔身外侧斜率爬升。至第5节浇筑完毕后拆除一榀爬模机位用于塔身内模,剩余两榀爬模机位吊装至中塔柱继续爬升,间距为3m。至第29节浇筑完毕后吊装至上塔柱继续爬升直至封顶。横桥向下塔柱布置5榀爬模机位,间距依次为2.4m、1.8m、1.8m、2.4m,至第5节浇筑完毕后拆除一榀爬模机位用于塔身内模,剩余4榀爬模分两组分别吊装至中塔柱继续爬升,至第29节浇筑完毕后两组架体分别吊装至上塔柱继续爬升直至封顶。

4.3.3 液压系统

液压系统主要包括液压泵站控制台、液压油缸、调速阀、胶管、液压阀和配电装置,根据塔身的具体情况,共配置4台电控箱,每台电控箱可控制12个机位。液压系统布置如图3-4-7所示。

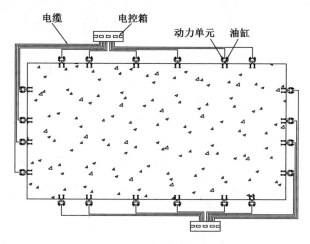

图3-4-7 液压系统布置图

4.3.4 埋件系统

埋件系统主要由爬锥、高强螺杆、附墙座组成。浇筑混凝土时将爬锥及高强螺杆定位埋设,拆模后安装附墙座,并将爬架挂在附墙座上。埋件系统安装示意如图3-4-8所示。

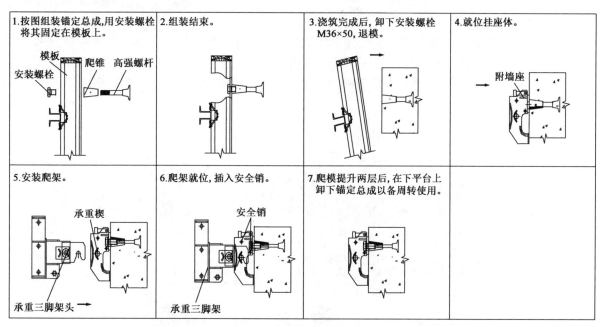

图3-4-8 埋件系统安装示意图

4.3.5 防护平台

为保证高空作业时施工人员的安全,外防护网采用回形全封闭式ϕ2.5、40mm×80mm方孔钢丝网。平台板采用3mm厚花纹钢板且下方带肋。翻板配置3层,分别在主平台、液压平台和吊平台,踢脚板每层均配置。人行通道采用600mm宽两侧带扶手定型爬梯。防护平台布置如图3-4-9所示。

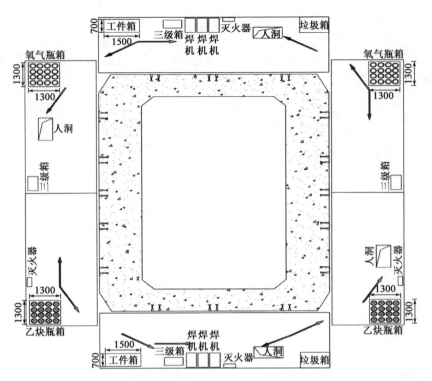

图 3-4-9 防护平台布置图(尺寸单位:mm)

4.3.6 液压爬模施工方法及流程

1)爬模施工流程

液压爬模系统施工的工艺原理是依靠前一次浇筑混凝土时的预埋件固定支架系统和模板系统,进行当次预埋件的埋设和混凝土浇筑;当混凝土强度满足要求后,后移平台和模板,用液压系统顶升导轨,将导轨固定在预埋件上,再沿导轨顶升支架和模板系统。导轨和模板交替上升,直至模板爬升到位。爬模施工流程如图 3-4-10 所示。

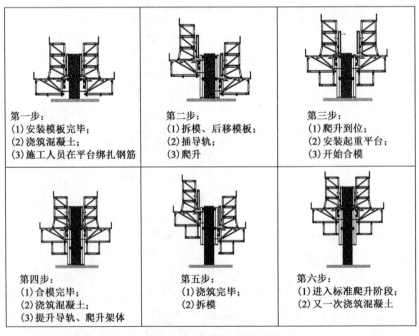

图 3-4-10 爬模施工流程图

2) 导轨、架体及模板爬升

在混凝土强度达到10MPa以上,上部爬升悬挂件安装完成后清洁爬升导轨。在导轨表面涂上润滑油,将液压油缸上、下顶升装置方向一致向上,经确认爬升条件具备后,打开液压油缸的进油阀门,启动液压控制柜,拆除导轨顶部插销,开始导轨的爬升。当导轨顶升到位后,按从右到左插上爬升导轨顶部插销,确保锁定装置到位,下降导轨顶部插销与悬挂件完全接触。导轨爬升完成后,关闭油缸进油阀门,关闭控制柜,切断电源。

然后清理爬架上的荷载,改变液压油缸上下顶升弹簧装置状态,使其一致向下,解除塔柱与爬架的连接件,完成前节段同螺栓孔的修补。经确认爬架爬升条件具备后,打开液压油缸的进油阀门,启动液压控制柜,拔去安全插销,开始爬架爬升。当爬架爬升两个行程后,拔除悬挂插销。当爬架顶升到位后,应及时插上悬挂插销及安全插销。关闭油缸进油阀门控制柜,切断电源。

4.4 下塔柱施工

下塔柱底部以上0.5m范围实心段与二级承台一同浇筑,第1、2节下塔柱利用爬模模板加型钢支撑,采用翻模施工工艺,第3~8节采用液压爬模施工工艺。

4.4.1 下塔柱施工流程

下塔柱施工工艺流程如图3-4-11所示。

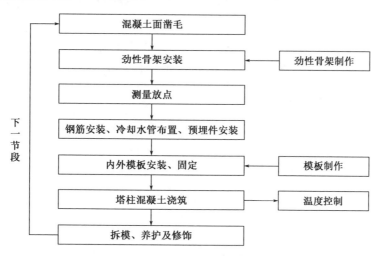

图3-4-11 下塔柱施工工艺流程图

4.4.2 施工工艺及方法

1) 连接部位凿毛

每节塔柱混凝土养生完成后,对塔顶混凝土进行人工凿毛,形成凹凸不小于10mm的粗糙面。具体做法为将混凝土表面浮浆及松软层全部剔除掉,露出粗集料,清晰可见,并用清水冲洗干净保持湿润。凿毛有利于新旧混凝土结合良好。

2) 劲性骨架安装

劲性骨架的主要作用是支撑钢筋、临时调整、固定模板及定位测量。劲性骨架在上游主桥索塔平台区域现场加工制作。

下塔柱劲性骨架立柱及平杆采用∠100×10角钢,斜杆采用∠75×8角钢,短边整体加工成榀,长边分两榀加工,共六榀,每榀之间用∠100×10角钢连接。劲性骨架采用塔式起重机吊运到塔柱安装位置。第一节劲性骨架与承台内预埋的劲性骨架通过连接件焊接,以后每节劲性骨架皆与上一层劲性骨架连接件进行焊接。

3）钢筋加工及安装

下塔柱钢筋在钢筋加工场制作成型,采用平板车运至现场,塔式起重机吊运至绑扎部位。

安装钢筋之前,首先由测量队对劲性骨架进行测量放样,在劲性骨架上焊接定位钢筋,并在定位钢筋上画出钢筋间距点,再安装主筋,将主筋固定在定位钢筋上。

主筋接长完毕后,在竖向钢筋上做出水平筋间距记号,然后分层绑扎水平筋。绑扎完成一层水平钢筋后,按设计位置及倾斜角度在水平筋和主筋上标记号,然后绑扎拉钩筋,拉钩筋两端弯勾勾于竖向主筋与水平环向筋的外侧。

钢筋安装如图3-4-12所示。

图3-4-12　钢筋安装

钢筋施工时将塔柱内爬梯、防雷系统、排水孔及通风孔等塔柱附属设施进行预埋预留。塔柱外侧电梯附墙、塔式起重机附墙、张拉平台预埋件均按设计图纸要求进行预埋。实心段为大体积混凝土施工,钢筋施工时布设冷却水管。

4）模板施工

下塔柱第1、2节因施工高度不足,爬模轨道系统无法安装,故模板采用塔式起重机提升安装,第3～8节采用爬模系统爬升。如果模板存在拼缝错台现象,测量人员应全程对模板位置测量复核并采取跟踪观测的方式,以确保模板的安装精度达到设计及规范要求。

下塔柱第1、2节内侧外模采用钢丝绳牵引,外侧模板采用三角支架支撑,防止模板倾侧;模板底部采用型钢支墩支撑,固定模板高程;内模采用钢管支架进行支撑,内外模板之间采用对拉杆固定,保证模板稳定性。

外侧模板吊装安装如图3-4-13所示,外侧模板支撑系统安装如图3-4-14所示,倒角处对拉杆安装如图3-4-15所示,内模钢管支撑安装如图3-4-16所示。

图3-4-13　外侧模板吊装安装　　　　　图3-4-14　外侧模板支撑系统安装

图 3-4-15　倒角处对拉杆安装　　　　　　　　　图 3-4-16　内模钢管支撑安装

5）下塔柱顶模支架

下塔柱与下横梁衔接处为实心段，设顶模支架。支架承重梁为 2I25 型钢，分配梁为 I25 型钢，底模为 1.2cm 竹胶板 + 方木。下塔柱顶模支架如图 3-4-17 所示。下塔柱施工至下横梁底面时，安装预埋爬锥，拆模后安装锚固钢板。

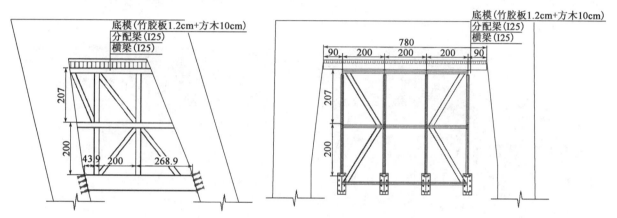

图 3-4-17　下塔柱顶模支架示意图（尺寸单位：cm）

6）混凝土施工

下塔柱混凝土输送采用汽车泵泵送入模，4 台混凝土运输车，采用分层浇筑，插入式振捣棒振捣。下塔柱根部 2m 实心段为增加其抗裂性能，混凝土中添加聚丙烯纤维。

（1）混凝土搅拌与运输

混凝土在拌和站拌制，搅拌时间 110s。采用 5 辆罐车运输，运至现场浇筑前，高速翻转 30~60s，确保混凝土均匀性。

（2）混凝土浇筑

下塔柱每节段施工均采用汽车泵泵送混凝土施工，浇筑混凝土时按对称下料、分层布料的原则，现场每节段设置有 8 处布料点。由于节段最大高度达到 5.5m，为防止混凝土下落过高而离析，在各处布料点均设置有串管，使混凝土自由落体高度小于 2m。下塔柱实心段为大体积混凝土，为保证混凝土施工质量，防止出现因温度应力、混凝土收缩等引起的裂缝，混凝土添加聚丙烯纤维，并且在混凝土覆盖每一层冷却水管后，及时通水降温。

混凝土振捣采用分区定块、定员作业。下塔柱 2m 实心段混凝土振捣时，由于钢筋密集，为达到混凝土振捣充分，作业人员进入钢筋内部进行振捣，并且避开冷却水管进行振捣，避免水管接头松动漏水。中、下塔柱过渡段设有预应力，现场划分振捣区域时应避免振捣棒触碰预应力管道，对锚头位置应进行充分振捣。

混凝土浇筑过程如图 3-4-18 所示。

图 3-4-18　混凝土浇筑过程

7）拆模与养生

非承重模板在混凝土强度达到 2.5MPa 后拆除，承重模板在混凝土强度达到 80% 时拆除模板。

为保证混凝土的施工质量，防止或减少混凝土表面开裂，对浇筑完成的混凝土及时进行养护，混凝土的养护由专人负责。养生采用洒水养护，由高压水泵供水。在塔柱内部预埋钢管主管道，伸出混凝土顶面 1m，管口与软管相连，通水后进行洒水养护并且覆盖土工布；外侧采用带模养生方式；顶面采用蓄水养护方式。拆模后的混凝土外观如图 3-4-19 所示。

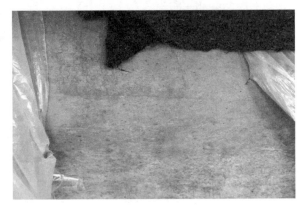

图 3-4-19　拆模后混凝土外观

4.4.3　功效分析

下塔柱施工期间各工序耗费的时间及分析见表 3-4-3。

下塔柱施工功效分析表　　　　　表 3-4-3

序　号	塔柱节段	工　序	耗时(d)	备　注
1	第 1 节	劲性骨架安装	2	首节塔柱施工高度 5.5m（1.5m 实心段 +4m 空心段），钢筋安装及模板安装耗时较长
2		钢筋安装	7	
3		模板安装	4	
4		混凝土浇筑	1	
5		养生拆模	2	
6	第 2 节	劲性骨架安装	2	第 2 节塔柱隔板的钢筋、模板安装耗时较长
7		钢筋安装	6	
8		模板安装	3	
9		混凝土浇筑	1	
10		养生拆模	2	

续上表

序　号	塔柱节段	工　序	耗时(d)	备　注
11	第3~6节	劲性骨架安装	0.5	经优化后,现场每节施工工效趋于稳定,故第3~6节工效相同
12		钢筋安装	5	
13		模板安装	3	
14		混凝土浇筑	0.5	
15		养生拆模	2	
16	第7、8节	劲性骨架安装	0.5	第7、8节施工高度仅2.5m,钢筋安装耗时较少
17		钢筋安装	3.5	
18		模板安装	2	
19		混凝土浇筑	0.5	
20		养生拆模	2	
合计			91	

4.5　下横梁施工

索塔下横梁采取塔梁异步施工方式,先施工至中塔柱第1节,再施工下横梁。下横梁施工采用钢管桩现浇支架法,混凝土分两层进行浇筑,层厚为6m+2m。下横梁预应力分两次张拉,第一次初张拉完成后进行第二层混凝土浇筑施工。

4.5.1　下横梁施工流程

下横梁施工流程如图3-4-20所示。

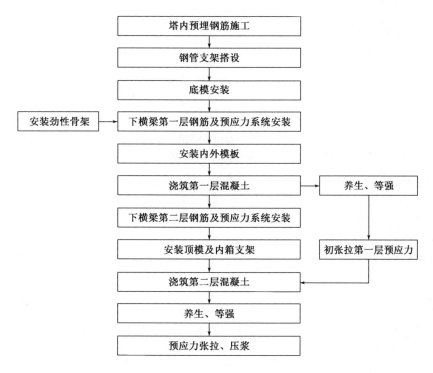

图3-4-20　下横梁施工流程图

4.5.2 下横梁支架

下横梁支架为钢管桩支架，钢管桩型号为 φ1020×10mm 钢管，横向布置 5 排，纵向每排 3 根。横向间距 4.5m，纵向间距 5m。中间 3 排钢管桩竖直放置，靠近塔柱的钢管桩斜置。钢管桩之间设 I25 的横联及剪刀撑，钢管桩焊接在承台顶面的预埋钢板上。

在下横梁两端设三角托架，用 2I45b 制作。托架上纵向放置 I45b 纵向分配梁。托架支点设置牛腿，牛腿与塔身预埋件焊接固定，预埋件采用爬锥形式。

在下横梁两端倒角下方设底模桁架，支撑在托架上。桁架片用 I12.6 型钢制作，横联和剪刀撑用∠100×5 角钢制作。

钢管桩及托架顶部设 2HN600×200 型钢作为横梁，承重梁采用贝雷梁，贝雷梁之间用花架做横向连接并在钢管桩支点处焊接竖向槽钢[10 加强。下横梁支架如图 3-4-21 所示。

图 3-4-21 下横梁支架现场

4.5.3 模板及内模支架

下横梁底模采用大块钢模，外模采用大块组合钢模。第一层下横梁施工时外侧模安装高度为 6.1m；第二层下横梁施工时外侧模板采用第一层模板的下层 2.05m 模板，翻模工艺安装。

内模用竹胶板制作，面板背后为方木，间距为 30cm，在腹板下加密为 10cm。内模设支撑脚手架，支架下部用脚手架拼装，支架上部的分配梁为木桁架，用方木制作，顺桥向放置。下横梁内模支架如图 3-4-22 所示。

内、外模用采用拉杆对拉，对拉螺杆直径为 20mm，材质为 Q235。横梁顶、底板处对拉螺杆拉在结构钢筋上，腹板、隔板处对拉螺杆设置通长杆，与内模横向围檩对拉。

外侧模用斜撑固定在横向分配梁上，内侧模用钢管支撑在支架上以保证横向稳定性。顶板底模采用碗扣式脚手架。内腔内模板、支架拆除后，通过横隔梁上及顶板上设置的人孔运出。

下横梁内模支架布置如图 3-4-22 所示。

4.5.4 钢筋及预应力管道施工

1) 劲性骨架

钢筋施工前在腹板钢筋外侧及隔板钢筋内安装固定劲性骨架辅助定位竖向钢筋。劲性骨架竖向立柱采用∠100×10 角钢，横联斜撑采用∠75×8 角钢。劲性骨架顶口焊接竖向主筋定位钢筋，提高竖向主筋和水平箍筋安装精度。

2) 钢筋施工工艺流程

下横梁钢筋施工工艺流程如图 3-4-23 所示。

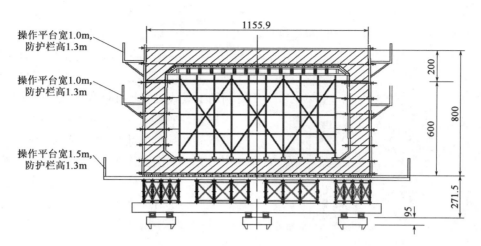

图 3-4-22　下横梁内模支架布置图(尺寸单位：cm)

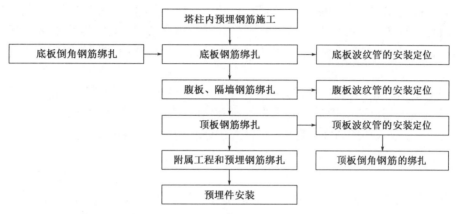

图 3-4-23　钢筋施工工艺流程

3）钢筋及预应力筋安装

下横梁主要有 $\phi28$、$\phi25$、$\phi20$ 和 $\phi16$ 直径规格的四种钢筋。根据塔梁异步施工工艺要求，在塔柱施工时需在塔柱内预埋钢筋。$\phi28$、$\phi25$ 主筋与塔柱结合面通过滚轧直螺纹接头接出；$\phi20$ 钢筋预埋时与模板紧贴，横梁施工时将接头凿出与横梁钢筋进行双面焊。其他位置 $\phi28$ 钢筋采用滚轧直螺纹连接，$\phi20$ 钢筋采用焊接，$\phi16$ 钢筋采用搭接。钢筋均在后场下料弯曲，按钢筋编号成捆运至施工现场。

（1）钢筋安装

底模铺设完成后，将塔梁结合面的倒角筋凿出后拉直，与下横梁倒角内的钢筋进行焊接，其他倒角筋按图纸绑扎。

底板主筋分为顺桥和横桥两个方向，首先绑扎底板顺桥向钢筋。绑扎前由测量人员放出钢筋的位置，钢筋工根据放出的钢筋位置安装定位钢筋，在定位钢筋上标出钢筋间距，钢筋在定位钢筋上进行固定，并在底部安装保护层垫块。

当顺桥向主筋施工完成后，开始绑扎横桥向主筋。主筋从塔梁结合面接出前，首先清理干净结合面上的钢筋直螺纹套筒。主筋分层绑扎，每层钢筋间使用短钢筋支撑。

腹板及隔墙主筋绑扎方法与底板主筋绑扎方法相同，首先由测量人员放出钢筋的位置，钢筋工再根据放出的钢筋位置安装定位钢筋，在定位钢筋上标出钢筋间距，钢筋固定在定位钢筋上。

顶板钢筋绑扎工艺与底板钢筋绑扎工节相同。

顶板钢筋绑扎完后，将塔梁结合面的倒角筋凿出后拉直，与下横梁倒角内的钢筋进行焊接，其他倒角筋按图纸绑扎。

(2)预应力锚固预埋件和波纹管

塔柱下横梁预应力采用深埋锚工艺即锚垫板栓接一段套筒。塔身内横梁的预应力管道为保证顺直,应加密定位筋。锚垫板应按要求对螺栓孔进行攻丝以保证孔道顺直。施工塔柱时预先用泡沫塑料封堵套筒,严禁施工时混凝土进入套筒内。预应力张拉时应使用特制的工具式过渡板在塔柱外壁进行张拉。

深埋锚现场施工如图3-4-24所示。

下横梁预应力管道采用φ120镀锌金属波纹管,管道利用U形卡固定在钢筋上,直线段管道每60cm设置一道U形卡,曲线段管道每40cm设置一道U形卡。管道连接处采用稍大型号的连接管,连接管长度为100cm,连接处采用胶带进行缠包,缠包范围为超出连接处20cm。

图3-4-24 深埋锚现场施工

波纹管安装过程中,当受到普通钢筋的影响时,适当调整钢筋的位置,以保证波纹管的位置正确、线形平滑。波纹管安装时由钢筋定位架定位,以防止浇筑混凝土时上浮。接头管两端以胶带缠包,以防漏浆。在波纹管就位过程中,防止电焊火花烧伤管壁,并检查有无破损,接头是否密实。钢筋施工完成且内外模板安装前,集中检查管道情况,对破损处进行修补,采用胶带补封漏洞,缠包范围为前后20cm。

(3)钢绞线下料、穿索

钢绞线下料时采用砂轮切割机进行切割,下料长度=理论长度+千斤顶工作长度+预留长度。

穿束前采用空气压缩机清除管道杂质。横梁所有预应力束均采取先穿法,将钢绞线整束头部利用胶带缠包,由人工将其送入孔道内完成穿索,再将缠包处利用砂轮切割机切割。

4.5.5 预埋件安装

下横梁钢筋施工完成后进行预埋件安装,下横梁预埋件主要有钢箱梁支架预埋件、下横梁附属工程埋件、防雷扁铁、通风孔、电梯、下横梁检修道、支座垫石、阻尼器等。外露预埋构件使用前都必须进行防锈处理。

4.5.6 混凝土施工

混凝土施工配合比与下塔柱相同,采用汽车泵泵送入模。第一层浇筑时,先浇筑底板及倒角,停顿适当时间待倒角处混凝土强度略高后,继续浇筑腹板及隔墙混凝土,以免翻浆;第二层混凝土浇筑时,先对称浇筑腹板及隔墙,然后浇筑顶板。在混凝土浇筑完成混凝土初凝后,腹板顶及底板顶面采用蓄水养生,侧面采用喷淋养生施工。

4.5.7 下横梁预应力施工

索塔下横梁预应力钢束为22φ15.24钢绞线,共84束,标准强度1860MPa,每束张拉控制应力1395MPa、张拉力4297kN。所有预应力锚固点均设在塔柱外侧,采用深埋锚工艺。

1)张拉设备及程序

张拉设备采用YCW550A型千斤顶,ZB650油泵,压力表为0.4级精密压力表。千斤顶和油压表在张拉前进行配套标定,以确定张拉力与压力表读数之间的关系曲线。

预应力锚具及千斤顶安装时,先清理锚垫板及钢绞线,然后分别安装锚板、夹片、限位板、千斤顶、工具锚板及工具夹片,如图3-4-25所示。

预应力张拉程序:0→初应力(10%σ_{con})→(20%σ_{con})→σ_{con}(持荷5min后锚固)。

预应力张拉施工应做到对称、均匀,张拉时对张拉力与伸长量进行双控,以张拉力为主,伸长量误差控制在±6%范围内。

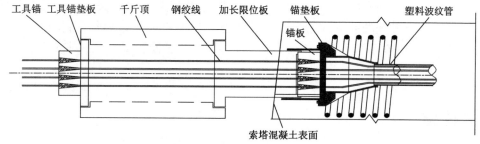

图 3-4-25 锚具及千斤顶安装图

张拉锚固完成后,将多余的钢绞线用砂轮机切除,钢绞线剩余长度为 3~5cm。钢绞线切除后,及时用同强度等级的无收缩水泥砂浆进行锚头端部封堵,并加强养护,防止裂纹产生。

2)张拉顺序

下横梁预应力布置如图 3-4-26 所示。

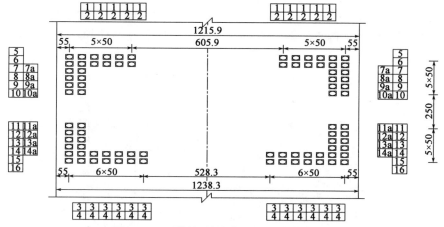

图 3-4-26 下横梁预应力布置图(尺寸单位:cm)

浇筑第一层下横梁混凝土并养生后,对称张拉底板最外侧两列 N3、N4 以及腹板 N15、N16、N11、N11a、N12、N12a,张拉控制力为设计值的 30%。

浇筑第二层下横梁混凝土,达到设计强度的 90% 以上、弹性模量的 85% 以上时,按以下顺序张拉:

(1)左右对称张拉 N9、N9a、N10、N10a、N11、N11a、N12、N12a 至设计值;

(2)左右对称张拉 N7、N7a、N8、N8a、N13、N13a、N14、N14a 至设计值;

(3)左右对称张拉底板最外侧两列 N3、N4 以及腹板 N15、N16、N5、N6、顶板最外侧两列 N1、N2 至设计值;

(4)左右对称张拉从外侧到内侧数第 4、5 列顶底板 N1、N2、N3、N4 至设计值;

(5)左右对称张拉从外侧到内侧数第 3 列顶底板 N1、N2、N3、N4 至设计值;

(6)左右对称张拉从外侧到内侧数第 6 列底板 N3、N4 至设计值。

3)孔道压浆

张拉后 24h 内采用真空辅助压浆工艺进行管道压浆。

灌浆采用的真空泵抽真空能力为 -0.08~-0.1MPa;压浆泵为气密性较好的螺杆式压浆泵,电机功率 3kW、最大压力 0.8MPa、压浆能力 $3m^3/h$。

具体施工流程为:

(1)压浆前进行管道清理,并对管道试抽真空,确保管道密闭不透气。

(2)将拌制好的水泥浆加入灌浆泵,从灌浆泵的高压橡胶管出口打出水泥浆,打出的浆体浓度与泵中的浓度一样时,关掉灌浆泵,并将高压橡胶管出口端接到预应力管道的灌浆管上,绑扎牢固。

(3)关掉压浆阀,启动真空阀。管道内的真空度达到设计要求(真空度负压保持在 0.08~0.1MPa)

后,启动灌浆泵。打开压浆阀开始灌浆,观察出浆端安装的透明喉管,当有浆体通过透明管时,关掉真空阀,打开排气阀。当流出排气阀的浆体稠度与灌入稠度一样时,关闭出浆端所有阀门。

(4)灌浆泵继续工作,在不大于0.7MPa的压力下持压1min,使管道内有一定的压力。最后关掉灌浆阀,完成压浆。

4.6 中塔柱施工

中塔柱高125m(含中上塔柱过渡段),横桥向尺寸6.6m,顺桥向尺寸由12m变化到8.5m,塔柱横桥向壁厚1.1m,顺桥向壁厚1.2m,横桥向侧斜率1∶6.5,顺桥向斜率1∶71.333。

中塔柱采用液压爬模施工,由于中塔柱为自由大悬臂结构,为防止大悬臂施工在塔柱根部产生较大应力,导致塔柱变形,在中塔柱施工同时安装水平横撑。中塔柱合龙段处因施工空间不足,采用塔肢异步施工。

中塔柱共划分22个施工节段(9号~30号节段),其中9号~25号节段每节高度5.9m,29号、30号节段为中上塔柱过渡段,分节高度5.0m。中塔柱分节布置如图3-4-27所示。

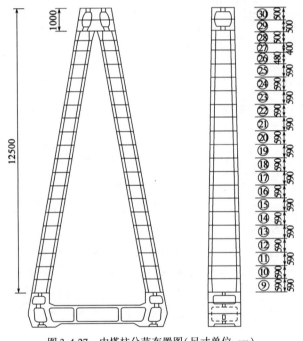

图3-4-27 中塔柱分节布置图(尺寸单位:cm)

4.6.1 劲性骨架

为满足倾斜塔柱钢筋安装及测量定位的需要,中塔柱施工时设置劲性骨架,劲性骨架在后场分榀分阶段加工,现场用塔式起重机单榀吊装,吊装后用横向型钢将劲性骨架连成整体。

中塔柱劲性骨架每节高度5.9m,劲性骨架立柱采用∠100×10角钢,横杆、斜杆采用∠75×8角钢,分六榀加工,中间设连接件。

4.6.2 主动横撑施工

随着塔柱施工不断升高,形成自由大悬臂状态,塔肢在自重、爬模及风等荷载作用下逐渐变形,并在塔柱根部产生拉应力,因此在中下塔柱施工的同时必须每隔一定距离设置水平横撑。根据以往工程受力分析和试验检测证明,当被动水平横撑解除后,塔柱根部外侧的残余应力仍然很大,为保证在施工过程及水平支撑拆除后,塔柱应力及线形满足设计要求,需要设置主动横撑。

1)横撑设计

经计算分析,主动横撑分别在塔身+83.500m、+101.500m、+119.500m、+137.500m、+155.5m、+175.000m六个高程处设置,如图3-4-28所示。第一~五道横撑撑杆采用$\phi1020\times20$钢管,第六道横撑撑杆采用2HN700×300型钢。

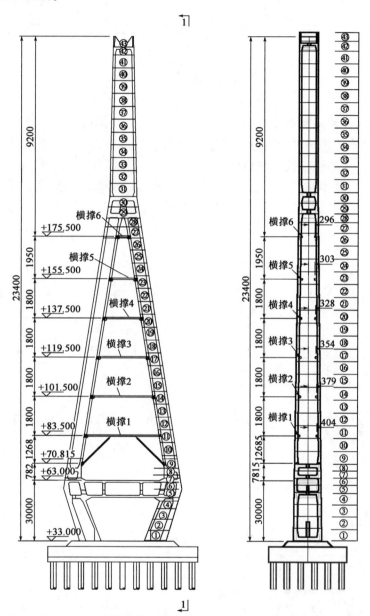

图3-4-28 中塔柱横撑位置布置图(尺寸单位:cm;高程单位:m)

横撑顶部设踏板与护栏,横撑下设置操作平台。操作平台采用托架形式,根部通过预埋爬锥锚固在主桥索塔上,托架上面铺设钢板作为平台,平台外边缘设防护栏杆。

水平横撑主要参数见表3-4-4,横撑平面布置如图3-4-29所示。

水平横撑主要参数　　　　表3-4-4

水平横撑	第一道	第二道	第三道	第四道	第五道	第六道
长度(m)	32.66	27.12	21.57	16.04	10.50	3.44
安装高程(m)	83.5	101.5	119.5	137.5	155.5	175
顶推力(kN)	3600	3300	3200	3100	2900	2000

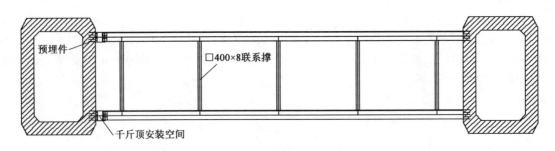

图 3-4-29 横撑平面布置图

2）横撑安装

中塔柱施工时在水平横撑和操作平台设计位置预埋爬锥,待爬模上升一节后安装连接钢板及操作平台,待爬模上升至完全不影响主动横撑吊装时,开始横撑安装施工。水平横撑采用塔式起重机进行逐节安装,先安装焊接一端,另一端放置在钢牛腿上,在端部与钢板间安装顶推千斤顶,水平横撑全部安装完成后千斤顶开始施力,施力完成后利用型钢将横撑端面与钢板进行连接,拆除千斤顶。

水平横撑安装流程如图 3-4-30 所示,水平横撑顶推示意如图 3-4-31 所示,主动横撑安装如图 3-4-32 所示。

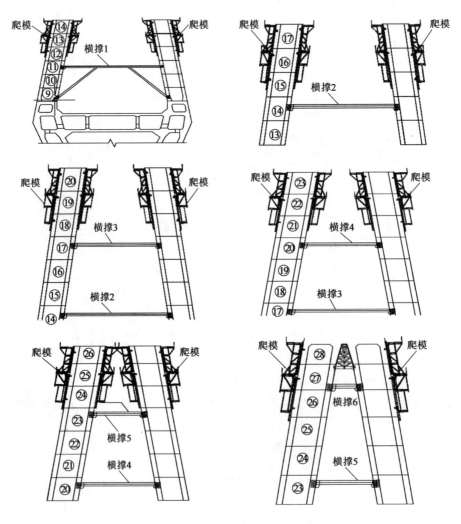

图 3-4-30 水平横撑安装流程图

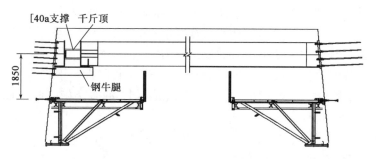

图 3-4-31 水平横撑顶推示意图(尺寸单位:mm)

图 3-4-32 主动横撑安装图

3)横撑拆除

上塔柱施工完成后拆除塔柱水平横撑。由于两塔肢合龙及下横梁的遮挡,水平横撑的拆除采用两塔式起重机相互配合的方案。水平横撑按照与施工方案相反的顺序进行拆除,先拆水平平联、栏杆,后拆水平钢管,最后拆除施工平台。

4.6.3 两塔肢异步施工

中塔柱进入交汇段前,由于受两肢间距离和爬架内侧施工平台宽度的影响,当施工至 26 号节段时,两塔肢将不能同时平行施工。此时上游侧塔肢暂停施工,下游侧塔肢继续施工两个节段至 28 号节段,施工完成后拆除内侧爬架模板,暂停下游侧塔肢施工,开始上游侧塔肢施工。当上游侧塔肢施工 28 号节段时,内侧模板爬架与已施工的下游侧塔肢冲突,需拆除内侧模板爬架,并焊接模板支撑。待上下游塔肢均完成 28 号节段施工后,将两肢爬模组拼为一个整体,然后进行中、上塔柱连接段施工。塔柱异步施工示意如图 3-4-33 所示。

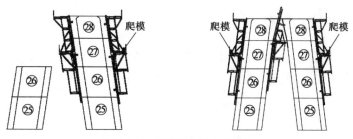

图 3-4-33 塔柱异步施工示意图

4.7 中上塔柱连接段施工

中上塔柱连接段高 10m,分两节施工(29 号~30 号节段)。两塔肢在高程 183.5m 处交会,上塔柱荷载通过中上塔柱连接段传到两个塔肢。中上塔柱连接段受力比较复杂,设两道厚度2.0m的横隔板予以加强。在中上塔柱连接段上部设高度0.5m,宽度4.4m的混凝土垫块用于支撑1号~3号斜拉索锚块。中上塔柱连接段设预应力以抵抗过大的局部应力。

中上塔柱连接段同样采用液压爬模施工,底模采用支架及竹胶板。钢筋采用劲性骨架定位安装,混凝土采用地泵泵送入模,由于交汇段处存在局部大体积混凝土,混凝土施工时采取温控措施,增设垂直冷却水管。

为增强抗裂性能,中上塔柱过渡段混凝土添加聚丙烯纤维。

中上塔柱连接段分节图如图3-4-34所示。

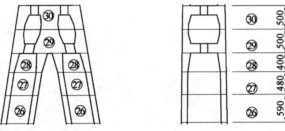

图3-4-34 中上塔柱连接段分节图(尺寸单位:cm)

4.7.1 塔柱28号节段内箱顶模支架

塔柱28号节段内箱顶模支架承重梁为I45b型钢,承重梁上放置I25垫梁,型钢间以40cm间距布置加筋板,分配梁为I12.6型钢,底模为钢模板+方木,如图3-4-35所示。中塔柱施工至28号节段时,安装预埋箱,用以放置承重梁。

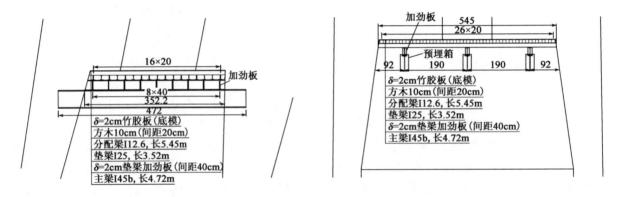

图3-4-35 28号节段内箱顶模支架示意图(尺寸单位:cm)

4.7.2 塔柱30号节段内箱顶模支架

塔柱30号节段内箱顶模支架承重梁为I45b型钢,钢管下垫梁为I20a型钢,钢管为ϕ48钢管,钢管上垫梁为I12.6型钢,底模为竹胶板+方木,如图3-4-36所示。中塔柱29号节段施工完成后,将承重梁I45b直接放置在已浇筑混凝土上。

4.7.3 合龙支架

中塔柱与中上塔柱连接段衔接处为实心段,合龙口需设合龙支架。合龙支架钢牛腿为2I45b型钢,垫梁为2I20型钢,分配梁为HW400×400型钢,底模为2cm竹胶板。中塔柱施工至28号节段时,安装钢牛腿预埋件。因钢牛腿与塔柱混凝土交界面集中力较大,为避免混凝土被破坏,在钢牛腿范围内的下方及上方,铺设三层钢筋网片,对钢牛腿附近处混凝土进行加强。

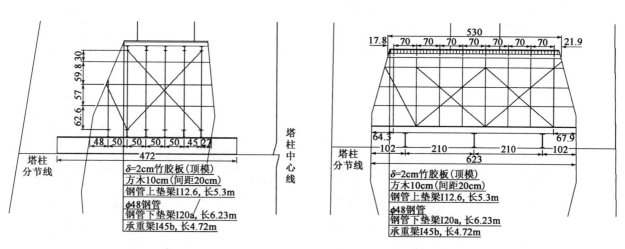

图 3-4-36　30 号节段内箱顶模支架结构图(尺寸单位:cm)

施工步骤为:

(1)中塔柱施工第 28 号节段时,预埋钢牛腿,避开塔柱主筋及模板木工字钢,钢牛腿留出 15cm 在混凝土外。在钢牛腿范围内下方及上方按照竖向 10cm 的间距布置 3 层钢筋网片。

(2)第 28 号节段混凝土强度达到设计要求后,吊装钢牛腿 I45b 型钢与两侧预埋钢牛腿对接焊接,再贴连接板加焊,在钢牛腿 2I45b 型钢顶面焊接一块 1000mm×500mm×30mm 钢板。

(3)钢牛腿 2I45b 型钢上方以腹板对应腹板的形式安装垫梁 2I20,垫梁 2I20 之间用连接板焊接形成整体。

(4)在垫梁 2I20 上安装分配梁 HW400×400,在分配梁上铺 2cm 竹胶板。

(5)第 29 号节段混凝土浇筑完成且混凝土强度达到设计要求后拆除合龙支架。

拆除方案为:

(1)从 29 节塔柱顶利用手拉葫芦提吊稳定分配梁 HW400×400 型钢。

(2)切割破坏并拆除垫梁 2I20 型钢,利用手拉葫芦将分配梁 HW400×400 型钢下放至钢牛腿 2I45b 顶面。

(3)用塔式起重机将分配梁 HW400×400 型钢抽出下放至主墩平台。

(4)利用爬模爬架及塔式起重机对钢牛腿 2I45b 型钢进行切割拆除。

(5)对塔柱预埋钢牛腿面进行防锈处理,保证塔柱外观。

4.7.4　预应力施工

中上塔柱连接段预应力钢束采用 22φ15.24 钢绞线及 12φ15.24 钢绞线,标准强度为 1860MPa,22φ15.24 钢绞线每束张拉控制力 4296.6kN,12φ15.24 钢绞线每束张拉控制力 2343.6kN,两端对称同步张拉。所有预应力锚固点均设在塔柱外侧,采用深埋锚工艺。预应力管道采用镀锌金属波纹管、真空压浆工艺。

在塔柱预应力施工位置布设操作平台,平台为托架形式。中上塔柱张拉平台如图 3-4-37 所示。

待混凝土强度达到设计强度的 90% 以上、弹性模量的 85% 以上时,采取分批对称张拉预应力束,张拉顺序为自索塔分岔处由下而上依次张拉,同一高程的预应力钢束由中间向两侧对称张拉。

4.7.5　1 号~3 号索套管施工

索塔共有 26 对斜拉索,第 1~3 对斜拉索由于竖向角度较大,因此直接锚固在混凝土底座上,第 4~26 对斜拉索锚固在钢锚梁上,1 号~3 号斜拉索锚垫板需增设排气孔。

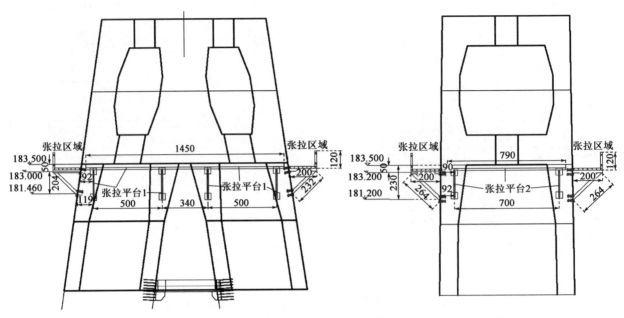

图 3-4-37 中上塔柱张拉平台(尺寸单位:cm)

第 1~3 对索套管依靠劲性骨架定位。首先采用塔式起重机吊装索套管定位架,并测量精确定位。索套管定位架安装完毕后,测量并在定位架上放出 1 号~3 号索套管中心线,用手拉葫芦配合塔式起重机安装 1 号~3 号索套管的首节部分,就位后用钢抱箍临时固定。测量调整精度,直到定位精度达到设计要求后,用型钢固定,首节定位完毕后进行接长。

1 号索套管跨越 4 个节段,下口位于 26 号节段,2 号索套管跨越 2 个节段,下口位于 29 号节段,3 号索套管全部位于 30 号节段内。相应节段施工时提前定位预埋索套管。

1 号~3 号斜拉索总体如图 3-4-38 所示,第 1~3 对索导管安装如图 3-4-39 所示。

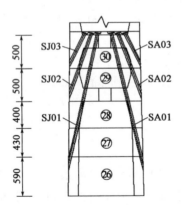

图 3-4-38　1 号~3 号斜拉索套管总体图(尺寸单位:cm)

图 3-4-39　第 1~3 对索导管安装

4.7.6　温控措施

中上塔柱连接段属大体积混凝土结构,为防止因混凝土水化热产生温度裂缝,保证大桥的长期安全使用,需进行温控设计及现场监控工作。

(1)混凝土通过加冰水搅拌降低入模温度,运输过程中罐车需包裹车身。
(2)严格控制胶凝材料温度:水泥温度不高于 50℃,粉煤灰温度不高于 40℃。
(3)浇筑入模温度不大于 26℃。
(4)浇筑过程中开启冷却管,冷却管采用直径 48mm 无缝钢管,弯头与钢管采用车丝接头形式,连接方便不易漏水。冷却管间距1m,设置在距塔座顶1.25m位置。每层冷却水管竖向连接,使之成为一个整体,最后一个进水口,一个出水口。

(5)冷却管出水口和进水口水温差不得大于10℃,温度下降梯度不得大于2℃/d。

(6)混凝土顶面采用蓄水养护方式,拆模后,混凝土侧面包裹土工布保温养护7d以上。控温养护结束后,冷却管需采用M50压浆封闭。

4.8 上塔柱施工

上塔柱采用液压爬模施工,钢筋采用劲性骨架定位安装,混凝土采用地泵泵送入模;为增强抗裂性能,上塔柱混凝土添加聚丙烯粗纤维。泵管沿下游塔肢外侧上升至浇筑平台,通过导管延伸至浇筑点。

上塔柱区域共设置23套钢锚梁,自下而上编号为4号~26号,均采取锚梁和牛腿散件吊装,最大吊重15.66t,采用ZSC800型塔式起重机进行吊装施工。每节钢锚梁区域均设有预应力,利用爬模施工平台进行张拉压浆施工。

上塔柱施工共划分14个节段(31号~44号节段)。

上塔柱的关键施工内容为钢锚梁的施工。钢锚梁根据构造不同分为A、B、C三类,每套钢锚梁锚固2对斜拉索。同一高程位置的钢锚梁板件构造仅因为斜拉索角度的不同而带来相应板件的差异。拉索竖向分力通过锚梁上锚固构件完全的传递至牛腿;拉索的横桥向水平分力由钢锚梁横向联系承受。斜拉索的顺桥向水平分力分为两部分:恒载索力由锚梁承担,后期使用荷载索力由锚梁与塔壁共同承担。

上塔柱设置钢锚梁、牛腿共23套,自下而上编号为4号~26号;组成钢锚梁的主要构件有顺桥向拉板、锚垫板、锚下承压板、腹板、底板、端部承压板、加劲肋、工作平台等。其中锚垫板和支承板是主要承压构件,顶板、腹板是顺桥向主要承拉构件,横向连接件是横桥向承拉构件。组成钢牛腿的主要构件有上承板、托架板、壁板、挡板、定位板、加劲肋、PBL键的开孔板等。

钢锚梁、钢牛腿结构如图3-4-40所示。

钢锚梁安装分为首节钢锚梁安装和其他节段钢锚梁安装。钢锚梁、钢牛腿在工厂制造并各自组焊完成后进行预拼装,检查拼装精度,满足要求后,采用专用吊具吊装,整体运至现场。根据QTZ800塔式起重机起吊能力,4号~26号钢锚梁均采用散件吊装方案。

对4号钢锚梁(首节)利用支架进行精确调位并固定,浇筑完成该节段混凝土后,陆续吊装后续其他批次钢锚梁(5号~26号)。钢锚梁安装误差采取分段调整,通过监测已装钢锚梁的实际位置,分析安装误差影响,确定下段钢锚梁安装时是否需要进行高程和倾斜度调整以及调整量。相邻两钢锚梁壁板之间设计预留了1.5cm的间隙,钢锚梁安装过程中根据已安装钢锚梁精度及时采用钢垫片进行纠偏,以控制钢锚梁安装的累计偏差。每一个批次钢锚梁吊装完成后,进行与之对应节段塔柱混凝土的浇筑,依次循环施工直至全部完成。

4.8.1 首节钢锚梁施工工艺流程

首节钢锚梁施工工艺流程如图3-4-41所示。

4.8.2 首节钢锚梁预拼支架及调位支架安装

1)平台预拼支架

钢锚梁为异地加工,组拼后由陆路散件运输。由于与钢牛腿焊接成整体的钢壁板尺寸较大,运输中容易发生变形,因此必须在施工现场进行二次预拼调整。

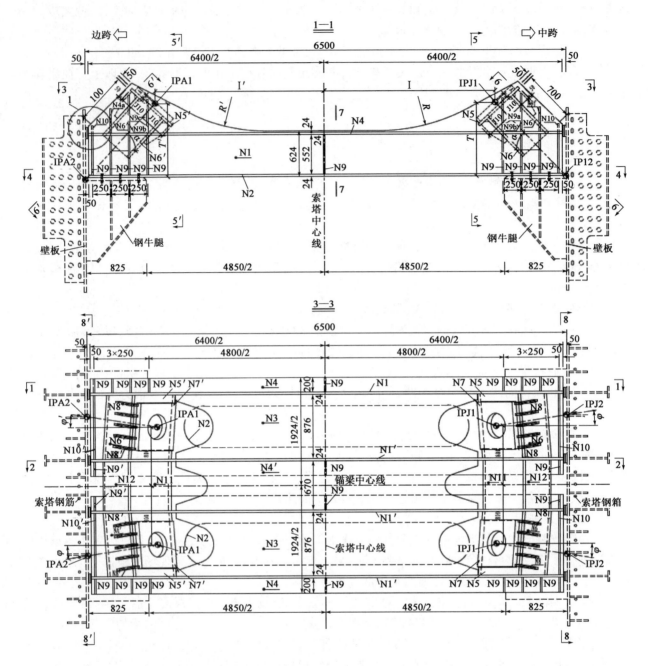

图 3-4-40　钢锚梁、钢牛腿结构图（尺寸单位：mm）

钢锚梁平台预拼支架在搭设前对平台进行高程找平处理，确保支架基础平整、稳固、无沉降。平台预拼支架采用 I20 工字钢按照设计图纸搭设。

平台预拼支架搭设如图 3-4-42 所示。

2）塔上调位支架

钢锚梁安装的总体原则是将立体定位转为平面定位，即利用支架精确定位首节钢锚梁空间位置，然后以首节钢锚梁平面位置为基准，对后续钢锚梁进行堆积木式拼装。支架安装前对塔柱纵横向轴线以及高程进行测设标定，以便精确控制支架的搭设高度和平面位置。

钢锚梁调位支架设计为型钢支架形式，分为底部支撑主体型钢框架、钢锚梁高程微调装置、钢锚梁水平导向限位装置等部分组成。主受力型钢框架，框架主横梁、立柱及横向联系均采用 I20 型钢，横梁及立柱之间焊接 I20 型钢作为联系增强整体稳定性。

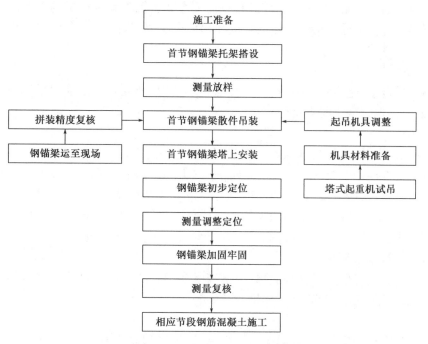

图 3-4-41　首节钢锚梁安装流程图

支架安装前对塔柱纵横向轴线以及高程进行精确测量放样，以便精确控制支架的搭设高度和平面位置。调位支架支撑主梁利用塔式起重机逐根吊装至塔腔内，与预埋件焊接；主受力框架与水平限位装置在主桥索塔下方拼装为整体后，由塔式起重机吊装至塔腔内与支撑主梁焊接，过程中利用手拉葫芦进行调位，并将支架顶面精确调平。

塔上调位支架搭设如图 3-4-43 所示。

图 3-4-42　平台预拼支架搭设

图 3-4-43　塔上调位支架搭设

支架安装到位后，再次测设塔身纵横向轴线位置并标记，将导向装置按测设的轴线安装到位，并在支架顶面四角对应位置安装调节螺栓。

4.8.3　首节钢锚梁及钢牛腿吊装定位

1）施工前准备

（1）塔柱 30 号节段混凝土达到设计强度。

（2）31 号节段劲性骨架安装完成。

（3）调位支架已安装完成，安装精度满足要求。

（4）在调位支架横梁上方用红色油漆标出钢锚梁轮廓线作为定位标线，在钢锚梁下翼缘板对应位置也利用红色油漆标出定位标线。

(5) 安装钢牛腿预埋板临时拉耳。安装过程中需要在2个钢牛腿预埋板的4个底脚处连接手拉葫芦作为钢牛腿下放导向。钢锚梁吊装前根据连接卸扣大小安装临时耳板，耳板焊接在预埋板侧下方，定位完成后切除。

2）塔式起重机试吊

钢锚梁采用散拼施工，先吊装钢牛腿，再吊装锚梁。采用ZSC800型塔式起重机在吊幅内起吊。起吊离开地面，测量配合观测塔式起重机稳定性。

3）吊装和初定位

塔式起重机起吊首节钢牛腿缓慢提升至对应的塔肢上方，下落至劲性骨架顶口附近后停止下落。在预埋板临时耳板上连接4个10t手拉葫芦导向，手拉葫芦另一端锚固于塔柱混凝土顶面。手拉葫芦连接完成后，塔式起重机开始缓慢落钩。下落过程中4台手拉葫芦协调导向，使钢牛腿缓慢平稳降落至调位支架上方。下落过程中应注意参照预先的标线位置。落位完成后，塔式起重机脱钩，完成钢牛腿初定位。牛腿吊装完成后吊装钢锚梁，将钢锚梁放置于钢牛腿及调位支架上。

4）平面位置及高程精确调位

初定位完成后开始精确调位，精确调位分为钢锚梁及钢牛腿高程精确调位、顺桥向精确定位、横桥向精确定位。施工顺序为高程精确调位、横桥向及顺桥向精确调位。

(1) 高程精确调位

钢锚梁及钢牛腿完成初定位后，对斜拉索锚固点、钢锚梁顶高程进行测量，确定高程偏差数值。采用千斤顶及微调螺栓对高程进行调整，反复多次（不少于两次）测量斜拉索锚固点、钢锚梁及钢牛腿各高程控制点，直至高程满足监控要求后，安装微调螺栓限位装置，防止后续调整施工螺栓转动影响高程值。

(2) 横桥向、纵桥向精确调位

高程调整完成并锁定微调螺栓后，进行钢锚梁及钢牛腿横桥向、纵桥向精确调位。调整之前需根据测量确定钢锚梁及钢牛腿横桥向、纵桥向偏差值，利用横桥向及纵桥向调位装置反复微调，直至精度满足设计要求。调位完成后将钢锚梁及钢牛腿与调位支架间的楔形块固定，确保钢锚梁水平限位，最后将钢锚梁的N8号开孔板与劲性骨架焊接固定。

顺桥向调位装置如图3-4-44所示，横桥向调位装置如图3-4-45所示。

图3-4-44 顺桥向调位装置图　　　　图3-4-45 横桥向调位装置图

4.8.4 其他各节钢锚梁及钢牛腿施工

5号~26号钢锚梁同样采用散件吊装的方式进行安装，首节钢锚梁定位完成后，进行塔柱的钢筋模板混凝土施工。

根据锚梁上吊耳的位置，安装吊索及配套卸扣。当具备起重条件时，塔式起重机起吊待安装钢牛腿节段。当节段起吊超过已安节段顶面一定高度后，旋转塔式起重机，移至安装位置正上方。将节段下部带扣的牵引绳与已连接在塔柱截面上的4台10t手拉葫芦连接，配合塔式起重机的操作，使节段缓慢下降。

在距前节段顶口高程10cm左右时停止下放节段,确认端面情况。然后继续缓慢下降节段,并在节段工地匹配件四个角点高强螺栓孔内插打定位冲钉实现精确定位。当待安节段完全落在已装锚梁上后,进行临时连接。继续吊装钢锚梁就位,与钢牛腿采用高强螺栓连接。精确调位后将定位钢板与劲性骨架焊接牢固。最后完成钢筋及混凝土施工。

钢锚梁施工步骤如下:
(1)上一节塔柱混凝土浇筑完后,清理钢锚梁顶面,准备吊装下一节钢锚梁。同时对上一节已安装钢锚梁进行测量检查,测量数据为下一节钢锚梁安装、调整提供依据,吊装前对塔式起重机进行安全检查,然后安装吊具及钢丝绳准备起吊。
(2)吊装钢牛腿,测量调整钢牛腿高程及平面位置,连接上下层牛腿间的匹配件。
(3)吊装钢锚梁,搁置在钢牛腿上,测量调整钢锚梁位置完成后,将钢锚梁与钢牛腿用螺栓连接。

4.9 钢锚梁制造技术

4.9.1 总体思路、重点及措施

1)总体思路
针对石首长江公路大桥钢锚梁的构造特点,结合厂内现有场地资源的配置,钢锚梁制造总体思路如下:
(1)以部件为施工单位,降低施工难度,提高局部施工精度;
(2)钢锚梁和钢牛腿的接触面整体加工,保证面间接触质量;
(3)钢锚梁和牛腿接触面加工后匹配拼装,保证整体施工质量。
钢锚梁加工制作以部件和单元件为基础,分为钢锚梁单元件、钢牛腿单元件和索导管三部分。部件、单元件加工制作合格后,完成钢锚梁和钢牛腿的匹配组装。单塔23套钢锚梁按"2+1"分多个施工轮次立体匹配拼装,前一轮次的最后一套钢锚梁作为后一施工轮次的匹配段。

2)制造重点
根据钢锚梁结构设计特点及制造精度要求,制造的主要重点如下:
(1)零件放样、下料及加工尺寸精度的控制;
(2)组装外形尺寸的精度及焊接变形的控制;
(3)拉索中心线与设计成桥线型一致性;
(4)组装焊接质量。

3)工艺保证措施
(1)全部零件均采用高精度的数控切割机进行精密切割下料;
(2)顶紧传力铣面加工,锚板上镗床加工锚孔及端面;
(3)制定合理的焊接工艺,减少结构变形造成的误差;
(4)应用先进的焊接方法,保证焊接质量;
(5)制定合理的装配工艺,保证结构的安装精度。

4.9.2 焊接工艺评定试验

4.9.2.1 试验项目

1)工艺评定试验项目的确定
根据设计图纸、《公路桥涵施工技术规范》(JTG/T F50—2011)、《铁路钢桥制造规范》(Q/CR

9211—2015)及相关技术文件说明中的有关规定,并结合工厂实际情况,确定焊接工艺评定试验项目共10项。其中熔透角接焊缝共4项,坡口角焊缝共3项,T型贴角角焊缝共3项。焊接工艺评定项目在对应产品中的分布如图3-4-46所示。

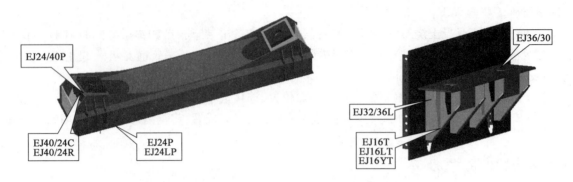

图3-4-46　焊接工艺评定项目在对应产品中的分布示意图

焊接工艺评定试验项目汇总见表3-4-5。

焊接工艺评定试验项目汇总表　　　　　表3-4-5

试件形式	试验项目	试样数量	试验方法
对接接头	焊接接头的拉伸试验	1件	《焊接接头机械性能试验方法》（GB 2650～GB 2654）、《钢的低倍组织及缺陷酸蚀试验方法》（GB 226—1991）
	焊缝金属的拉伸试验	1件	
	焊接接头的侧弯试验	1件	
	焊缝及热影响区的低温冲击试验	各3件	
	焊接接头的硬度试验	1件	
	焊接接头的宏观断面酸蚀试验	1件	
熔透角接接头	焊缝金属拉伸试验	1件	
	低温冲击试验(符合取样条件)	6件	
	接头硬度试验	1件	
	焊接接头的宏观断面酸蚀试验	1件	
T型接头	焊缝金属的拉伸试验(符合取样条件)	1件	
	焊接接头的硬度试验	1件	
	焊接接头的宏观断面酸蚀试验	1件	

注：1.弯曲角 $\alpha = 180°$；当试板板厚为10mm及以下时,可以用正、反弯各一个代替侧弯。
　　2.缺口开在焊缝中心及熔合线外1mm处各3件。

2)焊接材料及设备

焊接工艺评定试验采用与母材同材质的Q345qD。焊接工艺评定试验项目包括6种不同板厚的钢板,分别为16mm、24mm、25mm、30mm、32mm、40mm。采用KRⅡ350焊机进行 CO_2 气体保护焊,平位、立位、仰位角焊采用药芯焊丝E501T-1($\phi1.2$)。

3)熔透角焊缝

(1)熔透角焊缝坡口尺寸、焊接方法及适用部位

熔透角接试板4组,试板材质、接头板厚组合、坡口尺寸、焊接方法、焊接材料及适用部位见表3-4-6。

(2)熔透角焊缝焊接检验

熔透角焊缝焊后冷却至环境温度进行外观质量检测,焊后24h外观检测合格后按照焊缝长度100%进行超声波检测,B级检验,Ⅰ级合格。

熔透角焊缝工艺评定项目表　　　　　　表 3-4-6

序号	评定项目	接头形式（mm）	试板材质	焊接材料牌号及规格	焊接方法	适用部位
1	EJ36/30	36/22，45°/50°，间隙2，板厚30，清根侧	Q345qD	E501T-1, ϕ1.2	CO_2气体保护焊	钢锚梁牛腿托架板、上承板与壁板熔透角焊缝
2	EJ32/36L	32/20，45°/50°，间隙2，板厚36，清根侧	Q345qD	E501T-1, ϕ1.2	CO_2气体保护焊	钢锚梁牛腿托架板与上承板熔透角焊缝
3	EJ40/24C	40，40°，板厚24，间隙8，陶质角衬垫	Q345qD	E501T-1, ϕ1.2	CO_2气体保护焊	钢锚梁锚头承压板、拉板与腹板熔透角焊缝
4	EJ40/24R	40，40°，板厚24，间隙8，钢衬垫	Q345qD	E501T-1, ϕ1.2	CO_2气体保护焊	钢锚梁锚头承压板、拉板与腹板熔透角焊缝

注：E-CO_2气体保护焊，M-埋弧自动焊，J-角接，L-立位焊，Y-仰位焊，C-陶质衬垫，R-钢衬垫。

(3) 熔透角焊缝试验

对试件分别进行焊缝金属拉伸、低温冲击(符合取样条件时)、断面酸蚀、接头硬度等力学性能试验。

4) 坡口角焊缝

(1) 坡口角焊缝坡口尺寸、焊接方法及适用部位

坡口角焊缝试板共 3 组，试板材质、接头板厚组合、坡口尺寸、焊接方法、焊接材料及适用部位见表 3-4-7。

坡口角焊缝工艺评定项目表

表 3-4-7

序号	评定项目	接头形式 (mm)	试板材质	焊接材料牌号及规格	焊接方法	适用部位	备注
5	EJ24/40P	(24, 11, 45°/45°, 2, 40)	Q345qD	E501T-1, φ1.2	CO_2气体保护焊	钢锚梁锚头加劲角焊缝	引用榕江大桥EJ25/40P
6	EJ24P	(24, 11, 45°/45°, 2, 24)	Q345qD	E501T-1, φ1.2	CO_2气体保护焊	钢锚梁底板N2、面板N3、加劲N4与腹板间角焊缝	80%熔透
7	EJ24LP	(24, 11, 45°/45°, 2, 24)	Q345qD	E501T-1, φ1.2	CO_2气体保护焊	钢锚梁加劲N4与腹板间立角焊缝	80%熔透

注：E-CO_2气体保护焊，J-角接，L-立位焊，Y-仰位焊，P-部分熔透，C-陶质衬垫，R-钢衬垫。

(2) 坡口角焊缝焊接检验

坡口角焊缝焊后冷却至环境温度进行外观质量检测，焊后24h外观检测合格后按照焊缝长度100%进行超声波检测，B级检验，Ⅱ级合格。

(3) 坡口角焊缝试验

对试件分别进行焊缝金属拉伸、断面酸蚀、接头硬度等力学性能试验。

5) 贴角焊缝

(1) 贴角焊缝的焊接方法及适用部位

贴角焊缝焊接试板共3组，试板材质、接头板厚组合、坡口尺寸、焊接方法、焊接材料及适用部位见表3-4-8。

贴角焊缝工艺评定项目

表 3-4-8

序号	评定项目	接头形式 (mm)	试板材质	焊接材料牌号及规格	焊接方法	适用部位	备注
8	EJ16T	(16, 16)	Q345qD	E501T-1, φ1.2	CO_2气体保护焊	$K=6\sim12$平贴角焊缝	贴角焊缝（引用宝丰路EJ16-T-2）

续上表

序号	评定项目	接头形式(mm)	试板材质	焊接材料牌号及规格	焊接方法	适用部位	备注
9	EJ16LT	16 / 16	Q345qD	E501T-1,ϕ1.2	CO_2气体保护焊	$K=6\sim12$ 立贴角焊缝	贴角焊缝(引用宝丰路EJ16L-T)
10	EJ16YT	16 / 16	Q345qD	E501T-1,ϕ1.2	CO_2气体保护焊	$K=6\sim12$ 仰贴角焊缝	贴角焊缝(引用宝丰路EJ16Y-T)

注:E-CO_2气体保护焊,J-角接接头,L-立焊,Y-仰焊,T-贴角焊。

(2)贴角焊缝焊接检验

贴角焊缝焊后冷却至环境温度进行外观质量检测,焊后24h且外观检测合格后,对焊缝进行100%磁粉探伤。

(3)贴角焊缝试验

对试件分别进行了断面酸蚀、接头硬度等力学性能试验。

4.9.2.2 试验结果评定

1)评定标准

(1)拉伸试验(屈服强度、抗拉强度及延伸率)不低于母材标准值,当试验结果低于母材标准值时,允许从同一试件上再取一个试样重新试验,若试验结果不低于母材标准值,则判为合格,否则,判为不合格。

(2)接头弯曲试验结束后,试样受拉面上没有裂纹,或仅在棱角处有撕裂且裂纹长度不大于3mm,判为合格;当试验结果未满足上述要求时,允许从同一试件上再取一个试样重新试验,若试验结果满足上述要求,则可以判为合格,否则,判为不合格。

(3)各种钢材焊接接头的冲击吸收功应不低于母材标准规定值:钢锚梁焊评设计材质Q345qD规定值在-20℃为47J。当规定低温冲击试验的每一组(3个)试样试验结果的平均值不低于母材,且任一试验结果不低于0.7倍规定值时,判为合格;当试验结果未满足上述要求时,则从同一试件上再取一组(3个)附加试样重新试验,若总计6个试验结果的平均值不低于规定值,且低于规定值的试验结果不多于3个(其中,不得有2个以上的试验结果低于0.7倍规定值,也不得有任一试验结果低于0.5倍规定值),则可以判为合格,否则,判为不合格。

(4)接头硬度以不大于HV380为合格,否则,判为不合格。

(5)不同材质焊接接头的拉伸、冲击、弯曲等力学性能应按性能要求较低的材质标准进行评定。

2)评定结论

(1)根据设计图纸和相关标准规范整理确定的焊接工艺评定项目涵盖了本工程钢锚梁所有焊接接头形式。

(2)各焊接工艺评定试验项目的焊缝无损检验、焊缝金属屈服强度、焊缝金属及接头抗拉强度、焊缝金属延伸率、焊缝及热影响区冲击韧性、接头各区硬度及宏观断面酸蚀金相完全满足相应技术规范及设计要求。

4.9.3 钢锚梁、钢牛腿制作

4.9.3.1 钢锚梁单元件制作

钢锚梁基本施工流程为：零件下料→零件加工→锚头部件装焊→锚头部件与腹板装焊（以腹板为基准面在平台上装焊）→焊缝检测及矫正→装焊底板并校平→装焊外部加劲并矫正→钢锚梁内部涂装→装焊余下零件→矫正→单元件报检→钢锚梁双梁组拼→钢锚梁与钢牛腿的接触面加工→钢锚梁与牛腿匹配拼装→装焊临时连接件→涂装→黏结不锈钢板。

钢锚梁拆解图如图 3-4-47 所示。

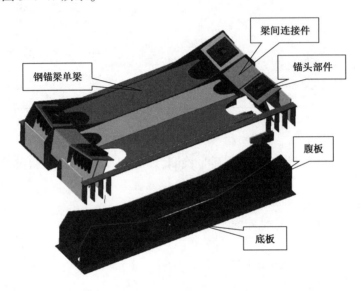

图 3-4-47 钢锚梁拆解图

1）零件放样、下料和加工

零件放样时需考虑焊接和矫正收缩量预放加工量。

(1) 钢锚梁腹板零件控制钢锚梁的外形和拉索轴线的相对位置，放样时应按设计图参数表中的长度参数确定外形，长度方向放 6mm 施工收缩量。钢锚梁腹板如图 3-4-48 所示。

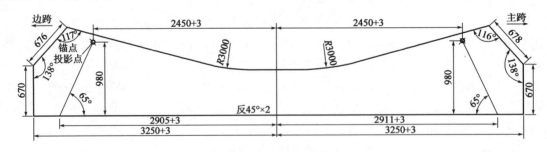

图 3-4-48 钢锚梁腹板图（尺寸单位：mm）

(2) 锚垫板零件厚度方向双面放加工量，钢锚梁底板零件牛腿面板零件厚度放加工量，接触面加工后保证滑动面的滑动性能；锚孔周边放加工量，保证开孔精度。

(3) 在铣床和镗床上加工锚孔的加工量，钢锚梁底面与钢牛腿的接触面在钢锚梁单元件报检合格后加工。

2）锚头部件装焊

（1）承压板和锚垫板接触面铣平后装焊成一体镗孔。

（2）装焊锚拉板和加劲，承拉板之间采用临时工装以保证开口间距，先焊锚拉板与承压板焊缝，再焊加劲与锚拉板及承压板焊缝。

（3）锚头部件矫正、报检。

钢锚梁锚头部件装焊如图3-4-49所示。

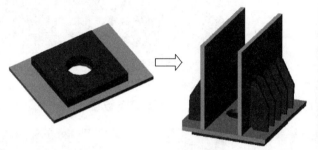

图3-4-49 钢锚梁锚头部件装焊图

3）钢锚梁单元件装焊

钢锚梁单元件在平胎架上装配和焊接。

（1）划装配线。

检查来料正确性，在腹板零件上划锚头结构装配线，重点控制锚点位置和拉索轴线方向。

钢锚梁腹板锚头划线装配如图3-4-50所示。

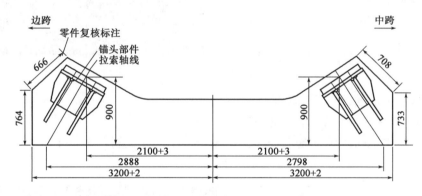

图3-4-50 钢锚梁腹板锚头划线装配图（尺寸单位：mm）

（2）钢锚梁单梁装焊。

以腹板为底面装焊锚头部件，重点控制锚头部件位置、锚梁腹板重合度和腹板与锚头部件的焊缝质量。焊后校平锚箱腹板，对锚头部件与锚梁腹板间焊缝做锤击消应处理。钢锚梁单梁装焊如图3-4-51所示，锚头部件装焊如图3-4-52所示。

图3-4-51 钢锚梁单梁装焊图

图 3-4-52　锚头部件装焊图

装焊钢锚梁底板、校平,底板焊后平面度控制在2mm内。钢锚梁底板装焊如图3-4-53所示。

图 3-4-53　钢锚梁底板装焊图

装焊锚梁腹板外侧加劲,锚梁内部按涂装体系要求涂装。

(3)装焊梁间连接结构,形成双梁的钢锚梁。

在水平胎架上装焊梁间连接结构,组成双梁。双梁底平面度控制在3mm内。梁间连接结构装焊如图3-4-54所示。

图 3-4-54　梁间连接结构装焊图

4)整体加工钢锚梁与钢牛腿的接触面

采用加工机床,以锚点水平基准为准,对钢锚梁底板进行1~4mm加工,并保证底板平面度≤0.5mm与牛腿匹配预装后涂装,黏结不锈钢板,保护好不锈钢滑动面、存放。钢锚梁与钢牛腿接触面整体加工如图3-4-55所示。

5)钢锚梁单元件允许偏差

钢锚梁单元件允许偏差见表3-4-9。

图 3-4-55　钢锚梁与钢牛腿接触面整体加工图

钢锚梁单元件允许偏差　　　　　　　　　　　　表 3-4-9

项　目		简　图	允许偏差
钢锚梁	梁长 L		±5.0mm
	梁段顶座间距 L_1		−2.0mm
	底板宽度 B		±3.0mm
	锚点纵向中心距 L_0		±3.0mm
	锚点横向偏差 BC		±3.0mm
	锚点相对高差 Δ		±3.0mm
	锚点至底板高度 H		±3.0mm
	对角线差 $\lvert C_1 - C_2 \rvert$		≤3.0mm
	底板平面度(与牛腿接触面)		3.0mm
	旁弯		≤3.0mm

4.9.3.2　钢牛腿单元件制作

钢牛腿制作重点为控制牛腿面板的高程、平面度,索导管方向和相对位置,熔透焊缝施工质量,壁板平面度。

1)钢牛腿施工流程

(1)来料检查,划装配线,如图 3-4-56 所示。

图 3-4-56　来料检查划线装配图

(2)以钢牛腿面板为基准面,装焊承力板与面板的焊缝,装配其间加劲,并采取措施防止焊接变形,如图 3-4-57 所示。

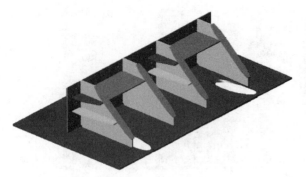 

图 3-4-57　承力板与面板焊接图

(3) 以钢牛腿塔壁板为基准面在平面胎架上装焊牛腿面板和承力板的部件。先焊接承力板与壁板间焊缝,再焊接面板与壁板间焊缝,焊接加劲间贴脚焊缝,焊后校平面板;矫正并对以上焊缝锤击消应力处理;加工牛腿面。焊接壁板背部加劲焊缝如图 3-4-58 所示。

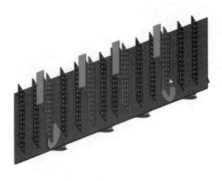 

图 3-4-58　焊接壁板背部加劲焊缝图

2) 钢牛腿单元件允许偏差

钢牛腿单元件允许偏差见表 3-4-10。

钢牛腿允许偏差　　　　　　　　　　表 3-4-10

项目		简　图	允许偏差
钢牛腿	预埋钢板高度 V		±3.0mm
	预埋钢板宽度 B		±2.0mm
	预埋钢板平面度		1/2000mm
	牛腿座板滑动面平面度 (座板厚度有 4mm 加工量)		2.0mm
	牛腿座板翘曲 δ		±1.0mm
	预埋板与座板夹角偏差 Δ		1′/0mm
	牛腿座板平面位置 V_1		±1.0mm
	牛腿面板平面倾斜度 β		≤2
	套筒孔水平位置差 S		±2.0mm
	套筒孔垂直位置差 T_1、T_2		±2.0mm

4.9.3.3　钢锚梁钢牛腿单元件制作总结

在单元件制造过程中,借鉴了以往桥梁的钢锚梁单元制造经验,如钢锚梁腹板长度方向加放 6mm 施工收缩量;锚垫板零件厚度方向双面加工,为锚垫板与锚头部件顶紧传力提供条件;锚孔周边放加工量,保证开孔精度;钢锚梁底板零件和牛腿面板零件厚度放加工量,分别为 6mm、4mm,并在单元件报检合格后加工,保证滑动面的滑动性能;单元件划线从中间向两边划线,减少误差。同时,根据本桥钢锚梁的结构特点,制定了一些特殊的单元件制造工艺,如将两个钢牛腿单元件背靠背进行焊接,可有效减少焊接变形。在焊接牛腿承力板与牛腿面板的焊缝时,采用立焊的工位进行焊接比采用平位焊接更能减少变形。钢锚梁单梁制造时,钢锚梁上两个单梁固定在一起装焊,有效控制了单梁的整体变形。

4.9.3.4 厚板熔透角焊缝质量控制措施

钢锚梁构件小,焊缝多,板件厚。制造的核心是控制焊接变形和焊接残余应力,以保证精度,对此专门制定了厚板熔透角焊缝质量控制措施:

(1)焊前严格按照焊接工艺评定试验评定的预热温度进行预热。预热可使用火焰或电磁加热片进行,优先使用电磁加热片。

(2)采用热输入集中的CO_2气体保护焊焊接,采用多层多道焊,每道焊缝不得过宽,使用较小的焊接规范,减少每一焊道的熔敷金属填充量,提高焊缝韧性与塑性。盖面焊道减少焊接电流,改善焊缝外观成形。

(3)厚板熔透角接接头,选用双面不对称K型坡口,交替焊接,控制焊接变形。

(4)厚板焊接时应连续作业,要求保持层间温度不低于预热温度,若焊接有中断时,应采用石棉布进行保温,让焊接接头缓慢冷却,再次焊接时必须重新预热,预热温度要求稍高于先前预热温度,以避免出现裂纹。

(5)每焊接完一段焊缝后,在清理焊渣及飞溅时,顺便对焊缝进行锤击处理,以便消除部分焊接内应力。要求采用小锤进行捶击。接头焊接完工后,随即采用石棉布进行保温,让焊接接头缓慢冷却。待焊缝缓慢冷却至室温后,将焊缝焊趾处打磨匀顺,并进行超声波锤击消应处理,提高疲劳性能。

厚板熔透角焊缝焊接工艺如图3-4-59所示。

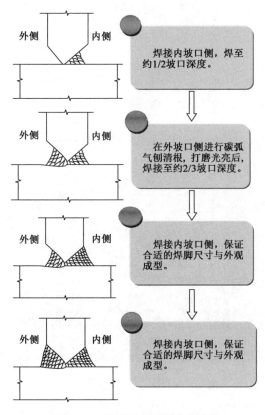

图3-4-59 厚板熔透角焊缝焊接工艺

4.9.3.5 钢锚梁钢牛腿匹配预拼装

钢锚梁钢牛腿先在平胎架上进行单套的拼装,再在专用胎架上进行"1+1"或"2+1"立体预拼装,检查牛腿面高程、索导管位置角度、塔壁板匹配性等参数,装焊上下节塔壁板间连接件。钢锚梁"2+1"匹配拼装如图3-4-60所示。

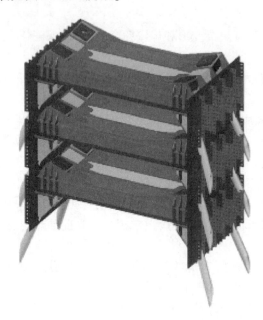

图3-4-60 钢锚梁"2+1"匹配拼装图

施工控制措施总结:在地标制作时主要控制钢锚梁纵、横向中心线;牛腿壁板内表面、塔壁外表面预拼时保证所有钢锚梁纵、横向中心线重合;控制拉索轴线满足设计要求。

4.9.3.6 钢锚梁、钢牛腿工地施工

(1)钢锚梁、钢牛腿通过汽车将构件运输至工地指定地点,装车时注意构件的摆放及捆扎,控制运输过程中的构件变形和保证构件的运输安全。钢锚梁运输如图3-4-61所示。

图3-4-61 钢锚梁运输图

(2)在工地指定位置制作拼装胎架,依次定位钢锚梁(图3-4-62)、钢牛腿(图3-4-63、图3-4-64),还原内场的拼装状态。连接件安装如图3-4-65所示。

图 3-4-62　钢锚梁定位安装图

图 3-4-63　一侧钢牛腿定位安装图

图 3-4-64　另一侧钢牛腿定位安装图

图 3-4-65　连接件安装图

(3)钢牛腿通过连接件整体吊装至指定位置(图3-4-66),钢锚梁吊装至指定位置(图3-4-67)。

(4)按照施工指令施拧高强螺栓。

图 3-4-66　钢牛腿吊装图

图 3-4-67　钢锚梁吊装图

5 钢箱梁施工技术

5.1 总体思路、制造重点及措施

1)总体思路

针对石首长江公路大桥钢箱梁的构造特点,钢箱梁制作分为单元件制作、梁段组装及预拼装、钢箱梁工地安装三个阶段,其中钢箱梁厂内制作分为以下四个工艺阶段:

(1)零件下料与机加工;
(2)单元件装焊制造与矫正;
(3)梁段匹配总成装配与焊接;
(4)钢箱梁附属结构安装作业。

零件下料、加工及单元件制作均在各自的专业生产流水线上进行。梁段组装则根据内厂场地配置,在11跨、12跨进行总装。总成胎架的制作考虑成桥纵向线型的影响,均以底板胎为基准面,横隔板为内胎,辅以适当的端口控制措施,保证梁段组装质量。

根据钢箱梁结构形式和受力特点对单元件进行划分。其中钢箱梁面板划分为12块面板单元件,底板划分为6(11)块底板单元件,其余单元件分为横隔板单元件、腹板单元件、风嘴立体单元件等。

2)制造重点

(1)梁段组装预拼线形;
(2)斜拉索锚固构造的制造、安装;
(3)相邻梁段端口与U形肋组装的一致性;
(4)相邻梁段端口面板U形肋制孔、安装;
(5)梁段端口外形尺寸;
(6)梁段组装焊接质量。

3)工艺保证措施

(1)制定合理的焊接工艺,减少结构变形造成的误差;
(2)推广应用先进的焊接方法,保证钢箱梁的焊接质量;
(3)设计合理的胎架和工装,保证结构尺寸的一致性;
(4)制定合理的装配工艺,保证结构的安装精度;
(5)制定准确的机加工工艺,确保栓接孔群间的精度。

5.2 焊接工艺评定试验

5.2.1 试验项目

1)工艺评定试验项目的确定

根据设计图纸、《公路桥涵施工技术规范》(JTG/T F50—2011)、《铁路钢桥制造规范》(Q/CR

9211—2015)及相关技术文件说明中的有关规定,并结合工厂实际情况,确定焊接工艺评定试验项目共29项。其中拼板接料1项,采用埋弧自动焊;对接焊缝8项;熔透角接焊缝10项;坡口角焊缝7项;T型贴角角焊缝3项。钢主梁焊接工艺评定项目在对应产品中的分布示意如图3-5-1所示。

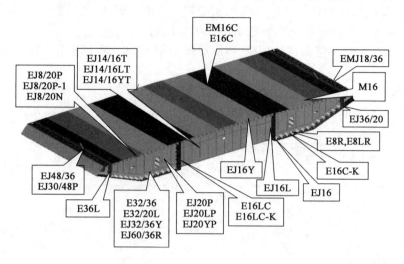

图3-5-1　钢主梁焊接工艺评定项目在对应产品中的分布示意图

焊接工艺评定试验项目汇总见表3-5-1。

焊接工艺评定试验项目汇总表　　　　　　　　　　表3-5-1

试件形式	试验项目	试样数量	试验方法
对接接头	焊接接头的拉伸试验	1件	《焊接接头机械性能试验方法》（GB 2650～GB 2654）、《钢的低倍组织及缺陷酸蚀试验方法》（GB 226—1991）
	焊缝金属的拉伸试验	1件	
	焊接接头的侧弯试验	1件	
	焊缝及热影响区的低温冲击试验	各3件	
	焊接接头的硬度试验	1件	
	焊接接头的宏观断面酸蚀试验	1件	
熔透角接接头	焊缝金属拉伸试验	1件	
	低温冲击试验(符合取样条件)	6件	
熔透角接接头	接头硬度试验	1件	
	焊接接头的宏观断面酸蚀试验	1件	
十字接头	焊缝金属拉伸试验	1件	
	接头拉伸试验	1件	
	低温冲击试验(符合取样条件)	6件	
	接头硬度试验	1件	
	焊接接头的宏观断面酸蚀试验	1件	
T型接头	焊缝金属的拉伸试验(符合取样条件)	1件	
	焊接接头的硬度试验	1件	
	焊接接头的宏观断面酸蚀试验	1件	

注:1. 弯曲角α=180°,当试板板厚为10mm及以下时,可以用正、反弯各一个代替侧弯。
　　2. 缺口开在焊缝中心及熔合线外1mm处各3件。
　　3. 主桥钢箱梁三类接头须增加试板母材拉伸试验1件。

2)焊接材料及设备

焊接工艺评定试验采用与母材同材质的Q345qD、Q345qD-Z25。焊接工艺评定试验项目包括10种不同板厚的钢板,分别为8mm、14mm、16mm、18mm、20mm、30mm、32mm、36mm、48mm、65mm。

对于埋弧自动焊,采用埋弧焊丝H10Mn2(ϕ4.0),烧结焊剂SJ101q。对于CO_2气体保护焊、对接焊缝打底焊及定位焊采用实心焊丝ER50-6(ϕ1.2)。立位焊、横位焊、仰位焊采用药芯焊丝E501T-1(ϕ1.2)。钢箱梁面板U肋单元件焊接内侧采用实心焊丝ER50-6(ϕ1.2)、外侧采用金属粉芯E500T-1(ϕ1.4),底板U肋单元件焊接采用金属粉芯E500T-1(ϕ1.4)。

埋弧焊机采用MZ-1250型埋弧自动焊机,CO_2焊机采用KRⅡ350焊机和XD600G焊机。

3) 对接焊缝

(1) 对接焊缝坡口尺寸、焊接方法及适用部位

对接试板共9组,试板材质、接头板厚组合、坡口尺寸、焊接方法、焊接材料及适用部位见表3-5-2。

对接焊缝焊接工艺评定项目　　　　　表3-5-2

序号	评定项目	接头形式(mm)	试板材质	焊接材料牌号及规格	焊接方法	适用部位	备注
1	M16		Q345qD	H10Mn2,ϕ4.0,SJ101q	双面埋弧自动焊	δ12～24mm拼板焊缝	清根
2	E16C		Q345qD	E501T-1,ϕ1.2	CO_2气体保护焊	工地底板对接焊缝、加劲嵌补平对接焊缝	陶质衬垫
3	EM16C		Q345qD	ER50-6,ϕ1.2,H10Mn2,ϕ4.0,SJ101q	CO_2气体保护焊打底,埋弧自动焊填充盖面	面、底板纵向对接焊缝,工地面板对接焊缝	陶质衬垫
4	E16LC		Q345qD	E501T-1,ϕ1.2	CO_2气体保护焊	内腹板立对接焊缝、加劲嵌补立对接焊缝	陶质衬垫
5	E36L		Q345qD-Z25	E501T-1,ϕ1.2	CO_2气体保护焊	外腹板立对接焊缝	外侧清根
6	E16C-K		Q345qD	E501T-1,ϕ1.2	CO_2气体保护焊	工地可能出现的大间隙平对接焊缝	陶质衬垫

续上表

序号	评定项目	接头形式（mm）	试板材质	焊接材料牌号及规格	焊接方法	适用部位	备注
7	E16LC-K	50°，16，30	Q345qD	E501T-1, ϕ1.2	CO_2气体保护焊	工地可能出现的大间隙立对接焊缝	陶质衬垫
8	E8R	50°，8，60	Q345qD	E501T-1, ϕ1.2	CO_2气体保护焊	底板U肋工地嵌补对接焊缝	钢衬垫
9	E8LR	30°，8，6	Q345qD	E501T-1, ϕ1.2	CO_2气体保护焊	底板U肋工地嵌补立对接焊缝	钢衬垫

注：E-CO_2气体保护焊，M-埋弧自动焊，L-立位焊，C-陶质衬垫，R-钢衬垫，K-宽间隙。

（2）对接焊缝的焊后检测

对接焊缝焊后冷却至环境温度进行外观质量检测。焊后24h外观检测合格后按照焊缝长度100%进行超声波检测，B级检验，Ⅰ级合格。

（3）对接焊缝试验

对对接焊缝分别进行焊缝金属拉伸、接头拉伸、侧弯、低温冲击、断面酸蚀及接头硬度等力学性能试验。

4）熔透角焊缝

（1）熔透角焊缝坡口尺寸、焊接方法及适用部位

熔透角接试板10组，试板材质、接头板厚组合、坡口尺寸、焊接方法、焊接材料及适用部位见表3-5-3。

熔透角焊缝工艺评定项目 表3-5-3

序号	评定项目	接头形式（mm）	试板材质	焊接材料牌号及规格	焊接方法	适用部位	备注
10	EJ16	16，45°，清根侧，2，16	Q345qD	E501T-1, ϕ1.2	CO_2气体保护焊	内腹板和底板熔透角焊缝	清根
11	EJ16L	16，45°，清根侧，2，16	Q345qD	E501T-1, ϕ1.2	CO_2气体保护焊	横隔板与腹板熔透立角焊缝	清根

续上表

序号	评定项目	接头形式（mm）	试板材质	焊接材料牌号及规格	焊接方法	适用部位	备注
12	EJ16Y		Q345qD	E501T-1,ϕ1.2	CO_2气体保护焊	内腹板和面板熔透仰角焊缝	清根
13	EJ36/20		Q345qD Q345qD-Z25	E501T-1,ϕ1.2	CO_2气体保护焊	外腹板和底板熔透角焊缝	清根
14	EMJ18/36C		Q345qD Q345qD-Z25	ER50-6,ϕ1.2, H10Mn2,ϕ4.0, SJ101q	CO_2气体保护焊	面板和外腹板熔透角焊缝	陶质衬垫
15	EJ32/36		Q345qD	E501T-1,ϕ1.2	CO_2气体保护焊	箱梁内阻尼支座加劲与底板熔透角焊缝、匝道腹板和底板熔透角焊缝	清根
16	EJ32/20L		Q345qD	E501T-1,ϕ1.2	CO_2气体保护焊	箱梁内阻尼支座加劲与腹板熔透角焊缝、匝道支座加劲和横隔板熔透立角焊缝	清根
17	EJ48/36		Q345qD Q345qD-Z25	E501T-1,ϕ1.2	CO_2气体保护焊	钢箱梁锚箱拉板、承压板和箱梁外腹板熔透角焊缝	清根

续上表

序号	评定项目	接头形式（mm）	试板材质	焊接材料牌号及规格	焊接方法	适用部位	备注
18	EJ60/36R	（钢衬垫，65，40°，36，8）	Q345qD Q345qD-Z25	E501T-1,ϕ1.2	CO_2气体保护焊	索塔阻尼器支座腹板与支座底板、箱梁底板熔透角焊缝	钢衬垫
19	EJ32/36S	（32，20，45°，50°，Z25，36，2，清根侧）	Q345qD Q345qD-Z25	E501T-1,ϕ1.2	CO_2气体保护焊	隔板与腹板间十字接头焊缝	清根

注：E-CO_2气体保护焊，M-埋弧自动焊，J-角接，L-立位焊，Y-仰位焊，C-陶质衬垫，R-钢衬垫，S-十字焊缝。

(2) 熔透角焊缝焊接检验

熔透角焊缝焊后冷却至环境温度进行外观质量检测；焊后 24h 外观检测合格后按照焊缝长度 100%进行超声波检测，B级检验，Ⅰ级合格。

(3) 熔透角焊缝试验

对试件分别进行了焊缝金属拉伸、低温冲击（符合取样条件时）、断面酸蚀、接头硬度等力学性能试验。

5) 坡口角焊缝

(1) 坡口角焊缝坡口尺寸、焊接方法及适用部位

坡口角焊缝试板共 7 组，试板材质、接头板厚组合、坡口尺寸、焊接方法焊接材料及适用部位见表 3-5-4。

坡口角焊缝工艺评定项目　　　　　　　　　　　　　　　　　　表 3-5-4

序号	评定项目	接头形式（mm）	试板材质	焊接材料牌号及规格	焊接方法	适用部位	备注
20	EJ20P	（20，45°，45°，2，9，20）	Q345qD	E501T-1,ϕ1.2	CO_2气体保护焊	板肋单元件角焊缝、横隔板与底板角焊缝、竖向支座连接架加劲与底板角焊缝、锚拉板加劲角焊缝	80%熔透
21	EJ20LP	（20，45°，45°，2，9，20）	Q345qD	E501T-1,ϕ1.2	CO_2气体保护焊	竖向支座连接架加劲之间部分熔透角焊缝	80%熔透

续上表

序号	评定项目	接头形式(mm)	试板材质	焊接材料牌号及规格	焊接方法	适用部位	备注
22	EJ20YP	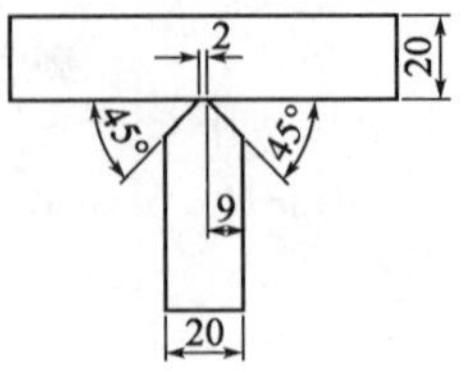	Q345qD	E501T-1,φ1.2	CO_2气体保护焊	横隔板与面板部分熔透角焊缝、竖向支座连接架加劲之间部分熔透角焊缝	80%熔透
23	EJ30/48P	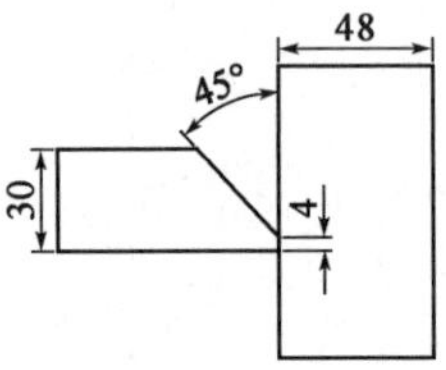	Q345qD	E501T-1,φ1.2	CO_2气体保护焊	锚箱内腹板与锚拉板、承压板单面坡口部分熔透角焊缝	80%熔透
24	EJ8/20P	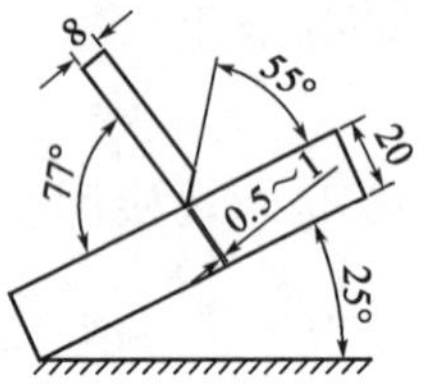	Q345qD	E501T-1,φ1.2	CO_2气体保护焊	底板U肋坡口角焊缝	亚船位焊,熔深≥U肋板厚80%
25	EJ8/20P-1	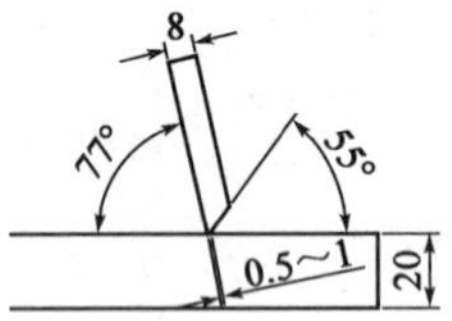	Q345qD	E501T-1,φ1.2	CO_2气体保护焊	底板U肋嵌补角焊缝	80%熔透
26	EJ8/20NP	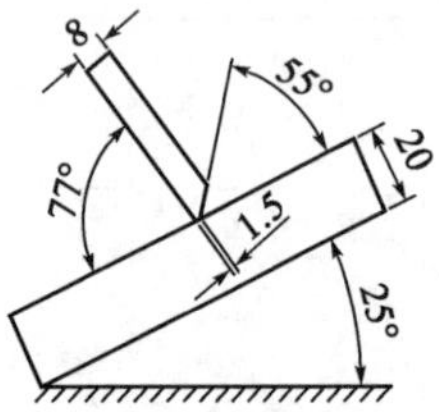	Q345qD	E501T-1,φ1.2	CO_2气体保护焊	面板U肋坡口角焊缝	内焊机平焊,悬臂自动亚船位焊,熔深≥U肋板厚80%

注：E-CO_2气体保护焊,J-角接,L-立位焊,Y-仰位焊,P-部分熔透,N-内侧焊接。

（2）坡口角焊缝焊接检验

坡口角焊缝焊后冷却至环境温度进行外观质量检测。焊后24h外观检测合格后按照焊缝长度100%进行超声波检测,B级检验,Ⅱ级合格。其中,U肋坡口角焊缝按焊缝长度100%进行磁粉检测,2X级合格。

（3）坡口角焊缝试验

对试件分别进行了焊缝金属拉伸、断面酸蚀、接头硬度等力学性能试验。

6）贴角焊缝

（1）贴角焊缝的焊接方法及适用部位

贴角焊缝焊接试板共 3 组,试板材质、接头板厚组合、坡口尺寸、焊接方法、焊接材料及适用部位见表 3-5-5。

贴角焊缝工艺评定项目　　　　　　　　　　　　　表 3-5-5

序号	评定项目	接头形式(mm)	试板材质	焊接材料牌号及规格	焊接方法	适用部位	备注
27	EJ14/16T		Q345qD	E501T-1,ϕ1.2	CO_2 气体保护焊	$K=6\sim12$ 平贴角焊缝,包括防撞护栏角焊缝	无熔透要求贴角焊缝
28	EJ14/16LT		Q345qD	E501T-1,ϕ1.2	CO_2 气体保护焊	$K=6\sim12$ 立贴角焊缝,包括防撞护栏角焊缝	无熔透要求贴角焊缝
29	EJ14/16YT		Q345qD	E501T-1,ϕ1.2	CO_2 气体保护焊	$K=6\sim12$ 仰贴角焊缝	无熔透要求贴角焊缝

注:E-CO_2 气体保护焊,J-角接接头,L-立焊,Y-仰焊,T-贴角焊。

(2) 贴角焊缝焊接检验

贴角焊缝焊后冷却至环境温度进行外观质量检测;焊后 24h 且外观检测合格后,对焊缝进行 100% 磁粉探伤。

(3) 贴角焊缝试验

对试件分别进行了断面酸蚀、接头硬度等力学性能试验。

5.2.2　试验结果评定

1) 评定标准

(1) 拉伸试验(屈服强度、抗拉强度及延伸率)不低于母材标准值,且屈服强度及抗拉强度超强不超过母材实际强度的 25%;当试验结果低于母材标准值时,允许从同一试件上再取一个试样重新试验,若试验结果不低于母材标准值,则判为合格,否则,判为不合格。

(2) 接头弯曲试验结束后,试样受拉面上没有裂纹,或仅在棱角处有撕裂且裂纹长度不大于 3mm,

判为合格;当试验结果未满足上述要求时,允许从同一试件上再取一个试样重新试验,若试验结果满足上述要求,则可以判为合格,否则,判为不合格。

(3)各种钢材焊接接头的冲击吸收功应不低于母材标准规定值:本工程主桥焊评设计材质Q345qD规定值在-20℃为47J。在规定低温冲击试验的每一组(3个)试样试验结果的平均值不低于母材,且任一试验结果不低于0.7倍规定值时,判为合格;当试验结果未满足上述要求时,则从同一试件上再取一组(3个)附加试样重新试验,若总计6个试验结果的平均值不低于规定值,且低于规定值的试验结果不多于3个(其中,不得有2个以上的试验结果低于0.7倍规定值,也不得有任一试验结果低于0.5倍规定值),则可以判为合格,否则,判为不合格。

(4)接头硬度以不大于HV380为合格,否则,判为不合格。

(5)不同材质焊接接头的拉伸、冲击、弯曲等力学性能应按性能要求较低的材质标准进行评定。

2)评定结论

(1)根据设计图纸和相关标准规范整理确定的焊接工艺评定项目涵盖了所有焊接接头形式。

(2)各焊接工艺评定试验项目的焊缝接头无损检验、焊缝金属屈服强度、焊缝金属及接头抗拉强度、焊缝金属延伸率、焊缝及热影响区冲击韧性、接头各区硬度及宏观断面酸蚀金相完全满足相应技术规范及设计要求。

5.2.3 钢箱梁面板U肋双面熔透焊接技术

为研究确认钢箱梁面板单元件U肋角焊缝熔深情况,在板单元件生产线开展面板U肋焊接试验。

5.2.3.1 试验方案

焊接试验方案见表3-5-6。

试 验 方 案 表　　　　　　　表3-5-6

序号	坡口形式(mm)	焊缝成型	道次	焊材	焊接方法	焊接位置
1			1	ER50-6,φ1.2	实心焊丝富氩气体保护焊	内焊机平位
			1′	E500T-1,φ1.4	金属粉芯焊丝CO_2气体保护焊	龙门焊机船位
			2′	E500T-1,φ1.4	金属粉芯焊丝CO_2气体保护焊	龙门焊机船位
2			1	ER50-6,φ1.2	实心焊丝富氩气体保护焊	内焊机平位
			1′	E500T-1,φ1.4	金属粉芯焊丝CO_2气体保护焊	龙门焊机船位
			2′	E500T-1,φ1.4	金属粉芯焊丝CO_2气体保护焊	龙门焊机船位

5.2.3.2 试板准备

(1)试板采用本项目钢板下料,尺寸如下:

①试板规格:16mm×2100mm×3000mm。数量1件,材质为Q345qD。

②U肋规格:8mm×768mm×3000m。数量3件,材质为Q345qD,坡口如图3-5-2、图3-5-3所示。

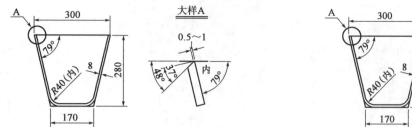
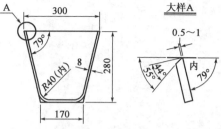

图3-5-2　U1(37°坡口)(尺寸单位:mm)　　　　　　　图3-5-3　U2/3(44°坡口)(尺寸单位:mm)

(2)装配形式如图3-5-4所示。打磨、装配如图3-5-5所示。

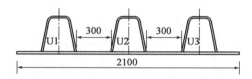

图3-5-4　装配形式图(尺寸单位:mm)

图3-5-5　打磨、装配

5.2.3.3　施焊过程

(1)道次1内焊:采用U肋内焊机平位实心焊丝富氩气体保护焊。内焊成型如图3-5-6所示。

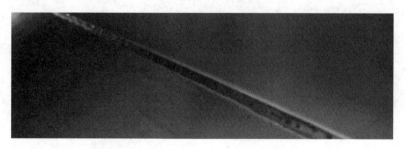

图3-5-6　内焊成型

(2)道次1′外焊打底:采用U肋龙门焊机船位金属粉芯焊丝CO_2气体保护焊。
(3)道次2′外焊盖面:采用U肋龙门焊机船位金属粉芯焊丝CO_2气体保护焊。
外焊过程如图3-5-7所示。

图 3-5-7　外焊过程

5.2.3.4　焊后检测

焊后 24h,对 U 肋内外角焊缝全长进行相控阵超声波检测及磁粉检测 2 X 级检测。无损检测如图 3-5-8 所示。

图 3-5-8　无损检测

5.2.3.5　宏观断面酸蚀金相加工

随机选取 U1 上 15 个检测点及 U2/U3 上 21 个检测点加工金相,进行宏观断面酸蚀试验共 36 件。试件切割、制备、宏观断面酸蚀金相制作如图 3-5-9 所示。

图 3-5-9　试块切割、制备、宏观断面酸蚀金相制作

5.2.3.6　金相熔透情况及金相图

37°坡口 U 肋金相图共 15 件试块,其中未熔透 10 件(括号后为未焊透尺寸),全熔透 5 件,如图 3-5-10、图 3-5-11 所示。44°坡口 U 肋金相图共 21 件试块,其中未熔透 1 件(括号后为未焊透尺寸),全熔透 20 件,如图 3-5-12、图 3-5-13 所示。

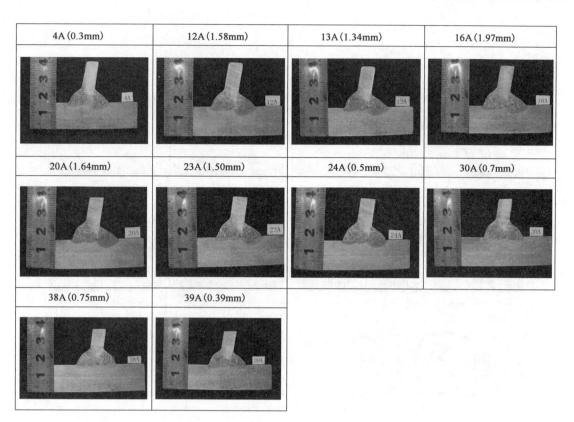

图 3-5-10　37°坡口 U 肋金相图（未熔透）

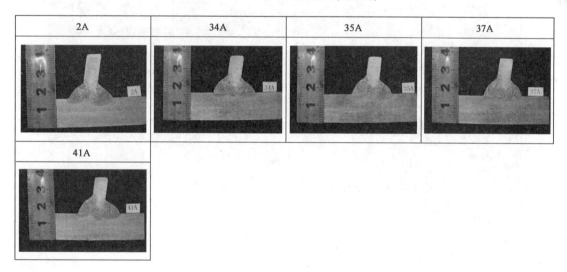

图 3-5-11　37°坡口 U 肋金相图（全熔透）

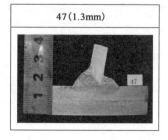

图 3-5-12　44°坡口 U 肋金相图（未熔透）

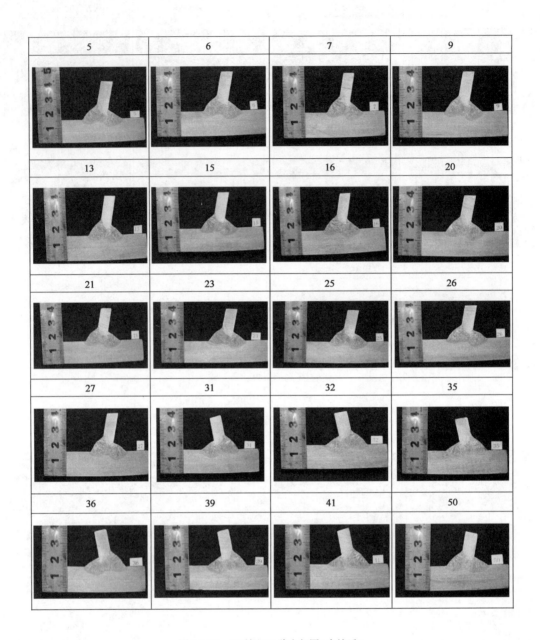

图 3-5-13 44°坡口 U 肋金相图(全熔透)

5.2.3.7 金相试验结果

(1)37°坡口 U 肋金相共 15 个检测点,5 个检测点达到全熔透,剩余 10 个点未熔透。
(2)44°坡口 U 肋金相共 21 个检测点,20 个检测点达到全熔透,剩余 1 个点未熔透。
(3)相控阵检测结果与金相实际熔透情况存在一定的差异。

5.2.3.8 力学试验结果

1)接头硬度试验

选取 44°坡口 U 肋 37 号试块进行硬度试验,结果见表 3-5-7(HV≤380)。接头硬度试验如图 3-5-14 所示。

硬度试验结果　　　　表 3-5-7

位　置	母　材	热影响区	焊　缝	热影响区	母　材
内焊侧	175,173,171	183,197,177	215,230,227	213,196,186	155,160,160
外焊侧	172,172,169	187,191,182	197,210,216	185,187,187	166,160,163

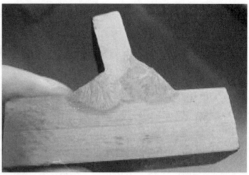

图 3-5-14　接头硬度试验

2）焊缝金属拉伸试验

在 44°坡口 U 肋角焊缝纵向截取试样，试验平行长度全部由焊缝金属组成，对试样进行拉伸试验，结果见表 3-5-8。焊缝金属拉伸试验如图 3-5-15 所示。

拉伸试验结果　　　　表 3-5-8

拉伸强度	Rel（N/mm²）	Rm（N/mm²）	A(%)
母材标准	≥345	≥490	≥20
母材实际值×125%	<490	<655	—
焊缝拉伸	482	595	22

图 3-5-15　焊缝金属拉伸试验

5.2.3.9 小结

(1)相控阵检验人员、设备、操作手法均可能对检测数据存在一定影响,不能较为准确地反映焊缝接头实际熔透情况。

(2)在相同的焊接工艺下,37°坡口 U 肋焊缝接头金相结果,与44°坡口 U 肋金相熔透情况相比,进一步验证面板 U 肋采用44°坡口的合理性。

(3)试验板单元的焊缝接头无损检验、焊缝金属屈服强度、焊缝金属抗拉强度、焊缝金属延伸率、接头各区硬度完全满足相应技术规范及设计要求。

(4)44°坡口 U 肋焊接与产品面板单元件44°坡口 U 肋焊接采用相同的焊接工艺,符合焊接工艺评定指导规范,施工人员、材料、设备、环境均未变动,试验板焊缝接头金相全熔透情况可反映产品实际焊缝质量。

5.3 钢箱梁零件下料及加工

5.3.1 钢板校平及预处理

所有钢材经复验合格后才能投入预处理工序。

(1)钢板矫平

钢板在下料前,根据不同的板厚采用矫平机进行矫平以保证钢板平面度,消除钢板轧制内应力。

(2)钢材预处理

钢板、各种型材在钢材预处理流水线上完成抛丸处理和喷涂车间底漆工作,喷涂车间底漆一道;表面除锈达到《涂覆涂料前钢材表面处理 表面清洁度的目视评定》(GB 8923)标准规定的 Sa2.5 级,钢材表面粗糙度达到 $Rz = 40 \sim 60 \mu m$,干膜厚度 $20 \sim 25 \mu m$。

5.3.2 放样

(1)采用计算机三维放样技术,用计算机辅助设计建立钢箱梁的三维模型,对钢箱梁各构件进行准确放样,绘制各构件零件详图,作为绘制下料套料图及数控编程的依据。

(2)经计算机辅助放样处理,获得零件下料的精确理论尺寸,再根据接头加工要求和焊接收缩量确定下料加工的工艺尺寸:

$$下料工艺尺寸 = 理论尺寸 + 焊接收缩量 + 加工余量$$

(3)放样流程如图3-5-16所示。

①工艺性分析:单元件划分,焊接坡口设计。

②补偿量确定依据:焊接工艺性试验,零件加工要求。

③成组分析内容:零件下料方式,零件加工方式,单元件对零件的需求,构件对单元件的需求。

④材料利用率分析:数控下料零件由数控编程软件自行分析,非数控下料零件以计算机放样面积比例为判断依据。

(4)放样和样板(样杆)的允许偏差见表3-5-9。

放样和样板(样杆)的允许偏差　　　　表3-5-9

序　号	项　目	允许偏差
1	两相邻孔中心线距离	±0.5mm
2	对角线、两极边孔中心距离	±1.0mm

续上表

序　号	项　目	允　许　偏　差
3	孔中心与孔群中心线的横向距离	0.5mm
4	宽度、长度	+0.5mm，-1.0mm
5	曲线样板上任意点偏离	1.0mm

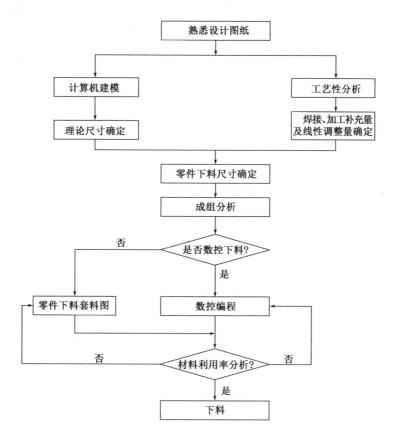

图 3-5-16　放样流程图

5.3.3　下料

（1）号料前核对钢板的牌号、规格，检查表面质量，再进行号料。

（2）号料严格按工艺套料图进行，保证钢材轧制方向与构件受力方向一致。钢板及大型零件的起吊转运采用磁力吊具，保证钢板及下料后零件的平整度。

（3）钢板采用等离子或火焰切割，零件下料采门式自动多头切割机、激光切割机、半自动切割机等进行精密切割，切口表面粗糙度达到 $Ra=25\mu m$。切割面硬度不得超过 HV350。

（4）焊缝坡口在此阶段采用机械加工和切割加工。

（5）对零件自由边经半自动打磨机进行倒角、打磨处理，确保外观质量达到美观要求和满足涂装工艺要求。

（6）精密切割零件边缘允许偏差≤1.0mm，次要零件允许偏差≤2.0mm。

精密切割表面质量，自动、半自动手工切割边缘表面质量按表 3-5-10、表 3-5-11 的要求执行。

精密切割边缘表面质量要求　　　　　　　　　　　　　　　　　　　　表 3-5-10

项目等级	主要零部件	次要零部件	附　注
表面粗糙度	25μm	50μm	《产品几何技术规范(GPS)表面结构 轮廓法　表面粗糙度参数及其数值》(GB/T 1031—2009)用样板检测
崩坑	不允许	1m 长度内,允许有一处 1mm	超限修补,按焊接修补规定处理
塌角	\multicolumn{2}{}{圆角半径≤0.5mm}	
切割面垂直度	\multicolumn{2}{}{≤0.05t 且不大于 2.0mm}	t 为钢板厚度

次要构件手工焰切切割边缘表面质量　　　　　　　　　　　　　　　表 3-5-11

类　别	项　目		标准范围(mm)	允许极限(mm)
构件自由边	次要构件	手工气割	0.50	1.00
焊接接缝边	次要构件	手工气割	0.80	1.50

5.3.4　零件加工

(1)横隔板人孔及管线孔加劲圈用三芯辊或油压机加工成型;冷弯曲加工作业均在车间内进行,环境温度不低于 -5℃。

(2)过渡坡口和板边加工采用刨边机加工或火焰切割。

(3)制孔分别用数控钻床或辅助钻孔模板进行加工。

(4)磨光顶紧面均采用铣床加工。

(5)零件刨(铣)加工深度不应小于 2mm,加工面的表面粗糙度 Ra 不得大于 25μm;顶紧加工面与板面垂直度偏差应小于 $0.01t$(t 为板厚),且不得大于 0.3mm。

(6)主要受力零件冷作弯曲时,环境温度不宜低于 -5℃,内侧弯曲半径不得小于板厚的 15 倍,小于者采用热煨,热煨温度控制在 900~1000℃ 之间。弯曲后的零件边缘不得产生裂纹。

(7)刨边边缘的加工允许偏差按表 3-5-12 执行。

刨边偏差　　　　　　　　　　　　　　　　　　　　　　　　　　　表 3-5-12

项　目	偏　差	说　明
零件的长 L、宽 B	±1.0mm	L、B≤2.0m
	±2.0mm	L、B>2.0m
加工边直线度	L/8000 且≤1.5mm	

(8)工艺规定的加工尺寸允许偏差,应能满足构件成品尺寸允许偏差的规定。

5.3.5　U 肋加工制造工艺流程

U 肋加工制造工艺流程如图 3-5-17 所示。

1)制作工艺

U 肋具体制作工艺如图 3-5-18 所示。

2)工艺要点

(1)拉条后,通过矫平机消除钢板应力;

(2)下料后直边和端头进行二次铣边,保证板条尺寸;

(3)采用铣边机开制坡口,确保坡口精度;

(4)栓接 U 肋在折弯前利用钻孔模板开制孔群;

(5)U 肋采用折弯机一次折弯成型;

（6）不同面板厚度对应的 U 肋高度及开口宽度不同，明确不同 U 肋标记标识。

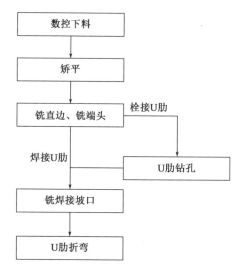

图 3-5-17　U 肋加工制造工艺流程图

a）数控拉条机下料

b）零件铣边加工与坡口加工

c）采用双台连动数控折弯机加工

d）样板检查

图 3-5-18　U 肋制作工艺图

5.3.6　零件矫正

（1）零件矫正前清除下料边缘的毛刺、挂渣。矫正后的钢料表面不应有明显凹痕和其他损伤。

（2）钢板采用九辊和十一辊校平机进行矫平。

（3）零件矫正宜采用冷矫，冷矫正时的环境温度不宜低于 -12℃，矫正后的钢材表面不应有明显的凹痕和其他损伤。

（4）热矫的温度控制在 600～800℃ 之间，矫正后零件随空气缓慢冷却，降至室温以前，不得锤击或用水急冷。

(5) 零件矫正允许偏差符合表3-5-13的要求。

零件矫正允许偏差　　　　　表3-5-13

零件	名称	简图	说明		允许偏差
板材	平面度		每米范围		$f \leqslant 1\text{mm}$
板材	马刀形弯曲		全长范围	$L \leqslant 8000$	$f \leqslant 3\text{mm}$
板材	马刀形弯曲		全长范围	$L > 8000$	$f \leqslant 4\text{mm}$
型钢	直线度		每米范围		$f \leqslant 0.5\text{mm}$
型钢	角钢肢垂直度		全长范围		$\Delta \leqslant 0.5\text{mm}$
型钢	角肢平面度		连接部位		$\Delta \leqslant 0.5\text{mm}$
型钢	角肢平面度		其余部位		$\Delta \leqslant 1.0\text{mm}$
U形肋	U形肋尺寸		A		$-1, +2\text{mm}$
U形肋	U形肋尺寸		B		$\pm 1\text{mm}$
U形肋	U形肋尺寸		H		$-1\text{mm}, +2\text{mm}$
U形肋	U形肋尺寸		四角不平度		$\leqslant 3\text{mm}$
U形肋	U形肋尺寸		两肢高差 Δ		$\leqslant 1.5\text{mm}$
U形肋	U形肋尺寸		长度 L		$\pm 2.0\text{mm}$
U形肋	U形肋尺寸		纵向弯曲度 f_L		$1/2000$ 且 $\leqslant 5.0\text{mm}$
U形肋	U形肋尺寸		横向弯曲度 f_T		$1/4000$ 且 $\leqslant 2.5\text{mm}$
U形肋	U形肋尺寸		扭转 δ		3.0mm

5.4　钢箱梁单元件制造

5.4.1　面底板单元件制造

面、底板单元件为板零件+U肋结构或扁钢加劲结构，面板单元件工艺流程为：

(1) 检查来料(零件号、外形尺寸、对角线、坡口、材质及炉批号)。

(2) 通过钢带或卷尺划制U肋I肋定位线，横隔板定位线；焊缝位置打磨除锈。

(3) U形肋装配在液压U形肋装配机上进行无马装配。将底板吊上U形肋装配机装配平台上，用定位装置自动对中固定，摆放U形肋，并将端头对齐。U形肋装配机从U形肋一端向另一端进行装配。

(4) 面板U肋单元件内焊在专用胎架上进行，采用全自动、在线视频监控U肋内焊设备焊接，同时焊接6条U肋内侧焊缝。

(5) U肋板单元件外焊在专用亚船形转胎上进行，预制反变形，采用带自动跟踪定位功能的六头龙门U肋板单元焊机对6条焊缝同时进行自动化焊接，焊完U肋一侧焊缝后，胎架翻转焊接另一侧焊缝。

(6) 单元件矫正。检查单元件平面度，如超差采用3000kN液压矫正机冷压矫正，局部采用火焰矫正,矫正温度控制在 600~800℃ 之间,自然冷却,严禁过烧、锤击和水冷。

(7)将单元件吊到专用检验平台上,检查单元件长度、宽度、对角线差、焊接质量和平面度等。合格单元件标记后转入存放。

面板单元件制造工艺如图 3-5-19 所示。

图 3-5-19　面板单元件制造工艺

5.4.2　横隔板单元件制造

横隔板单元结构分为一般整体式横隔板和带前支点部件和翼缘板的钢横梁单元件,结构示意如图 3-5-20、图 3-5-21 所示。

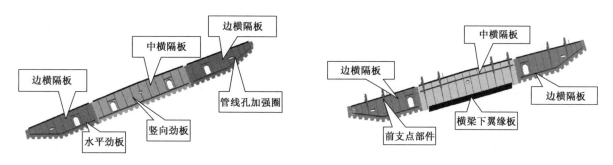

图 3-5-20　横隔板单元件结构示意图　　　　图 3-5-21　钢横梁单元件结构示意图

横隔板单元件制造工艺流程为:
(1)零件在数控切割机上下料。
(2)检查来料(零件号、外形尺寸、对角线、坡口、材质及炉批号)。
(3)划线工作在横隔板专用装焊胎架上进行,胎架周边设有各加劲板位置线标记。采用磁力起重机将板材吊上胎架,调整定位好后,周边用夹具将其与胎架固定,再按各标记点连线绘制加劲肋装配线和单元件定位线、检查线。
(4)在预置反变形量的专用胎架上对线安装横、竖向加劲板,测量装配间隙和垂直度。采用 CO_2 气体保护自动焊从中间向两边对称焊接。
(5)将单元件置于检验、矫正胎架上,检查单元件平面度和板边平直度。变形采用火焰矫正,矫正温度控制在 600~800℃ 之间,自然冷却,严禁过烧、锤击和水冷。
(6)检查单元件长度、宽度、对角线、焊接质量、不平度等,合格单元件进行标识后转入存放。

横隔板单元件制造工艺如图 3-5-22 所示。

图 3-5-22　横隔板单元件制造工艺

钢横梁单元件制造工艺流程为：

(1) 零件在数控切割机上下料。

(2) 检查来料(零件号、外形尺寸、对角线、坡口、材质及炉批号)。

(3) 划线工作在横隔板专用装焊胎架上进行，胎架周边设有各加劲板位置线标记。采用磁力起重机将板材吊上胎架，调整定位好后，周边用夹具将其与胎架固定，再按各标记点连线绘制加劲肋装配线和单元件定位线、检查线。翻面，再按以上方法刻划翻面各劲板，定位线。

(4) 在钢横梁装焊专用胎架上对线安装翼缘板，测量装配间隙和垂直度。采用 CO_2 气体保护自动焊焊接翼缘板与横隔板间的角焊缝，并校正以保证翼缘板与横隔板的垂直度。

(5) 在钢横梁装焊专用胎架上对线正反面安装竖向加劲板与横向加劲板，满足竖向劲板底端与翼缘板磨光顶紧，测量装配间隙和垂直度。采用 CO_2 气体保护自动焊从中间向两边焊接各劲板与横隔板间的角焊缝。

(6) 在横梁装焊专用胎架上对线正反面安装前支点加劲部件，满足前支点加劲部件与翼缘板磨光顶紧，测量装配间隙和垂直度。采用 CO_2 气体保护自动焊焊接前支点加劲部件与横隔板间的角焊缝。

(7) 将单元件置于检验、矫正胎架上，检查单元件平面度和板边平直度。变形采用火焰矫正，矫正温度控制在 600～800℃ 之间，自然冷却，严禁过烧、锤击和水冷。

(8) 检查单元件长度、宽度、对角线、焊接质量、不平度等，合格单元件进行标识后转入存放。

钢横梁单元件制造工艺如图 3-5-23 所示。

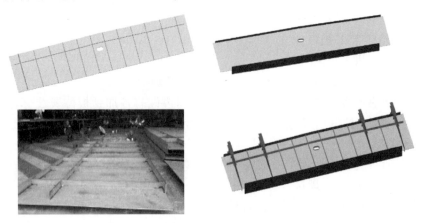

图 3-5-23　钢横梁单元件制造工艺

5.4.3 外腹板单元件制造

外腹板单元件结构示意如图 3-5-24 所示。

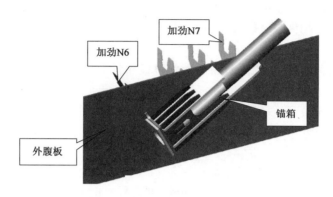

图 3-5-24 外腹板单元件结构示意图

外腹板单元件制造工艺流程为：

(1) 检查来料(零件号、外形尺寸、对角线、坡口、材质及炉批号等)。

(2) 划线工作在专用平台上进行，胎架周边设有各加劲板位置线标记。采用磁力起重机将板材吊上胎架，调整定位好后，周边用夹具将其与胎架固定，再按各标记点连线绘制加劲肋装配线和单元件定位线、检查线。

(3) 对线安装纵肋，注意控制纵肋安装的垂直度。

(4) 单元件置于液压反变形亚船形焊摇摆机上焊接。

(5) 将单元件置于检验、矫正胎架上，检查单元件平面度和板边平直度。变形采用火焰矫正，矫正温度控制在 600~800℃ 之间，自然冷却，严禁过烧、锤击和水冷。

(6) 在平台上按图纸要求划锚箱定位线。严格控制锚点位置以及锚箱构件偏角。

(7) 对线安装锚箱部件，采用 CO_2 气体保护焊进行焊接。检查合格后进行高频振荡冲击消应力处理。

(8) 检查单元件长度、宽度、对角线、焊接质量、不平度等，合格单元件进行标识后转入存放。

外腹板单元制造工艺如图 3-5-25 所示。

图 3-5-25 外腹板单元制造工艺

5.4.4 风嘴立体单元件制造

风嘴立体单元件结构示意如图 3-5-26 所示。

风嘴单元件以面板为基面，在专用胎架上制作，其制造工艺流程为：

(1)检查来料(零件号、外形尺寸、对角线、坡口、材质及炉批号)。

(2)风嘴面板、风嘴腹板、风嘴底板、风嘴隔板单元件的制作(参见顶、底板单元件的制作)。

(3)将风嘴面板单元件定位吊上胎架,按地标定位,并核对单元件上构件位置线与地标吻合情况。

(4)风嘴腹板单元件定位吊上胎架,按地标定位,并核对单元件上构件位置线与地标吻合情况。

(5)严格按斜腹板上的构件安装线安装风嘴横隔板,保证构件装配位置精度及垂直度,并用临时支撑定位,控制端口尺寸。

(6)由中间向两边对称焊接,风嘴隔板与风嘴斜腹板和风嘴面板间的角焊缝,同时由一端向另一端焊接风嘴面板与斜腹板间的角焊缝。

(7)风嘴底板单元件定位吊上胎架,按地标定位。定位好后,焊接风嘴面板与斜腹板间的角焊缝。

(8)检查单元件端口尺寸平面度和直线度;变形采用火焰矫正,矫正温度控制在600~800℃之间,严禁过烧、锤击和水冷。

(9)开制集水槽排水孔。

(10)对单元件进行检查,检查单元件长度、宽度、纵肋位置精度及对角线差,端口角点位置、焊接质量等。合格单元件进行标识后转入存放。

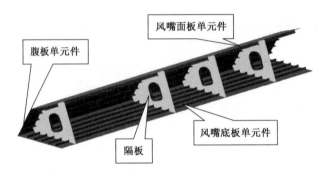

图3-5-26 风嘴立体单元件结构示意图

5.4.5 单元件矫正

1)面、底板单元件矫正

面、底板单元件主要采用机械滚压矫正机进行连续矫正,局部采用火工矫正,使板单元平面度达到要求。面、底板单元件机械矫正如图3-5-27所示。

图3-5-27 面、底板单元件机械矫正

2)横隔板单元矫正

横隔板是整个钢箱梁的支撑体系,对其平面度要求较高,其焊接变形主要为加劲板之间板材的瘦马变形及沿桥宽方向翘曲变形。横隔板单元件的焊接变形主要通过严格控制焊接规范,采用小电流CO_2

气体保护焊,尽量减少焊接线能量;采用对称施焊、分段退焊,严格控制焊接顺序,并将焊接工作分区进行,使焊接热能量分散。设置反变形,在焊接胎架上沿横隔板桥宽方向设置一定量的反变形,以消除翘曲变形。横隔板单元件矫正以火焰矫正为主,板边局部自由边矫正辅以夹码等工装。横隔板单元件矫正如图 3-5-28 所示。

图 3-5-28 横隔板单元件矫正

5.4.6 单元件允许偏差

钢箱梁板单元件允许偏差见表 3-5-14。

钢箱梁板单元矫正允许偏差　　表 3-5-14

序号	名称	项目		允许偏差	示意图	备注
1	面板底板腹板风嘴	长度、宽度		±2mm		—
		对角线差		≤4mm		—
		平面度 Δ	横向	≤S_1/250		S_1 为纵肋间距
			纵向	≤S_2/500		S_2 为横肋间距
		角变形		δ≤b/150		—
		板边直线度		≤3mm		
		板肋垂直度		≤2mm		
2	横隔板	宽度 h_1、h_2		±2mm		
		长度 L		±2mm		
		横向平面度 Δ		≤h_1/250,且≤8mm		
		板边直线度		≤2mm		
		纵向平面度		≤4/4m 范围		
		平面度 Δ		H/250		—

5.4.7 风嘴集水槽复合钢板的应用

风嘴 U 形集水槽采用 321 + Q345qD 复合钢板,两层钢板厚度分别采用 3mm、8mm,集水槽处面板同样采用 321 + Q345qD 复合钢板,两层钢板厚度分别采用 3mm、10mm。风嘴 U 形集水槽如图 3-5-29 所示。

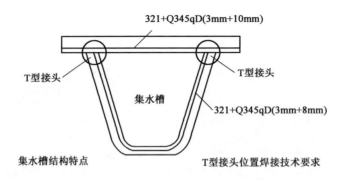

图 3-5-29 风嘴 U 形集水槽

5.4.8 单元件制造小结

在单元件制造过程中,借鉴了以往的钢箱梁桥梁成熟的板单元制造经验,如通过反变形胎架控制变形;面底板单元制造一端留 30mm 余量;面板 U 肋两端均钻孔,拼接板配钻;横隔板周边用夹具将其与胎架固定,减少焊接变形;板单元划线从中间向两边划线,减少误差。同时,根据本桥的结构特点,制定了特殊的单元件制造工艺,如为了减少仰焊,取消了齿形板嵌补件;齿形板装焊时,由于前期 U 肋焊接导致板单元收缩,导致刻划的齿形板定位线可能存在偏差,在齿形板装焊前重新划线进行安装,确保后续与横隔板对接时不错边;为减少人工划线误差以及温差对划线的影响,单元件划线均采用钢带进行划线。

5.5 钢箱梁总成预拼工艺

针对石首长江公路大桥钢箱梁结构特点,结合内厂制作厂地资源及起重设备的配置情况,制定钢箱梁总成制造工艺,主体工艺如下:

(1)钢箱梁制造采用匹配装焊,每轮次匹配制造"4+1"个梁段;
(2)梁段总成前,预先设置板单元件控制地标点与高程样杆;
(3)制作专用组装胎架,并预放钢箱梁总成焊接反变形量;
(4)制定合理的装配顺序与报检停止点,分阶段控制梁段组装焊接质量;
(5)根据钢箱梁主体结构装配顺序,制定主要焊缝焊接时机与焊接顺序,减少焊接变形量。

5.5.1 地标点及定位标识设置

胎架区用全站仪配合,在地面上划出供各单元件定位的(纵、横向)标记线、钢箱梁中心定位线、锚点定位点以及梁段中心线、横隔板定位线等,在各梁段端口地标处做出定位样冲点,在胎架以外的钢柱上设置各单元件的高度定位基准标记线(即高程样杆)。梁段组装过程中,由各基准线控制各单元件和构件的空间位置,以保证钢箱梁整体尺寸精度。

5.5.2 胎架制造

根据钢箱梁梁段的重量、结构形式、外形轮廓、梁段制作预变形及钢箱梁转运等因素进行胎架的设计和制作,胎架结构需有足够的刚度,满足承载钢箱梁及施工荷载的要求,确保不随梁段拼装重量的增加而变形。

石首长江公路大桥钢箱梁总成装焊胎架由立柱、槽钢连接杆件、角钢连接杆件、模板以及三角架组件等栓接而成,长度根据每轮次具体匹配数量进行组合装配设置,首轮为5个梁段,胎架纵长约60m。胎架立柱用膨胀螺栓与地面固定。

胎架制作如图3-5-30所示。

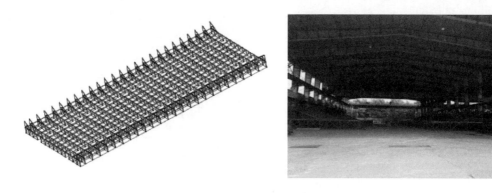

图 3-5-30 胎架制作图

5.5.3 钢箱梁梁段总装工艺流程

(1)底板单元件和斜底板单元件装焊。将底板基准单元件对合地标点定位,再依次定位其余底板单元,并与胎架刚性固定。底板单元件与斜底板单元件如图3-5-31所示。

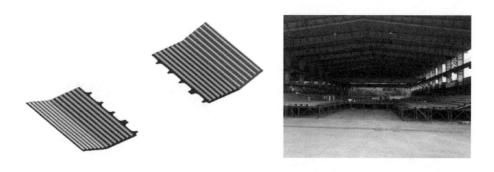

图 3-5-31 底板单元件与斜底板单元件

(2)边箱横隔板单元件定位装焊。两侧底板安装完毕经检验后,安装边箱横隔板单元和角点加劲等构件。

定位要求:各单元件定位时,单元件中心线、单元件横向定位线、检查线等与地标线吻合对齐。在单元件装焊完毕后再复核地标点。

边箱横隔单元件如图3-5-32所示。

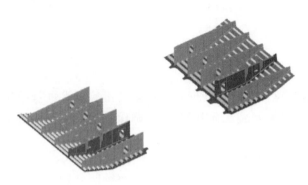

图 3-5-32　边箱横隔单元件

(3)内外腹板单元件定位装焊。将内外腹板单元件依次吊装至横梁两端,注意端口控制线应与相应地标点对齐后焊接相应焊缝。根据地标统一检查底板中心线,以消除累计误差。

内外腹板单元件如图 3-5-33 所示。

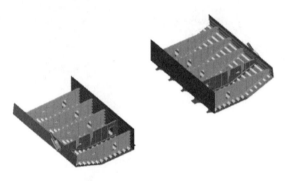

图 3-5-33　内外腹板单元件

外腹板单元件包含有锚箱构件,相对精度要求高,其单元件的垂直、前后位置与地标点的对合度都将严格控制。在外腹板单元件安装定位后,再安装锚箱处边箱内相应的加强构件,此处构件装配到位后方可焊接外腹板单元件与斜底板及横隔板等外的焊缝,并对边箱内部加强件施焊。

(4)中横隔板单元件装焊。两内腹板单元件安装完毕后,即可吊装两边箱的横隔板单元件,吊装时各横隔板单元件的位置应正确(特别是锚箱对应的横隔板),对合底板上预先画好的横隔板定位线装配,装配时严格控制横隔板的高程及垂直度,确保满足相关的精度要求。中横隔板单元件如图 3-5-34 所示。

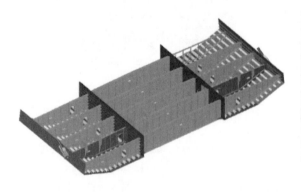

图 3-5-34　中横隔板单元件

(5)基准面板单元件定位装焊。基准面板单元件对合地标点定位,再依次定位其余面板单元。基准面板单元件如图 3-5-35 所示。

图 3-5-35　基准面板单元件

(6)风嘴单元件定位装焊。梁段整体安装到位后,再装焊梁段两侧的风嘴单元件,风嘴单元件的面板与梁段面板单元件以及风嘴单元件的隔板与梁段外腹板单元件对应焊接(风嘴单元件的底板与梁段斜板单元件不焊接)。定位时除与相应的地标点重合外,还应检查面板高度与高度标杆相应标记点的符合性。风嘴单元件如图 3-5-36 所示。

图 3-5-36　风嘴单元件

(7)梁段环缝匹配件装焊和面板 U 肋栓接孔匹配制孔。拼接板采用角度尺进行墨孔并及时记录数据,每个拼接板都有唯一的编号。墨孔完后根据记录数据配钻拼接板的孔。梁段焊接完成后,进行整体完工测量报检,检测梁段长度、宽度、平面度以及焊缝内在质量。利用假轴安装临时连接件。梁段环缝匹配件和面板 U 肋栓接孔如图 3-5-37 所示。

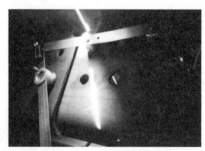

图 3-5-37　梁段环缝匹配件和面板 U 肋栓接孔

(8)标记各检测线、编码(图 3-5-38)后转存放场地。

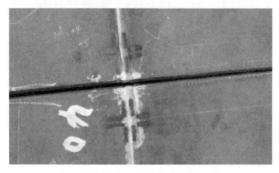

图 3-5-38　测线标记、编码

5.5.4 预拼装胎架及梁段的允许偏差

(1) 预拼装应在节段组装胎架上进行,胎架应有足够的刚度,其基础应有足够的承载力。梁段应处于不受外力的自由状态。胎架制造允许偏差应满足表 3-5-15 的规定。

胎架制造允许偏差　　　　　　　　　　　　　　　表 3-5-15

序　号	项　　目	偏　　差
1	胎架水平度	±1.0mm
2	模板垂直度	≤1.0mm
3	模板型值位置	≤1.0mm
4	地标定位标记	±1.0mm

(2) 每批梁段或钢锚箱制造完成后,应进行预拼装。每批预拼装的钢箱梁梁段数不应少于"4+1"个,按施工控制确定的预拼线形组拼,梁段间预留焊接间隙,相邻节段端面匹配应满足公差要求。预拼装检查合格后,留下最后一段参与下一批次预拼装。

(3) 预拼装检验必须在厂房内或无日照影响的条件下进行,并应有详细的检查记录。

(4) 主桥钢箱梁节段预拼装允许偏差应符合表 3-5-16 的规定。

主桥钢箱梁预拼允许偏差　　　　　　　　　　　　表 3-5-16

序号	项　目	允　许　偏　差	附　　注
1	预拼装长度	$±2n$, ±20mm;取绝对值较小者	n 为梁段数,测最外侧两锚箱间距
2	两相邻吊点纵距	±3.0mm	测锚箱间距
3	预拼装累加长度	±20mm	累加已预拼装梁段的长度
4	面板宽	±8.0mm(6 车道)	拼接处相对差≤2
5	梁段中心线错位	≤1.0mm	梁段中心线与桥轴中心线偏差
6	纵向竖曲线	+10mm, -5mm	沿桥中线测量隔板处高程
7	纵肋直线度	不大于2mm	梁段匹配接口处
8	旁弯	$3m + 0.1L_m$,且任意20m测长内$f<6mm$	测桥面中心线的平面内偏差。L_m 为任意3个预拼装梁段长度,以 m 计
9	板面高低差	≤1.5	梁段匹配接口处安装匹配后

5.5.5 钢箱梁的总成预拼总结

(1) 工艺尺寸总结:石首长江公路大桥首轮总装制造时,半宽加放了10mm的焊接收缩余量,同时,半宽还加放了25mm的反变形量,每个梁段长度方向放了6mm的焊接收缩余量。焊接完后对外形尺寸如梁宽、梁长、梁高以及横坡等所有参数进行检验均满足设计和规范要求。但横坡偏小,后续将反变形提高到30mm。

(2) 施工控制措施总结:在地标制作、横隔板定位时,长度方向均采用钢带进行划线,减少了拉尺划线的误差以及温度变化的影响。由于均采用钢带进行划线,面板单元件定位时,齿形板与横隔板对接无错边。总成预拼时,将余量分2次切割,第一次切割后长度为梁长加焊缝宽度;焊接后再对端口进行修整,保证了梁长和外观质量。

5.6　南塔钢箱梁存梁

桥区每年7—9月为汛期高水位期(水位30m以上),其余月份为枯水期。桥区南边跨及次边跨河床较高(次边跨有50m处于岸滩),枯水期水深无法满足运梁船进场条件,钢箱梁无法直接就位。

根据项目施工进度及工期计划,南边跨近塔区 9 片梁在 2018 年枯水期施工,另外 9 片梁在汛期高水位施工,次边跨在枯水期施工。为保证钢箱梁吊装连续性,需在南边跨 300m 搭设一半存梁支架,南次边跨 100m 全搭设存梁支架,并在汛期高水位时利用浮式起重机提前存梁,确保枯水期钢箱梁正常安装。另外,南塔区 5 片梁需搭设高支架原位存放,作为桥面起重机拼装平台。因此,钢箱梁存梁分三部分:南塔区 5 片梁、南边跨 9 片梁、南次边跨全部 10 片梁。南边跨河床情况如图 3-4-39 所示,南边跨存梁支架如图 3-5-40 所示,南次边跨存梁支架如图 3-5-41 所示。

图 3-4-39 南边跨河床情况

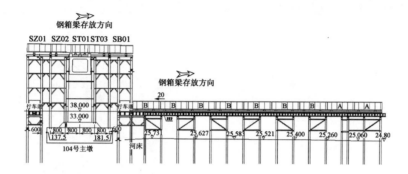

图 3-5-40 南边跨存梁支架(尺寸单位:cm;高程单位:m)

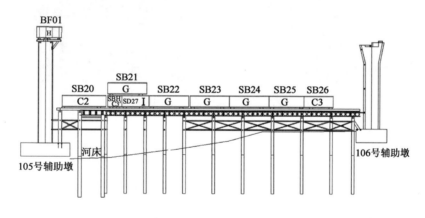

图 3-5-41 南次边跨存梁支架

5.6.1 南塔区存梁

南塔区 5 片钢箱梁利用高支架提前存梁,采用 800t 浮式起重机在中跨侧起吊钢箱梁,放置于支架轨道的滑块上,滑块底部设四氟滑板,再利用千斤顶及精轧钢将钢箱梁往边跨侧滑移到位。南塔区存梁过程如图 3-5-42 所示。

5.6.2 南边跨区存梁

南边跨及次边跨支架区钢箱梁均在丰水期,利用 800t 浮式起重机直接吊装钢箱梁至边跨存梁支架设计位置,辅助墩墩顶梁段利用浮式起重机直接吊装就位。南边跨区存梁过程如图 3-5-43 所示。

图 3-5-42　南塔区存梁过程

图 3-5-43　南边跨区存梁过程

5.7　钢箱梁安装

5.7.1　钢箱梁安装工序

钢箱梁的安装包括北中跨钢箱梁、南中跨钢箱梁、南塔区钢箱梁和南边跨钢箱梁安装四部分。北中跨和南中跨钢箱梁安装相对简单，均为标准化作业，每个标准梁段的安装分为4个工序：①桥面起重机前移；②钢箱梁起吊；③钢箱梁匹配、焊接；④斜拉索张拉。南塔区钢箱梁采用浮式起重机安装。南边跨钢箱梁因为涉及临时墩、辅助墩以及与过渡墩的连接，工序稍显复杂。

南塔在首对斜拉索张拉完成后，在塔区5片钢箱梁上拼装桥面起重机，并进行荷载试验；荷载试验采用2号钢箱梁段加水袋加载，水袋最大加载重量84t。加载流程为：$0.5G$ 静载试验→$0.8G$ 静载试验→$1.0G$ 静载试验→$1.0G$ 动载试验→$1.1G$ 动载试验→$1.25G$ 静载试验。

南塔桥面起重机荷载试验完成后，吊装边跨存梁支架区2号～10号钢箱梁（同步对称吊装南中跨2号～10号钢箱梁），完成梁段匹配、焊接。9号钢箱梁吊装完成后，接高临时墩，10号钢箱梁斜拉索张拉完成后，完成临时墩与钢箱梁间临时连接，临时墩设计最大拉力4500kN，压力2500kN。南塔桥面起重机静载试验情况如图3-5-44所示，南塔临时墩结构如图3-5-45所示。

图 3-5-44 南塔桥面起重机静载试验情况

图 3-5-45 南塔临时墩结构

南塔边跨无支架区钢箱梁利用驳船倒运至桥位下方,采用桥面起重机继续安装 11 号～18 号钢箱梁;边跨 19 号钢箱梁精匹配完成后,墩顶 BF1 钢箱梁(用浮式起重机事先存至辅助墩顶)调整轴向偏位及高程,安装支座;边跨 19 号钢箱梁张拉完成后,滑移匹配 BF1 钢箱梁,完成边跨 19 号钢箱梁与 BF1 钢箱梁的永久连接,并拆除临时墩。待辅助墩上支座灌浆料强度达到设计要求后,完成辅助墩(105 号墩)体系转换,使辅助墩顶的永久支座开始正常工作。辅助墩顶预先存梁如图 3-5-46 所示,辅助墩顶梁段的连接如图 3-5-47 所示。

图 3-5-46 辅助墩顶预先存梁

图 3-5-47 辅助墩顶梁段的连接

南塔桥面起重机继续从存梁支架上起吊安装 20 号～26 号钢箱梁(同步对称吊装南中跨 20 号～16 号钢箱梁),完成匹配、焊接工作。桥面起重机起吊 SD27 钢箱梁(过渡墩顶梁段),接高过渡墩(106 号墩)墩旁高支架,将 SD27 钢箱梁吊装至高支架上。桥面起重机起吊边跨合龙段(SBH 钢箱梁)与 SB26 号梁焊接,并调整 SD27 钢箱梁轴线高程,完成支座安装;顶推 SD27 钢箱梁,完成 SBH 钢箱梁与 SD27 钢箱梁间精匹配、打码焊接,完成边跨合龙。过渡墩顶梁段吊装如图 3-5-48 所示,边跨合龙段吊装如图 3-5-49 所示。

中跨合龙采用顶推合龙方案,按照 20℃的嵌入温度,将钢箱梁整体往岸侧顶推 15cm,利用南岸两台桥面起重机起吊合龙段,合龙段先与北岸梁段匹配,起重机卸力调平南北高差,将钢箱梁整体往江侧回顶复位,再将合龙段与南岸梁段匹配,打码焊接,完成中跨合龙。中跨合龙段吊装如图 3-5-50 所示。

图 3-5-48 过渡墩顶梁段吊装

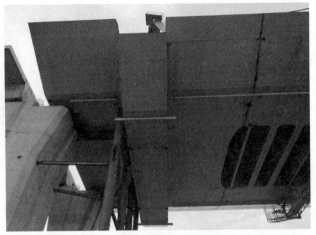

图 3-5-49 边跨合龙段吊装

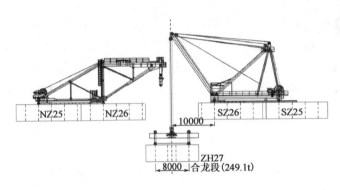

图 3-5-50 中跨合龙段吊装(尺寸单位:mm)

5.7.2 钢箱梁工地焊接工艺

1) 钢箱梁现场焊接工艺

现场焊接待成品梁段吊装就位后,调整好焊接间隙,全面检查相邻梁段面板和底板的吻合程度、间隙尺寸及接头坡口尺寸、临时连接件定位情况,以保证面板吻合间隙与工厂预拼装线形即成桥线形一致,保证环缝的顺利栓接和焊接。

钢箱梁节段间的环缝焊接顺序及焊接方向应遵循面板、底板对接焊缝由中间向两端对称焊接,同类焊缝对称焊接的原则。

钢箱梁节段间的环缝焊接工艺如图 3-5-51 所示。

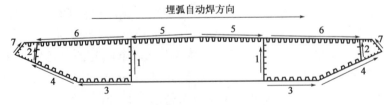

图 3-5-51 钢箱梁节段间的环缝焊接工艺

焊接顺序如下:

(1) 采用药芯焊丝 CO_2 气体保护焊,立向上对称焊接腹板对接焊缝(焊缝序号 1、2)。钢箱梁节段间的腹板焊接如图 3-5-52 所示。

(2) 采用药芯焊丝 CO_2 气体保护焊,由中间向两边对称焊接底板对接焊缝、斜底板对接焊缝(焊接顺序 3、4)。

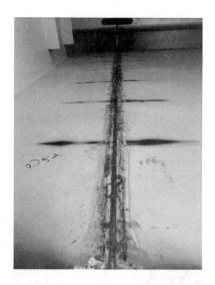

图 3-5-52　钢箱梁节段间的腹板焊接

(3)由中间向两边采用实心焊丝 CO_2 气体保护焊对称打底焊接面板的对接焊缝,再采用埋弧自动焊从一侧向另一侧进行填充、盖面焊接(焊接顺序 5、6),要求相邻环缝埋弧焊盖面方向相反。钢箱梁节段间的面板焊接如图 3-5-53 所示。

图 3-5-53　钢箱梁节段间的面板焊接

(4)采用药芯焊丝 CO_2 气体保护焊,立向上对称焊接风嘴斜板横向对接焊缝(焊缝序号 7)。

(5)采用药芯焊丝 CO_2 气体保护焊,最后焊接纵肋(U 形、I 形)嵌补段的焊缝,以及梁端总成预留角焊缝。采用先焊对接焊缝,再焊角接焊缝的原则。U 肋及 I 肋嵌补安装如图 3-5-54 所示。

图 3-5-54　U 肋及 I 肋嵌补安装

2) 现场焊接施工原则性要求

(1) 工地焊接质量是全桥的关键,安装精度是影响焊接质量的重要因素,通过与吊装单位密切配合,将安装误差调整在设计允许范围之内。

(2) 工地施工作业前,搭建好临时工作平台,配置好连接设备、配电设备、焊接材料、通风设备(图 3-5-55)、CO_2 焊所需防风棚架、除锈机具或风动砂轮机、气刨工具、火焰切割工具、防水防潮设备等施工器材。工地焊接必须采取措施对母材焊接部位进行有效的保护,配置合适的防风、防雨设施和预热去潮设施,在符合工艺条件下,方可进行焊接(图 3-5-56)。严禁在无任何防护措施下,在雨、雪天及母材表面潮湿或大风天气进行露天焊接。

 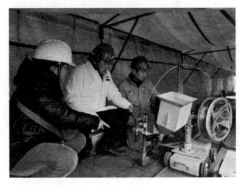

图 3-5-55　通风降温设备　　　　　　　图 3-5-56　防风雨棚下焊接

(3) 工地焊接环境条件:风力 <5 级(施焊部位),温度≥5℃,湿度≤80%。

(4) 对接接头焊缝两侧 50mm 范围内用钢丝砂轮除锈、清理表面。

(5) 应对焊缝母材实施预热,预热范围为焊缝中心两侧各 100mm。

(6) 如定位焊缝出现裂纹或其他严重缺陷时,应把缺陷清除,再进行焊接。

(7) 工地焊接顺序及技术措施:为减少因焊接而产生的附加应力、焊缝残余应力及边缘材料局部应力,消除或减少构件不规则变形,对各类钢结构工地焊接顺序作出严格规定并切实执行。各类构件阶段施焊顺序应对称于桥轴线,并对称于构件自身的对称轴,均匀、对称、同步协调的实施。

(8) 工地施工主要是指梁段吊装就位后,在形成整体钢箱梁的过程中完成的连接作业。

(9) 梁段架设过程中全面检查相邻梁段面板和底板的吻合程度、间隙尺寸及接头坡口尺寸以保证成桥线形符合设计要求及全桥的焊接质量。

3) 钢箱梁现场焊缝检验

所有焊缝在焊缝金属冷却后进行外观检查,不得有裂纹、未熔合、焊瘤、夹渣、未填满弧坑及漏焊等缺陷。磁粉及超声波探伤如图 3-5-57 所示。

图 3-5-57　磁粉及超声波探伤

5.7.3 钢箱梁工地栓接工艺

(1) 在栓接施工时,螺栓拧紧前应检查拼接处有无抵触物,有无不易施拧螺栓的障碍,并应进行处理后方可进行下一步工序。

(2) 在拼装时,拼接板每端应穿入临时工装螺栓和冲钉。

(3) 不得用高强螺栓兼作临时螺栓,以防损伤螺纹引起扭矩系数的变化。

(4) 高强度螺栓的安装应在结构件中心位置调整后进行,其穿入方向以施工方便为准(U 肋拼接从内向外),力求一致。高强度螺栓连接副组装时,螺母带圆台面的一侧朝向垫圈有倒角的一侧。螺栓头下垫圈有倒角的一侧应朝向螺栓头。

(5) 安装高强度螺栓时,严禁强行穿入螺栓(如用锤敲打)。如不能自由穿入时,该孔应用铰刀进行修整,修整后孔的最大直径应小于 1.2 倍螺栓直径。修孔时,为了防止铁屑落入迭板缝中,铰孔前将四周螺栓全部拧紧,使迭板密贴后再进行。严禁气割扩孔。

(6) 安装高强度螺栓时,构件的摩擦面应保持干燥,不得在雨中作业。

(7) 高强度螺栓施工前,应按出厂批复验高强度螺栓连接副的扭矩系数,每批复验 5 套。5 套扭矩系数的平均值应在 0.110～0.150 范围之内,其标准偏差应小于或等于 0.010。

(8) 高强螺栓施工所用的扭矩扳手,班前必须校正,并做好温度与线路长度记录,其扭矩误差不得大于 ±5% 左右,合格后方准使用。校正用的扭矩扳手,其扭矩误差不得大于 ±3%。

(9) 高强度螺栓的拧紧应分为初拧、终拧。初拧扭矩为终拧扭矩的 50% 左右,初拧后的高强度螺栓应用颜色在螺母上涂上标记,然后按施工扭矩值进行终拧。终拧后的高强度螺栓应用另一种颜色在螺母上涂上标记。

(10) 高强度螺栓拧紧时,只准在螺母上施加扭矩。

(11) 施拧螺栓次序应从约束刚度大,间隙大的地方开始,由中央以幅射形式向四周边缘参差的进行,最后拧紧四周端部螺栓。施拧时不得采用冲击拧紧,间断拧紧。

(12) 高强度螺栓初拧、终拧应在同一天完成。终拧后的高强度螺栓不允许第二次使用。

5.7.4 钢箱梁风嘴安装

由于工期要求等原因,南塔区附近节段风嘴(共 20 件)内场未安装,需在工地进行风嘴的安装,最大吊装长度 15m,重量约 8.2t。

1) 风嘴的吊装

在面板上焊接吊装吊耳,在横隔板边缘处上方提前焊接定位码板(规格 14×500mm 及以上),并将锚管孔处的部分风嘴面板割断,待风嘴定位后还原。详见图 3-5-58。

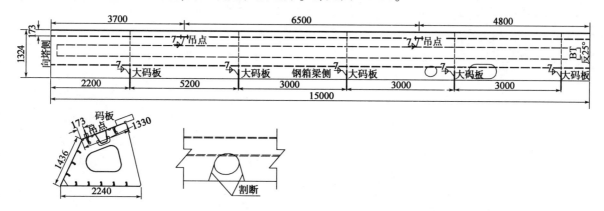

图 3-5-58 风嘴吊装示意图(尺寸单位:mm)

选用50t汽车起重机进行吊装,吊装时须缓慢起吊及转向,并在风嘴两端头系牵引绳辅助控制风嘴朝向,风嘴在吊离桥面前距离桥面高度控制在0.5~1m之间,吊车回转平台距离锚管顺桥向距离约1m,吊车支腿展开紧靠路缘石。风嘴吊装现场如图3-5-59所示。

图3-5-59 风嘴吊装现场图

2）风嘴的定位及焊接

（1）风嘴立体单元件与主体箱梁结构安装时,可使用葫芦等工具辅助定位,可使用靠尺检查风嘴面板与主桥面板的横向一致,通过风嘴集水槽处样冲点与主桥监控点距离控制整体宽度,在面板上间隔500mm进行码板加密,并检测码板的焊接质量,详见图3-5-60。

（2）焊接风嘴隔板与主梁外腹板的立焊缝。

（3）焊接风嘴面板与主梁外腹板的角对接焊缝。

（4）在两道隔板间加装小码板控制风嘴底板与主桥底板的匹配性。

（5）焊接风嘴间环缝。

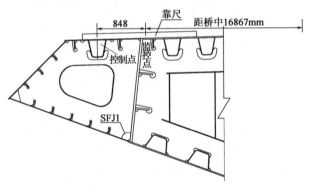

图3-5-60 风嘴定位焊接图(尺寸单位:mm)

5.8 钢箱梁涂装技术

5.8.1 各工序施工方法

钢箱梁涂装各工序施工方法见表3-5-17。

各工序施工方法表　　　　表3-5-17

序　号	工序名称	施工方法	
1	表面清理	油污	去油剂清洗
		可溶性盐	纯净水清洗
		锐边	角磨机打磨
2	表面处理	钢桥面以外的表面	压力式喷砂处理
		钢桥面	车载式抛丸
3	热喷铝	电弧喷涂	
4	涂料涂装	预涂	刷涂、辊涂
		涂装	高压无气喷涂

5.8.2 钢箱梁涂装新设备

1) 钢桥面车载式抛丸机

港珠澳大桥首次采用了车载式抛丸机对钢桥面进行表面处理,之后国内桥梁建设单位均提出了使用该方法对钢桥面进行表面处理的要求,该方法具有快捷高效、质量可靠的优点。目前国内主要使用美国佰锐泰克公司生产的4800型车载式抛丸机,价格昂贵,工作方式为液压驱动。

由于佰锐泰克车载式抛丸机高昂的售价,使得钢桥面表面处理的价格很高。为了既达到佰锐泰克抛丸车的工效与质量标准,又能有效地降低钢桥面表面处理的成本,本项目提出了将手推式抛丸机与汽车组合的创新方案并进行了实际应用,使得钢桥面的各项指标在达到佰锐泰克抛丸车工作性能指标的同时,成本大大降低。该方法为国内首次应用。汽车与手推式抛丸机组合原理如图3-5-61所示,实物如图3-5-62所示,钢桥面车载式抛丸机施工现场如图3-5-63所示。

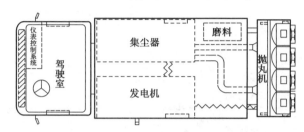

图 3-5-61　汽车与手推式抛丸机组合原理图

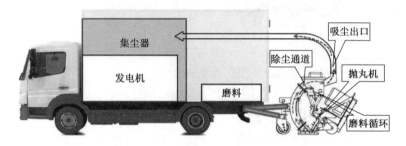

图 3-5-62　汽车与手推式抛丸机组合实物图

图 3-5-63　钢桥面车载式抛丸机施工现场

2) 钢桥面环氧富锌漆全自动喷涂

国内钢桥面环氧富锌漆涂装基本采用人工喷涂的方式进行,该种方式涂料损耗大、涂层厚度不均匀、设备管路多彼此影响严重。为了保证钢桥面环氧富锌漆涂层厚度一致并降低人工投入及降低涂料损耗,本项目研制了一款全自动钢桥面喷涂设备。该设备为国内首创,使用该设备去涂装施工的钢桥面,任意部位涂层厚度无任何偏差,涂料损耗降低15%,现已获批了国家知识产权局授权专利。全自动喷涂设备原理如图 3-5-64 所示,全自动喷涂设备如图 3-5-65 所示,全自动环氧富锌喷涂施工现场如图 3-5-66 所示。

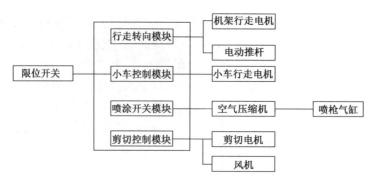

图 3-5-64　全自动喷涂设备原理图

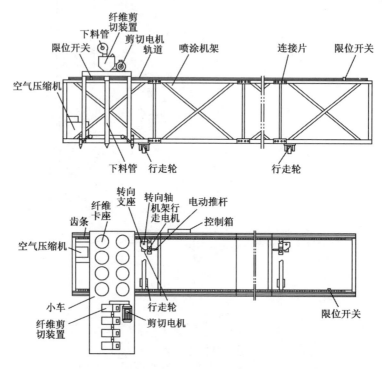

图 3-5-65　全自动喷涂设备图

图 3-5-66　全自动环氧富锌喷涂施工现场

6 预应力混凝土超宽箱梁预制拼装施工技术

6.1 分离式双边箱梁组合式移动模板

6.1.1 技术背景

混凝土箱梁预制是桥梁施工中的常用方法。传统的箱梁节段预制模板主要采用满堂支架搭设,无法满足大断面宽幅混凝土箱梁的预制模板组装、拆模、箱梁移动等要求,模板精度微调也具有一定的难度。分离式双边箱梁由于具有宽度大、体积大的特点,预制过程中容易出现质量问题,在移动运输过程中也存在相应的技术难题。为解决分离式双边箱梁节段预制质量低、拆模困难以及运输等技术问题,研发了一种组合式模板可适应分离式双边箱梁的预制,并且能显著提高施工质量和效率。

6.1.2 技术方案

分离式双边箱混凝土梁节段预制采用组合式移动模板,内模与外模分别采用木模和钢模两种类型。其中,外模由固定端模、活动端模、侧模、底模组成,在侧模和底模设有液压调节杆,可通过液压装置对模板进行拆分和组合。底模两侧设有行走系统,当预制节段达到混凝土设计强度脱模,并张拉预应力钢筋后,可通过轴向液压千斤顶实现牵引滑移至张拉台座,从而保障箱梁节段移梁过程中的结构安全。

6.1.3 组合式移动模板构造特点

相比传统的混凝土箱梁预制模板,组合式移动模板构造具有以下特点:

(1)组合式移动模板一侧设有固定端模与定位支架,并采用加固法兰连接实现固定,另一侧设有活动端模。其中,固定端模与移动端模采用高强度钢材制成,预制时两模板采用对拉杆进行分段对拉,对模板进行限位,可保障预制过程中箱梁节段拼接面线形不变,提高预制精度和剪力槽几何形状,对箱梁节段预制质量提升具有良好的效果。

(2)组合式移动模板底部设置了液压装置,风嘴位置设置活动翻口,对模板的组拼和拆卸以及对箱梁节段脱模具有较大作用,提高了分离式双边箱梁预制施工效率。同时,可提高模板定位精度,解决线形微调的技术问题。

(3)组合式移动模板底部两侧设置行走系统,并在滑靴顶部千斤顶设置行走支架,行走支架间采用加固连接杆件连接。可实现分离式双边箱梁预制完成后,四支点同步滑移,保障箱梁节段的安全性。

图 3-6-1、图 3-6-2 为分离式双边箱梁组合式移动模板。图中:1 为侧模支架;2 为可调支撑杆;3 为液压顶撑杆;4 为侧模;5 为活动角模;6 为底模支撑杆;7 为底模支撑梁;8 为行走支架;9 为底模;10 为滑靴;11 为下对拉钢杆;12 为固定支架;13 为锚固钢筋;14 为固定端模;15 为凸起钢块;16 为加固法兰盘;17 为上对拉钢杆;18 为活动端模;19 为内模;20 为千斤顶。

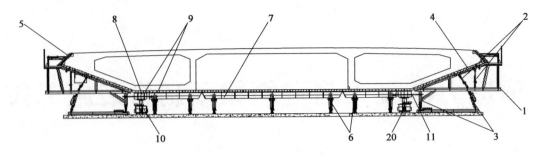

图 3-6-1 组合式移动模板示意图

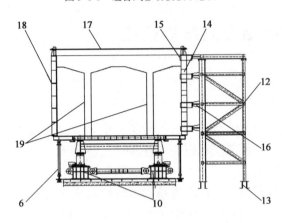

图 3-6-2 组合式移动模板立面图

6.1.4 技术优势

分离式双边箱混凝土梁组合式移动模板采用高强度钢模与木模，以及液压、滑移系统配合的方法，解决了分离式双边箱混凝土梁线形微调及预制精度问题，同时提高了模板的组拼及拆模效率，具有较高的应用价值和社会经济效益。

6.2 箱梁节段预制工艺

6.2.1 技术背景

传统支架现浇方法无法精确控制箱梁线形，施工质量难以保障。为提高分离式双边箱混凝土梁的施工质量，大桥北边跨主梁采用"桥位短线法"施工。该工艺是在首个箱梁节段浇筑后，第二个箱梁节段以首个箱梁节段为端模浇筑，进行匹配，从而保障箱梁节段拼装线形控制精度达到±2mm。

6.2.2 分离式双边箱梁预制施工方案

分离式双边箱混凝土梁节段的预制施工步骤如下：

（1）安装并调整浇筑台座模板系统，整体吊装箱梁节段钢筋及部分内模（图3-6-3、图3-6-4），内模安装后浇筑混凝土并养生。

（2）达到一定强度后拆除靠近江侧端模及侧模并张拉部分横向预应力钢筋，拆除底模后将箱梁节段滑移至匹配台座。精调首个箱梁节段的空间姿态，以首个箱梁节段端面作为第二个箱梁节段的端模，进行匹配预制。

(3)第二个箱梁节段达到设计养护期后,将首个箱梁节段滑移至张拉台座,按要求张拉首个箱梁节段的预应力钢筋并压浆。

(4)将第二个箱梁节段移动至匹配台座,并精调其空间状态,进行第三个箱梁节段浇筑前的准备工作。待首个箱梁节段达到压浆养护强度后,将其提升至滑移支架。

(5)重复上述施工步骤,依次完成剩余箱梁节段的匹配预制。

桥位短线法地面预制匹配施工工艺可以最大限度地提高预制精度,对线形控制±2mm及提高施工效率与质量具有重要意义。

图 3-6-3　内模安装现场

图 3-6-4　节段钢筋笼整体吊装

6.3　混凝土箱梁节段预应力张拉工序设计

6.3.1　分离式双边箱梁预应力设置

为防止结构早期裂缝出现(影响结构的外观和使用性能),保障施工质量,每个箱梁节段在地面预制施工过程中分4次张拉(预张拉、初张拉、中张拉与终张拉)。箱梁采用空间预应力结构,其顶板、底板、横隔板均采用$\phi 15.2$高强低松弛钢绞线(设计张拉力1395MPa),腹板采用$\phi 50$钢棒(设计张拉应力830MPa)。预应力具体布置如图3-6-5、图3-6-6所示。

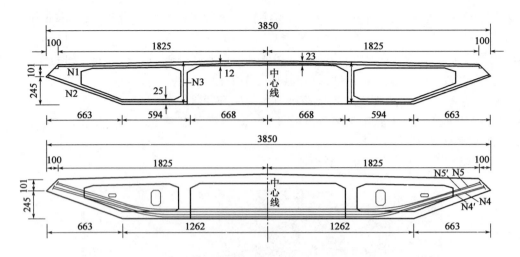

图 3-6-5 标准梁段截面及预应力束布置(尺寸单位:cm)

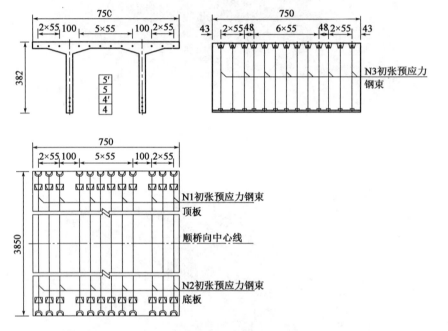

图 3-6-6 顶板、底板与腹板预应力布置(尺寸单位:cm)

6.3.2 预应力张拉工序分析意义

传统混凝土箱梁一般设置竖向及纵向预应力,张拉时通常一次到位。但分离式双边箱梁横向宽度大、体积大,结构内部设置空间预应力,但其结构刚度无法承受自重的影响,受多种因素影响横隔板位置容易出现开裂现象。传统箱梁以往单次张拉方法无法满足宽幅大断面箱梁预制要求,针对该问题对分离式双边箱梁张拉方案进行设计,以满足结构施工质量控制要求与力学性能。为工程施工及相关措施的采用提供了依据,也为同类型结构以后的设计与施工提供了参考。

6.3.3 箱梁预应力张拉工序模拟

1)计算模型选取

计算模型选取石首长江公路大桥北边跨主梁 A 类箱梁节段,标准节段长 7.5m,宽 38.5m,梁高3.822m。

2)有限元模型建立

确定预应力张拉量以及评估张拉量的合理性,采用结构精细化分析软件 MIDAS FEA 建立分离式双边箱混凝土梁的空间预应力结构模型(图3-6-7),按不同工况进行模拟计算。材料采用 C55 混凝土,弹性模量按规范选取 $E_c = 3.45 \times 10^6 \text{t} \cdot \text{m}$,泊松比选取 0.2。预应力钢束弹性模量采用 $E_s = 195\text{GPa}$,泊松比取 0.3。

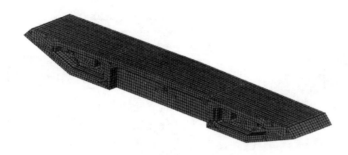

图3-6-7 分离式双边箱混凝土梁空间有限元模型

3)边界条件设置

箱梁节段张拉预应力钢束跨中会产生正弯矩横隔板起拱,根据结构受力状态,与现场滑靴的实际布置,在箱梁底板两侧分别设置两个支点。其中,一侧为固定铰接,另一侧为活动铰接,对顺桥向进行约束,横桥向释放约束以模拟箱梁张拉后受力回缩。

4)分离式双边箱梁局部应力分析

通过对分离式双边箱梁建立精细化有限元模型计算得到无预应力状态下的结构应力状态。由图3-6-8可见,在自重作用下,混凝土箱梁节段顶板中部为压应力状态,最大压应力为 -2.5MPa;两侧箱室顶部为拉应力状态,最大拉应力为 +1.1MPa;箱室底板与风嘴斜底板分别为受拉和受压状态,底板最大拉应力为0.9MPa,最大压应力 -2.2MPa。箱梁由自重产生下挠约 -2mm,横隔板跨中位置与人洞周边位置呈受拉状态,最大应力为 +1.97MPa,大于混凝土抗拉强度标准值 1.89MPa,结构存在开裂风险。

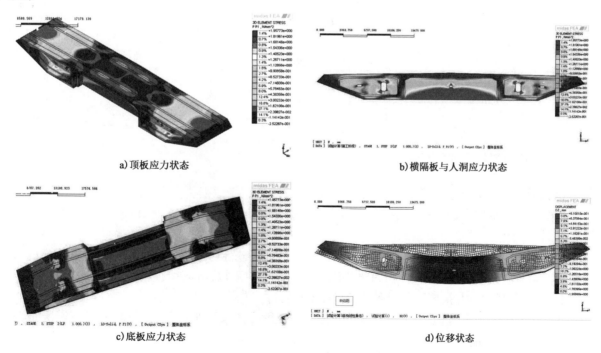

a)顶板应力状态　　b)横隔板与人洞应力状态
c)底板应力状态　　d)位移状态

图3-6-8 分离式双边箱梁无预应力模拟结果

5)预应力张拉效果分析

根据分离式双边箱梁预应力设置进行张拉工序模拟,对预应力张拉量设置进行评估。对比张拉方案,张拉顶板、底板、腹板全部预应力钢束到100%预应力设计张拉量,横隔板张拉两束100%设计预应力钢束,模拟结果如图3-6-9所示。箱梁结构整体呈受压状态,最大压应力为-0.6MPa,平衡了自重产生的受拉状态,结构处于理想状态。

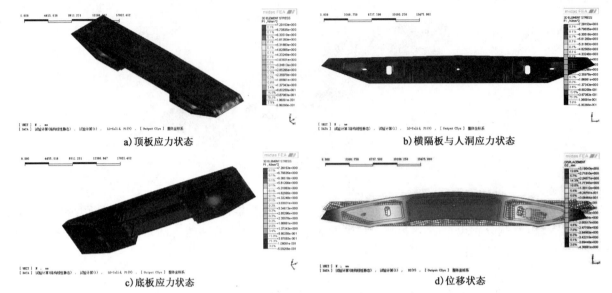

图3-6-9 张拉横隔板预应力模拟结果

混凝土分离式双边箱梁 A 类梁段在70%、80%、95%弹性模量的情况下张拉50%的预应力钢束,其设计张拉量;随着弹摸的增大修改为随着弹模的增大应力值均小于C55轴心抗拉强度设计值1.89MPa,可以满足滑移受力需要。混凝土分离式双边箱梁在70%、80%、95%弹性模量变化过程中,应力与变形量呈线性变化,其变化规律通过表3-6-1可见,随着弹摸的增大,混凝土的刚度也随之增大,应力状态与变形值都有所减小。

A 类梁段应力状态模拟值   表3-6-1

弹性模量	A 类应力状态(MPa)				位移(mm)	
	顶板	底板	腹板	横隔板	风嘴	跨中
70%	0.35	1.36	0.50	0.55	-4.40	+3.20
80%	0.30	1.34	0.45	0.53	-4.00	+2.90
95%	0.26	1.30	0.40	0.50	-3.40	+2.50

6.3.4 预应力张拉工序设计

根据计算结果确定了预应力张拉量,混凝土箱梁节段的预应力张拉步骤如下:

(1)在浇筑分离式双边箱梁混凝土1.5d后,混凝土强度达到65%以上时进行预张拉,张拉量为15%的设计张拉值。

(2)在浇筑混凝土3d后,混凝土强度达到85%~95%时进行初张拉,张拉量为50%的设计张拉值。

(3)箱梁节段移至提升机下方,在箱梁节段提升前进行中张拉,将箱梁顶板、底板、腹板全部预应力钢筋与横隔板底部预应力张拉至设计张拉值的100%后进行起吊。

(4)将箱梁节段提升至墩顶,并滑移至胶拼位置,胶拼时按设计张拉部分纵向预应力筋,完成胶拼后对所有纵向预应力筋进行张拉。

(5)箱梁在斜拉索挂设张拉完成后,张拉剩余所有横向预应力筋,即张拉所有预应力钢筋到100%设计值。

6.3.5 预应力张拉工序应用效果

通过计算分析研究设计的预应力张拉工序对大断面分离式双边箱梁的防裂控制效果明显,通过在不同混凝土强度生长阶段对梁体进行分级张拉,有效提高了箱梁节段的预制过程中抗裂性能,并提高了预制质量,具有良好的应用效果。

6.4 箱梁滑移

6.4.1 滑移支架

混凝土梁滑移支架主要按8m跨度进行布置,临近辅助墩和索塔附近及跨越长江大堤根据实际情况布置间距略有调整。支架顺桥向设1.626%纵坡,同主梁纵坡设计一致。滑移支架采用钻孔灌注桩与钢管桩相结合的形式。支架基础自下而上依次采用钻孔桩、钢筋混凝土承台、钢管桩。支架立柱钢管采用$\phi 1000m \times 16$钢管桩,连接系采用$\phi 500m \times 10$钢管和$\phi 351m \times 10$钢管,桩顶承重梁采用新型组合式杆件(400型和200型贝雷梁),钻孔桩平均入土深度33m。

混凝土梁滑移支架布置如图3-6-10所示,滑移支架断面图如图3-6-11所示,混凝土梁滑移支架现场如图3-6-12所示。

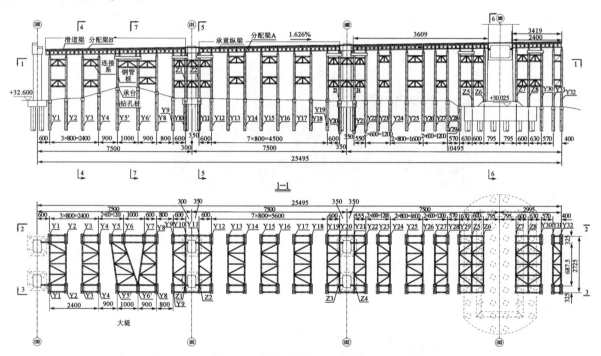

图3-6-10 混凝土梁滑移支架布置图(尺寸单位:cm;高程单位:m)

滑移支架顶部滑道梁在工厂制作,单根长度12m,为固定反力座,按照2m+5m+5m+2m的间距在两侧腹板上开直径32mm的孔,配合直径30mm的插销使用,具体如图3-6-13所示。

6.4.2 滑移系统

1)竖向支撑系统

竖向支撑系统主要由15cm厚橡胶板、带2个无极调整螺栓的钢结构滑靴和400t三向液压千斤顶组成。滑靴纵向长1.1m,横向宽1.075m,高1.65m。其中400t三向千斤顶在落梁前需要同其余结构一起安装并调试完成,以四个支点的橡胶垫块顶面中心点高程差不大于2mm为调试标准。完成落梁施工后,将每个支点无极调整螺栓顶面与分配梁Ⅰ底面间距精调至4mm。滑靴总布置如图3-6-14所示。

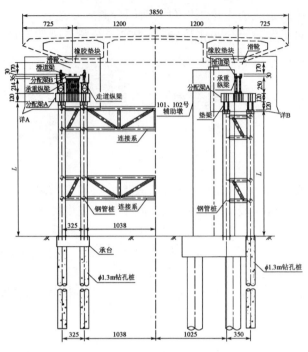

图3-6-11 滑移支架断面图(尺寸单位:cm)

图3-6-12 混凝土梁滑移支架现场

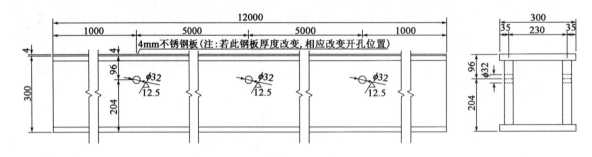

图3-6-13 滑道梁结构图(尺寸单位:mm)

混凝土梁段在牵引滑移过程中始终由四台竖向液压千斤顶作为支撑,待滑移到指定位置后,人工拧紧每个支点的2个无极调整螺栓,卸载竖向液压千斤顶,倒运竖向液压千斤顶至下一个待滑移梁段使用。三向千斤顶除竖向调节外,还具备横向调节功能,横向调节行程为±6cm。横向调节在落梁阶段配合门式起重机完成。三向千斤顶示意如图3-6-15所示。

钢结构部分的分配梁F2底面安装30mm厚不锈钢板,滑道顶面铺设通长4mm厚不锈钢板,用来减小摩擦系数从而减小滑移牵引力。

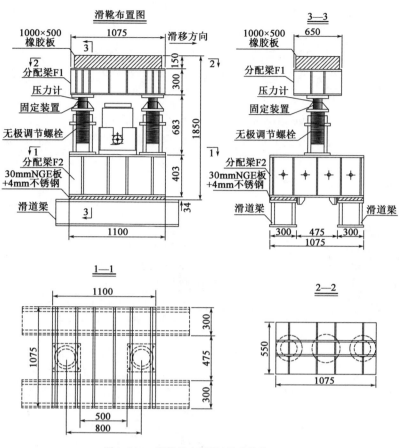

图 3-6-14 滑靴总布置图(尺寸单位:mm)

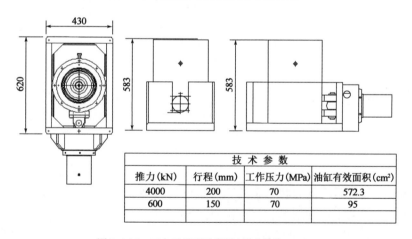

图 3-6-15 三向千斤顶示意图(尺寸单位:mm)

橡胶垫块主要是为了减小梁段吊装上支架对支架和梁体的冲击作用,在采用液压系统调整滑移过程中支点受力的基础上,进一步减弱滑道的不平整度对梁体带来的不利影响。橡胶垫块采用标准橡胶支座,进场后需提供相关性能报告。

整个滑移过程全程采用竖向液压千斤顶作为支撑,竖向千斤顶根据每个梁段设置过载保护装置,若某个支点的千斤顶竖向反力超过预定值300kN,千斤顶会自动调整。

无极调整螺栓在滑移过程中螺栓顶面与分配梁Ⅰ底面间距预留4mm,当竖向液压千斤顶需要减压调整时有足够的调整空间;同时由于梁段单支点位置差允许值为5mm,可有效防止液压千斤顶失效而导致支点位移下降量过大。

调整螺栓规格为 M150×8,螺母旋转360°对应高度调整8mm,因此在螺母上设置刻度标记,调整过程中螺母刻度每旋转45°即对应调整1mm。

2）水平滑移系统

前后两个钢结构滑靴和分配梁之间通过 $\phi 36$ 精轧螺纹钢筋相连。滑道纵坡与主梁纵坡一致（1.626%），牵引滑移过程一直是处于爬坡状态。牵引力需不小于滑靴与滑道面间的摩擦力与牵引总重量在滑道面方向的水平分力的合力。

摩擦系数取0.07，合力 $F = 1096.8 \times 0.07 + 1096.8 \times 1.626\% \approx 950 \text{kN}$。

$\phi 36$ 精轧螺纹钢筋可承受拉力约600kN，根据滑靴和分配梁的布置，单根长度为6m。布置2台100t牵引千斤顶，通过固定反力座和倒换分配梁F3来实现节段的滑移。

滑移系统整体布置如图3-6-16所示。

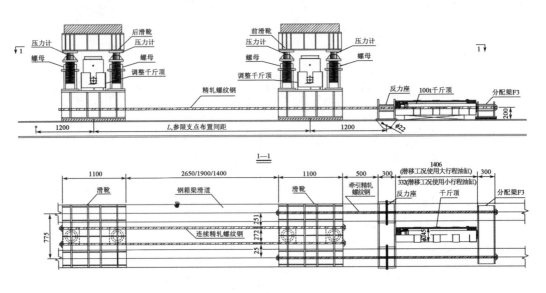

图3-6-16 滑移系统总布置图（尺寸单位：mm）

6.5 箱梁节段提升与落梁施工技术

6.5.1 技术原理

（1）考虑箱梁节段成桥后的受力状态和几何重心位置，将临时吊点对称设置在两侧斜拉索锚固区。

（2）提梁机吊具分别采用一点吊具和两点吊具，利用"四点三联"方法，实现箱梁节段的三点静定起吊，且吊具上设有力学监测传感器，可对各临时吊点反力进行实时监控和偏载预警，保障梁体受力均衡，降低梁体在提升运输过程中开裂概率。

（3）采用设置在滑靴内的竖向千斤顶进行顶升"接梁"，通过液压泵站设置竖向千斤顶的额定输出油压，采用同步逐级加载的方式控制各临时支点的反力差和顶面高差。

6.5.2 箱梁节段吊点与吊具设计

1）临时吊点设计

根据箱梁节段成桥后的受力状态和几何重心的位置，临时吊点对称设置在两侧斜拉索锚固区。以标准梁型A类梁段为例，临时吊点横桥向间距33.0m，顺桥向间距4.1m，如图3-6-17所示。各箱梁节段梁体吊装过程应力状态见表3-6-2。

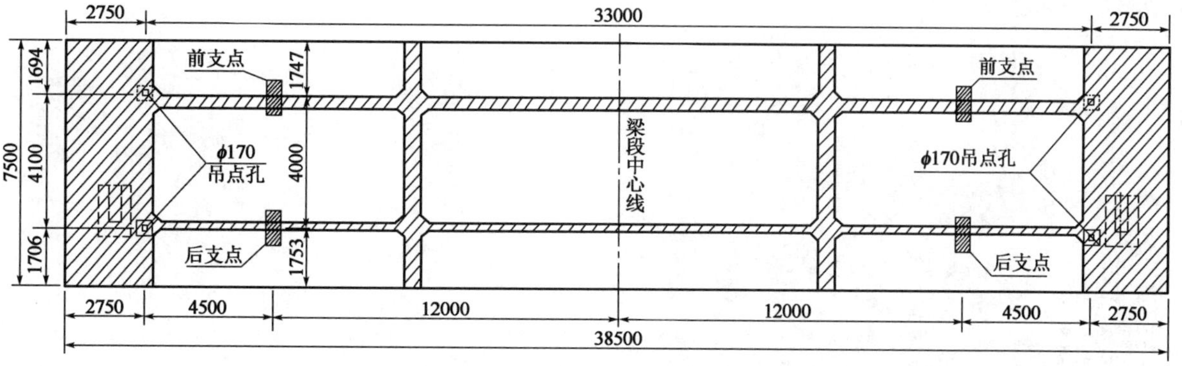

图 3-6-17　A 类梁段临时吊点平面布置图(尺寸单位:mm)

箱梁节段吊装应力状态　　　　　　　　　　　　　表 3-6-2

序　号	梁段类型	几何形式	重心位置（m）	吊点反力(kN)		最大拉应力（MPa）
				前吊点	后吊点	
1	A	对称	0.50×7.5	2450	2450	1.42
2	B	非对称	0.53×6.0	2910	2910	1.30
3	C	对称	0.50×6.0	2900	2900	1.49
4	D	对称	0.50×6.0	2580	2580	1.04
5	E	对称	0.50×5.0	3250	3250	1.09
6	F	非对称	0.51×6.0	2570	2570	0.86
7	G	非对称	0.52×6.0	2580	2580	1.46
8	H	非对称	0.52×6.0	2420	2420	1.40
9	I	对称	0.50×6.0	2210	2210	1.60
10	J	非对称	0.52×6.8	2480	2480	1.32
11	K	非对称	0.52×7.5	3310	3340	1.75
12	L	非对称	0.49×7.5	2580	2580	1.30
13	M	非对称	0.43×5.0	3200	3180	1.69

箱梁节段预制时,吊装孔成孔采用预埋 $\phi170$ 钢管,钢管底口、顶口中心平面偏差控制在 2mm 以内,吊装口底部位于斜底板上,需预埋 2cm 厚槽型钢板,并设置可嵌入槽型钢板的楔形调平块。

2)提升吊具设计

箱梁节段横桥向两侧分别设置单点吊具和两点吊具(图 3-6-18),利用"四点三联"方法,实现箱梁节段的三点静定起吊。吊具上设置力学监测传感器,可实时监控各临时吊点受力变化情况,单吊点理论反力与实际反力设定 300kN 偏载自动报警系统。

3)滑靴安装

箱梁节段吊装前,提前按照设计位置安放好滑靴,滑靴顶面设置 100cm×50cm×15cm 橡胶支座,采用精密水准仪对橡胶支座顶面进行调平,并确保各临时支点顶面高差控制在 0.5mm 以内。

4)提升机试运行

箱梁节段吊装采用 1100t 提升机,每次吊装前进行空载试运行,检查吊具应力监控系统、偏载报警系统是否正常,确保设备运行状态良好。

6.5.3　吊杆检测与安装

1)吊杆检测

节段预制箱梁设置四个临时吊点,吊杆采用 4 根 $\phi150\times4300$ 钢棒,材质为 40CrNiMoA。吊杆每次安装前,先采用磁粉对其表面进行缺陷检测,再用超声波探伤仪对其内部进行缺陷检测,确认无任何质量缺陷后方可投入使用。

a) 单点吊具

b) 两点吊具

图 3-6-18　1100t 提升机吊具

2) 吊杆安装

吊杆通过吊具下放进行安装,穿过吊装孔后安装楔形调平块,然后安装锚固螺母,并采用钢尺测量吊杆底部、顶部外露长度,确保误差控制在 0.5mm 以内;对吊杆底部楔形调平块进行逐个检查,确保调平块顶部钢板上下缘均嵌入斜底板预埋钢板槽口内,以防止沿混凝土斜面向上滑动对吊杆产生剪切作用;根据待吊装梁段预制重量计算单个吊点理论反力,然后按照单个吊点理论反力的 1.05 倍单侧对称同步逐级进行预张拉。

6.5.4　箱梁提升

提升机加载前,根据待吊装梁段预制重量计算单个吊点理论反力,并平均划分十个等级。加载前检查操控室内显示屏上各吊点应力监测数据是否正常,检查无误后按照单个吊点理论反力的 10% 进行逐级加载。加载过程中,提升机司机需持续观察显示屏,确保各吊点同步均匀加载。加载过程中发现异常立即停止加载,进行吊点反力差值修正后方可继续加载。

提升机加载完成后,采取点动方式将梁体提升 2~3mm,然后采取控制单个吊点的方式进行各吊点反力差值和各临时支点高差的修正,确保各支点实际反力与理论反力的差值控制在 300kN 以内,且梁底任一临时支点相对其他三个支点构成平面的高差控制在 5mm 以内。差值修正完成后进行匀速提升,提升速度按 0.2~0.3m/min 控制,且每提升 2m 进行一次差值修正。箱梁节段提升如图 3-6-19 所示。

考虑梁体自身惯性及风荷载的影响,为确保梁体空中姿态的稳定性,提升机行走速度宜按 0.2~0.3m/min 控制,行走到位后,静停待梁体稳定后方可开始下落。提升机带梁走行如图 3-6-20 所示。

图 3-6-19　箱梁节段提升

图 3-6-20　提升机带梁走行

6.5.5 落梁技术

将箱梁节段下落至距橡胶支座顶面 1～2cm 时停止下放，待梁体稳定后，对各吊点反力差值和梁底各临时支点高差进行修正，然后采用设置在滑靴内的 4 台 400t 竖向千斤顶进行同步顶升"接梁"。

通过液压泵站按照 5MPa(顶升力约 280kN)的力设定竖向千斤顶的额定输出油压，4 台竖向千斤顶进行同步低压顶升，单个千斤顶与预制梁底面接触后，由于泵站设定输出压力仅为 5MPa，千斤顶不足以顶起梁体，活塞杆受梁体负载作用停止顶升，其余未与梁体底面接触的千斤顶继续顶升，直至全部千斤顶均与梁体底面接触密实。然后按照单个临时支点反力的 10% 进行同步逐级加载，通过控制系统控制单位时间内进油量的大小，调整各个千斤顶活塞杆顶升速度的快慢，设定单次的顶升行程不超过 5mm，最终实现同步顶升即将梁体调整至水平状态，完成"接梁"。

提升机松钩，箱梁节段由 4 台竖向千斤顶共同承重，4 台竖向千斤顶同步回程，箱梁节段同步转移至滑靴上，拆除吊具完成箱梁节段吊装工作。箱梁节段落梁施工现场如图 3-6-21 所示。

图 3-6-21　箱梁节段落梁施工现场

6.6　箱梁节段胶拼控制技术

6.6.1　技术背景

目前，混凝土箱梁节段预制拼装基本采用顶推滑移施工工艺，传统的小断面单箱单室或单箱多室箱梁在顶推过程中不易开裂。而分离式双边箱梁由于具有断面大、体积大的特点，在顶推滑移至胶拼位置的过程中容易出现支点失衡、偏载等问题，导致梁体局部开裂。关于分离式双边箱梁节段空间姿态测控技术与防裂滑移系统未见文献报道，石首长江公路大桥首次采用箱梁节段滑移防裂控制技术，以适应在高位支架顶推滑移控制空间姿态。

6.6.2　箱梁空间姿态测控技术

根据分离式双边混凝土箱梁节段预制、滑移、存梁过程中的不利工况计算分析得知，箱梁节段单支点与其他三点相对平面高程需控制在 ±5mm，可以保障混凝土箱梁的受拉状态符合规范要求，因此在滑移过程中应监测箱梁空间姿态。监测采用圆柱式"液态水平仪"(图 3-6-22)，分别布置在四支点上方的箱梁顶板处，当四支点相对高程接近控制指标时，液态水平仪开始报警。此时，可通过电子计算机控制液压千斤顶调整箱梁支点的相对水平高程，以控制箱梁节段的空间滑移姿态。

图 3-6-22 圆柱式液态水平仪与滑移现场

6.6.3 千吨级混凝土预制梁段防裂滑移系统

1）技术方案

千吨级混凝土预制梁段防开裂滑移系统是一种针对混凝土箱梁节段预制拼装研发的滑移控制系统，主要包括：支撑装置、滑移装置、牵引装置。在支撑装置布置橡胶垫块，以形成"柔性"接触，形成秘贴接触面并适应变形。行走时采用压力监测装置对支撑反力实施监测。采用液压千斤顶对支点高程进行调整，以保持四支点高程一致，防止偏载。

滑移装置设有滑道，利用滑靴在滑道实现行走。滑靴设有限位挡块，防止脱离滑道，保障箱梁节段行走安全。滑移时通过连接杆将滑靴与水平千斤顶相连，水平千斤顶顶撑在反力座，带动滑靴行走。千吨级混凝土预制梁段防裂滑移系统布置如图 3-6-23 所示。

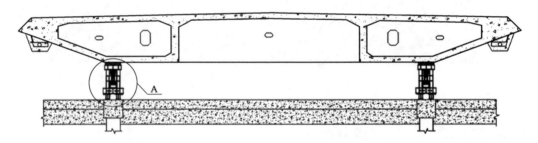

图 3-6-23 千吨级混凝土预制梁段滑移系统布置图

2）系统结构

千吨级混凝土预制梁段防裂滑移系统结构如图 3-6-24～图 3-6-26 所示。图中：1 为分配梁；2 为橡胶块；3 为承压螺母；4 为环状压力监测仪；5 为承压螺杆；6 为支撑骨架；7 为液压千斤顶；8 为下部分配梁；9 为滑靴；10 为不锈钢面板；11 为钢箱梁滑道；12 为限位挡块；13 为连接杆；14 为千斤顶；15 为分配梁；16 为反力座。

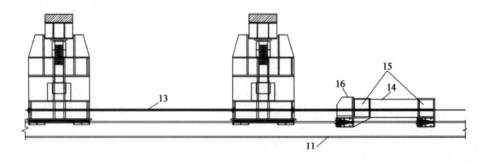

图 3-6-24 千吨级混凝土预制梁段滑移系统整体立面图

同步控制系统与液压动力操作系统如图 3-6-27 所示。

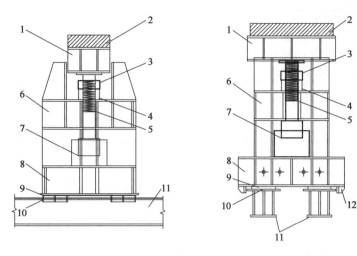

图 3-6-25 系统立面图与正面图

图 3-6-26 千吨级混凝土预制梁段滑移系统

图 3-6-27 同步控制系统与液压动力操作系统

6.6.4 箱梁节段胶拼施工工艺

分离式双边箱梁节段胶拼主要分为试拼、调位、涂胶、施加预应力4个步骤,其主要步骤如下：

在胶拼前进行试拼,以确保节段胶拼空间位置一致,减少涂胶后位置调节时间。试拼时调整待拼节段高程,将箱梁节段拼接面靠拢,保证箱梁节段高程、中线、匹配面及预应力孔道接头的对位精度。

梁段试拼后,将匹配块脱离0.3m,箱梁节段高程和倾斜度不做调整,锁定四支点高程。

匹配块脱离0.3m后涂胶,控制涂胶时间,避免环氧树脂失效。卸载竖向液压千斤顶后,精确测量并记录螺杆伸出基准面长度,对比试拼前、后螺杆伸出基准面的长度,精调长度超过1mm的螺杆,使螺杆伸出基准面长度与试拼成功时基本一致。

在胶拼箱梁节段中插入剪力键,第一次张拉部分顶、底板纵向体内预应力钢筋,使胶缝压力达0.25~0.3MPa,12h后第二次张拉至设计张拉量,最后将体内剩余预应力钢筋张拉到位,完成箱梁节段胶拼连接。

重复以上步骤,对分离式双边混凝土箱梁节段进行胶拼,最后张拉纵向通长体外预应力束,实施体系转换,实现边跨组拼,完成主梁施工。

6.6.4.1 试拼时节段梁的调整

试拼时节段梁在距离匹配面50cm时进行初调,主要是调整大小里程侧的高程和梁段轴线,初调完成之后,纵移节段梁距离匹配面10cm时再进行一次精确调整,确保高程轴线满足监控要求,同时两个梁段能正常匹配不发生干涉。试拼完成之后,将梁段拉开距匹配面30cm,然后锁定调梁千斤顶,今后正式拼装时高程和轴线不再进行调整,只进行梁段的纵移。

1)三维调整设备

节段梁的平面位置及高程调整利用三维液压千斤顶(图3-6-28)和液压泵站(图3-6-29)作为动力执行单元,一个节段梁的底部安装4个三维千斤顶,通过控制系统控制三维液压千斤顶的伸缩缸动作,将节段梁调整至预定位置。

图3-6-28 三维千斤顶

图3-6-29 三维千斤顶及泵站

三维液压千斤顶型号为KTSW2008-5012,三维行程分别为纵向1000mm、横向50mm、竖向200mm。每个桥墩处配置1台6L/min流量的超高压电动泵站,每台泵站容积300L,可控制1个墩上4台千斤顶的三向动作,额定功率为7.5kW。全套设备采用1套带模拟输出模块的控制台,每台千斤顶上安装3个压力监控传感器及3个位移监控传感器。压力及位移监控传感器对各千斤顶的压力和行程进行实时监测,实现高同步精度的整体调整。

2)三维调整同步控制

节段梁三维调整时,控制系统要根据不同的对象和应用场合,实现各种同步控制要求,同时对多台三维液压千斤顶的组合实现动作同步的控制要求。

(1)荷载均衡控制。在每个竖向起顶点布置1个压力传感器,通过压力传感器,中央控制单元可以实时采集各个起顶点的荷载,从而知道各点的荷载分配,中央控制单元即可根据理想的荷载分配比例进行实时调整,保证竖向荷载分配的正确性。

(2)位置同步控制。除了控制好各个竖向起顶点的荷载分配之外,控制系统还必须调整好箱梁的横纵向位置。在调整系统中,使用实时性较好的位移传感器来获取X/Y方向的位移以解决调整过程中的测量问题,从而实现位置同步控制。

(3)千斤顶的动作同步控制。在整体提升施工时,控制系统必须有效、有序地控制千斤顶的动作。在调整系统中,通过实时控制网络实时采集各个千斤顶的状态信息,然后通过中央控制单元根据一定的逻辑顺序控制电磁换向阀,从而控制千斤顶的动作。

6.6.4.2 环氧树脂技术参数

本项目以西卡环氧拼装胶作为胶拼作业的黏结剂,该黏结剂共有 A、B 两组分,其主要技术参数如下:

颜色:灰色(A 组分 = 白色,B 组分 = 黑色)

稠度:软浆状

密度:1.8kg/L ± 0.1kg/L(A + B 组分混合)

混合比率:A 组分∶B 组分 = 3∶1(质量比)

保质期:原装密封条件下,自生产之日起 24 个月

详细参数如下:

产品使用温度范围为 + 5 ~ + 60°C,每个型号的产品在其适应施工的温度范围内要满足:适用期(搅拌后可使用时间或称活性时间)≥20min,按照《建筑胶粘剂通用试验方法》(GB/T 12954—1991)测试。可施工时间(表干)≥90min,实际干燥时间不超过 240min。按照《漆膜、腻子膜干燥时间测定法》(GB 1728—1979),测试厚度不小于 3mm。

触变性(抗流挂性能):厚度最薄为 3mm 时无流挂。10min 内向下流动量不得超过 30mm。

耐盐雾作用:经盐雾作用试验后与对照相比钢对钢拉伸抗剪强度下降率 5%,无裂纹或脱胶。检测标准参照《工程结构加固材料安全性鉴定技术规范》(GB 50728—2011)。

抗渗性:≥1MPa,可参照《聚合物水泥防水砂浆》(JC/T 984—2005)来测试。

蠕变特性-瞬时压缩弹性模量:≥8000MPa,测试方法 BS6319-6:1984,养护 7d 后。

抗压强度:12h≥40MPa,1d≥70MPa,7d≥80MPa。

抗折强度:7d≥40MPa,按照《水泥胶砂强度检验方法(ISO 法)》(GB/T 17671—1999)测试。

压剪强度(倾斜柱面测试):≥14MPa,按照《干挂石材幕墙用环氧胶粘剂》(JC 887—2001)养护7d 测试。拉伸剪切强度:≥12MPa,按照《干挂石材幕墙用环氧胶粘剂》(JC 887—2001)养护 7d 测试。

热变形温度:≥ + 50°C,按照《塑料 负荷变形温度的测定 第 2 部分:塑料、硬橡胶和长纤维增强复合材料》(GB/T 1634.2—2006)使用弯曲应力为 0.45MPa 的 B 法,养护 7d 测试。

湿热老化测试:A 级胶(钢-钢黏结抗剪强度下降小于 10MPa),参照《工程结构加固材料安全性鉴定技术规范》(GB 50728—2011)测试。

黏结强度:1d≥3MPa 且混凝土 100% 破坏,7d≥4MPa 且混凝土 100% 破坏。按照《建筑外墙用腻子》(JG/T 157—2004)测试,在产品规定的最低施工温度点、100% 湿度,施工 24h 后检测,混凝土块和集料会出现断裂,黏结剂没有失效。

可挤压性:在压力作用下,施工于混凝土表面的黏结剂能够被挤压和扩散,从而使两个表面之间形成一层均匀的黏结剂层。另一方面,在连接处必须保证有足够的黏结剂。产品在指定应用温度范围的下限,被测试黏结剂形成物的表面积在所指定挤压力下具有如表 3-6-3 所示的最低值。

可挤压型测试表 表 3-6-3

挤压负荷(kg)	表面面积(mm²)
15	5000
200	不超过 7500
400	不超过 10000

黏结胶根据气温,有不同的组分,其可操作时间及固化时间均可根据施工期间的环境温度进行选用和储备。

6.6.4.3 拌胶及涂胶

1)拌胶

产品分为 A、B 两个组分,存放在密封的桶中运送至施工现场。B 组分可直接倒入 A 组分的桶中拌和。具体拌和方法如下:

①打开 A,B 组分预搅拌,使材料混合均匀,再用刮刀把 B 组分完全加入 A 组分中搅拌。

②使用慢速大功率搅拌钻和丝带式钻头进行搅拌,因为转速过快或使用其他形式的搅拌钻头,在搅拌过程中会将过多的空气带入混合材料中,并产生过多的摩擦热,会使适用时间缩短。

③搅拌 1~2min 时,用刮刀将桶内的混合物兜底翻一次,使材料能更好地混合。

④搅拌时间控制在 3min,直至获得颜色均匀的混合物。

2)涂胶

涂胶前对要进行黏结的混凝土表面进行清理,保证其上无灰尘、浮浆、固化剂、油污或其他不利于黏合的污染物。混凝土表面可以是干燥或微湿,但有积水、霜或冰时不得施工。混凝土表面需要用砂轮研磨除去松散的渣尘,在涂抹黏结剂之前,要检查混凝土表面的平整度。如混凝土表面不平整,须用高强度砂浆找平后再使用黏结剂。

涂胶的总原则是快速、均匀并保证涂胶厚度。涂抹时,可用铲子、刷子或戴手套直接用手涂抹,涂抹厚度保证梁体挤压后胶厚能控制在 2~3mm 之间,只在单个节段块的接触面上涂胶。涂胶结束后,用特制的刮尺检查涂胶质量,将涂胶面上多余的环氧胶刮出,厚度不足的进行再次补涂。在箱梁接缝处底面及侧面挂吊板,减少或阻止在纵向预应力筋张拉时环氧胶掉落。张拉结束后及时清除接缝处挤出的环氧胶,并用波纹管清理器对预应力管道进行清理。

涂胶施工(图 3-6-30)的具体步骤如下:

图 3-6-30 涂胶施工

①人员安排:分搅拌和施胶两组,搅拌场所应尽量靠近施胶地点,避免在运输过程中浪费适用时间。根据施工面大小安排人员数量,搅拌组要确保施胶组不断料,保持施胶的连续性,控制在有效的适用时间内完成。

②在施胶前必须先做预拼接,检查电源、张拉设备等配套设施是否都运行正常。预拼接时观察拼接缝大小,确定施胶厚度和材料用量。

③用抹刀、泥刀或戴手套直接手涂黏结剂在黏结基面,推荐戴手套手涂施工。

④手抹施工时注意施胶手势:取料合适,掌心用力。

⑤在施胶时预留出预应力孔周边2~2.5cm的距离,防止在张拉时挤压出的材料把预应力孔道堵塞,并预留出预制箱梁周边1cm的距离。因为材料有很好的挤出性,张拉时会挤满预留的空隙,避免材料过多的浪费。

⑥搅拌人员和施胶人员应该专人专职,避免因岗位轮换而造成操作失误等情况发生。

⑦从搅拌到张拉结束,整个过程控制在1h内。

⑧在张拉的过程中,材料会被挤压出,应将拼缝底部进行密封处理,确保胶体不流失,既保证胶缝质量,又节约用胶量。

涂胶时还应注意以下事项:

①使用时要注意环境的温度及混凝土表面的温度,选用适合的温度等级产品。

②开启后的产品尽快用完。对未开启的桶,储存在干燥阴凉的位置,并做好防潮工作。

③在黏结剂未完全固化前,避免与水接触。

④每次施工结束后,应尽快对施工的工具进行清洗,以免结垢。

⑤由于产品的燃点高于100℃,若在施工范围内不慎失火,采用泡沫、干粉或二氧化碳进行灭火。

⑥搅拌和施工时应避免材料与皮肤、眼睛直接接触,穿戴好相应的防护用具,如手套、防护眼镜、口罩、工作衣等。

⑦如不慎发生误服,不要采取强制催吐的方法,应喝水稀释,并立即就医。

⑧如不慎掉入眼睛,不要用手去揉,应用清水冲洗,并立即就医。

6.6.4.4 梁段拼接

全截面环氧树脂胶涂抹完毕后,在预应力孔口贴上O形橡胶垫圈,防止孔口不密封,压浆时窜浆。然后移动待拼梁段,对位进行拼接,因为之前经过了试拼,高程和轴线都已调好,在移梁过程中只进行纵向位移,高程和轴线均不再进行调整。移至匹配面完全贴合之后张拉纵向体内预应力束,使环氧树脂在0.25~0.30MPa的压力下固化,挤压后的胶缝宽度宜在0.5~3.0mm之间,不应出现缺胶现象。挤出的多余环氧树脂胶应及时刮除,刮除过程中尽量减少对混凝土的污染,并用检孔器清理预应力孔道,清除可能进入预应力孔道的胶体,必要时0.5h后再通孔1次,确保孔道的畅通。

6.6.4.5 纵向体内预应力张拉、压浆

1)张拉机械及材料准备

①材料:六角螺母、承力板、连接器。

②机械器具:千斤顶、油泵、钢尺、油表。

2)压浆机械及材料准备

①材料:水泥、减水剂、膨胀剂、水。

②机械器具:高速制浆机、储浆罐、压浆泵、压力表、压浆管、阀门。

纵向体内预应力张拉工序为:将锚固端板清理干净→旋上六角锚固螺母→用连接器连接张拉杆与预应力钢筋→安装千斤顶、工具锚并调整居中→按规范程序张拉到张拉控制力的0%、20%、100%,并量测伸长值,同步拧紧六角锚固螺母→复核伸长值是否满足要求→千斤顶卸载,松脱工具锚,再次居中调整→张拉至控制力的100%,同步拧紧六角锚固螺母→记录伸长值→卸载→拆除千斤顶,旋下工具锚。

纵向预应力采用单端张拉,张拉时两侧对称同时进行。张拉后灌浆前,不得用重物敲击、碰撞精轧螺纹钢,切割多余的精轧螺纹钢,必须用砂轮切割机。

精轧螺纹钢张拉完成后48h内进行压浆,压浆配合比为压浆剂∶水=1145∶405。压浆的工序为:制浆→连接压浆孔和压浆管→开启压浆泵→出气孔冒出浓浆后保持不小于0.5MPa的稳压期→将出气孔封堵。压浆必须连续进行,不得中途中断。孔道压浆必须严格按照配合比进行拌制,压浆时排气孔应有水泥浓浆溢出,每个孔道要密实、饱满。

6.7 支架拆除

预应力混凝土箱梁在斜拉索挂设张拉完成后,箱梁受力完成了体系转换,荷载主要由斜拉索承担,存梁滑靴受力较小。当本跨斜拉索全部张拉完成之后,可以对本跨滑移支架进行拆除。

北边跨混凝土箱梁滑移支架按其所在部位和作用分为两大部分:第一大部分为箱梁胶拼及体外索施工的工作平台;第二大部分为箱梁施工的滑移支架。

支架结构从上至下结构为滑道梁、横向分配梁B、承重纵梁(贝雷梁、钢箱梁)、横向分配梁A、钢管桩、承台、钻孔桩基础。单孔支架自上而下的拆除顺序为:水平连接系及横向连接系(内侧两排立柱之间)→滑道梁→分配梁B→新型组合杆件(钢箱梁)→分配梁A→竖向连接系→钢管立柱→平整场地。

7 钢混结合段施工技术

7.1 钢混结合段安装施工

钢混结合段由浮式起重机从运梁船上起吊放在预先施工好的混凝土梁滑移支架上。索塔南侧在滑移支架的基础上搭设钢结构平台，用于钢混结合段施工。

钢混结合段在滑移支架上就位之后，为了与首节混凝土箱梁拼接，必须进行精确调位。精确调位系统主要由4个竖向支撑系统和一个牵引系统组成。竖向支撑系统由15cm厚橡胶垫块、2个无级调整螺栓的钢结构滑靴和400t三向液压千斤顶组成。4个400t三向液压千斤顶可以对钢混结合段进行高度调节，也可以对钢混结合段在桥梁横断面方向进行调节。滑靴在滑道上通过拖拉系统对钢混结合段实现桥梁纵向调节，从而保证调位系统可将钢混结合段精确调节到位。

钢混结合段作为钢箱梁的基准梁段，其定位精度至关重要。钢混结合段的精确调位按照先调整高程、纵坡，再调整轴线（横向），最后调整里程（纵向）的顺序逐步进行。当钢混结合段定位后，还须对其进行联测，检查各处偏差进一步微调。当所有的检测项目均符合设计及监控要求后，将钢混结合段固定在临时支座上。

（1）高程、纵坡调整。采用4台400t三维千斤顶同步顶起梁段，调节4个支点的无极调节螺栓，反复调整直至将梁段调整到设计高层、纵坡。调整完毕后，千斤顶卸载将梁段荷载转移到支座支墩上。

（2）横向、纵坡调整。调整遵循先横向后纵坡的原则。横向的调整通过4台400t三维千斤顶的纠偏顶进行纠调整。

（3）纵向调整定位。纵向调整通过4台100t拖拉系统进行调整，梁段精确到位后，梁段落于无极螺栓上。

7.2 纵向预应力钢筋安装

钢混结合段安装定位完成之后，进行首节混凝土梁段的预应力筋安装施工。由于梁体下部分预应力钢筋安装位置受限，精轧螺纹钢不便于安装，采用支架吊装安装。吊装支架结构如图3-7-1所示。

将精轧螺纹钢筋吊装在手拉葫芦吊具上，移动吊点可以横向移动1m的距离，一次可方便穿几根精轧螺纹钢筋，在安装支架上设置吊篮，工作人员可站在吊篮上进行精轧螺纹钢筋安装。精轧螺纹钢筋安装示意如图3-7-2所示。

首节混凝土梁段预应力筋安装完毕后清理精轧螺纹钢筋表面的防锈水泥浆及塑料套管，并将钢筋调直使其处于钢箱梁剪力槽范围内。钢筋间距可根据钢混结合段钢格室承压板位置适当调整，以适应承压板位置。

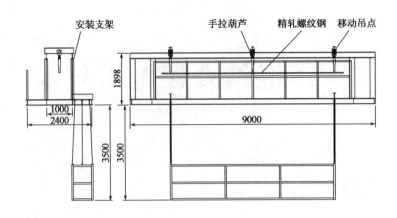

图 3-7-1　纵向预应力钢筋吊装支架图(尺寸单位:mm)

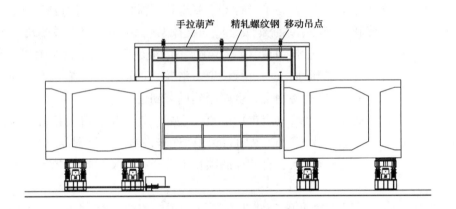

图 3-7-2　精轧螺纹钢筋安装示意图

7.3　钢混结合段与首节混凝土梁段拼接

固定钢混结合段的位置不动,将首节混凝土梁段朝钢混结合段方向缓慢纵移。在距离匹配面约50cm的位置,在滑座中间正下方安放4个三向千斤顶,测量人员对梁顶的控制点进行观测,根据测量结果及监控指令,指挥调整梁段高程,高程调整到位后,利用三向顶的水平千斤顶调整梁段的平面位置。

平面位置调整到位后,纵向顶推使首节混凝土梁段缓缓靠近钢混结合段,在距离匹配面约20mm时,停止纵向移动,再次复测待拼装梁段的高程和轴线位置,根据测量结果决定是否再次进行微调。纵向千斤顶继续顶推,直至两个梁段准确对接,检查匹配面的结合情况,测量待拼梁段的高程和轴线位置,完成拼接。

拼接时由于梁段后支点与后梁段前支点间距很小,移梁所用牵引方式的牵引千斤顶过长,导致梁段无法拼装。故在拼装区更换牵引系统,由原来1000mm行程油缸,在拼接工况下更换成4台100t的中空顶,150mm行程,本体高323mm。这样可确保梁体顺利拼接。拼接示意如图3-7-3、图3-7-4所示。拼接时的高程控制见表3-7-1。

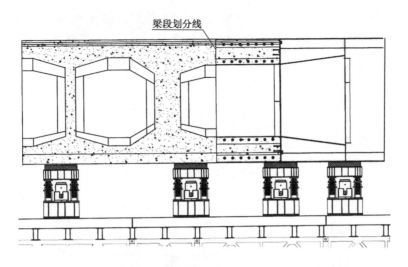

图 3-7-3　梁段拼装反力座及设备布置图

图 3-7-4　钢混结合段与混凝土梁段拼装对接过程

试拼梁段监控指令控制数据　　　　　　　　　　　　　　　　表 3-7-1

位　　置	梁　顶　里　程	梁底高程(m)
钢混结合段大里程侧	K69+195.214	62.965
钢混结合段小里程侧	K69+190.013	62.858
首节混凝土梁段大里程侧	K69+190.013	62.858
首节混凝土梁段小里程侧	K69+184.010	62.768

7.4　临时锁定

在钢混结合段与首节混凝土梁段拼接完成之后,接下来要进行钢混结合段钢格室内混凝土的浇筑施工,为了避免由于移梁支架上重量的增加引起两个梁段之间相对位置的变化,在两个梁段之间设置临时锁定装置。临时锁定支撑位置空间有限,可利用的设备有限,根据现场情况,采用挂篮滑道枕梁进行层叠加高支撑,顶部设置200t液压千斤顶的方式。

为了减少混凝土的侧压力对梁体的推挤,采取利用梁体纵向预应力钢筋作为拉杆进行紧固。拧紧钢混结合段与首节混凝土梁段的预应力筋螺母18个、顶板10个、底板8个。

混凝土梁临时支座钢板处焊接工字钢与支架锁定,避免浇筑过程中钢混结合段发生变位。为加强钢混结合段对接面的临时锁定牢固程度、避免钢混结合段顶板沉降,在钢箱梁内部增加钢管立柱和剪刀撑,将钢混结合段与混凝土梁进行固定,同时对顶板进行顶撑。钢混结合段与首节混凝土梁段之间的临时锁定如图 3-7-5 所示。

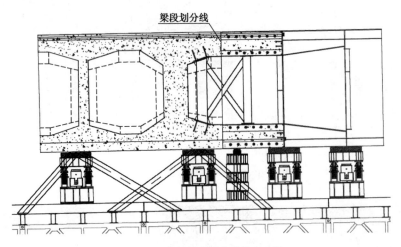

图 3-7-5　钢混结合段临时锁定支撑

7.5　活性粉末混凝土(RPC)填充

钢混结合段钢格室内填充活性粉末混凝土(RPC)。活性粉末混凝土(RPC)是以细砂为集料,掺入大量硅灰等矿物掺合料、高效减水剂和微细钢纤维,使得抗压、抗拉性能大幅提高的一种高强度、高韧性、低孔隙率的混凝土材料。活性粉末混凝土(RPC)引用的规范为《活性粉末混凝土》(GB/T 31387—2015)。

2017 年 10 月 30 日,石首长江大桥 SS-2 标工地试验室对湖南大学研发的活性粉末混凝土(RPC)进行试验参数验证,掺配比例见表 3-7-2。

活性粉末混凝土(RPC)掺配比例　　表 3-7-2

活 性 粉 末	水	高效减水剂
1kg	0.097kg	0.006kg

活性粉末混凝土(RPC)试验检测结果见表 3-7-3。

活性粉末混凝土(RPC)技术指标检测结果　　表 3-7-3

检测项目	胶砂流动度(mm)	抗折强度(MPa)		抗压强度(MPa)		初凝(h)	终凝(h)
		7d	28d	7d	28d		
国家标准	—	—	≥12	—	≥100	>12	>16
试验结果	209	13.7	17.2	87.2	114.6	16	24

在对钢混结合段钢格室内进行活性粉末混凝土(RPC)填充之前,对钢混结合面上的多余空隙和拼接缝进行封堵。由于混凝土初凝时间达到 12h、终凝时间达到 48h,浇筑过程中混凝土一直处于可流动状态,任何缝隙漏浆都将影响浇筑质量。全部缝隙采用混凝土拼缝用胶进行封堵,并安排专人全程跟踪、检查。

钢混结合段箱室内设置浇筑孔接高钢板盒子和浇筑孔盖板,并用钢管支架对浇筑孔盖板进行顶撑封盖。通气孔采用直径100mm钢管接高15cm,并采用4mm厚钢板进行封盖。

钢混结合段混凝土浇筑时箱内临时措施布置如图3-7-6所示。

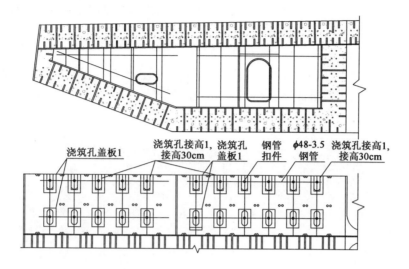

图3-7-6　钢混结合段混凝土浇筑时箱内临时措施布置图

钢格室内混凝土通过拖泵泵送,利用软管分层布料,对称浇筑(混凝土为自密实混凝土,现场备用插入式振捣器)。钢格室内的混凝土通过浇筑孔下料,相隔仓面混凝土高差控制在30cm左右,使剪力键内混凝土气泡顺利排出。

钢格室内混凝土浇筑时顺桥向整幅一次性布料,分层浇筑,分层厚度约为30cm。具体浇筑步骤如下:

(1)从靠近钢箱梁的实心段开始浇筑,浇筑50～60cm高后浇筑2个边腹板,同样浇筑50～60cm高后浇筑风嘴处,使混凝土灌入斜底板、底板,直到将底板灌满。

(2)按照步骤(1)的浇筑顺序分别在实心段、腹板、风嘴处转圈循环分层布料,直至混凝土面与顶板底面平齐。

(3)全断面布料,左右两幅同步推进,直到混凝土将顶板底层钢筋埋没(剩余20～30cm厚度)停止。

(4)结合顶面混凝土收面顺序及推进方向,进行分幅浇筑,直到将顶板剩余部分混凝土浇筑完毕。

浇筑步骤如图3-7-7所示。

钢混结合段钢格室内混凝土浇筑空间十分狭小、钢箱梁结构复杂、临时措施增加多,给浇筑过程带来很大困难。为保证浇筑质量,需采取以下措施:

(1)严格按照浇筑步骤浇筑,控制分层布料厚度。

(2)浇筑完成后,必要时从预留压浆孔向各个钢格室内灌注水泥浆,填充混凝土与钢箱梁未紧密结合处。

(3)为使钢格室部分混凝土密实,在相邻梁顶板浇筑孔设置木盒接高浇筑孔,在箱室内设置钢板盒子接高浇筑孔。超浇该部分混凝土,对钢格室内混凝土形成压力,直到混凝土从排气孔、压浆孔溢出,在初凝之前将多余混凝土清除。

(4)及时将已浇筑混凝土下料孔进行封堵和安装钢管支架

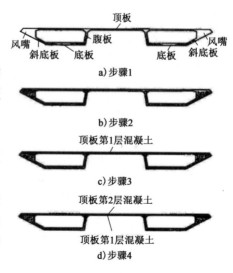

图3-7-7　浇筑步骤图

顶撑浇筑孔盖板,避免上层混凝土浇筑时将盖板顶翻。

（5）局部空间相对狭小的部位,必要时采用振捣棒振捣确保混凝土密实。

钢格室内混凝土施工时的防裂措施为：

（1）严格按照科研单位的科研成果进行混凝土的拌和。严格控制拌和时间,粉料搅拌时间4min,加水搅拌6min,控制每盘混凝土数量至4t,确保混凝土搅拌质量。

（2）浇筑过程中及时分层振捣,将混凝土中气泡引出。

（3）冬季气温低,所处位置风大,采用一层塑料薄膜、一层土工布、一层棉被进行覆盖。

（4）浇筑完之后的混凝土质量优良,经将钢混结合段浇筑孔盖板拆除后发现所浇筑的活性粉末混凝土(RPC)平整、密实,达到了预期效果(图3-7-8)。

图3-7-8　浇筑完成之后的钢格室内活性粉末混凝土(RPC)外观

8 斜拉索制造与安装技术

8.1 总体施工方案

斜拉索施工主要包括运输、上桥、展索、挂索、张拉、调索、减振装置安装等工序。斜拉索由水运进场后转运至施工平台,利用塔式起重机或桥面吊索桁车吊装上桥,采用先塔端挂索、再梁端入锚、最后塔端牵引及张拉的施工工艺。具体为利用桥面卷扬机及汽车起重机配合展索;利用塔式起重机及塔顶吊架进行塔端挂索;利用卷扬机及汽车起重机进行梁端入锚;最后利用千斤顶系统收塔端软牵引钢绞线或硬牵引张拉杆,根据监控指令完成斜拉索张拉。中跨合龙后根据监控指令进行调索,桥面铺装完成后安装塔端内置式阻尼器及梁端外置式阻尼器。下面以南主桥为例说明斜拉索的具体施工方法。

(1)1号~5号斜拉索采用塔端硬牵引施工:首先进行塔端挂索并戴平螺母,梁端压锚前利用张拉杆将塔端锚头下放50cm以减少梁端压锚力,梁端锚固后再进行塔端硬牵引并完成张拉。

(2)6号~16号斜拉索采用塔端软牵引施工:首先安装塔端锚头的软牵引钢绞线,再进行塔端挂索并利用锚具锚固软牵引钢绞线,梁端压锚完成后收塔端软牵引装置至戴平锚杯螺母,更换撑脚及千斤顶,安装张拉杆后进行张拉。软牵引选用大流量油泵及XY型行星千斤顶,此系统可以满足软牵引牵引效力每小时达到20m以上,可提高工效。

(3)17号~26号斜拉索采用塔端软硬组合牵引施工:首先安装塔端张拉杆及软牵引钢绞线,再进行塔端挂索并利用锚具锚固软牵引钢绞线,梁端压锚完成后收塔端软牵引装置,软硬牵引连接套筒穿过锚杯螺母后用拉杆螺母锚固张拉杆,再拆除软牵引套筒,更换撑脚及千斤顶,安装接长杆后进行硬牵引并完成张拉。

8.1.1 斜拉索挂索计算

根据设计图纸上的索长、索重、上下锚点坐标以及监控单位提供的张拉力等参数,边界条件为一端锚固,另一端牵引,计算在一定牵引力作用下斜拉索张拉端锚头端面距锚垫板的距离。根据计算结果确定牵引方式和软牵引钢绞线束数量、长度等参数。斜拉索挂索索力按式(3-8-1)计算。

$$\Delta L = L_0 - L + \frac{\omega^2 L_X^2 L_0}{24T^2} - \frac{TL}{AE} \tag{3-8-1}$$

式中:ΔL——斜拉索锚头距离锚垫板端部中心距离;

L_0——斜拉索锚板中心几何间距;

L——斜拉索长度;

$\frac{\omega^2 L_X^2 L_0}{24T^2}$——斜拉索垂度修正值,其中,$\omega$ 为斜拉索单位长度重量,L_X 为斜拉索水平投影长度,T 为斜拉索挂索牵引力;

$\frac{TL}{AE}$——斜拉索伸长量修正值,其中,A 为斜拉索横截面积,E 为斜拉索弹性模量。

根据以上公式计算确定塔端牵引方式、硬牵引张拉杆长度及规格、软牵引钢绞线长度及数量时的控制原则如下：

（1）为便于操作、确保梁端入锚安全，梁端压锚力控制在150kN以内；

（2）软牵引锚具为19孔锚具，为确保软牵引钢绞线安全系数大于2.5倍，软牵引最大牵引力控制在1900kN以内；

（3）张拉杆及接长杆长度需确保在软牵引力达到最大值（1900kN）之前实现软硬牵引转换，张拉杆及接长杆选型需满足最大张拉力（取500kN）及最大硬牵引力（取3400kN）的要求（保证2倍以上安全系数），同时需考虑塔端的张拉空间以确定分节长度。

斜拉索挂索牵引参数见表3-8-1。

斜拉索挂索牵引参数 表3-8-1

拉索编号	无应力索长(m)	张拉力(kN)	硬牵引	软牵引 根数	软牵引 长度(m)
SJ01	129.216	2222	1.5m张拉杆+0.5m接长杆	无	
SJ02	132.433	2500			
SJ03	137.263	2425			
SJ04	147.641	2194			
SJ05	158.068	2171			
SJ06	169.119	2319	1.5m张拉杆	12	2
SJ07	180.751	2540		13	2
SJ08	192.411	2677		14	3
SJ09	204.612	2675		14	4
SJ10	217.156	2712		14	4
SJ11	230.048	2044		12	5
SJ12	243.359	2815		15	6
SJ13	256.498	2999		17	8
SJ14	269.913	3073		17	10
SJ15	283.473	3150		18	12
SJ16	297.152	3371		19	12
SJ17	311.006	3440	1.5m张拉杆+1m接长杆	19	13
SJ18	325.015	3579		19	14
SJ19	339.256	3686		19	16
SJ20	353.464	3854		19	17
SJ21	367.749	4021		19	18
SJ22	382.054	4131		19	19
SJ23	396.469	4995		19	20
SJ24	410.910	4781		19	23
SJ25	425.414	4633		19	25
SJ26	440.016	4445		19	26
SA01	129.719	1970	1.5m张拉杆+0.5m接长杆	无	
SA02	133.158	2293			
SA03	138.072	2224			
SA04	149.003	2259			
SA05	159.452	2153			

续上表

拉索编号	无应力索长(m)	张拉力(kN)	硬 牵 引	软 牵 引	
				根数	长度(m)
SA06	170.801	2277	1.5m 张拉杆	11	2
SA07	182.225	2266		11	2
SA08	194.168	2410		12	3
SA09	206.522	2388		12	4
SA10	219.113	2541		13	4
SA11	232.245	1779		11	5
SA12	245.338	2850		15	6
SA13	258.661	3041		17	8
SA14	272.090	3251		19	10
SA15	285.737	3282		19	12
SA16	299.456	3445		19	12
SA17	313.572	3559	1.5m 张拉杆 + 1m 接长杆	19	13
SA18	327.468	3554		19	14
SA19	341.866	3415		19	16
SA20	356.005	3982		19	17
SA21	370.195	4549		19	18
SA22	382.058	4568		19	19
SA23	393.663	3631		19	20
SA24	405.472	3753		19	22
SA25	417.311	3770		19	24
SA26	429.262	3757		19	25

8.1.2 张拉杆选型及计算

斜拉索塔端软牵引钢绞线可以根据张拉空间要求及时割除,但硬牵引张拉杆的分节选型必须考虑塔内空间限制。南塔塔内施工最小空间为2280mm,最大空间为2810mm。千斤顶撑脚高度、千斤顶高度、张拉杆螺母高度总和为 700 + 420 + 160 = 1280(mm),故采用1.5m 张拉杆 + 1.0m 接长杆,既可满足斜拉索挂索与张拉的要求,又保证了塔内的空间满足施工要求。具体示意如图3-8-1所示。

张拉杆采用Tr145 × 12 螺杆,接长杆采用Tr80 × 6 螺杆,材质均为45CrNiMoVa。结合现场实际情况,张拉杆最大受力约为6000kN,接长杆最大受力约为3000kN。经计算,张拉杆及接长杆受力验算均满足要求。计算见表3-8-2。

张拉杆及接长杆受力计算表   表3-8-2

构件名称	螺纹规格	牙顶间隙(mm)	牙高(mm)	旋合齿数	齿宽(mm)	底径(cm)	计算力(kN)	弯曲应力(MPa)	剪应力(MPa)	芯部拉应力(MPa)	主应力(MPa)	屈服强度(MPa)	安全系数
张拉杆	Tr145×12	1	6	11	10	133	5000	350	194	360	485	1330	2.74
接长杆	Tr80×60	1	3	11	8	74	3400	334	297	791	613	1330	2.17

注:1. 根据监控指令,最大张拉力为 SJ23 = 4955kN,计算取5000kN。
2. 根据挂索牵引工况计算,梁端安装完成,塔端接长杆最大硬牵引力为 SJ26 = 3385kN,计算取3400kN。
3. 张拉杆及接长杆材质为45CrNiMoVa。

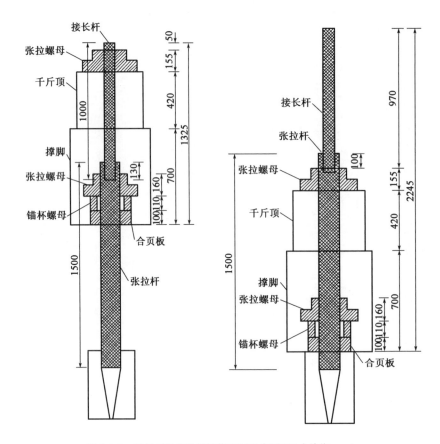

图 3-8-1 张拉杆及接长杆操作空间示意图(尺寸单位:mm)

8.2 主要施工设备

8.2.1 桥面吊索桁车

吊索桁车布置于江侧下游 SJ03 与 SJ04 斜拉索之间的钢箱梁顶面,即位于 SZ03 钢箱梁的拉索横隔板(HL2 横隔板)以及 SZ04 钢箱梁的向塔侧第一道横隔板(距离梁端 2.2m 的 HL1 横隔板)上方。对应部位的 SZ03 钢箱梁及 SZ04 钢箱梁的风嘴后装。吊索桁车结构布置示意如图 3-8-2 所示,吊索桁车现场如图 3-8-3 所示。

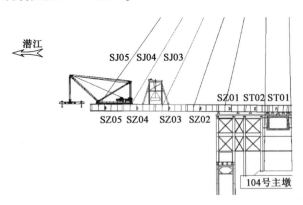

图 3-8-2 吊索桁车结构布置示意图

图 3-8-3 吊索桁车现场

吊索桁车顺桥向跨度6.0m,横桥向跨度19.5m,高12m,悬出梁侧7m,索盘直径4.9m。桁吊主承重梁、直立柱及前斜立柱均采用2HN600×200型钢,其他斜腿采用I45b型钢。起吊横梁采用2HN600×200的工字钢,平联及斜撑采用I25a工字钢。起吊卷扬机选用JM10卷扬机,采用60t滑车组,走6线。在主承重梁顶设置轨道及4台15t单轨平车(自带刹车系统),通过平车带动卷扬机行走实现索盘的平移。最重斜拉索为SA26,重42.261t,加上索盘约50t,桥面吊索桁车吊重取60t。

8.2.2 塔顶起重机

塔顶起重机是挂索施工中的主要设备,在斜拉索放索过程中用塔顶起重机对斜拉索进行起吊与牵引,塔顶起重机布置在索塔顶部。塔顶起重机利用4台10t卷扬机作为起吊动力装置,主要受力构件采用2HN700×300型钢及2HN600×200型钢。另外布置3台5t卷扬机用于塔上斜拉索挂索牵引施工。塔顶起重机现场如图3-8-4所示。

8.2.3 梁端牵引卷扬机及汽车起重机

桥面共布置4台10t梁端牵引卷扬机,用于斜拉索展索牵引及梁端入锚,卷扬机设置在梁端,根据现场施工情况调整安装位置。桥面配备1台50t汽车起重机,用于桥面吊装及辅助梁端入锚施工。卷扬机及汽车起重机如图3-8-5所示。

图3-8-4 塔顶起重机现场

图3-8-5 卷扬机及汽车起重机

8.2.4 软牵引设备

软牵引设备包括软牵引千斤顶、软牵引撑脚、变径连接套、自锁工具锚、钢绞线、软牵引连接头等,安全系数应大于或等于2.0,使用前需进行静载试验。软牵引装置示意如图3-8-6所示。

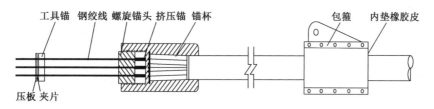

图3-8-6 软牵引装置示意图

8.2.5 斜拉索张拉设备

为满足张拉力要求并确保施工工效,根据最大张拉力不超过千斤顶容许荷载80%的规范要求,采用8台750t千斤顶作为斜拉索张拉设备,油压表采用0.4级精度表。

8.3 具体施工工艺

8.3.1 斜拉索上桥面

考虑到斜拉索运输要求及桥面吊索桁车的布设位置,1号~7号索采取陆运方式,利用塔式起重机吊装上桥,8号~26号索采取水运方式,利用桥面吊索桁车提升上桥。斜拉索上桥后存放于塔区附近,下放利用20cm的方木支点。斜拉索上桥如图3-8-7所示。

图3-8-7　斜拉索上桥

8.3.2 斜拉索展索

用汽车起重机配合放索盘将斜拉索锚杯脱离并放置在锚杯小车,用桥面卷扬机将锚杯牵引至塔柱根部。牵引过程中,每隔3m放置一个索体小车,同时在斜拉索与小车间利用土工布隔离,以保护斜拉索PE层。斜拉索展索示意如图3-8-8所示,桥面展索现场如图3-8-9所示,展索后现场如图3-8-10所示。

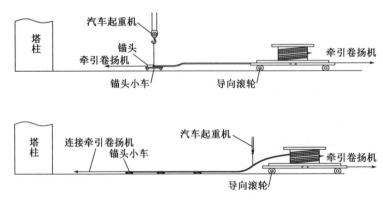

图3-8-8　斜拉索展索示意图

图 3-8-9　桥面展索现场　　　　图 3-8-10　展索后现场

8.3.3 斜拉索塔端挂索牵引

1) 1 号~5 号斜拉索施工

(1) 在塔端锚垫板处将锚杯螺母就位;

(2) 距塔端锚头索导管长度加 1m 的位置安装索夹,在塔端锚头安装提吊头;

(3) 塔内 5t 卷扬机钢丝绳穿过螺母及索导管下方至梁面,与提吊头连接;

(4) 塔外 10t 卷扬机下放钢丝绳与索夹连接;

(5) 同时启动塔内塔外卷扬机提升索体及锚头;

(6) 锚头接近索导管口 50cm 时停止提升,调整好锚头角度;

(7) 再次启动卷扬机,通过内拉外送的方式,将拉索送入索导管;

(8) 锚头伸出锚垫板后,及时旋紧锚杯螺母;

(9) 安装撑脚、千斤顶及 1.5m 张拉杆、50cm 接长杆,待桥面展索完成后,梁端入锚前,利用千斤顶将锚头下放 50cm 后锚固;

(10) 梁端压锚完成后,利用千斤顶收张拉杆直至塔端戴平螺母;

(11) 拆除塔外锁夹,准备张拉。

2) 6 号~16 号斜拉索施工

(1) 在塔端锚垫板处安装软牵引撑脚,并将锚杯螺母就位;

(2) 在塔端锚头附近安装索夹,在塔端锚头端部安装变径套、连接套筒、软牵引钢绞线及锚具夹具;

(3) 塔外 10t 卷扬机下放钢丝绳与索夹连接;

(4) 启动卷扬机提升索体至塔端索导管口 50cm 停止;

(5) 塔内 5t 卷扬机钢丝绳穿过撑脚、螺母及索导管与塔端软牵引锚具连接;

(6) 启动塔内卷扬机将软牵引钢绞线锚头牵引出塔端锚垫板,塔外卷扬机实时调整角度;

(7) 软牵引锚具穿过撑脚后安装限位卡板,将锚具固定于软牵引撑脚上;

(8) 安装软牵引千斤顶及锚具,完成钢绞线双层锚固;

(9) 梁端压锚完成后,启动塔端千斤顶收软牵引钢绞线,过程中利用塔外卷扬机实时调整角度,确保锚头及索体牵引顺畅,牵引过程中根据现场情况适时割除钢绞线;

(10) 塔端锚头接近索导管口时拆除锁夹;

(11) 继续收软牵引钢绞线至塔端戴平螺母;

(12) 拆除软牵引千斤顶、撑脚及连接套;

(13) 安装张拉撑脚及张拉杆,准备张拉。

3) 17 号~26 号斜拉索施工

(1)~(10) 与 6 号~16 号斜拉索施工相同;

(11) 软硬牵引连接套、拉杆螺母穿过塔端锚杯螺母后,安装半月卡板锚固张拉杆;

(12) 拆除拆除软牵引千斤顶、撑脚及连接套;

(13) 安装张拉撑脚及1m接长杆;

(14) 利用千斤顶收张拉杆直至塔端戴平螺母,准备张拉。

塔端牵引示意如图3-8-11所示,斜拉索软牵引示意如图3-8-12所示,软硬牵引转换示意如图3-8-13所示。

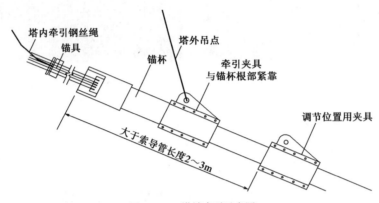

图3-8-11 塔端牵引示意图

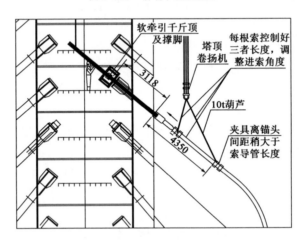

图3-8-12 斜拉索软牵引示意图

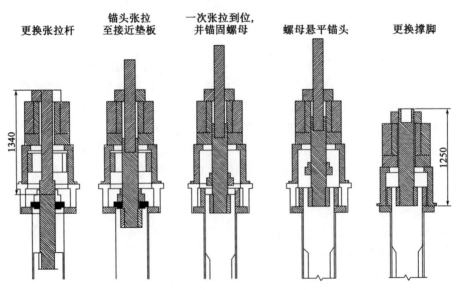

图3-8-13 软硬牵引转换示意图

8.3.4 斜拉索梁端压锚

在梁端锚点前端焊接压锚耳板,耳板需焊接在上下锚点延长线的前端,耳板焊接需严格控制焊接质量,入锚前进行加载预拉。

塔端斜拉索挂设完成后,用卷扬机及 50t 汽车起重机完成桥面展索。利用 10t 卷扬机走 4 线后牵引拉索至索管口,入锚前利用 50t 汽车起重机、叉车及链条葫芦调整入锚角度,再利用卷扬机牵引入锚,过程中对角度实时调整。入锚前索导管口需支垫橡胶皮以保护锚杯及索体,入锚完成戴帽后在索导管口支垫方木防止索体弯折受损。斜拉索梁端挂设施工工艺流程如图 3-8-14 所示,梁端压索现场如图 3-8-15 所示。

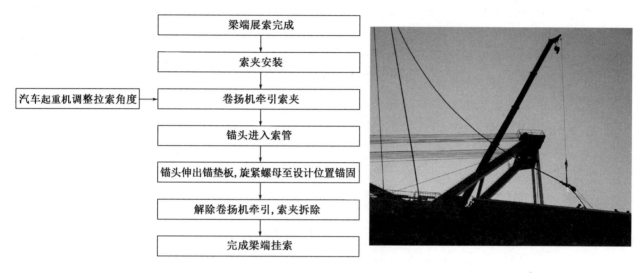

图 3-8-14 斜拉索梁端挂设施工工艺流程图　　　　图 3-8-15 梁端压索现场

8.3.5 斜拉索张拉

斜拉索张拉在索塔内进行,采用 YCW-750t 液压千斤顶,油压表为 0.5 级精度表。标准张拉流程为:安装张拉设备→启动油泵进油张拉→锚杯螺母跟进锚固→张拉力、伸长量控制→紧固锚杯螺母。

根据钢箱梁悬臂端的荷载状态,斜拉索一次张拉完成,张拉力由监控单位提供。四根斜拉索同时对称张拉,以防止索塔承受过大的弯曲应力。为了减少温度、日照对张拉力和梁体高程的影响,在张拉设备安装好后,夜间进行钢箱梁精匹配及打码焊接,焊接完成后进行斜拉索挂索并根据监控指令进行张拉。张拉过程中进行分级,以每 30t 为一级缓慢进行张拉,并做好记录。

在张拉过程中,要不断拧紧斜拉索冷铸锚的螺母,防止千斤顶回油时,斜拉索产生冲击,损坏千斤顶和油泵。

斜拉索张拉要求对称进行:索塔顺桥向两侧的拉索和横桥向对称的拉索必须对称同步张拉;同步张拉的不同步索力的相差值不得超出 30t;两侧不对称的或设计拉力不同的拉索,应按设计规定的索力分级同步张拉,各千斤顶同步之差不得大于油表读数的最小分格,索力终值误差小于 ±5%。

8.4　长索防退扭

(1)斜拉索包装时,尽可能采用较大索盘卷装斜拉索,减少索绕盘产生的加扭应力。

(2)斜拉索在桥面展索,空中挂索阶段,尽量将索绕盘时产生的加扭力释放,如在桥面展索时,利用场地尽可能展开较长长度;水平放索时,同步解除部分扭转。

(3)斜拉索牵引阶段,达到一定牵引力时,也会产生扭转力。此时软牵引的钢绞线左捻和右捻应对称分布,并人工随时调整钢绞线的旋转。

(4)硬牵引张拉阶段斜拉索扭转时会带动张拉杆以及张拉杆螺母同时转动,千斤顶油缸与拉杆螺母之间的摩擦力太小,不能克服较大扭转力,此时张拉过程中必须人工随时操作锚固螺母,随拉随拧,保证锚固螺母不离开锚垫板。

8.5 临时减振措施

钢箱梁及斜拉索施工期间,因风雨等影响,斜拉索的风振非常明显,直接影响箱梁悬拼的平面位置及线形的控制,因此需要对斜拉索采取临时减振措施。每根斜拉索施工完成后,用临时索将斜拉索同钢箱梁临时连接,同时在梁端索导管口设置楔形方木。根据管口空隙,楔形方木采用边长10cm与15cm两种规格,每个管口设置4根,楔形木与索体间垫橡胶皮与土工布。设置楔形方木,对斜拉索的临时减振作用明显。临时减振布置如图3-8-16所示,临时减振现场如图3-8-17所示。

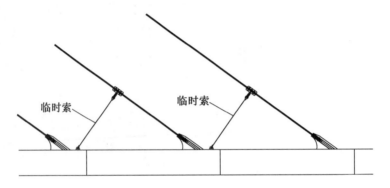

图3-8-16 临时减振布置图

图3-8-17 临时减振现场

8.6 拉索护套损伤修复

斜拉索护套破损一般在转运、展索、提升、入锚过程中发生。在各个环节发现斜拉索破损情况,应采取措施及时进行修复。斜拉索架设完毕后,缠绕PVF氟化膜胶带前,还需通长检查斜拉索索体表面,对挂索张拉施工过程中未能及时发现和处理的护套损伤进行修复。

斜拉索的护套损伤分为轻微损伤、深度损伤和严重损伤(露钢丝)。在修补前,检查索体外观,如发现有污渍,使用环保型的碳氢清洗剂清洗。对于表面护套轻微损伤,可直接进行打磨处理。对于深度损伤(露内层PE)的护套,认真清洗伤口,准备黑色PE条,并采用专用工具进行修补,修补完成后进行打磨处理。对于严重损伤(露钢丝)的护套,先剥除破损PE护套,清洗伤口,确保清洗后的伤口面上清洁无杂质,准备新的黑色 PE 护套管(护套管根据拉索规格加工),将护套管切割成两半,长度视损伤程度而定,边侧去除毛刺。待索体表面清理干净后,在裸索表面缠绕新的纤维胶带进行防护。将 PE 套管安装在索体上,并临时固定。对环向及纵向接缝进行焊补。塑料焊条应堆满损伤处,待冷却后用千叶片和羊毛抛盘进行打磨,使其表面光滑。

8.7 拉索 PVF 氟化膜胶带缠绕施工

张拉完成后的斜拉索在修复和清洁后,以不小于 50% 的重叠面缠包 PVF 氟化膜保护胶带(索导管内的 PVF 胶带在挂索过程中采用手工缠绕的方式进行),同时在 PVF 胶带外缠绕螺旋线,以防范和降低风雨激振导致的拉索振动的影响。

缠绕前首先进行缠绕机组装、缠绕机组装后试运行、卷扬机及保险钢丝绳安装。缠绕设备安装完成后,进行缠绕机调试及 PVF 带和螺旋线缠绕。

全桥 PVF 带及螺旋线缠绕为沿索体由上往下的方向进行,PVF 带的重叠面不小于 50%,在缠绕过程中索体每间隔 10~15m 即采用带宽(15~20mm)的 PVF 带对螺旋线进行固定,在索体两端位置除采用同样方式对螺旋线固定外还外加不锈钢卡箍固定。

根据缠绕索径、PVF 带宽、搭接率,调整 PVF 带出带角度,两边出带角保持一致,同时调整 PVF 缠绕电机和行走电机频率比。设备上行到索塔端,手动缠绕塔端机器盲区部分的 PVF 带,固定螺旋线端头,下行电气联动行走的同时,缠绕 PVF 带、螺旋线,观察缠绕质量微调频率比值,直至缠绕效果达到要求。缠绕机行至桥面,固定螺旋线、PVF 带,拆除缠绕机。手动缠绕梁端机器盲区部分的 PVF 带,固定螺旋线端头。拆除缠绕机,并检查拆除后的缠绕机各部件,发现问题应及时修复。在整个缠绕过程中,保险钢丝绳应时刻跟随,保持适当的垂度。

完成一根斜拉索缠绕后,拆除缠绕机,循环进行下一根斜拉索的 PVF 带及螺旋线缠绕工作,直至全桥 208 根斜拉索全部缠绕完成。

拉索 PVF 带缠绕过程如图 3-8-18 所示,拉索 PVF 带缠绕后如图 3-8-19 所示,螺旋线缠绕后如图 3-8-20 所示。

图 3-8-18　拉索 PVF 带缠绕过程

图 3-8-19　拉索 PVF 带缠绕后

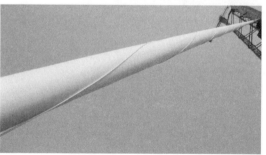

图 3-8-20　螺旋线缠绕后

第 4 篇

主桥施工控制

1 概　　述

本项目采用自适应无应力构形法进行施工控制。具体措施为：通过精确计算并控制预制节段构件无应力时的几何尺寸和重量等参数，减少施工时结构刚度和自重等参数产生的误差，以结构（主要是主梁）的线形控制为主并校核内力，同时结构线形误差通过某些简单实用措施（如调整焊缝宽度或调整斜拉索伸长量）进行调整，从而既满足成桥后线形和内力的精度控制要求，又简化施工监控的难度以及方便施工。

1）斜拉桥无应力构形的求解

采用非线性正装迭代有限元法求解。采用该方法在进行有限元法分析时，斜拉索单元采用悬链线单元模拟，主梁单元和索塔单元的梁柱效应采用带几何刚度矩阵的梁元模拟，结构的大位移效应采用改进的 CR 法考虑。

求解制造时斜拉桥各节段构件的几何尺寸，实际上是求解各单元的无应力尺寸。其基本过程是：首先求解主梁和索塔的安装线形、制作线形以及斜拉索的无应力索长，然后计算出相应的制造控制点坐标。

2）自适应过程

自适应无应力控制法中自适应过程指施工监控相关参数的识别与预测，后续施工节段控制的优化及调整。

自适应无应力构形控制法也需进行设计参数（或称计算参数）的识别预测与和控制参数的优化调整。当结构阶段目标出现超出允许的偏差时，进行参数误差的识别与预测，并通过对后续节段无应力尺寸进行调整以最终使结构的线形和内力达到设计目标。

1.1 监控目标

（1）成桥后主梁线形平顺，结构应力分布合理，达到设计要求。

（2）成桥后斜拉索索力满足设计要求。

（3）成桥状态索塔偏位满足设计要求。

（4）在架设阶段确保斜拉索索力、主梁线形、桥塔偏位等与理论计算值相近，保证施工过程中各结构构件的安全；施工过程中和竣工后结构内力状况满足设计要求，结构的整体变形、线形、位移达到设计文件规定的状态。

（5）控制及监测精度达到施工控制技术要求的规定。

（6）精度控制和误差调整的措施不对施工工期产生实质性的不利影响。

1.2 监控原则

（1）北边跨混凝土梁段采用短线法预制，各梁段之间采用胶接缝进行连接，为确保拼装后混凝土主梁线形，在预制阶段以控制各梁段的预制几何尺寸为主，并采取有效措施防止各梁段在存梁阶段产生过大变形。

（2）在北边跨混凝土主梁挂索期间，其支架钢管桩在挂索过程中逐步拆除，因此此过程施工控制以索力和主梁应力控制为主，需要通过精确控制支架的变形与斜拉索的张拉力确保混凝土主梁在施工过程中的应力始终处于安全范围。

(3)中跨钢箱主梁由于采用悬臂拼装法施工且单悬臂主梁长度非常长(最大单悬臂长度达约400m),因此中跨主梁和南边跨主梁则以索力和主梁线形进行双控,以各节段定位高程和索力为主要调控手段进行整个悬臂拼装主梁的施工控制工作。

1.3 施工控制内容和总体流程

施工控制内容主要分为前期计算分析、构件预制、现场安装三个阶段,即:

1)前期计算分析阶段

(1)对全桥施工过程进行模拟分析,确定钢主梁、混凝土主梁、斜拉索的无应力尺寸和各节段的加工尺寸。

(2)确定北边跨混凝土主梁的拼装线形。

(3)各施工阶段安装分析,确定各阶段理想目标线形,校核最不利状态下结构物的安全,对承载能力薄弱的构件进行预警。

(4)设计参数或误差因素敏感性分析,确定主要施工误差因素。

(5)根据误差分析结果建立施工误差调整方案的预案。

2)构件(包括钢箱梁、混凝土箱梁和斜拉索)预制阶段

(1)评估和确认制造方案的可靠性和正确性。

(2)检查和验收预制节段。

(3)分批进行误差分析。

(4)及时更新和修正后续待加工构件的制造尺寸。

3)现场安装阶段

(1)协助建立现场几何监测系统。

(2)索塔几何线形控制,钢锚梁定位控制。

(3)斜拉索及主梁安装过程中施工控制。

(4)主梁跨越临时墩、辅助墩施工控制。

(5)边跨、中跨主梁合龙施工控制。

施工控制工作的三个阶段的总体流程如图4-1-1所示。

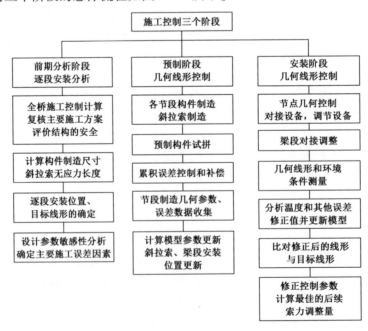

图4-1-1 施工控制总体阶段图

1.4 监控阶段与对象

根据混合梁斜拉桥施工过程,其控制阶段一般包括:钢箱梁及斜拉索制造;混凝土索塔施工;边跨混凝土主梁施工;索塔区支架梁段安装;钢箱梁悬臂拼装施工及斜拉索安装;边跨钢箱梁施工及主梁跨越临时墩、辅助墩及交接墩施工;主桥合龙施工;桥面铺装施工及后期服务。

具体监测对象主要为:

(1)钢箱梁制造尺寸及主梁整体无应力线形、斜拉索的无应力长度。

(2)索塔施工阶段塔柱节段、下横梁、斜拉索钢锚梁的空间几何位置(平面位置及高程)、索塔横梁及塔柱施工措施(如中塔柱临时横撑顶推力)的确定。

(3)主桥混凝土箱梁、大体积混凝土温度监测。

(4)钢箱梁悬臂施工阶段主梁(含钢箱梁、混凝土梁)应力。

(5)钢箱梁悬臂施工阶段主梁阶段线形。

(6)钢箱梁悬臂施工阶段斜拉索索力。

(7)钢箱梁悬臂施工阶段索塔应力及偏位。

(8)边跨混凝土预制尺寸;预制箱梁匹配、滑移、拼装线形监测;预制箱梁在吊装、滑移、拼装时的应力安全监测。

(9)施工阶段及最终成桥状态钢混结合段应力分布。

(10)中跨合龙前后主桥结构各状态变量调整及优化。

1.5 施工控制理论计算分析

1.5.1 设计计算的校核与施工控制前期计算

1)设计校核计算

施工控制的预测计算首先将采用设计计算参数对施工过程进行分析,计算出控制目标的理论值。理论值由主梁理论挠度、主梁理论轴线、主梁截面理论应力、斜拉索理论索力等系列数据组成。

在这一计算过程中将与设计计算进行相互校核,以确保控制的目标不与设计要求失真。

2)施工仿真计算

在桥梁的设计计算中通常会采用一些假定的参数用于计算,比如:材料的弹性模量、重量、施工时间等。另外,在设计计算中还有大量的指定的计算参数,比如:施工顺序等。而桥梁的施工仿真计算是为了根据桥梁的实际施工顺序和状态,计算出与实际施工过程尽可能相符合的结构力学行为。因此,在桥梁的施工仿真计算中将尽可能采用真实的参数或实测参数用于计算,以反映出设计与施工的差异。

3)施工仿真计算与设计校核计算的比较

由于桥梁的设计和施工中存在着这两种既不完全相同又相互联系的计算过程,并且这两类计算可能采用不同的计算模型,由不同的单位来完成,因此,为使施工控制指导的施工能与设计结果相一致,首先要校核设计计算与施工仿真计算的闭合性。其校核过程如图4-1-2所示。只有在两者计算结论基本一致的前提下,施工控制的最终目标才能保持与设计一致。否则,需要与设计人员一起仔细核对两种计算过程,找出造成计算偏差的原因并协商解决以达到一致的计算结果。

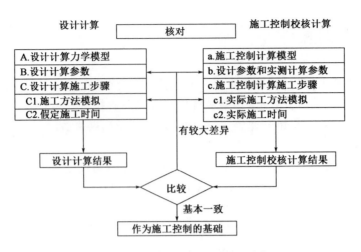

图 4-1-2　设计计算与施工控制校核计算

1.5.2　几何非线性效应的分析

大跨度桥梁结构的非线性研究主要涉及材料非线性和几何非线性两方面的内容。对于正常使用阶段的大跨度桥梁结构，一般不允许出现塑性变形，因此，在施工过程和正常使用阶段，非线性影响主要是几何非线性影响。

本项目在计算分析中主要考虑的几何非线性因素及考虑方法为：

(1) 斜拉索垂度效应：以精确悬链线单元(可带刚臂)模拟斜拉索的垂度效应。

(2) 结构大位移：通过拖动坐标法计入大位移效应。

(3) $P\text{-}\Delta$ 效应：引入梁元的几何刚度矩阵。

1.5.3　斜拉索施工各次张拉力计算

为了使成桥后的结构内力和线形达到预先确定的理想成桥设计状态，必须确定各施工阶段斜拉索的各次张拉力和张拉顺序。

斜拉索的各次张拉力的确定原则是，以成桥状态由设计方给定的索力为基础，计算最后一次张拉时的索力(或无应力索长)，中间张拉力则根据施工仿真计算的应力与线形结果确定，在计算中间索力时应考虑以下因素：

(1) 索塔线形：塔偏应满足控制目标线形的要求。

(2) 主梁线形：线形应尽量平顺，避免凸起和折角。

(3) 索塔应力：尽量优化索塔应力。

(4) 主梁应力：调索时应特别注意混合梁边跨刚度大、中跨刚度小的特点。

(5) 支座反力：避免出现支座负反力(拉力)。

(6) 施工步骤：采用实际实施的施工步骤。

1.5.4　钢箱主梁制造线形计算

对全焊接钢主梁而言，由于主梁节段间的转角调整受焊缝宽度等因素的影响，其调整量非常有限。为了保证悬拼节段间精确匹配及主梁达到设计线形，需准确计算主梁的制造线形，即主梁的无应力线形。

由于精确计算主梁的无应力线形是成功实现自适应无应力构形控制法的基础，是非常重要的控制参数，因此在主梁无应力线形的计算中，采用两套不同的程序计算主梁的制造线形，两种方法的结果互相校核,保证线形计算的正确性。主梁的无应力线形计算中必须考虑空间效应的影响和钢箱梁梁段架设完毕桥面横坡的变化,采用空间模型和平面模型进行仿真分析,二者的计算结果相互补充。

空间模型分析主要提供在主梁安装过程中起重机前移、起重机起吊、局部温度影响等精匹配前的空间局部变形,为主梁的制造线形尺寸提供精细修正量。平面模型主要通过计入几何非线性效应计算钢主梁无应力状态下的节段间的转角以及轴向变形量。

1.5.5 北边跨预应力混凝土箱梁预制线形计算

由于北边跨混凝土主梁采用预制、起吊、滑移、拼装施工,因此在进行无应力线形计算时应充分考虑混凝土梁段因横向预应力张拉、支点转换带来的影响。根据无应力线形间的转角确定相邻主梁节段间的空间位置关系,根据北边跨混凝土主梁的轴向变形量确定各节段长度的修正量,给出混凝土主梁节段预制时的各控制点的高程,包括索导管上、下口控制点与梁段端面控制点之间的相对关系,以确保斜拉索锚点位置准确。

由于混凝土主梁是在支架上逐段拼装和张拉的,因此在施工仿真计算中需准确考虑支架变形的影响以及支架与主梁的相互影响,尤其是主梁与支架间的边界条件的模拟至关重要,当然,混凝土主梁收缩、徐变的影响也是预制线形计算中需重点考虑的因素。

1.5.6 北边跨预应力混凝土箱梁相邻两节段胶拼前变形差和起吊安全计算

北边跨混凝土箱梁相邻两节段两两匹配预制,在预制时匹配梁与浇筑梁在受力与支撑条件上存在差别,匹配梁张拉了部分横向预应力为4点支撑,浇筑梁没有张拉横向预应力为台座支撑,在胶拼前,匹配梁与浇筑梁经历的荷载、体系转换和时间均有差别,梁段类型也不一样,因此在胶拼时相邻两节段存在变形差。采用空间梁单元,考虑收缩徐变模拟混凝土节段匹配、滑移、吊装、存梁全过程,通过分次张拉横向预应力,控制每次张拉时的张拉百分比,使相邻两节段变形差尽量小,同时确保吊装安全。

1.5.7 主梁安装线形计算

主梁的安装线形计算就是在施工仿真计算中,根据实际确定的施工顺序和施工荷载情况,计算出的各施工阶段的主梁线形。它将作为各施工阶段验收时或线形偏差评估时的目标线形。

由于施工过程中实际的斜拉索张拉力、施工荷载条件如桥面起重机重量、支点位置等,以及实际结构参数如梁段重量、构件刚度和材料弹模等均可能与初始计算的预定值不同,因此必须在施工控制中根据实际条件并结合施工监测系统的反馈结果对模型进行修正后,才能用于后续工况的安装线形计算。

1.5.8 设计参数的敏感性分析

计算参数包括混合梁(钢、混凝土)、索塔和斜拉索弹性模量,截面尺寸,梁体自重、外荷载重量及位置,温度、梁长、混凝土收缩徐变影响、塔梁斜拉索锚固点的误差等。

参数敏感性分析的目的,主要是确定产生较大误差的几个主要参数,计算在设定的参数误差时控制目标产生的偏差,用以评价计算参数对线形和安全度的影响,为施工控制误差分析提供决策依据。

1.5.9 索塔及临时结构计算

索塔的计算,主要是针对主墩塔肢在不同施工阶段在自重等荷载作用下,竖向变形对索套管位置的影响,要及时给出拉索塔端锚点坐标的竖向预抬量。由于本桥中塔柱为横桥向倾斜结构,在施工过程中需设置6道临时横撑,索塔的计算还包括横撑顶推力的计算。

主要的临时结构包括塔柱下横梁支架、索塔墩旁支架、北边跨混凝土梁支架等。由于这些临时结构的刚度对主桥的整体受力也有一定的影响,因此需通过临时结构的计算获得临时结构与主体结构的相互作用关系,并由此获得施工过程中主体结构的部分计算边界条件。临时结构本身的变形及安全性由施工单位自行计算,将计算结果报监控单位。对于索塔及临时结构计算,也是采用多套有限元程序,建立空间有限元模型进行计算。

2 索塔施工控制

斜拉桥索塔施工控制的目的是为了使桥梁在完成安装步骤和所有恒载作用下的最后目标几何线形能满足设计和规范要求,同时在施工过程中的每一工况及成桥后索塔的受力能满足安全性的要求。

在索塔施工期间,索塔施工控制的目标是确保索塔线形和垂直度满足设计和规范的要求。索塔施工期间安全性问题并不突出,只有中塔柱由于是横向倾斜结构,在自重作用下会产生横桥向的弯矩,但通过施加6道主动横撑,横向受力安全性大为改善。

在主梁架设期间,索塔施工控制的目标是确保受力安全,因为在主梁架设期间,中、边跨索力不平衡,索塔会承受较大的顺桥向弯矩,具体措施是通过控制塔顶顺桥向偏位来间接控制索塔受力安全。

2.1 主要工作内容

索塔施工期间施工控制的主要工作内容有:
(1)索塔线形控制、垂直度复核。
(2)对索塔下横梁预应力张拉工况进行计算复核,防止因为下横梁预应力张拉引起下塔柱底外缘拉应力超限。
(3)中塔柱临时横撑顶推力的计算。
(4)上塔柱拉索锚点坐标、索套管倾角控制;提供斜拉索塔端锚点的预抬值,获取实际的斜拉索塔端锚点坐标。
(5)索塔关键截面应变传感器的预埋及索塔应变跟踪监测。
(6)索塔温度传感器预留孔的施工及温度传感器的预埋。
(7)索塔偏位测点的布置,获取索塔偏位的初值。
在刚成桥和成桥收缩徐变完成之后,索塔偏位和应力均要满足设计和规范要求。

2.2 索塔施工控制理论计算

采用 MIDAS Civil 有限元软件对南、北索塔按实际的施工过程进行有限元建模分析,将塔柱模拟为空间梁单元。通过有限元理论计算可对索塔施工过程中的安全性进行校核,得到中塔柱横撑的顶推力以及中塔柱各节段立模时的横向预偏值。

2.2.1 计算模型与工况

索塔塔底支承用一般支承里的固定支承进行模拟,上塔柱与中塔柱的连接处节点用弹性连接内的刚性连接进行连接。以南塔为例,有限元计算模型如图4-2-1所示。

按塔柱实际施工流程进行工况划分,对各施工阶段进行应力、位移计算。南

图4-2-1 南塔有限元模型图

塔有限元模型共划分为51个施工阶段,总施工天数为320d,具体工况划分如表4-2-1所示。

南塔有限元模型施工工况划分表　　　　表4-2-1

施工阶段	持续时间	内容
1~8	平均每个施工阶段7d,共计56d	浇筑1号~8号节段
9	10d	浇筑下横梁,并张拉预应力
10~14	平均每个施工阶段7d,共计28d	浇筑9号~13号节段
15	3d	上横撑一施加主动顶撑力
16	1d	上斜撑
17~19	平均每个施工阶段7d,共计21d	浇筑14号~16号节段
20	3d	上横撑二施加主动顶撑力
21~23	平均每个施工阶段7d,共计21d	浇筑17号~19号节段
24	3d	上横撑三施加主动顶撑力
25~27	平均每个施工阶段7d,共计21d	浇筑20号~22号节段
28	3d	上横撑四施加主动顶撑力
29~30	平均每个施工阶段7d,共计14d	浇筑23号~24号节段
31	3d	上横撑五施加主动顶撑力
32~34	平均每个施工阶段7d,共计35d	浇筑25号~27号节段
35	3d	上横撑六施加主动顶撑力
36~50	平均每个施工阶段7d,共计98d	浇筑28号~42号节段
51	3d	拆横撑

2.2.2　计算荷载

计算荷载包括:自重,下横梁预应力,收缩徐变,1~6道横撑主动顶撑力。南塔1~6道横撑主动顶撑力分别为3600kN、3300kN、3200kN、3100kN、2900kN、2000kN;横撑力的确定原则为:基本平衡横撑力施加之前中塔柱底的横向弯矩。

2.2.3　南塔主要计算结果

2.2.3.1　施工过程中应力

计算中通过反复调整每一道横撑的主动顶推力,使得横撑力基本平衡横撑以下中塔柱的横桥向弯矩,以达到中塔柱内外缘应力基本均匀、不会出现中塔柱外缘拉应力较大的情况,从而使结构受力安全。典型施工状态下的应力如图4-2-2~图4-2-11所示,单位为MPa。

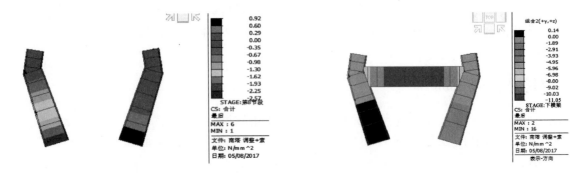

图4-2-2　下横梁浇筑前应力云图　　　　图4-2-3　下横梁张拉完成后应力云图

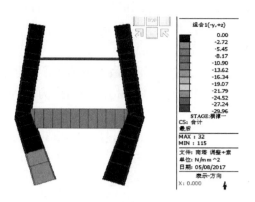
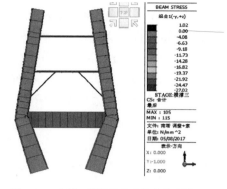

图 4-2-4　上第一道横撑后索塔应力云图　　　图 4-2-5　上第二道横撑后索塔应力云图

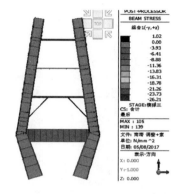

图 4-2-6　上第三道横撑后索塔应力云图　　　图 4-2-7　上第四道横撑后索塔应力云图

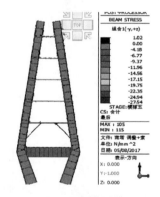
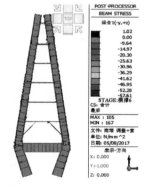

图 4-2-8　上第五道横撑后索塔应力云图　　　图 4-2-9　上第六道横撑后索塔应力云图

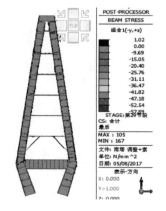
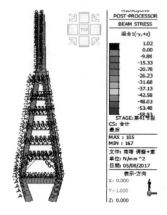

图 4-2-10　中塔柱合拢索塔应力云图　　　图 4-2-11　施工至41节段索塔应力云图

由以上计算结果可知,施工中横撑一至横撑五在下一道横撑施工前处于最不利的受力状态。第一道横撑在浇筑完 16 节段时最不利,最大应力 58.3MPa;第二道横撑在浇筑完 19 节段时最不利,最大应力 54.2MPa;第三道横撑在浇筑完 22 节段时最不利,最大应力 53.6MPa;第四道横撑在浇筑完 25 节段时最不利,最大应力 53.2MPa;第五道横撑在浇筑完 28 节段时最不利,最大应力 46.4MPa;第六道横撑在拆除横撑前最不利,最大应力 58.9MPa。而 Q235 材质的临时横撑结构的轴向应力容许值为 182MPa(已考虑临时结构增大系数 1.3),所以横撑受力是安全的。

施工过程中,下塔柱最大压应力 5.08MPa,最大拉应力 0.92MPa,拉应力出现在下塔柱底端内侧;横梁最大压应力 11.05MPa,无拉应力;中塔柱最大压应力 5.50MPa,最大拉应力 0.46MPa,拉应力出现在中塔柱底端外侧;上塔柱最大压应力 1.43MPa,无拉应力。施工过程中索塔的应力满足规范要求。

2.2.3.2 施工过程中位移

施工过程中索塔的横向位移计算结果如图 4-2-12 ~ 图 4-2-17 所示。

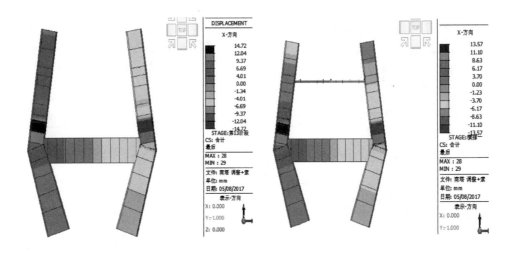

图 4-2-12 第一道横撑施工前后索塔位移图(单位:mm)

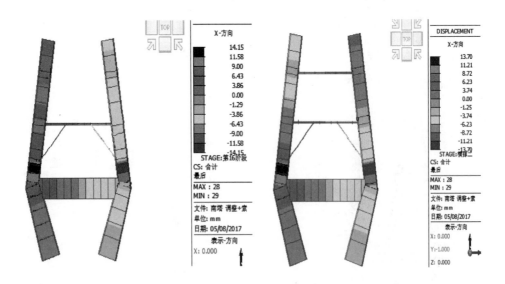

图 4-2-13 第二道横撑施工前后索塔位移图(单位:mm)

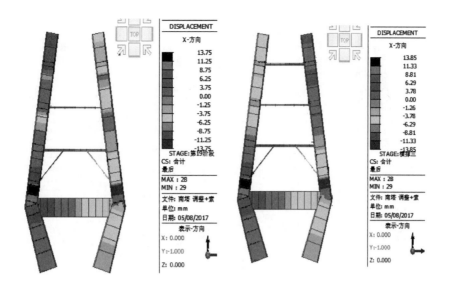

图 4-2-14　第三道横撑施工前后索塔位移图(单位:mm)

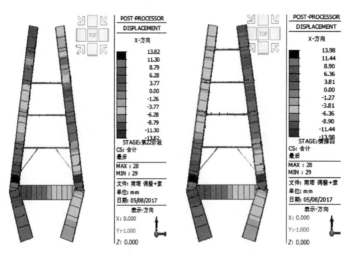

图 4-2-15　第四道横撑施工前后索塔位移图(单位:mm)

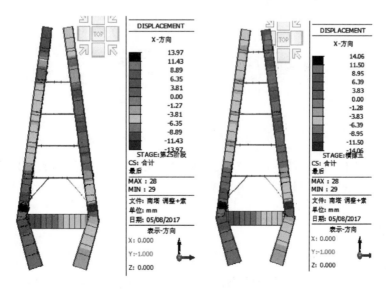

图 4-2-16　第五道横撑施工前后索塔位移图(单位:mm)

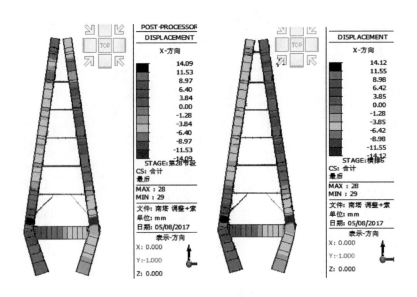

图 4-2-17　第六道横撑施工前后索塔位移图（单位：mm）

由以上计算结果可知，施工过程中索塔的横向位移较小，最大值约 14mm。

2.2.3.3　成塔时应力

成塔时的应力计算结果如图 4-2-18 所示。

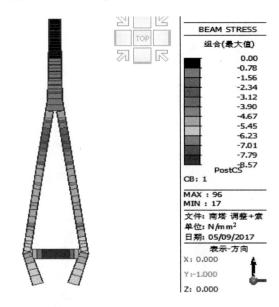

图 4-2-18　成塔时应力云图（单位：MPa）

由图可知，成塔状态下，下塔柱最大压应力 5.08MPa，无拉应力；横梁最大压应力 8.57MPa，无拉应力；中塔柱最大压应力 5.33MPa，最大拉应力 0.35MPa，拉应力出现在中塔柱最顶上的外侧；上塔柱最大压应力 1.40MPa，无拉应力。

2.2.3.4　成塔时位移

成塔时的位移计算结果如图 4-2-19、图 4-2-20 所示。

由图可知，成塔时中塔柱的横向变形较小，最大为 16.4mm，向内侧。成塔时上塔柱的竖向累计变形最大为 10mm。

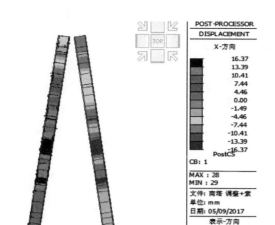

图 4-2-19　成塔时南塔中塔柱横向累计变形(单位:mm)

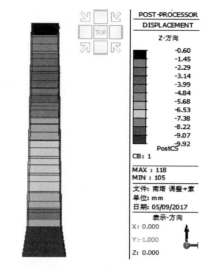

图 4-2-20　成塔时南塔上塔柱竖向累计变形(单位:mm)

2.2.4　索塔计算小结

(1)施工过程中,南塔下塔柱最大压应力 5.08MPa,最大拉应力 0.92MPa,拉应力出现在下塔柱底端内侧;横梁最大压应力 11.05MPa,无拉应力;中塔柱最大压应力 5.50MPa,最大拉应力 0.46MPa,拉应力出现在中塔柱底端外侧;上塔柱最大压应力 1.43MPa,无拉应力。索塔结构受力安全。

(2)施工过程中南塔横撑最大轴向应力 58.9MPa,小于容许值 182MPa,横撑受力安全。

(3)成塔状态下,南塔下塔柱最大压应力在 5.08MPa,无拉应力;横梁最大压应力 8.57MPa,无拉应力;中塔柱最大压应力 5.33MPa,最大拉应力 0.35MPa,拉应力出现在中塔柱最顶上的外侧;上塔柱最大压应力 1.40MPa,无拉应力。

(4)南塔成塔后,中塔柱横向累计位移最大 16.4mm,上塔柱竖向累计位移最大 10mm。以上数据为中塔柱的预偏与钢锚箱的预抬提供了理论依据。

2.3　索塔监测结果

2.3.1　应力监测结果

南北索塔中塔肢应变控制截面实测应变值与理论应变值基本吻合,结构处于安全受力状态;南北索塔下横梁应变控制截面实测应变为压应变,结构受力安全。

2.3.2　索塔钢锚梁锚点放样监测

南北索塔索导管锚点实测坐标与控制坐标值偏差均小于 5mm,索导管锚点坐标偏差小。由于钢锚梁存在一定的制造误差,钢锚梁锚点精准定位之后索导管下口位置自然就确定了,且下口位置难以作调整,导致索导管下口坐标偏差略微偏大,超过施工控制的精度要求。但是考虑到斜拉索的安装控制以锚点坐标控制为主,索导管下口偏差偏大不会对后期斜拉索的安装控制造成严重影响。

2.3.3　垂直度监测

在索塔施工各阶段对塔柱的垂直度进行了监测,根据索塔主要节点测量结果汇总如图 4-2-21、图 4-2-22 所示。

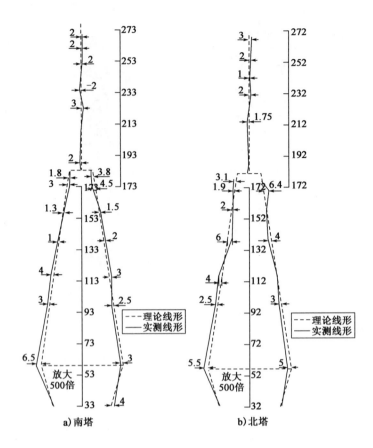

图 4-2-21 索塔横向测点平均偏位图

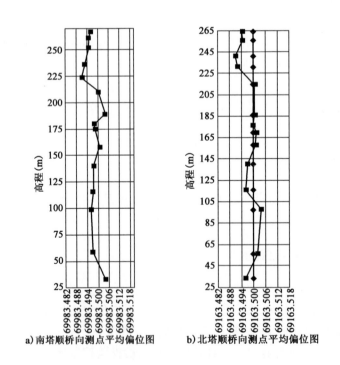

图 4-2-22 南北塔测点平均偏位图

由图 4-2-22 可知,在南塔施工期间索塔顺桥向最大偏位为 -9mm,横桥向最大偏位为 4.5mm;在北塔施工期间索塔顺桥向最大偏位为 -9mm,横桥向最大偏位为 -6.5mm,均满足设计及规范要求。

3 主梁施工控制

3.1 钢箱梁制造控制

钢箱梁主梁标准段采用分离式双边箱截面,两边箱之间以横梁相连接;南塔和南边跨墩顶考虑支座和阻尼器安装、施加压重混凝土等构造需要,在箱梁底面中央区增设一道水平封闭底板,为单箱三室截面。主桥箱梁全宽38.5m,至索塔区缩窄为35.98m,钢箱梁顶板顶缘至底板顶缘的高度为3.8m,钢混结合段箱梁外轮廓梁高为3.822m。

根据桥梁结构特点、桥位自然条件、运输设备及起吊能力、架设工期等因素,全桥钢箱梁共划分为15类(编号A、B、C1、C2、C3、D~F、G、G′、H~L),84个梁段。标准梁段长15m。A类标准梁段46个,最大吊装重量317.2t;B类标准梁段20个,最大吊装重量330.2t;C1~C3、C3'类梁段各1个,最大吊装重量333.7t;用于中跨合龙的J梁段长12.4m,吊装重量249.1t;钢混结合段L梁段长5.2m,吊装重量195.5t;全桥梁段最大吊装重量333.7t,最小吊装重量195.5t。

钢混结合段长5.2m,采用部分连接填充混凝土方式,其中钢格室为箱形结构,长度为2.0m,高0.8m,标准宽0.6m、0.79m;钢格室腹板及抗剪钢板上开有$\phi 65mm$圆孔,并穿过$\phi 20mm$钢筋与进入该圆孔的混凝土包裹在一起形成钢筋混凝土剪力键(PBL键)。钢格室通过钢箱梁加强段与钢箱梁连接,其内填充混凝土;钢箱梁加强段采用在U肋中间加设T形加劲的方式,长2.0m。为保证钢箱梁与混凝土箱梁紧密结合,在结合段还设有预应力钢筋;为保证混凝土浇筑时在钢格室内能够自由流动,在钢格室顶板上开设浇筑孔,腹板上设置连通孔。

塔区钢箱梁采用浮式起重机安装,其他钢箱梁节段采用桥面起重机进行安装,边跨和中跨各设一合龙段。

主桥钢箱梁段顺桥向标准索距为15m,北边跨混凝土箱梁段标准索距为7.5m,南边跨钢箱梁尾索区标准索距为12m;斜拉索按扇形布置,每个索面由26对高强度平行钢丝斜拉索组成。斜拉索最大索长为440.138m(SJ26号斜拉索),最大规格为PES-367,单根索最大重量为48.388t(NJ26号斜拉索)。根据索力的不同,采用PES-367~PES-109共16种规格的斜拉索。

对全焊接钢主梁而言,由于主梁节段间的转角调整受焊缝宽度等因素的影响,其调整量非常有限。为了保证悬拼节段间精确匹配及主梁达到设计线形,需准确计算主梁的制造线形,即主梁的无应力线形。

精确计算主梁的无应力线形是成功实现自适应无应力构形控制法的基础,是非常重要的控制参数,在主梁无应力线形的计算中,采用两套不同的程序计算主梁的制造线形,两种方法的结果互相校核,保证线形计算的正确性。主梁无应力线形计算必须考虑空间效应影响和钢箱梁梁段架设完毕桥面横坡变化,因此采用空间模型和平面模型进行仿真分析,二者的计算结果相互补充。空间模型分析主要提供在主梁安装过程中起重机前移、起重机起吊、局部温度影响等精匹配前的空间局部变形,为主梁制造线形尺寸提供精细修正量。平面模型主要通过计入几何非线性效应计算钢主梁无应力状态下的节段间转角和轴向变形量。

1) 制造过程施工控制重点
(1) 组装、焊接及预拼装胎架刚度及线形的控制。
(2) 整体式横隔板制造精度及安装的控制。
(3) 主梁上钢锚箱制造精度和安装的控制。
(4) 线形测点的布设。
(5) 检查制造几何线形和监测误差。
(6) 分析误差情况并提供修正措施。

2) 制造过程施工控制主要参数
(1) 梁长。
(2) 已拼装梁段间的夹角。
(3) 斜拉索锚固点位置。
(4) 钢箱梁节段的测量定位点。
(5) 已拼装梁段的纵向累加无应力尺寸。
(6) 已成梁段横坡。
(7) 已成梁段重量。
(8) 已拼装梁段间焊缝的预留宽度。

钢主梁无应力线形是由多段折线形成的，在制造时各梁段内钢箱梁上、下缘均为直线，因此主梁制造无应力线形实际上就由各梁段梁长和相邻梁段之间的夹角决定了。而在钢箱梁安装时，需保证上、下缘的缝宽一致，则钢箱梁各节段的无应力制造线形就由图4-3-1中的 L_1 和 L_2 这两个参数确定了。

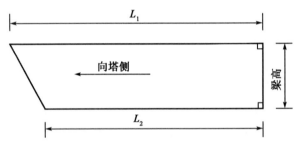

图4-3-1　钢箱梁节段无应力制造尺寸控制参数图

在确定钢箱梁无应力制造尺寸时，除了要考虑立面线形外，桥面横坡也需要考虑，因为在制造时钢箱梁的边界条件与成桥时不一样，另外在钢箱梁安装后，其上还要施加桥面铺装荷载，这会导致钢箱梁制造时的横坡和成桥时的横坡有所差别。为了使成桥时的横坡满足设计要求，在钢箱梁制造时对钢箱梁在横向设置预拱度。横向预拱度的设置示意图如图4-3-2所示。由于横向预拱度值较小，仅给出梁段中轴线处的预拱度值为+10mm，在梁段左、右缘横向预拱度均为0，其余各点按直线进行设置；横向预拱度只设置顶板，不设置底板。

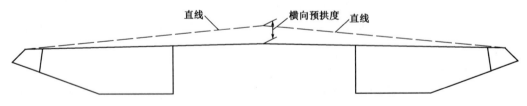

图4-3-2　钢箱梁节段横向预拱设置示意图

3) 制造与预拼装控制要点和流程

钢主梁的制造与拼装是实现施工控制目标的重要环节，精度控制是关键所在。制造商在制造方案中一般均会提出制作工艺和保证措施，在实际制造中不仅要严格按制造方案中的操作流程进行制造，而且在各个制造环节中还应进行严格的检查，对梁端切角、锚点位置等关键几何参数还应进行重点控制。

从制造环境上划分,制造工艺主要有两个阶段,第一阶段在工厂内进行板件制作,第二阶段在拼装胎架上多节段连续匹配组装、焊接和预拼装一次完成。对于第一阶段的工作,制造环境、设备条件均较好,对保证制作精度比较有利,重点应该是钢锚箱的定位和焊接变形的控制,以及整体式横隔板的制造控制。应注意的是,无应力尺寸是指在基准温度15℃的值,在不同温度下制作必须考虑温度补偿。对于第二阶段,制造环境相对第一阶段要差,不确定因素增多,特别是多节段制造接近完成及完成以后,有许多隐蔽或半隐蔽的部位存在,给测试、验收带来一定的难度。为了保证钢主梁制造尺寸及线形满足施工控制的要求,应该对重点过程进行控制。在主梁制造中,应在主梁节段的顶板上建立预制阶段和安装阶段共用的统一控制测量点,主梁预制过程参见图4-3-3。

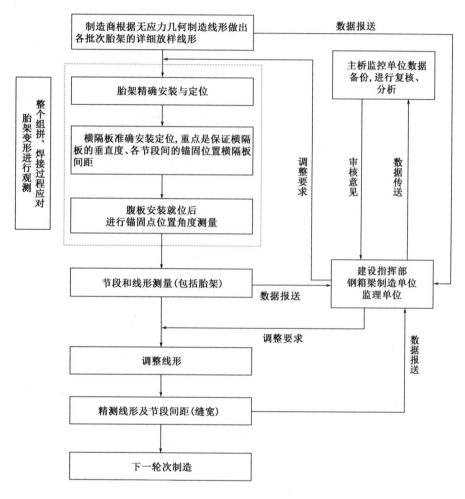

图 4-3-3 钢主梁制造过程控制流程

钢主梁的几何形状监测主要对钢主梁在总拼现场的实际拼装位置,焊缝宽度,腹板、轴线的位置,锚箱的位置进行监测。

钢主梁的重量是施工控制中的重要参数,钢梁实际制造重量往往与设计值存在一定的差异,并且具有一定的离散性,由施工单位对已完成的钢箱梁节段进行逐一称重,并将各梁段重量数据报施工监控单位。

4) 钢箱梁段线形测点布设

在单一钢箱梁节段制造完成后,在预拼装之前,应在各节段顶板上建立预制阶段和安装阶段共用的统一测量控制点。

5) 钢箱梁段应变测点安装座布设

钢主梁应变测点采用表面式振弦应变计,应变计安装座在工厂进行焊接。施工控制单位将需要焊接的应变计座、应变计座定位杆及焊接位置提供给武船,由武船进行焊接施工。当钢箱梁段运至现场之后,在吊装之前,由施工控制单位进行相应应变计的安装。

3.2 北边跨混凝土箱梁施工控制

北边跨混凝土箱梁的施工控制包括梁段预制控制、滑移提升过程中的安全控制和胶拼线形控制等几个部分。

3.2.1 北边跨节段箱梁无应力线形

3.2.1.1 总体计算思路

北边跨无应力制造尺寸根据无应力制造线形求得,首先建立全桥平面杆系有限元计算模型,模拟实际施工过程考虑混凝土收缩徐变算至成桥后10年,得到北边跨主梁的累积竖向位移和水平位移;再计算0.5倍的静活载对北边跨主梁产生的竖向位移,将恒载累积竖向位移加上0.5倍静活载竖向位移反号加到设计线形上,即得到北边跨主梁的无应力制造线形。将每片主梁两端的恒载累积水平位移相减即得每片主梁的压缩量,将每片主梁的设计长度加上每片主梁的恒载压缩量即得每片主梁的制造长度。如图4-3-4、图4-3-5所示。

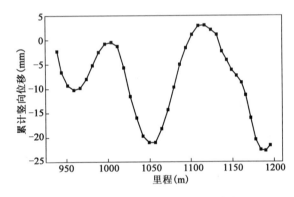

图4-3-4 混凝土主梁节点竖向累积位移图

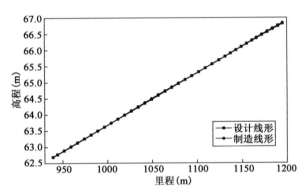

图4-3-5 混凝土主梁无应力线形

3.2.1.2 无应力制造尺寸计算

根据以上计算思路,混凝土主梁无应力制造线形如表4-3-1所示,各节段无应力制造长度如表4-3-2所示。

混凝土主梁无应力制造线形计算表(单位:m)   表4-3-1

梁段号	1	2	3	4	5	6	7	8	9
设计线形	66.737	66.647	66.555	66.463	66.369	66.290	66.194	66.097	66.000
恒载累积竖向位移	−0.023	−0.023	−0.020	−0.016	−0.011	−0.009	−0.007	−0.006	−0.004
0.5倍活载竖向位移	−0.021	−0.016	−0.011	−0.006	−0.002	0.000	−0.001	−0.002	−0.002
制造线形	66.781	66.686	66.586	66.485	66.382	66.299	66.202	66.105	66.006
梁段号	10	11	12	13	14	15	16	17	18
设计线形	65.902	65.805	65.693	65.571	65.449	65.327	65.205	65.083	64.961
恒载累积竖向位移	−0.002	0.001	0.002	0.003	0.003	0.001	−0.002	−0.005	−0.010
0.5倍活载竖向位移	−0.003	−0.003	−0.003	−0.003	−0.002	−0.001	−0.001	0.000	−0.001
制造线形	65.907	65.807	65.694	65.571	65.448	65.327	65.207	65.088	64.972

续上表

梁段号	19	20	21	22	23	24	25	26	27
设计线形	64.839	64.717	64.595	64.473	64.351	64.229	64.107	63.985	63.863
恒载累积竖向位移	-0.014	-0.018	-0.021	-0.021	-0.020	-0.016	-0.012	-0.006	-0.001
0.5倍活载竖向位移	-0.002	-0.003	-0.003	-0.003	-0.003	-0.002	-0.002	-0.001	0.000
制造线形	64.855	64.738	64.619	64.497	64.374	64.247	64.121	63.992	63.864
梁段号	28	29	30	31	32	33	34	35	36
设计线形	63.741	63.619	63.497	63.375	63.253	63.131	63.01	62.888	62.766
恒载累积竖向位移	-0.001	-0.001	-0.003	-0.005	-0.008	-0.010	-0.010	-0.009	-0.007
0.5倍活载竖向位移	-0.001	-0.002	-0.003	-0.004	-0.004	-0.004	-0.003	-0.002	-0.001
制造线形	63.743	63.622	63.503	63.384	63.265	63.145	63.023	62.899	62.773

混凝土节段箱梁预制梁长 表 4-3-2

梁段号	设计梁长(mm)	压缩量(mm)	预制梁长(mm)	梁段号	设计梁长(mm)	压缩量(mm)	预制梁长(mm)
36	5025.7	1.0	5026.7	18	7501.0	5.2	7506.2
35	7501.0	3.8	7504.8	17	7501.0	5.2	7506.2
34	7501.0	3.7	7504.7	16	7501.0	5.1	7506.1
33	7501.0	4.0	7505.0	15	7501.0	5.5	7506.5
32	7501.0	4.1	7505.1	14	7501.0	5.1	7506.1
31	7501.0	4.2	7505.2	13	7501.0	4.7	7505.7
30	7501.0	4.3	7505.3	12	7501.0	4.6	7505.6
29	7501.0	4.6	7505.6	11	6875.9	4.2	6880.1
28	7501.0	4.6	7505.6	10	6000.8	3.8	6004.6
27	7501.0	4.3	7505.3	9	6000.8	3.7	6004.5
26	7501.0	4.0	7505.0	8	6000.8	3.6	6004.4
25	7501.0	4.5	7505.5	7	6000.8	3.4	6004.2
24	7501.0	4.6	7505.6	6	6000.8	3.4	6004.2
23	7501.0	4.5	7505.5	5	5000.6	2.3	5002.9
22	7501.0	4.3	7505.3	4	6000.7	3.3	6004.0
21	7501.0	4.2	7505.2	3	6000.7	3.3	6004.0
20	7501.0	4.2	7505.2	2	6000.7	3.2	6003.9
19	7501.0	4.5	7505.5	1	6000.7	3.3	6004.0

通过无应力预制线形可以计算出相邻梁段间的相对夹角,将梁段间夹角乘上前一个梁段的预制梁长即可得到这两个梁段间的相对高程差。无应力制造线形换算为相邻两节段间的高程差后,即可直接指导各梁段的立模施工,各相邻两节段间的高程差如表 4-3-3 所示。

混凝土梁段预制时相邻两节段高程差计算表 表 4-3-3

梁 段 号	预制线形里程(m)	预制线形高程(m)	梁段间夹角(rad)	相对高程差(mm)
—	938.999	62.686	—	—
36	944.023	62.772	-0.00050	-3.8
35	951.525	62.897	-0.00024	-1.8
34	959.028	63.020	-0.00017	-1.3
33	966.530	63.142	-0.00019	-1.4
32	974.033	63.262	-0.00013	-1.0

续上表

梁 段 号	预制线形里程(m)	预制线形高程(m)	梁段间夹角(rad)	相对高程差(mm)
31	981.536	63.381	0.00001	0.1
30	989.040	63.500	0.00014	1.0
29	996.543	63.620	0.00018	1.4
28	1004.047	63.742	0.00017	1.3
27	1011.540	63.865	0.00046	3.4
26	1019.044	63.991	0.00020	1.5
25	1026.547	64.119	-0.00020	-1.5
24	1034.052	64.245	-0.00009	-0.7
23	1041.556	64.371	-0.00032	-2.4
22	1049.060	64.494	-0.00018	-1.3
21	1056.565	64.616	-0.00037	-2.8
20	1064.069	64.735	-0.00015	-1.1
19	1071.575	64.853	-0.00009	-0.7
18	1079.081	64.971	0.00001	0.0
17	1086.578	65.088	0.00016	1.2
16	1094.083	65.206	0.00009	0.7
15	1101.588	65.326	0.00012	0.9
14	1109.093	65.446	0.00023	1.7
13	1116.598	65.568	0.00013	1.0
12	1124.103	65.691	0.00003	0.2
11	1130.982	65.803	0.00043	2.6
10	1136.984	65.904	-0.00027	-1.6
9	1142.987	66.004	0.00019	1.2
8	1148.991	66.104	-0.00040	-2.4
7	1154.994	66.202	-0.00016	-0.9
6	1160.998	66.300	0.00012	0.6
5	1166.000	66.381	0.00009	0.5
4	1172.003	66.480	-0.00024	-1.4
3	1178.007	66.577	-0.00057	-3.4
2	1184.010	66.670	-0.00050	-3.0
1	1190.013	66.761	-0.00042	-2.2
钢混结合段	1195.214	66.837	-0.00042	—

注：正号代表后一片梁相对于前一片梁往上，负号代表后一片梁相对于前一片梁往下。

3.2.2 预制线形控制

混凝土梁段预制时浇筑梁总是水平的，梁段间的夹角通过调整匹配梁来实现。首节段预制示意如图4-3-6所示。图中小里程侧的固定端模是垂直于水平面并且不可调整的，对于首节段只要将底模调整水平，大里程侧端模位置调好，控制好梁段长度即可。在每个浇筑梁的梁顶设置10个变形测点，如图4-3-7所示。在浇筑完1天后对浇筑梁的10个测点进行初值测量，作为下一段梁匹配的依据。浇筑梁到强度后落底模，将浇筑梁纵移至匹配位。

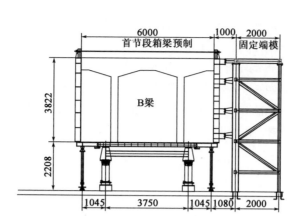

图 4-3-6 北边跨箱梁首节段预制示意图(尺寸单位:mm)

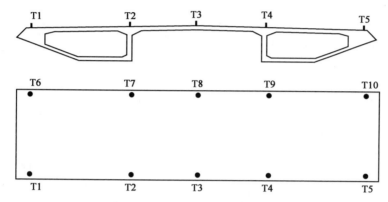

图 4-3-7 北边跨箱梁测点布置图

其他节段预制示意如图 4-3-8 所示。由于浇筑梁侧的固定端模不可调整,浇筑梁与匹配梁之间的相对关系只能通过调整匹配梁来实现。匹配梁下配有 4 个具有三向调节功能的液压千斤顶,具备任意调节功能,具体操作时为了避免受力不均,采用三个液压千斤顶来进行调节。

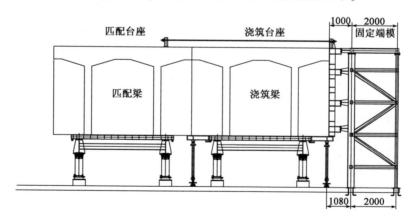

图 4-3-8 北边跨短线预制示意图(尺寸单位:mm)

调整过程如下:①将浇筑梁的底模向上升起与固定端模相贴,同时将底模调水平;②将匹配梁的 T3、T5 测点的 Y 坐标调得与该梁段刚浇筑完时一致;③将匹配梁 T1、T5 测点的 X 坐标增量调得与浇筑梁的制造长度一致;④用水准仪直接测量匹配梁大、小里程侧的梁底高程差,调整直至与给定的理论值一致。

以 2 号梁为例,根据以上理论计算形成指令表,梁长要求 2 号梁段长为 6.004m,考虑 3mm 的拼接缝宽,则 2 号梁的预制长度为 6.001m;相对高程要求当 1 号梁水平时,则 2 号梁前端相对于 1 号梁前端低 3mm;轴线要求 1 号梁、2 号梁轴线重合。由于浇筑体系采用固定端模,2 号梁不能调整,只能通过调整 1 号梁来满足 1、2 号梁之间的相对关系。具体操作为:控制 1 号梁从浇筑位至匹配位的纵向移动距离为 6.001m(通过 1 号梁段上的 T1、T5 测点的 X 坐标增量来保证)即保证了 2 号梁的梁长。控制 1 号梁从浇筑位至匹配位 T3、T8 测点的 Y 坐标增量为 0 来保证 1、2 号梁轴线重合。将 1 号梁后端相对于前端调低 3mm,并将 1 号梁前端梁底与 2 号梁底模相贴来保证 1、2 号梁之间的相对高程关系,具体通过用水准仪直接测量梁底 4 个点(左前、右前、左后、右后)的相对高程来实现,这样 2 号梁段的无应力制造尺寸就确定了。以上数据精度控制要求为 ±1mm,满足了预制精度要求后,即可进行梁段混凝土的浇筑。

3.2.3 误差调整

北边跨混凝土节段箱梁预制线形的控制方法主要采用的是直接纠正法,对前面梁段的预制误差在下一个梁段上直接对其进行纠正。

该方法的实现思路是将待浇筑梁段大里程侧控制点坐标按已经形成的预制线形进行计算并控制,而该梁段小里程侧控制点坐标按理论预制线形进行计算并控制。这样就能将前面的预制误差在该梁段预制时进行纠正了。

具体的步骤为:

(1)将局部坐标系中已经形成的预制线形转换成整体坐标系中的已形成预制线形。如图 4-3-9 所示,某节段 $n+1$ 预制完成后,通过实测参数预制梁长 L 和实测参数该节段与前一个节段的相对高程差 δ,并结合前面的梁段已经计算出的已成预制线形(图中 P_1 与 P_2 点坐标),便可以计算出 P_3 点的坐标,这样节段 $n+1$ 与节段 n 的已成预制线形就得出来了。其中 P_3 点坐标可以通过画图的方法直接得出,也可以通过简单的几何关系对其进行求解,根据 P_1 点到直线 P_2P_3 的距离为 δ、P_2 点到 P_3 点的距离为 L 可以得出式(4-3-1),从中可以解出 P_3 点坐标值。

$$\begin{cases} \dfrac{|(z_2-z_3)x_1-(x_2-x_3)z_1+z_3(x_2-x_3)-x_3(z_2-z_3)|}{\sqrt{(x_3-x_2)^2+(z_3-z_2)^2}}=|\delta| \\ \sqrt{(x_3-x_2)^2+(z_3-z_2)^2}=L \end{cases} \quad (4\text{-}3\text{-}1)$$

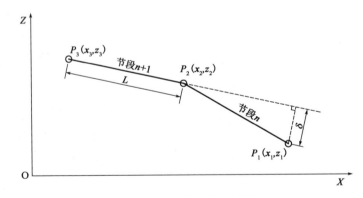

图 4-3-9 已成预制线形示意图

(2)将整体坐标系中匹配梁的两个线形控制点从已形成的预制线形取值,而待浇梁段的两个线形控制点大里程侧的按已成预制线形取值,小里程侧的按理论预制线形取值,这样匹配梁与待浇梁之间形成了一个新的线形。

(3)根据步骤(2)中的新线形计算出待浇梁段的无应力尺寸。

(4)根据步骤(3)中计算出的无应力尺寸指导梁段的预制施工。

以浇筑 3 号梁为例,根据理论无应力预制尺寸,梁长要求 3 号梁段长为 6004.0mm,考虑 3mm 的拼接缝宽后,3 号梁的预制长度为 6001.0mm;相对高程要求 2 号梁水平时,3 号梁前端相对于 2 号梁前端低 3.4mm。但是由于 2 号梁预制完成时其实测预制尺寸与理论预制尺寸有偏差,则需要对 3 号梁的预制尺寸进行调整。先根据2号梁的实测预制参数预制梁长 $L=6005.1\text{mm}$、相对高程差 $\delta=-2.0\text{mm}$ 计算出2号梁的已成预制线形小里程侧坐标点为(1178.006,66.577),再结合2号梁段已成预制线形大里程侧坐标点(1184.009,66.670)以及3号梁理论预制线形小里程侧坐标点(1172.003,66.480),可以求出3号梁段预制时长为6003.8mm、相对高程为-4.0mm,考虑3mm的拼接缝宽,则3号梁的预制长度为6000.8mm,相对高程要求如2号梁水平,则3号梁前端相对于2号梁前端低4.0mm。通过该方法预制出1~19号梁实测预制线形与理论预制线形的预制误差,如图4-3-10所示。

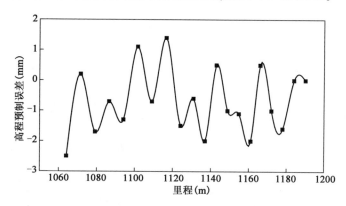

图4-3-10　1~19号梁段预制线形误差图

由图4-3-10可知,梁段预制精度完全满足监控要求。

3.2.4　横向预应力张拉控制

在预制过程中,横向预应力需要张拉两次,第一次是在拆底模之前,横向预应力第一次张拉之后才能拆底模将支撑条件转变为四点支撑,然后滑移至匹配位去作为下一浇筑梁的匹配梁。在作为匹配梁的任务完成之后,再继续滑移至提升位,此时横向预应力需要进行第二次张拉,因为吊点的支撑位置与滑移时的支撑位置有较大的改变,需要继续张拉才能保证起吊提升时的应力安全。在落梁至高支架后,预制梁的支撑条件又回到滑移时的支撑状态,然后滑移至存梁位,等待拼梁。在等待的过程中,支撑条件不变。因此横向预应力第一、二次张拉的时候均既有位移约束条件也有应力约束条件。

第一次张拉时的位移约束条件为基本没有竖向位移,这样可以使相邻两个梁段在拼装前的相对竖向位移最小,实际计算时将竖向位移控制在1mm以内;第一次张拉时的应力约束条件为梁段从浇筑位滑移至匹配位应受力安全。第二次张拉时的位移约束条件为在保证起吊应力安全的情况下竖向位移尽量小,以使存梁期间发生较小的竖向位移;第二次张拉时的应力约束条件为起吊提升时的应力安全。

3.2.4.1　横向预应力布置

标准梁段横向预应力束共有3类,分别为横隔板束、顶板束及底板束。横隔板束 N4、N4' 各2束,N5、N5' 各2束;顶板束N1有12束,底板束N2有24束。其中N4、N4' 的规格为 $17\phi_s15.2$,N5、N5' 的规格为 $16\phi_s15.2$,N1的规格为 $4\phi_s15.2$,N2的规格为 $3\phi_s15.2$。横向预应力束布置如图4-3-11所示。

3.2.4.2　成桥恒载状态下横向受力与变形

北边跨混凝土箱梁在成桥状态下由斜拉索支撑,两侧斜拉索锚固点横向相距35.1m。取一个7.5m长的标准梁段,用MIDAS CIVIL建立该梁段的空间梁单元有限元模型。边界条件为其中一个斜拉索锚点为固定铰支座,另一个斜拉索锚点为活动铰支座。考虑荷载为结构自重和二期恒载。横向预应力按实际的预应力筋面积和线形输入MIDAS模型中,考虑了顶板束、底板束和横隔板束,按规范规定考虑了各项预应力损失。成桥恒载状态下横向受力分析模型如图4-3-12所示。

经计算,对于标准梁段上、下缘横向正应力计算结果如图4-3-13、图4-3-14所示,竖向位移计算结果如图4-3-15所示。

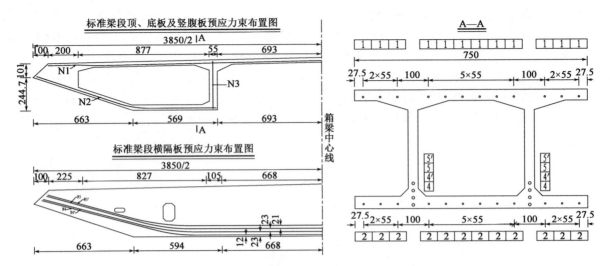

图 4-3-11　标准梁段横向预应力束布置图(尺寸单位:cm)

图 4-3-12　成桥恒载状态下横向受力有限元模型图

图 4-3-13　成桥恒载状态下标准梁段主梁上缘横向正应力计算结果图(单位:MPa)

图 4-3-14　成桥恒载状态下标准梁段主梁下缘横向正应力计算结果图(单位:MPa)

图 4-3-15　成桥恒载状态下标准梁段主梁竖向位移计算结果图(单位:mm)

由以上计算结果可知:对于横向跨中截面,上、下缘横向正应力分别为 -3.7MPa 和 -11.1MPa,竖向位移最大为 +13.8mm,说明在成桥恒载状态下,横向预应力的布置是合理的,横向跨中截面有一定的负弯矩储备,有利于将来继续承受汽车荷载。根据以上计算结果,考虑到成桥状态与施工状态支撑条件的较大差异,显然,在施工过程中将横向预应力一次张拉到位是不合适的,将会导致横向跨中有较大的负弯矩,给施工过程中的受力带来不利。

3.2.4.3 分次张拉时机的确定

北边跨混凝土箱梁采用地面短线预制,提升至高支架上存梁,然后逐段胶拼成梁的施工方法。在施工过程中支撑条件不断发生变化,有多次体系转换。由于梁段较宽,纵向长度较短,因此施工过程中主要以横向受力为主。如果将所有的横向预应力一次张拉到位,梁段跨中上缘将出现较大的拉应力导致开裂,且一次张拉到位后梁段明显上拱,将直接影响到与下一片梁的匹配,最终影响到梁段的胶拼工作,因此横向预应力必须根据施工阶段分次张拉。

北边跨混凝土箱梁梁段浇筑及养护期间是满堂支架支撑,在脱底模后变为4点支撑,支点横向距离为 24m,然后纵移至匹配位作为下一梁段的匹配梁段。匹配完成之后继续纵移至提升位,提升时的支撑也为4点支撑,但支撑位置发生了变化,支点横向距离增大至 33m。提升之后落梁,落梁后支撑条件又恢复到作为匹配梁段时的支撑情况。然后在高支架上存梁。存梁期满之后进行逐段胶拼,胶拼过程中支撑条件不变。胶拼与斜拉索安装交替进行,斜拉索在梁上安装索距为 7.5m,下一跨胶拼完成之后,本跨斜拉索安装完成,当一跨斜拉索全部安装完成之后,该跨梁段由4点支撑转换为斜拉索支撑。以上是整个边跨梁段施工过程中的体系转换情况。根据以上施工过程,规划横向预应力分三次张拉到位。第一次张拉在梁段脱底模之前;第二次张拉在梁段提升至高支架之前;第三次张拉在胶拼之后梁段由4点支撑转换为斜拉索支撑之前。

横向预应力第一次张拉的目标:①脱底模之后及移至匹配位过程中受力安全;②横向跨中挠度尽量为零,不然会引起相邻两梁段间的竖向位移差导致将来拼梁困难。横向预应力第二次张拉的目标:①保证梁段提升时的应力安全;②存梁期间竖向位移尽量小,方便拼装。横向预应力第三次张拉的目标是保证梁段在成桥支撑条件下的横向受力安全。应力安全的目标具体为拉压应力的限值:按规范进行取值,拉、压应力的限值分别为抗拉(压)标准强度的 0.7 倍。在横向预应力第一次张拉时应重点关注竖向位移,否则会影响后续拼梁困难。

3.2.4.4 理论计算分析

采用 MIDAS Civil 以 9 号梁段为例,建立该梁段的空间梁单元有限元模型,考虑了收缩徐变和施工阶段,施工阶段的划分如表4-3-4所示。横向预应力筋按实际面积和线形进行输入,按规范考虑了各项预应力损失。经试算确定的第一方案为:第一次张拉时,所有顶板束张拉至 $50\%\sigma_{con}$,所有底板束张拉至 $50\%\sigma_{con}$,横隔板束 N4 和 N4' 张拉至 $40\%\sigma_{con}$;第二次张拉时,所有顶板束张拉至 $100\%\sigma_{con}$,所有底板束张拉至 $100\%\sigma_{con}$,横隔板束 N4 和 N4' 张拉至 $100\%\sigma_{con}$;第三次张拉时,横隔板束 N5 和 N5' 张拉至 $100\%\sigma_{con}$。

施工阶段划分表　　　　　表4-3-4

序号	施工阶段	持续时间(d)	累积时间(d)	序号	施工阶段	持续时间(d)	累积时间(d)
1	混凝浇筑养护	3	3	7	存梁30d	20	45
2	预应力第一次张拉	2	5	8	存梁60d	30	75
3	拆模滑移匹配	7	12	9	存梁90d	30	105
4	预应力第二次张拉	2	14	10	第三次张拉并转索支撑	10	115
5	提升	1	15	11	铺装	20	135
6	落梁存10d	10	25				

经计算，第一次张拉后的应力与竖向位移计算结果如图 4-3-16、图 4-3-17 所示。

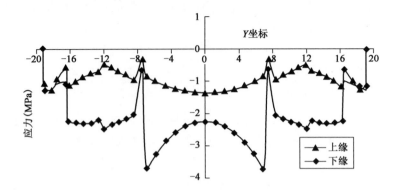

图 4-3-16　横向预应力第一次张拉后上、下缘应力图（Y 坐标为横桥向坐标轴）

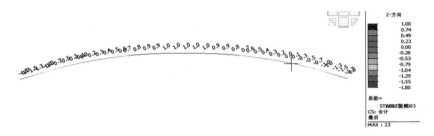

图 4-3-17　横向预应力第一次张拉竖向位移图（单位：mm）

由图 4-3-16 和图 4-3-17 可知，9 号梁段横向预应力第一次张拉后跨中截面上、下缘应力分别为 1.4MPa 和 2.2 MPa，竖向位移为 +1 mm，说明横向预应力第一次张拉后梁段跨中截面未出现拉应力且竖向位移很小。

经计算，第二次张拉后的应力与竖向位移计算结果如图 4-3-18、图 4-3-19 所示，梁段提升时的应力计算结果如图 4-3-20 所示。

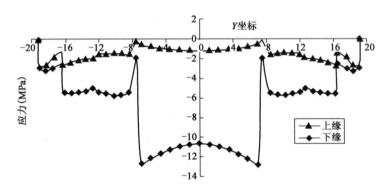

图 4-3-18　横向预应力第二次张拉后上、下缘应力图（Y 坐标为横桥向坐标轴）

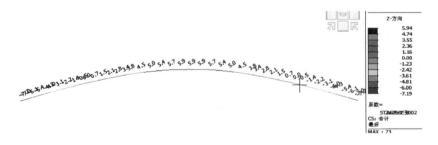

图 4-3-19　横向预应力第二次张拉后竖向位移图（单位：mm）

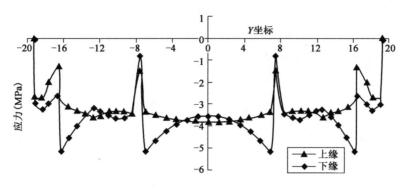

图 4-3-20　9 号梁段提升时的应力图（Y 坐标为横桥向坐标轴）

由图 4-3-18 ~ 图 4-3-20 可知,9 号梁段在横向预应力第二次张拉后跨中截面上、下缘应力分别为 -1.7MPa 和 -10.6MPa,竖向位移为 +5.9 mm。9 号梁段在提升工况跨中截面上、下缘应力分别为 -3.9MPa 和 -3.6MPa,两个工况下均有一定的压应力储备,受力安全。

经计算,横向预应力第三次张拉之后在体系转换前后的应力计算结果如图 4-3-21、图 4-3-22 所示。

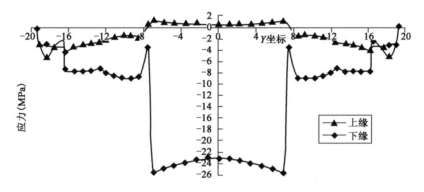

图 4-3-21　9 号梁段 4 点支撑状态下第三次张拉之后的应力图（Y 坐标为横桥向坐标轴）

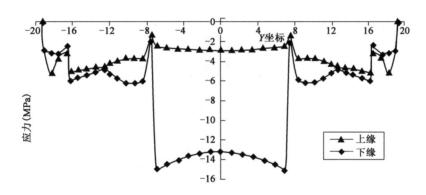

图 4-3-22　9 号梁段斜拉索支撑状态下第三次张拉之后的应力图（Y 坐标为横桥向坐标轴）

由图 4-3-21 和图 4-3-22 可知,9 号梁段最不安全的状态在横向预应力已经张拉完成,但还没有转换为斜拉索支撑的状态,此时,横向跨中上、下缘应力分别为 0.5MPa 和 -22.9MPa;但拉压应力均未超过规范限值(1.918MPa 和 24.85MPa)。当支撑条件转换之后,横向受力大大改善,横向跨中上、下缘应力分别为 -3.1MPa 和 -13.4MPa。由以上计算结果可知,横向预应力分三次张拉到位是合适的,张拉时机和各次张拉力也是正确的,整个施工过程中主梁应力安全,第一次张拉后的竖向位移也较小,有利于匹配和后期拼装线形的控制。

3.2.4.5　实测与理论结果的比较

在梁段预制期间,对节段箱梁梁顶线形监测点做了跟踪性的测量,同时也对部分埋设有应变计的节段箱梁横向跨中的应变监测点进行了测试。12号梁段为首节标准梁段,同时也是埋设有应变计的节段箱梁,12号梁段横向预应力第一次张拉前后线形监测点数据如表4-3-5所示。

标准梁12号梁段横向第一次张拉前后实测竖向位移对比表　　　　表4-3-5

测点编号	横向预应力一张前		横向预应力一张后		张拉前后竖向位移(m)
	y坐标(m)	z坐标(m)	y坐标(m)	z坐标(m)	
T1	-15.387	-0.843	-15.378	-0.846	-0.003
T2	-8.536	-0.697	-8.528	-0.699	-0.002
T3	-0.977	-0.554	-0.969	-0.558	-0.004
T4	6.561	-0.672	6.569	-0.676	-0.004
T5	16.077	-0.860	16.085	-0.864	-0.004
T6	-15.374	-0.861	-15.362	-0.864	-0.003
T7	-8.403	-0.702	-8.395	-0.704	-0.002
T8	-1.008	-0.558	-1.002	-0.560	-0.002
T9	6.505	-0.674	6.518	-0.676	-0.002
T10	16.015	-0.874	16.021	-0.878	-0.004

表中编号T1~T5的测点为节段箱梁梁顶上小里程侧的测点,编号T6~T10的测点为节段箱梁梁顶上大里程侧的测点,其中,T3和T8测点处于节段箱梁横向跨中位置,T1、T5、T6、T10测点处于节段箱梁风嘴位置。从上表中数据可知,12号标准梁段在第一次横向预应力张拉完并脱去底膜后,测点T1至测点T10发生了比较均匀的下沉,T3测点以及T8测点的竖向位移没有明显地区别于其他测点,说明12号节段箱梁第一次横向预应力张拉完成且脱模后节段箱梁只是整体发生了沉降,横向跨中并没有明显的挠度变化,也就是说明第一次横向预应力张拉方案对节段箱梁横向挠度的控制是比较合理的。

同样,以12号梁为例,12号梁段应变监测数据如表4-3-6所示。

标准梁12号梁段预制过程中实测应变与理论应变对比表　　　　表4-3-6

应变测点位置	预应力一张完成(με)			预应力二张完成(με)			提梁过程中(με)		
	理论	实测	差值	理论	实测	差值	理论	实测	差值
北下缘跨中	-53	-68	-15	-265	-283	-18	-100	-129	-29
南下缘跨中	-53	-58	-5	-265	-274	-9	-100	-112	-12
北上缘跨中	-38	-31	7	-38	-28	10	-95	-83	12
南上缘跨中	-38	-42	-4	-38	-40	-2	-95	-87	8

从表4-3-6可知,12号梁段预制过程中横向跨中上下缘应变实测值与理论值基本吻合,说明前面的计算仿真模型对实际的模拟情况良好。同时表中实测应变均为压应变,说明12号梁段预制过程中上下缘均有一定的应力储备,能保证节段箱梁在预制过程中的受力安全。

3.2.5 节段箱梁的胶拼控制

3.2.5.1 胶拼施工的流程

预制梁段由移动横梁支架上的千斤顶拉动,移动到设计安装的指定位置,并将各段逐段拼装在支架上。拼装时,先调整待安装梁段的高程和平面位置,在接合表面涂上环氧树脂黏合剂与前一节拼接,然后将顶板和底部的部分预应力束进行张拉,使得接缝之间的环氧树脂黏合剂在 0.3MPa 的特定压力下固化。等 12h 后,再张拉剩余的预应力束并对管道灌浆,开始拼装下一梁段,如此循环反复,直到完成所有梁段的拼装。北边跨混凝土节段箱梁胶拼施工的主要流程为:

(1)将梁段移至控制位置。

(2)调整梁段的空间位置,调整好后进行试拼。

(3)梁段试拼时,先通过梁顶控制点控制调整好梁段的高程、轴线,并控制好拼接缝宽,如果上下缘缝宽在允许范围内,说明试拼成功;如果缝宽超出允许范围,需对梁段进行微调,优先满足梁段胶拼时对缝宽的要求。

(4)将梁段退回 40cm,均匀涂抹环氧树脂,进行正式拼装。

(5)对接梁段,对称张拉纵向预应力,使环氧树脂在 0.3MPa 左右的压力下固化。

(6)12h 后张拉剩余预应力。

(7)进行预应力孔道压浆。

(8)观测高程、轴线的变化。

(9)进入下一阶段梁的拼装。

其中的注意事项有:

(1)节段箱梁体内纵向预应力管道采用金属波纹管形成,在梁段胶拼时需要对预应力管道口进行处理,防止涂胶时漏胶堵塞预应力管道,导致出现纵向预应力张拉完成后无法压浆的情况。梁段胶拼时可在管道口粘贴环形的经环氧树脂浸泡过的海绵垫圈或采取其他可靠措施来避免出现上述情况。

(2)环氧树脂作为梁段匹配表面的黏合剂,环氧树脂黏合剂的配比,制备方法,物理机械性能,固化时间应由施工单位根据不同的工作条件来确定。环氧树脂黏合剂的黏合强度必须符合设计要求。初始固化时间应大于 2h,并在 24h 内完全固化以达到黏结强度,以确保涂料、压力等工艺在固化前完成。黏合剂层应均匀,厚度应控制在 2~3mm 以下,保证多余的环氧树脂从接头处挤出。

(3)梁段接缝面涂胶前必须保证清洁,无油渍污垢等杂质。表面应平整,无松散附着的水泥,混凝土表面应干燥。涂胶时接缝面表面温度不应低于 5℃,否则应采取加热措施;在常温条件下,成品环氧树脂应在 45min 内涂抹,并在 90min 内拼接,防止雨水侵入和日光照射。

(4)环氧胶接缝施工期间,预张拉部分顶板、底板纵向预应力螺纹钢筋,接缝间压应力控制在 0.3MPa 左右,直至环氧胶固化;预应力螺纹钢筋预张拉完成后,考虑胶接材料的固化时间,12~24h 内对剩余预应力钢筋终张拉到位,完成管道压浆。

(5)梁段拼装完毕,对胶缝进行严格防水密封处理。

(6)为保证钢格室内混凝土填充密实,在钢格室顶板处预留有浇筑孔、出气孔和压浆孔,待钢格室混凝土浇筑完成后,应对浇筑孔进行封焊;填充混凝土施工完毕,应采用超声波等物探手段,检查钢格室内混凝土是否完全饱满后,方可进行下一步施工。如发现有不密实的部位应采用钻孔压浆进行补强,同时还应预留运营期压浆通道。

(7)纵向预应力螺纹钢筋张拉时,原则上锚固两个梁段(最后一个锚固梁段除外),即一个拼接面的预应力螺纹钢筋的连接器接长率控制在 50% 左右。

3.3.5.2 梁段胶拼时定位

梁段胶拼时控制点坐标的计算就是一个由梁段局部坐标系中坐标点转换为整体坐标系中的坐标点的过程。对于只有竖曲线没有平曲线的桥梁,控制点坐标都可以简化成平面坐标系中的坐标,只需将局部坐标系中 x、z 坐标按坐标转换公式进行坐标转换,而 y 坐标保持不变即可。所以在梁段浇筑后需要对梁段上的测点在局部坐标系中的坐标值测出来,然后转换成整理坐标系中的坐标值,用于梁段胶拼时的定位。1 号梁坐标转换前后坐标值如表 4-3-7 所示。

1号梁段坐标转换前后值 表4-3-7

测点编号	局部坐标X(m)	局部坐标Y(m)	局部坐标Z(m)	整体坐标x(m)	整体坐标y(m)	整体坐标z(m)
T1	0.076	−17.803	3.472	69183.976	−17.803	66.240
T2	0.105	−6.683	3.704	69184.002	−6.683	66.473
T3	0.074	−0.530	3.846	69183.969	−0.530	66.614
T4	0.077	6.570	3.717	69183.974	6.570	66.485
T5	0.073	17.854	3.492	69183.973	17.854	66.260
T6	5.943	−17.757	3.484	69189.842	−17.757	66.340
T7	5.934	−6.604	3.720	69189.830	−6.604	66.576
T8	5.907	−0.482	3.844	69189.801	−0.482	66.700
T9	5.940	6.646	3.707	69189.836	6.646	66.563
T10	5.923	17.902	3.481	69189.823	17.902	66.337

梁段调整时主要用靠近桥轴线位置的测点控制梁段的轴线和里程,用靠近风嘴位置的测点控制梁段的高程。

3.2.5.3 胶拼时主梁线形控制

为了保证主梁拼接缝处的耐久性,胶拼缝宽被要求均匀地控制在2~3mm内,即上下缘缝宽差最大容许值为1mm,反映到对梁段高程的影响为1~2mm,梁段高程可调整值极小。通过调整上下缘缝宽差对梁段线形的调整示意如图4-3-23所示。高程调整量计算公式如式(4-3-2)所示。

$$\Delta H = \frac{L}{h}\Delta\delta \tag{4-3-2}$$

式中:ΔH——高程调整量;

L——梁长;

h——梁高;

$\Delta\delta$——上下缘缝宽差。

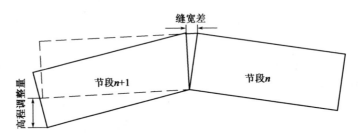

图4-3-23 缝宽差对梁段线形的调整示意图

梁段间线形在预制时一旦被确定,在规范明确规定混凝土节段拼装接缝内不允许采用局部垫片调整的前提下,梁段胶拼后的时线形基本没有其他的调控手段。节段预制拼装混凝土箱梁的线形控制则基本取决于箱梁节段的预制精度。

所以对于主梁胶拼时线形的控制,主要以还原已成预制线形为主,并以梁段上下缘最大的1mm缝宽差对线形进行辅助性的调整。

3.2.5.4 胶拼时齿键与齿槽的干涉

节段箱梁胶拼时梁段间齿键齿槽发生干涉的原因主要是相邻梁段从相互匹配预制时到两个梁段胶拼时这段时间里齿键齿槽之间发生了相对位移量,这相对的位移量可以分解成以下两个部分:

(1)对于两个相邻的混凝土节段箱梁,都是前一个节段匹配预制后一个节段。该两个梁段,匹配完成后两个梁段的龄期必然不同,后续两个梁段梁宽的缩短量也必然不一样,这对于宽幅节段箱梁来说这种相邻梁段梁宽缩短量的差异尤为明显。从相邻的两个梁段相互匹配预制时开始到该两个梁段开始胶拼时这段时间内,这两个梁段的横向收缩量不一致导致了该两个梁段胶拼时,齿键与齿键之间产生横桥向的相对位移量,由于此原因产生的相对位移量数值最大的部位应该是在最靠近风嘴位置的齿键齿槽。

(2)从相邻的两个梁段相互匹配预制时开始到该两个梁段开始胶拼时,这两个梁段的横向起拱不一致导致了该两个梁段胶拼时,齿键与齿键之间产生了竖向的相对位移量,这种相对位移量主要在不同类型的梁段间产生,两相邻的梁段梁段类型差异越大,产生这种竖向相对位移量的数值可能就越大。由于该原因产生的相对位移量数值最大的部位可能是在最靠近风嘴位置的齿键齿槽,也可能是在节段箱梁横向跨中位置的齿键齿槽。

由于这两种相对位移量导致相邻两个梁段胶拼时齿键与齿槽的位置发生了错位,使得该两个梁段齿键齿槽之间发生干涉,两个梁段之间胶拼困难。为保证相邻梁段的拼接精度、减少混凝土收缩变形差异,应尽量缩短相邻梁段之间的混凝土龄期差。根据工程实际情况,一个节段箱梁从浇筑到匹配下一个梁段的时间约12d,图4-3-24为标准梁段龄期12d时横向缩短计算值。

图4-3-24 标准梁段龄期12d时横向缩短图(单位:mm)

从图4-3-24可知,标准梁段从浇筑到匹配下一个梁段的时间段里横向缩短约4mm,所以对于标准梁段来说,相邻两个梁段胶拼时齿键齿槽横桥向的错位量约为2mm。

对于竖向相对错位量的计算,以相邻且梁段类型差异较大的E类梁段与F类梁段为例。分别计算出E类箱梁和F类梁段存梁90d后横向跨中相当于风嘴位置的上拱值。经过简单的几何关系可知,两个梁段之间齿键齿槽竖向相对错位量即两个梁段存梁90d后上拱值之差的一半,计算结果如表4-3-8所示。

E类梁段与F类梁段齿键齿槽相对错位量计算表　　　　表4-3-8

E类梁段跨中相对风嘴上拱值	F类梁段跨中相对风嘴上拱值	竖向相对错位量
4.5mm	9.4mm	2.5mm

从以上分析可知,相邻两个节段箱梁齿键齿槽之间的横向错位量数据约2mm,而竖向错位量约为3mm。为了减少两梁段胶拼时齿键齿槽之间发生干涉的可能性,北边跨混凝土预制实际工程中,在梁段预制时在匹配梁的齿槽内贴上了4~5mm厚的橡胶垫片,使得相邻两个梁段间的齿键齿槽即使发生了4mm的错位量,也不影响梁段的胶拼。

3.3 斜拉索无应力索长的确定

斜拉索张拉控制采用控制索力和斜拉索无应力长度两种方法,斜拉索需被安装到其指定的无应力长度。其无应力长度为斜拉索安装的重要参数,在施工控制的计划阶段完成了斜拉索的无应力索长的计算工作,并提交给制造单位进行制造。在具体施工阶段,采用由调整锚杯上螺母的位置,对制造误差进行斜拉索无应力长度的修正。如有必要,根据详细安装分析结果及控制点位置分析结果,进行进一步的修正。在控制张拉时既测量张拉索力,同时也测量索的无应力长度,两种方法相互印证,确认索力是否张拉到位。经理论计算得到的各根斜拉索的无应力长度如表 4-3-9 所示。

斜拉索无应力长度表　　　　　　　表 4-3-9

索号	无应力索长（m）	索号	无应力索长（m）	索号	无应力索长（m）	索号	无应力索长（m）
NA26	290.889	NJ1	129.805	SJ26	440.013	SA1	129.723
NA25	283.628	NJ2	132.179	SJ25	425.411	SA2	133.166
NA24	276.404	NJ3	136.794	SJ24	410.907	SA3	138.069
NA23	269.139	NJ4	147.260	SJ23	396.466	SA4	148.801
NA22	261.999	NJ5	157.590	SJ22	381.926	SA5	159.448
NA21	254.913	NJ6	168.625	SJ21	367.621	SA6	170.586
NA20	247.848	NJ7	180.034	SJ20	353.336	SA7	182.206
NA19	240.840	NJ8	191.834	SJ19	339.136	SA8	194.158
NA18	233.928	NJ9	203.974	SJ18	325.007	SA9	206.512
NA17	227.039	NJ10	216.426	SJ17	311.000	SA10	219.106
NA16	220.188	NJ11	229.316	SJ16	297.154	SA11	232.039
NA15	213.458	NJ12	242.501	SJ15	283.467	SA12	245.341
NA14	206.817	NJ13	255.789	SJ14	269.915	SA13	258.671
NA13	200.304	NJ14	269.142	SJ13	256.482	SA14	272.101
NA12	193.692	NJ15	282.657	SJ12	243.139	SA15	285.753
NA11	187.133	NJ16	296.320	SJ11	230.030	SA16	299.472
NA10	180.658	NJ17	310.185	SJ10	217.130	SA17	313.392
NA9	174.355	NJ18	324.123	SJ9	204.592	SA18	327.484
NA8	168.063	NJ19	338.299	SJ8	192.397	SA19	341.738
NA7	161.999	NJ20	352.456	SJ7	180.557	SA20	355.877
NA6	155.651	NJ21	366.718	SJ6	169.131	SA21	370.067
NA5	149.384	NJ22	381.019	SJ5	158.087	SA22	381.730
NA4	143.114	NJ23	395.494	SJ4	147.656	SA23	393.425
NA3	135.993	NJ24	409.892	SJ3	137.087	SA24	405.234
NA2	132.983	NJ25	424.441	SJ2	132.456	SA25	417.073
NA1	130.513	NJ26	439.002	SJ1	129.233	SA26	429.004

对于斜拉索的无应力长度，可进行以下修正：
（1）更新安装分析后的修正，影响因素有：
①结构刚度。
②斜拉索弹性模量。
③主梁重量。
④斜拉索重量。
⑤已安装索力误差。
（2）对竣工和制造完成时锚固点实际位置的分析而进行的修正。
（3）在主梁节段安装过程中进行的修正，是几何控制调整手段的一部分。
①斜拉索的制作必须严格按照确定的制作方案，并在规定的误差范围内进行。
②在规定张力条件下对每根标准丝进行标定测量，并进行温度修正。
③对每根编制成的斜拉索进行弹性模量测定，其中测力必须由测试精度高于 0.1% 级的锚索计进

行测量。

④按规定程序进行斜拉索长度测量,根据测定的斜拉索弹性模量和温度修正确定斜拉索的实际长度,并进行标记。

⑤对每根成品索进行称重,此外,在斜拉索锚杯安装前需测量锚杯的重量。

⑥将所有测试数据填入专门设计的表格,经监理签字后提交给指挥部、施工单位、监控单位。

斜拉索无应力长度是几何控制中极其重要的参数。在整个制造和安装过程中,都要详细记录所有斜拉索无应力的长度情况。在每次斜拉索无应力长度的修正后,都要正式发布含有最新修正值的最新无应力长度表格。

3.4 钢箱梁线形与应力控制

钢箱梁悬臂安装阶段的线形与应力控制工作是整个施工监控工作的重点,主要内容包括标准梁段的施工控制,塔区梁段的施工控制,过临时墩、辅助墩的施工控制。

3.4.1 监控原则与方法

在钢箱梁悬臂安装阶段以桥梁的几何线形为基本控制目标,以斜拉索长度为主要调控手段,索力为辅的原则进行整个钢箱梁的施工控制工作。

在钢箱梁悬臂安装阶段采用自适应无应力构形控制法,首先保证安装几何线形,兼顾斜拉索索力精度,以确保桥梁线形与内力同时满足设计要求。各施工阶段的目标几何线形、安装高程、无应力索长及对应索力等理论数据,均通过非线性正装迭代计算得到,同时通过参数敏感性分析,充分考虑各施工阶段中可能产生误差的各项参数的影响,进行必要的参数识别与误差分析工作。这种方法能够最大限度地加快施工进度及安装精度。保证桥梁在控制容许的安装误差内完成所有安装步骤,并在施加完所有的恒载后能达设计几何线形。

3.4.2 施工控制对象及主要工作内容

3.4.2.1 主要控制对象

(1)主梁梁长。
(2)主梁相邻梁段间的高程差(夹角)。
(3)斜拉索梁端锚点的相对坐标。
(4)主梁安装的几何位置。
(5)主梁各阶段的线形。
(6)主梁应力。

3.4.2.2 主要工作内容

(1)根据结构构件(钢箱梁节段、斜拉索)制造参数及索塔施工完成形态,更新施工控制理论计算模型。
(2)进行施工控制预测计算,提供控制目标理论值及控制指令。
(3)各工况实际状态参数量测,安全状态评估。
(4)对反馈的施工状态参数信息进行分析,确定施工误差状态。
(5)利用参数识别系统对计算参数进行识别、修正。
(6)基于施工误差容许度指标进行安全状态预警。
(7)根据施工控制偏差情况进行计算并对后续控制参数进行调整确保成桥目标的实现。

除此之外,具体还包括:

(1)提供各种不同类型施工监控指令表(钢箱梁无应力线形、钢箱梁定位、斜拉索张拉)。
(2)钢箱梁应变传感器的安装及跟踪监测。
(3)主梁线形监测。
(4)结构温度场监测。
(5)各施工工况下误差状态与安全状态评估。
(6)根据已施工结构的误差状态确定后续施工阶段控制参数调整方案。
(7)施工方案的优化。
(8)提供阶段施工控制报告。

3.4.3 悬臂拼装标准梁段施工控制

3.4.3.1 施工程序

悬拼标准梁段施工主要分为四个步骤,即:

(1)第一步:梁段起吊→初匹配→临时连接。
(2)第二步:梁段精确匹配→打码→固定→张拉平台、焊接平台前移→焊接。
(3)第三步:斜拉索张拉。
(4)第四步:起重机及辅助挂索平台前移。

悬拼标准梁段典型施工流程如图4-3-25所示。

a)第一步:梁段起吊→初匹配→临时连接

b)第二步:梁段精确匹配→打码→固定→张拉平台、焊接平台前移→焊接

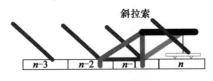

c)第三步:斜拉索张拉

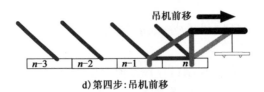

d)第四步:吊机前移

图4-3-25 标准悬拼梁段典型施工流程图

3.4.3.2 各阶段测试内容及要求

悬臂施工各阶段各工况监测内容如表4-3-10所示。

悬臂施工阶段各工况监测内容　　　　　　　表 4-3-10

监测工况		梁段起吊及精匹配	斜拉索张拉	起重机前移就位
几何监测	内容	高程、索塔偏位、轴线偏位	高程、索塔偏位、轴线偏位	高程、索塔偏位、锚固点位置
	范围	悬臂端3个梁段	悬臂端5个梁段	悬臂端3个梁段
应力监测	内容	主梁应力	主梁应力、索塔应力	—
	范围	全部测点	全部测点	—
温度场监测	内容	主梁、拉索、索塔	主梁、拉索、索塔	主梁、拉索、索塔
	范围	全部测点	全部测点	全部测点
索力监测	内容	索力	索力	索力
	范围	悬臂端3对拉索	悬臂端5对拉索	悬臂端3对拉索
监测时间		—	日落后3h，日出前1h等	日落后3h，日出前1h	不作要求

（1）上述工况中精匹配及斜拉索张拉工况作为重点控制工况。

（2）在5号、10号（过临时墩）、15号、19号（过辅助墩）、26号、中跨后龙、合龙后调索、铺装完成等阶段均应作为控制工况，进行上述全部监测内容通测及南北塔主梁高程及轴线的联测。

（3）边、中跨合龙前应进行48h合龙口主梁高程、轴线、宽度及索塔偏位的连续测量及索、梁、塔温度场连续监测，并在夜间安排两次几何线形通测。连续观测间隔，白天以2h为宜，夜间以3~4h为宜。

（4）每次测量时间尽量在90min内完成，以回避环境参数对测量结果的影响。

（5）根据季节温度变化情况，在施工过程中根据需要进行24h几何监测及温度场监测的连续观测。

3.4.4　南塔塔区梁段施工控制

3.4.4.1　塔区梁段施工控制工况

（1）在近塔区搭设临时支架，安装顺桥牵引装置以及线形（包括高程与轴线）调整装置，设置塔梁临时固结装置，并对支架顶面高程进行初调到位。

（2）利用浮式起重机按顺序起吊SB01、ST03、ST01、ST02、SZ01梁段，并纵桥向牵引到位，精确调整梁段高程、轴线方位，以确保梁段间焊接后的线形、两端梁段端面角度与理论值一致。

（3）将位置调整好的SB01、ST03、ST01、ST02、SZ01梁段焊接连成整体，塔梁间临时固结。

（4）起吊并安装桥面起重机。

（5）张拉斜拉索SJ01和SA01。

3.4.4.2　关键控制工况及注意事项

1）关键控制工况

（1）SB01、ST03、ST01、ST02、SZ01梁段焊接前的精确定位。此工况主梁节段的位置决定了塔梁临时固结后塔区梁段的线形和位置，施工中钢箱梁节段间的焊接变形与塔梁临时锚固都对局部线形有影响，在施工时需密切观测，此工况下要对焊接前梁段的线形进行全局测量。

（2）斜拉索SJ01和SA01张拉。因为斜拉索SJ01和SA01张拉完成后，后续施工进入了双悬臂拼装阶段，因此此时钢箱梁局部线形对后续拼装梁段的安装线形的精确性以及线形的平顺性非常关键，所以确保斜拉索张拉的准确性很重要，对线形要进行全局测量。

2）控制重点

在支架上通过三向千斤顶控制SB01、SZ01始端和末端高程差值误差在±1mm以内，以确保0号块两端面转角正确；在支架上通过三向千斤顶控制SB01、ST03、ST01、ST02、SZ01梁段线形误差在±5mm以内；控制SB01、ST03、ST01、ST02、SZ01梁段轴线误差在±3mm以内；监理与监控单位进行复核验收。

3）注意事项

（1）由于塔区支架拼装梁段的线形位置的准确非常重要，因此应确保梁段定位时的几何精度要求。

（2）由于SB01、ST03、ST01、ST02、SZ01梁段位置调整的需要，要求施工单位必须安装梁段位置调整装置，以实现节段位置的精确调整。

（3）对于塔梁临时固结装置，应有足够的刚度，并能及时发挥锚固功能。

（4）尽可能利用斜拉索张拉工况对拉索弹模进行识别。

3.4.5 南边跨过临时墩施工控制

1）施工工序

南边跨按标准的双悬臂拼装施工工序安装完边跨SB10并第一次张拉相应的斜拉索后，将临时墩与主梁临时连接。

2）控制重点

严格按照理论计算中的工况时刻（即SJ10与SA10一张完成后）连接临时墩与主梁。

3）注意事项

（1）理论计算时对临时墩的刚度应尽量模拟准确。以实测结果为基础，对临时墩的刚度误差进行识别。

（2）施工中注意控制临时墩的反力及其变化范围。

（3）根据监控要求，临时墩在SB20梁段吊装之前拆除与主梁间的连接。

（4）主梁与临时墩连接时应注意连接时的温度，应尽可能接近设计温度15℃。

3.4.6 南边跨过辅助墩施工控制

3.4.6.1 施工工况

（1）起吊并安装SZ19、BH19梁段。

（2）安装并张拉SJ19和SA19斜拉索。

（3）桥面起重机前移。

（4）顶推BF1梁段，使与BH19梁段拼接，然后与辅助墩连接。

（5）桥面起重机前移。

（6）解除临时墩与主梁间的连接。

（7）起吊并安装SZ20、SB20梁段，张拉SJ20、SA20、SA19号斜拉索。

（8）桥面起重机前移。

3.4.6.2 施工控制重点及注意事项

1）重点

（1）BH19梁段与BF1梁段的拼接。

（2）BF1梁段与辅助墩的连接。

2）注意事项

（1）主梁与辅助墩连接时应注意连接时的温度，应尽可能接近设计温度15℃。

（2）BH19梁段与BF1梁段拼接时，应通过向南塔方向顶推BF1梁段来实现连接，而不能利用BH19梁段上的桥面起重机起吊BF1梁段来实现连接。

（3）在施工控制计算确定合理施工状态时，应通过调整合理的斜拉索初张拉力，使BH19梁段与BF1梁段拼接时悬臂梁端部（即BH19梁段前端）的累计位移为零，以避免主梁与辅助墩强制连接而产生结构内力和变形的偏差。

(4)BF1梁段与辅助墩连接时应对辅助墩顶支座进行预偏量设置。

(5)在21号斜拉索进行张拉后,按设计要求对辅助墩顶进行第1次压重。

3.4.7 误差评估与修正

随着施工的进行,将不断监测已安装梁体线形与目标线形的偏差。在施工过程中,两者之间的差异可能是以下因素所致:

(1)梁段夹角的制造或安装误差。

(2)斜拉索无应力长度的制造或安装误差。

(3)结构的实际刚度。

除此之外,当然也存在着测量精度误差和分析模型的计算误差。

3.4.7.1 误差评估

在每个安装周期末(斜拉索张拉后),根据已得到新安装梁段的竣工测量数据,进行如下评估:

(1)先评估测量数据,确保能满足目标线形。

(2)对于测量、检查环境条件以及对公共点或重复测量点的数据校核。

(3)检查计算分析模型,比较计算结果和实测结果。

(4)评估荷载分布。

(5)计算已安装节段的夹角并更新其无应力线形,与理论无应力线形比较。

(6)比较梁段的竣工位置和目标位置。

(7)用实测索力和竣工线形,校核结构刚度。

(8)用最新资料包括竣工线形和修正后的物理特性和荷载,更新分析模型。

(9)进行正装分析,预测能否在容许误差范围内获得目标线形。

结构计算分析将给出成桥线形以及设定后续节段安装的新目标值。但是,作为最终梁体线形的指标,分析误差走向是非常重要的。修正误差,必须要有针对性,所以首先要确定出现误差的原因和类型,因此,需按如下步骤进行工作:

(1)找出误差。

(2)确定是否系统误差或累积型误差,累积型误差会造成误差放大。

(3)确定误差的来源。

(4)进行正装分析。

(5)确定误差是否会造成不能满足成桥目标线形。

(6)如果误差影响成桥目标线形,则计划修正措施;如需修正工作,在下一梁段安装时发出指令。施工控制中应根据施工反馈的数据与施工控制预测计算的理论目标值及施工控制的实时计算结果的修正目标值进行比较,对误差进行分析并进行及时调整。

基本的误差处理程序如图4-3-26所示。

3.4.7.2 误差修正

节段安装几何线形的误差修正是在预安装分析过程中进行的。在预安装分析中进行的几何线形修正包括:

(1)制造误差。

(2)无应力(累积)实际安装线形误差。

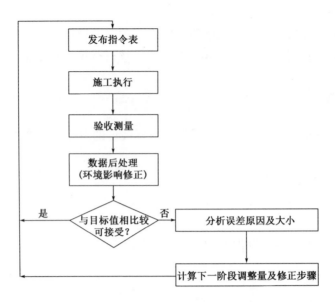

图 4-3-26 基本误差处理流程

修正工作的基本方针是把之前施工步骤产生的误差(2)和当前施工步骤的误差(1)都在当前施工步骤中修正。局部安装几何线形的改变(修正)都会导致预拼装过程中所确定的焊缝宽的变化。误差修正操作的流程如图 4-3-27 所示。

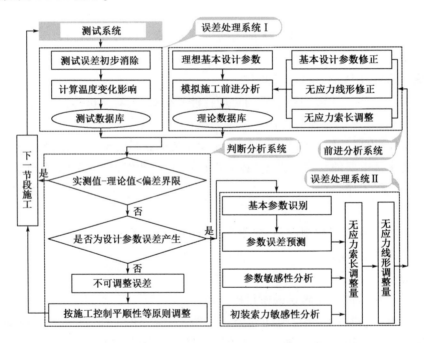

图 4-3-27 主梁节段竣工误差修正流程

3.5 斜拉索索力控制

3.5.1 斜拉索理论张拉力

根据设计给定的成桥状态,经过反复调索确定斜拉索初张力,施工过程中的初张力、桥面铺装前的调索力如表 4-3-11 所示(表中的索力值为单根索塔端和梁端的平均索力)。

施工过程中斜拉索张拉力表 表 4-3-11

斜拉索编号	初张力(kN)	铺装前调索力(kN)	斜拉索编号	一张力(kN)	二张力(kN)	铺装前调索力(kN)
NA26	4700		NJ14	2889		
NA25	4605		NJ15	3079		
NA24	4558		NJ16	3239		
NA23	4640		NJ17	3324		
NA22	4615		NJ18	3459		
NA21	4546		NJ19	3517		
NA20	4451		NJ20	3608		
NA19	4315		NJ21	3649		
NA18	3998		NJ22	3817		
NA17	3438		NJ23	4043		
NA16	4009		NJ24	4404		
NA15	4304		NJ25	4680		
NA14	4436		NJ26	4987		
NA13	4283		SJ26	4363		4084
NA12	4121		SJ25	4551		4114
NA11	3836		SJ24	4701		3975
NA10	3842		SJ23	4916		3805
NA09	3568		SJ22	4060		
NA08	3038		SJ21	3950		
NA07	1780		SJ20	3762		
NA06	3402		SJ19	3627		
NA05	4602		SJ18	3520		
NA04	5792		SJ17	3385		
NA03	7060		SJ16	3318		
NA02	8458		SJ15	3100		
NA01	9041		SJ14	3024		
NJ01	7663	8672	SJ13	2951		
NJ02	4950	5731	SJ12	2774		
NJ03	2536	3097	SJ11	2662		
NJ04	2040	2305	SJ10	1573	2872	
NJ05	1782	1838	SJ09	2639		
NJ06	1860	1697	SJ08	2641		
NJ07	2440		SJ07	2507		
NJ08	2684		SJ06	2287		
NJ09	2793		SJ05	2144		
NJ10	2885		SJ04	2168		
NJ11	2731		SJ03	2400		
NJ12	2720		SJ02	2475		
NJ13	2741		SJ01	2216		

续上表

斜拉索编号	初张力（kN）	铺装前调索力（kN）	斜拉索编号	一张力（kN）	二张力（kN）	铺装前调索力（kN）
SA01	1984		SA14	3251		
SA02	2293		SA15	3282		
SA03	2224		SA16	3445		
SA04	2259		SA17	3559		
SA05	2153		SA18	3554		
SA06	2277		SA19	3415	3866	
SA07	2266		SA20	4510		
SA08	2410		SA21	4549		
SA09	2388		SA22	4568		
SA10	1796	2892	SA23	3631		4261
SA11	2942		SA24	3753		4360
SA12	2850		SA25	3770		4449
SA13	3041		SA26	3757		4650

3.5.2 斜拉索张拉及索力测试控制

斜拉索张拉控制采用控制索力和斜拉索无应力长度两种方法，斜拉索需被安装到其指定的无应力长度。其无应力长度为斜拉索安装的重要参数，在施工控制的计划阶段就计算了斜拉索的无应力长度，并提交给制造单位进行制造。在具体施工阶段，调整锚杯上螺母的位置，对制造误差进行斜拉索无应力长度的修正。如有必要，根据详细安装分析结果及控制点位置分析结果，进行进一步的修正。在控制张拉时，既测量张拉索力，同时也测量索的无应力长度，两种方法相互印证，确认索力是否张拉到位。

斜拉索张拉时的注意事项包括：

（1）各施工阶段斜拉索索力测试应采用千斤顶油压测试、斜拉索基频索力测试、斜拉索锚索计索力测试三种方式独立进行测试并相互校核，保证索力测试的正确性。

（2）在采用弦振法测索力时值得注意的是：对于大悬臂施工的斜拉桥，通常为了减振需要采取临时的抑振措施，最简单且常用的措施有两种：在斜拉索导管的出口用软木塞紧；在斜拉索的近梁端一定高度处用软钢绳将拉索与桥面临时连接。有鉴于此，在采用弦振法测索力时需临时解除这些抑振装置，否则基频相差较大，索力测试误差较大。

（3）为预防长索在张拉过程的扭转现象，建议斜拉索制造单位在斜拉索PE表面上沿索长方向标记一条直线，以便斜拉索张拉时能直观地控制拉索的扭转角度。

（4）在进行斜拉索索力控制时必须要考虑斜拉索无应力长度和高程，单纯地控制索力大小有可能会使高程线形误差过大。

3.6 最大悬臂工况下施工控制结果

根据以上主梁及斜拉索施工控制方法，最大悬臂工况下的监控数据如图4-3-28～图4-3-32和表4-3-12～表4-3-15所示。

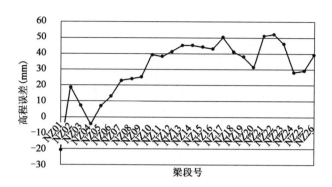

图 4-3-28 北塔钢箱梁高程误差图

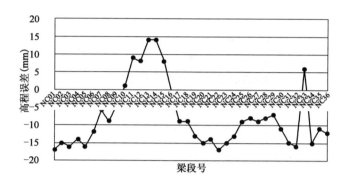

图 4-3-29 北塔混凝土箱梁高程误差图

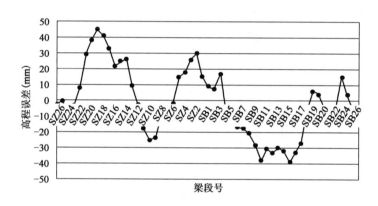

图 4-3-30 南塔钢箱梁高程误差图

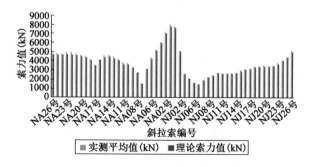

图 4-3-31 北塔斜拉索索力图

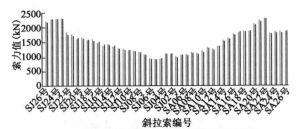

图 4-3-32 南塔斜拉索索力图

北塔钢箱梁轴线测试数据

表 4-3-12

工 况	梁段号	测点	Y 坐标实测值(mm)	Y 坐标理论值(mm)	实测—理论(mm)
26 号斜拉索张拉	NZ24	T2	-2	0	-2
	NZ25	T2	-14	0	-14
	NZ26	T2	-14	0	-14

北塔钢箱梁应力数据表(单位：MPa)

表 4-3-13

工 况	梁段号	位置	累计应力增量实测值	理 论 值	实测—理论
26 号斜拉索张拉且 100 号墩~101 号墩间梁底临时支点拆除	NJ01	上缘	-50.4	-57.3	6.9
		下缘	—	3.6	—
	NZ13	上缘	-53.8	-47.8	-6.0
		下缘	-57.6	-50.8	-6.8
	NZ19	上缘	-39.2	-33.9	-5.3
		下缘	-34.3	-25.9	-8.4

北边跨混凝土箱梁应力控制截面监测数据(单位：MPa)

表 4-3-14

工 况	梁段号	位置	累计应力增量实测值	理 论 值	实测—理论
26 号斜拉索张拉且 100 号墩~101 号墩间梁底临时支点拆除	NC07	上缘	-8.3	-6.7	-1.6
		下缘	-3.0	-3.6	0.6
	NC26	上缘	-6.4	-5.3	-1.1
		下缘	-6.9	-5.1	-1.8
	NC31	上缘	-6.7	-4.5	-2.2
		下缘	-6.7	-5.1	-1.6

南塔钢箱梁应力控制截面监测数据(单位：MPa)

表 4-3-15

工 况	梁段号	位置	累计应力增量实测平均值	理 论 值	实测—理论
26 号索张拉后	SZ01	上缘	-69.1	-83.1	14.0
		下缘	-32.8	-21.5	-11.3
	SZ08	上缘	-68.8	-55.1	-13.7
		下缘	-53.5	-57.0	3.5
	SZ17	上缘	-40.1	-41.3	1.2
		下缘	-28.5	-32.3	3.8
	SB08	上缘	-58.5	-52.9	-5.6
		下缘	-57.8	-63.1	5.3

续上表

工况	梁段号	位置	累计应力增量实测平均值	理 论 值	实测—理论
26号索张拉后	SB14	上缘	-44.5	-43.8	-0.7
		下缘	-40.2	-54.8	14.6
	BH19	上缘	-33.8	-49.6	15.8
		下缘	-1.2	3.7	-4.9

由以上数据可知,钢箱梁实测高程值与理论值最大偏差值为52mm(NZ22号钢箱梁),钢箱梁轴线最大偏位为14mm,分别小于《施工控制实施细则》中要求的±82mm和±41mm。北边跨混凝土箱梁梁底高程实测值与理论值最大偏差值为17mm(NC22号混凝土箱梁),小于《施工控制实施细则》中要求的±20mm。

全桥斜拉索实测索力值与理论索力值偏差均控制在±5%之内;钢箱梁、混凝土箱梁关键截面应力与理论值基本吻合,均满足监控控制要求。

4 中跨合龙控制及成桥状态数据

4.1 合龙方案

目前大跨径混合梁斜拉桥中跨合龙方法一般采用几何控制法和温度配切法。采用几何控制法合龙施工(如苏通长江大桥和鄂东长江大桥),当实际合龙温度与设计基准温度不一致时对成桥状态内力和线形的影响较小,对合龙温度的适应性较大,但在塔梁之间要设置牵引或顶推装置。采用温度配切法合龙施工(如武汉军山长江公路大桥和金塘大桥主通航孔斜拉桥),合龙口宽度不能调节,当温度变化较大时,合龙段难以嵌入合龙口,另外合龙段在现场配切,几何尺寸精度难以保证,从而影响到合龙段的施工质量。石首长江公路大桥主桥中跨合龙段(J 梁段)长 12.4m,重量为 249.1t,采用几何控制法进行合龙施工。具体思路为:在南塔塔梁之间设置顶推装置,对由于温度影响而引起的合龙段长度与合龙口宽度的差值和合龙操作空间均通过顶推南边主梁来进行调节,从而使在不同的温度下进行合龙成桥目标状态均能得到保证,同时也解决了在较大的温度范围内合龙段均能够顺利嵌入合龙口的问题。

具体施工时合龙段采用单边桥面起重机起吊,由南岸两台桥面起重机起吊。合龙温度控制在20℃,合龙段钢箱梁起吊前,将南岸钢箱梁向南侧顶推,合龙段起吊后先与北岸钢箱梁进行匹配及临时锁定,再将南岸钢箱梁往北侧顶回,将合龙段与南岸钢箱梁进行匹配锁定,最后进行打码焊接,完成合龙施工。

4.2 施工工艺及方法

4.2.1 施工流程

施工流程如图 4-4-1、图 4-4-2 所示。

4.2.2 中跨合龙施工步骤

(1)步骤一:在 24 号斜拉索二张之后监控单位提供合龙段 ZH27 梁段的预制指令。

(2)步骤二:索塔 2 个永久支座进行环氧砂浆灌浆施工,并进行养身等强。

(3)步骤三:根据监控指令,逐根横向对称解除南塔竖向拉索,先中跨侧临时竖向拉索,后边侧拉索;再逐个拆除临时支座,先中跨侧临时支座,后边跨侧临时支座,此时临时支座的竖向力转换至永久支座上。

(4)步骤四:安装主桥横向抗风支座,并进行养生等强,待抗风支座强度达到设计要求后,拆除横向支撑。

(5)步骤五:

①根据监控指令,按确定的顶推力和顶推行程对南塔钢箱梁段整体进行试顶推,试顶推过程中对高

程、索力、塔偏及顶推位移量进行监测,试顶推后将结构复原(图4-4-3)。

②进行48h温度观测,测量合龙口之间的长度和线形,匹配设计基准温度,确定合龙段嵌入时机。

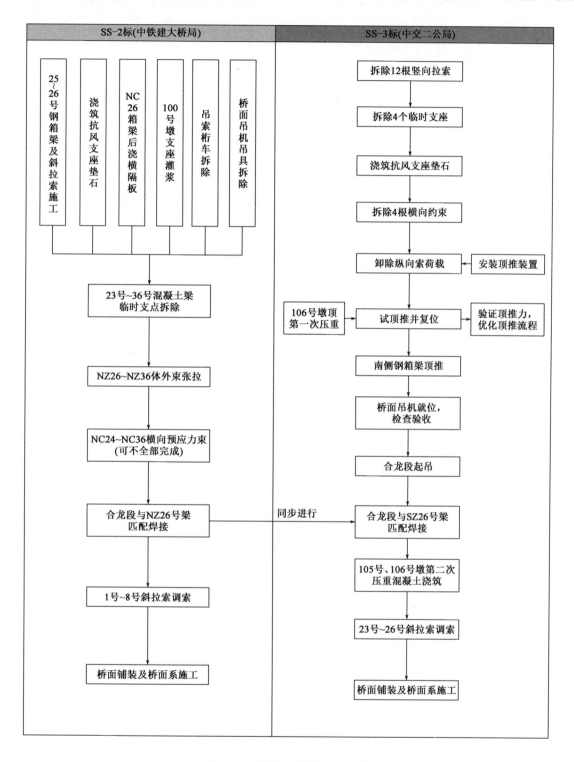

图4-4-1 中跨合龙总体施工流程图

(6)步骤六:将合龙段ZH27梁段运至施工现场,测量合龙口两侧高程、轴线,如不满足要求,对26号斜拉索索力进行相应的调整,直至合龙口两侧高程、轴线达到设计要求,合龙口由南侧桥面起重机吊装合龙段。如图4-4-4所示。

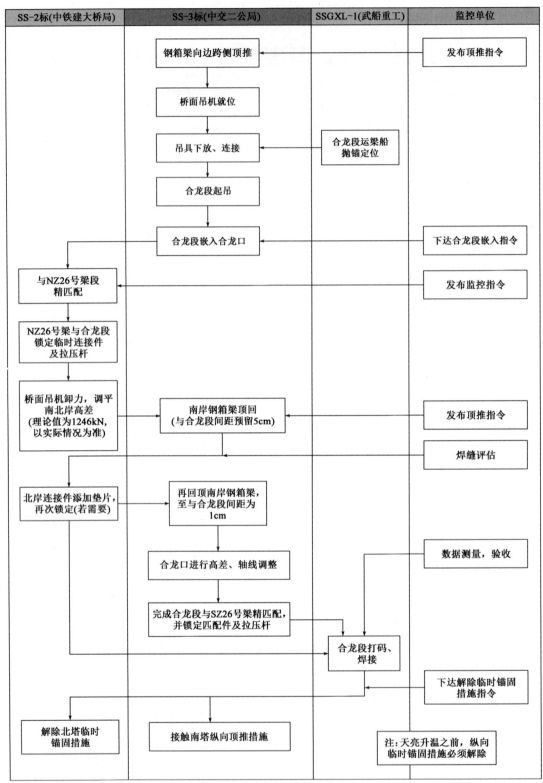

图 4-4-2 中跨合龙细化施工流程图

(7) 步骤七：

①按预定顶推行程将南塔钢箱梁段整体向岸侧纵移。

②起吊合龙段 ZH27 梁段嵌入合龙口，与 NZ26 梁段精匹配，锁定临时连接件及拉压杆。

③调整合龙段 ZH27 与 SZ26 梁段间的相对高差和轴线偏差。

④利用南塔顶推装置将南塔主梁顶回,进行 ZH27 梁段与 SZ26 梁段的精匹配,锁定临时连接件及拉压杆。

⑤将合龙段两侧焊缝打码,进行合龙段腹板焊接,解除南塔纵向顶推装置,完成合龙段剩余焊接,解除北塔塔梁纵向、横向限位装置,注意在天亮升温之前,必须完成南北岸两侧约束措施。

⑥拆除桥面起重机。

⑦105 号、106 号墩墩顶第二次压重。

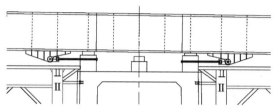

图 4-4-3 南塔主梁顶推装置示意图

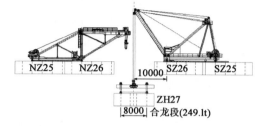

图 4-4-4 合龙段吊装示意图(尺寸单位:mm)

(8)北塔中跨 1 号~6 号索,南塔 23 号~26 号索预定调索。

(9)进行桥面铺装,然后进行桥面系等后续施工。

4.2.3 合龙施工准备

4.2.3.1 104 号索塔永久支座灌浆

中跨合龙施工前将 104 号索塔永久支座完成灌浆施工,待支座灌浆料强度达到设计要求后,解除塔梁约束。

横向抗风支座安装完成且混凝土强度达到设计要求后,才能进行钢箱梁顶推施工。

测量塔区钢箱梁顶面高程,对钢箱梁高程进行调整,直至达到理论高程位置。待钢箱梁调整到位后,将支座上盖板与梁底楔形板进行密贴,并调整支座轴线偏位,利用型钢临时支撑支座。采用土工布等吸水措施将支座地脚螺栓孔内积水清理干净,支座模板采用钢模支撑,并填塞模板与垫石顶面之间的缝隙,完成支座灌浆施工。

4.2.3.2 临时约束转换和解除

南塔钢箱梁顶推装置采用塔梁纵向临时约束装置,合龙前将纵向临时固结转换成纵向顶推装置以及解除竖向、横梁临时约束装置,并且在中跨合龙后及时解除南塔塔梁之间的纵向顶推装置。

1)临时约束的转换

临时约束的转换是指南塔塔梁间的连接将临时固结形式转换成纵向顶推装置。需解除的塔梁临时约束包含临时支座、箱梁两侧横向约束、塔梁间纵向约束和 12 根带预张力的竖向拉索。南塔竖向和纵向临时固结示意图分别如图 4-4-5 和图 4-4-6 所示。

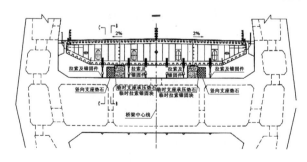

图 4-4-5 南塔竖向临时固结示意图

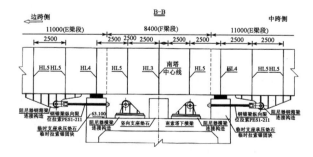

图 4-4-6 南塔纵向临时固结示意图

临时约束的转换时机为南塔 106 号墩顶钢箱梁第 1 次压重完成,且 104 号索塔永久支座灌浆强度达到设计强度后。临时约束的转换流程为:

(1)卸除中跨侧临时约束竖向拉索。
(2)卸除边跨侧临时约束竖向拉索。
(3)卸除中跨侧临时竖向支座。
(4)卸除边跨侧临时竖向支座。
(5)浇筑横向抗风支座垫石混凝土并等强。
(6)抗风支座垫石强度达到设计要求后,解除南塔塔、梁间临时横向限位。
(7)卸除边跨侧临时约束水平拉索。
(8)卸除中跨侧临时约束水平拉索。
(9)安装顶推装置。

2)临时约束的解除

中跨合龙段完成结构合龙后立即将主梁与索塔间的临时约束全部解除,此时南塔需要解除的是塔梁顶推装置及塔梁间纵向限位拉索。

临时约束解除原则:南北塔临时约束的解除应按照迅速、分级、同步和对称的原则进行。

3)约束解除工艺

(1)竖向约束解除。

竖向约束为 12 根竖向限位锚固索,利用张拉千斤顶逐根张拉钢绞线从而退出夹片,达到解除约束的效果,约束解除顺序为从外侧向内侧、先中跨、后边跨进行解除。

(2)拆除临时支座。

全部竖向限位锚固索拆除完成后,开始拆除 4 个临时支座。利用千斤顶将钢箱梁与支座上座板分离,再顶出支座上座板及四氟板,完成临时支座拆除施工,施工顺序为先中跨、后边跨。

(3)横向约束解除。

横向约束为箱梁两侧支撑钢管桩,待横向抗风支座强度达到设计要求后,割除钢管桩释放钢箱梁两侧限位支撑。

(4)纵向约束解除。

纵向约束为 4 根纵向限位拉索,约束解除步骤如下:

步骤一:将 4 台 750t 千斤顶、撑脚、张拉杆安装到位。

步骤二:纵向临时限位索限位拉力为 4500kN,张拉边跨侧两台千斤顶使边跨侧限位索锚杯螺母松弛,将螺母后退 2cm,千斤顶卸力,完成边跨侧纵向拉索卸力。

步骤三:张拉中跨侧限位拉索,使中跨侧拉索锚杯螺母松弛,将螺母后退 2cm,千斤顶卸力,完成中跨侧纵向拉索卸力。

4)临时约束的解除时机

(1)中跨合龙段两侧腹板焊缝焊接完成之后解除南塔塔梁顶推装置及纵向临时限位拉索。
(2)中跨合龙段两侧顶、底板焊缝焊接完成之后解除北塔塔梁纵、横向临时限位装置。

4.2.4 顶推装置的设计及安装

南塔钢箱梁顶推装置在中跨合龙前完成安装,在合龙段起吊之前顶开合龙口,在合龙段顺利嵌入合龙口后,反向顶推钢箱梁,使合龙口在保证规定的焊缝宽度条件下顺利闭合。纵向顶推装置应同时具有顶推、调整和锁定的功能。

4.2.4.1 纵向顶推装置的顶推行程分析

顶推装置的顶推行程由两部分组成,合龙段起吊需要的操作间隙和合龙温度偏离设计温度时产生的梁段伸长量,合龙段起吊需要的操作间隙为10cm,则不同合龙温度与需要的顶推行程如表4-4-1所示。

不同合龙温度与南塔纵向顶推行程对应表　　　表4-4-1

合龙温度(℃)	5	10	15	20	25	30	35
顶推行程(mm)	3.6	51.8	100	148.2	196.4	244.6	292.8

注:1.设计基准温度为15℃。
　　2.顶推行程以向南塔方向移动为正,反之为负。

4.2.4.2 顶推装置的顶推力分析

顶推力与各支座的摩阻效应有关,而摩阻效应与各支座的支承反力有关,在合龙段起吊前各墩的支座反力如表4-4-2所示。

合龙段起吊后各墩支座反力(单位:kN)　　　表4-4-2

100号墩	101号墩	102号墩	103号墩	104号墩	105号墩	106号墩
16230	24080	18890	40740	9080	4800	5240

由表4-4-2可知,南塔总的竖向力为9080+4800+5240=19120(kN),取摩擦系数为0.05,则需要克服的摩擦力为19120×0.05=956(kN)。

经有限元分析,索塔斜拉索产生的不平衡水平反力如表4-4-3所示。

合龙段起吊后各墩不平衡水平反力(单位:kN)　　　表4-4-3

103号墩	104号墩
3990	1760

由表4-4-3可知,南塔不平衡水平力为1760kN,方向为中跨方向,则顶推主梁的启动力至少需要1760+956=2716(kN)。

经试算,顶推行程与顶推力的关系为11.45kN/mm,按合龙温度为20℃,则顶推行程为148.2mm,需要的顶推力增量为:1145×1482=1697(kN)。也就是由148.2mm的顶推行程会引起新的中、边跨水平不平衡索力增量1697kN。

则总的顶推力为:2716+1697=4413(kN)。

4.2.4.3 顶推装置设计方案

顶推方案为在纵向限位拉索锚杯处安装张拉千斤顶,利用千斤顶张拉限位拉索,从而带动钢箱梁整体平移。

顶推装置由塔梁间纵向限位拉索、7500kN张拉千斤顶及撑脚组成,纵向限位拉索采用1860MPa高强镀锌钢丝,索体规格为211ϕ7mm,直径为ϕ133mm。

每根钢丝截面积$A=3.14\times7\times7/4=38.465(mm^2)$。

每组限位拉索的破断力$F=1860\times211\times38.465=15095973.9(N)=15096kN$。

且每组限位拉索出厂均进行了7500kN拉力的抗拉试验,从实际试验及理论计算上,纵向限位拉索均能满足现场施工受力要求,安全系数为3.8。

顶推前边跨侧纵向限位拉索锚杯螺母可活动距离为:上游14.6cm、下游14.3cm;中跨侧纵向限位拉索锚杯螺母可活动距离为:上游32cm、下游32cm,可满足钢箱梁平移距离要求。

纵向限位索现场图如图4-4-7所示,顶推指针设置如图4-4-8所示。

4.2.4.4 顶推装置安装

(1)南塔纵向顶推装置只在中跨侧限位索设置张拉千斤顶,用以张拉牵引钢箱梁向南移动。箱梁回移时,斜拉索不平衡力大于摩擦力,千斤顶卸力即达到回移效果。

(2)采用斜拉索张拉撑脚支撑千斤顶,在梁体平移到位后,在撑脚内侧采用临时支撑进行加强,防止撑脚变形。

(3)在两个永久支座垫石上粘贴钢尺,在支座上盖板上粘贴指针,用以监测移动距离。

图 4-4-7 纵向限位索现场图

图 4-4-8 顶推指针设置

4.2.5 顶推装置试张拉

索塔钢箱梁体系转换完成后,对南塔钢箱梁梁段整体移梁系统进行试验:

(1)测量人员对南塔钢箱梁梁段整体测量放样,记录初值。

(2)将张拉千斤顶、撑脚、张拉杆等安装到位。

(3)将边跨侧锚杯螺母与临时支座垫石之间的间隙控制在2cm,张拉千斤顶使拉索平行钢丝预紧。

(4)张拉中跨侧千斤顶,单个千斤顶按50t每级张拉并持荷,同步将锚杯螺母向后移出2cm间距,同时监测钢箱梁移动距离,每移动1cm复核一次,每移动5cm停止移动,测量复核梁端轴线偏位,直至移梁15cm。

(5)箱梁滑移到位后,将中跨侧张拉千斤顶按50t一级卸力,同步将锚杯螺母带紧,同时监测钢箱梁移梁距离,工艺与(4)一致。

(6)回移到位后,将锚杯螺母锁定,等待合龙施工。

4.2.6 合龙段施工

4.2.6.1 合龙段施工步骤

(1)在合龙之前根据监控指令在工厂内加工合龙段进行精确加工,并在指定的时间内运输至合龙现场。

(2)在南塔塔梁处设置纵向顶推装置对主梁进行移梁,调整合龙口宽度以适应合龙段长度。

(3)合龙段由南侧两台桥面起重机起吊合龙段钢箱梁,起吊时间为当天温度较低且恒定时。

(4)合龙段起吊时,由专职人员实时监测桥面起重机卷扬机制动系统及前支后锚稳定性,合龙口设专职人员利用50m钢卷尺监测钢箱梁姿态。

(5)合龙段的精匹配。首先将合龙段与合龙口北侧钢箱梁进行精匹配,并锁定临时连接件及拉压杆。然后利用主桥南塔纵向顶推装置反向平移合龙口南侧钢箱梁,调整合龙口宽度,使合龙段与合龙口南侧钢箱梁完成精匹配,并锁定临时连接件及拉压杆。

(6)北岸合龙段精匹配完成,监控单位焊缝宽度评估完成且不需再调整后,北岸钢箱梁与合龙段可进行焊缝打码、焊接施工;南岸合龙段精匹配完成,进行南岸钢箱梁与合龙段的焊接工作。

4.2.6.2 合龙段起吊

(1)按照预定的移梁行程,利用南岸顶推装置将南塔钢箱梁梁段整体向南岸边跨侧纵移,确保合龙段ZH27梁段能嵌入中跨合龙口。

(2)操控集中控制台使 2 台桥面起重机收紧钢绞线起吊至对应梁段 100% 临界负载后停车,同时运梁船压水,以平衡船体并检查桥面起重机、扁担梁与吊耳连接及钢箱梁有无异常情况。确保情况正常后,操作重心调整千斤顶油缸伸缩,将梁段微调至完全水平状态。

(3)在合龙口将 50m 钢卷尺端头下放,固定在钢箱梁上下游对称位置处,由 2 位专职人员实时测量钢箱梁起吊平衡姿态。

(4)施工人员拆除钢箱梁与运梁船的保险连接装置,再次做最后的全面检查。

(5)桥面起重机均达到临界荷载,起吊作业指挥人员相互联络,确认各起吊检查项目正常后,同时指令 2 台起重机连续提升作业,一次将钢箱梁吊离运梁船,桥面起重机进入正常吊装状态。

(6)在温度合适时,将合龙段 ZH27 梁段嵌入合龙口。如图 4-4-9 所示为合龙段起吊现场图。

图 4-4-9 合龙段起吊现场图

4.2.6.3 合龙段与北岸钢箱梁精匹配

将合龙段 ZH 27 梁段朝 NZ26 梁段纵向移动,减小 ZH27 梁段与 NZ26 梁段的缝宽,安装顶板匹配件螺栓,完成初匹配;根据监控指令调整北岸钢箱梁高程及轴线,完成精匹配,安装拉压杆进行临时锁定。

4.2.6.4 合龙段与南岸钢箱梁精匹配

顶推装置位于索塔下横梁临时支座垫石处,利用中跨侧两个 750t 千斤顶张拉纵向限位索对主梁进行牵引移梁。

在气温较低且恒定时,将纵向张拉千斤顶卸力,逐步减小 ZH27 梁段与 SZ26 梁段的缝宽,直至南岸钢箱梁与合龙段间距为 5cm,停止移梁。纵向顶推装置顶推钢箱梁时,按照对称、分级的原则进行。

监控单位评估两岸焊缝宽度,并及时调整合龙口两侧焊缝宽度差,调整完成后,锁定北岸临时连接件及拉压杆,此时北岸焊缝可进行焊接施工。再回顶南岸钢箱梁,至缝宽为 2cm 时停止顶推并锁定,按照监控指令调整合龙口轴线及高差,完成南岸合龙段精匹配,锁定临时连接件及拉压杆,对南岸合龙口焊缝进行打码焊接作业。

4.2.6.5 解除临时约束

(1)在中跨合龙段腹板部位焊接工作完成后,按照迅速、分级、同步和对称的原则,立即开始解除南塔纵向顶推装置;南塔纵向顶推装置解除完成后进行合龙段其他部位焊接,焊接完成后方可进行北塔的临时固结(限位挡块及纵向预应力)拆除,整个临时(顶推)约束解除时间应尽快完成。若在升温之前,焊接工作未完成,仍旧开始临时约束解除施工。

(2)南北塔临时约束的解除需在分级受控条件下进行,由于临时约束在施工中积累了不平衡水平力,因此拆除时需密切观测主梁可能的水平位移,并采取缓慢释放的措施予以解除。

(3)在南北塔临时约束解除前,需设置塔梁相对位移测量标志,测量标志设置在上下游塔梁连接处梁边处,通过相对位移量精确控制和测量临时约束解除时的结构变形。

4.2.7 合龙后体系转换

在主桥完成全桥钢箱梁合龙后,拆除桥面起重机及其他临时设施,完成105号、106号墩顶梁段箱内的第二次永久压重(105号压重混凝土306m³,106号压重混凝土119m³),进行合龙通测,最后一次调整索力,安装桥面系、塔梁阻尼器。

4.3 合龙时几何状态的调整控制

4.3.1 相对高差的微小调整

合龙时,SZ26和NZ26梁段合龙口间的相对高差误差预先通过前期的控制过程大部分消除,在ZH27与SZ26和NZ26梁段精匹配时,可以通过调整SJ26和NJ26号斜拉索的索力对合龙口的相对高差加以精确消除。

表4-4-4给出了SJ26和NJ26号斜拉索索力变化与悬臂前端高程变化的关系。在索力调整的过程中,注意索力的变化幅值不能超过当前工况下索力的5%,上下游的索力必须平衡,且悬臂前端上下游的高程要保持平整。

26号斜拉索索力调整值与26号梁段前端控制点高程变化关系表   表4-4-4

北 侧				南 侧			
NJ26索力值(kN)	NJ26索力调整幅度(%)	NJ26索力调整值(kN)	NZ26前端高程变化(mm)	SJ26索力值(kN)	SJ26索力调整幅度(%)	SJ26索力调整值(kN)	SZ26前端高程变化(mm)
5091	-5	-268	-79	4954	-5	-261	-77
5145	-4	-214	-63	5006	-4	-209	-62
5198	-3	-161	-48	5059	-3	-156	-46
5252	-2	-107	-32	5111	-2	-104	-31
5305	-1	-54	-16	5163	-1	-52	-15
5359	0	0	0	5215	0	0	0
5413	1	54	16	5267	1	52	15
5466	2	107	32	5319	2	104	31
5520	3	161	48	5371	3	156	46
5573	4	214	63	5424	4	209	62
5627	5	268	79	5476	5	261	77

1)操作工序

(1)合龙段ZH27起吊。

(2)测量SZ26与NZ26号梁段的相对高差,评估相对高差的误差值。

(3)如果需要进行合龙口相对高差调整,则调整合龙口两侧SJ26和NJ26号索的索力值。

2)注意事项

(1)在合龙段ZH27与SZ26梁段精匹配前必须同时将相对高差和轴线偏差的误差调整至允许范围内。

(2)中跨合龙段两侧腹板焊缝焊接完成之后解除南塔塔梁顶推装置。

(3)中跨合龙段两侧顶、底板焊缝焊接完成之后解除北塔塔梁纵、横向临时限位装置。

4.3.2 主梁轴线相对偏差的调整措施

合龙段施工之前,两悬臂主梁的各自轴线的整体偏差需预先通过前期控制过程调整在允许范围内,而不会在合龙时去调整体偏差。合龙时只是调整两悬臂主梁轴线的相对偏差。

1)轴线的相对偏差调整措施

(1)待合龙段进入合龙口之后,测量 NZ26 和 SZ26 前端 T2 点的轴线相对偏差。

(2)当相对偏差值超出允许值后,对合龙口两侧的轴线偏差进行调整。可设置轴线对拉调整措施进行调整。

2)注意事项

在合龙段 ZH27 与 SZ26 梁段精匹配前必须同时将相对高差和轴线偏差的误差调整至允许范围内。

4.3.3 合龙段精匹配要点

(1)利用南塔的临时顶推装置将南塔主梁纵向顶推产生向边跨方向的纵向位移,以确保合龙段 ZH27 能够顺利吊入合龙口,且为合龙口的精匹配施工留有一定的操作间隙。

(2)合龙段 ZH27 起吊,将合龙段吊入合龙口之后首先将合龙段 ZH27 与北侧的 NZ26 号梁段匹配好(顶板平齐、顶底板焊缝宽度验收合格且临时连接件锁紧)。

(3)在合龙段 ZH27 与 SZ26 梁段精匹配前,调整合龙口两侧主梁 T1、T3 点的相对高差和 T2 点轴线偏差的误差至允许范围内。

(4)合龙段 ZH27 与 SZ26 梁段精匹配,顶底板焊缝宽合格后,将 ZH27 与 SZ26 梁段的临时连接件锁紧。

(5)合龙段两侧焊缝打码连接。

(6)合龙段两侧腹板焊缝焊接完成之后解除南塔塔梁顶推装置。

(7)合龙段两侧顶、底板焊缝焊接完成之后解除北塔塔梁纵、横向临时限位装置。

(8)后续工况施工。

4.4 成桥状态下监控数据

石首长江公路大桥于 2019 年 4 月 8 日中跨合龙,2019 年 9 月桥面系施工完毕,在 2019 年 9 月 9 日对全桥高程、轴线、索力、应变等参数进行了测量,数据如图 4-4-10 ~ 图 4-4-15 和表 4-4-5 ~ 表 4-4-9 所示。

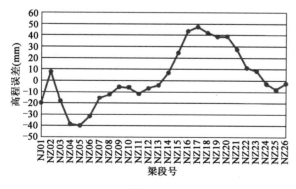

图 4-4-10 北塔钢箱梁高程误差图

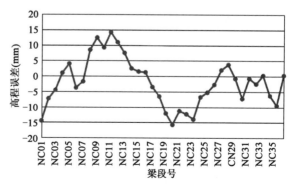

图 4-4-11 北塔混凝土箱梁高程误差图

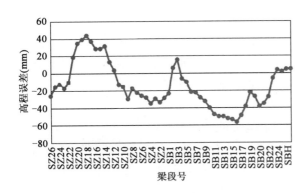

图 4-4-12 南塔主梁高程误差

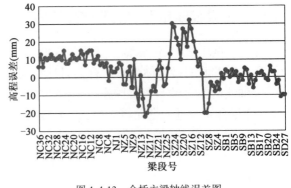

图 4-4-13 全桥主梁轴线误差图

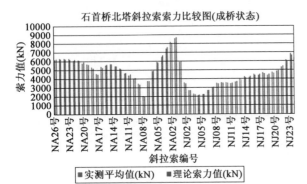

图 4-4-14 北塔索力比较图

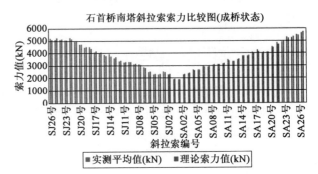

图 4-4-15 南塔索力比较图

南塔塔顶偏位测试数据（单位：m） 表 4-4-5

测点位置	初 始 值		成桥状态下		塔偏量	理论值	偏差值
	X	Z	X	Z	X方向差值		
塔顶	+69987.814	+262.906	+69987.865	+262.884	+0.051	+0.029	+0.022

注："-"表示往小里程方向偏，"+"表示往大里程方向偏。

北塔塔顶偏位测试数据（单位：m） 表 4-4-6

测点位置	初 始 值		成桥状态下		塔偏量	理论值	偏差值
	X	Z	X	Z	X方向差值		
塔顶	+69160.410	+264.711	+69160.282	+264.638	-0.128	-0.103	-0.025

注："-"表示往小里程方向偏，"+"表示往大里程方向偏。

北塔钢箱梁应力控制截面监测数据（单位：MPa） 表 4-4-7

梁段号	位 置	累计应力增量实测值	理论值	实测—理论
NJ01	上缘	—	-56.9	—
	下缘	—	-24.5	—
NZ13	上缘	-59.3	-63.0	3.7
	下缘	-61.9	-66.4	4.5
NZ19	上缘	-44.4	-40.3	-4.1
	下缘	-36.6	-40.2	3.6

北边跨混凝土箱梁应力控制截面监测数据（单位：MPa） 表 4-4-8

梁段号	位 置	累计应力增量实测值	理论值	实测—理论
NC07	上缘	-7.1	-6.2	-0.9
	下缘	—	-6.4	—

续上表

梁段号	位置	累计应力增量实测值	理论值	实测—理论
NC26	上缘	-6.2	-5.5	-0.7
	下缘	-7.5	-6.5	-1.0
NC31	上缘	—	-5.7	—
	下缘	-7.0	-5.9	-1.1

南塔钢箱梁应力控制截面监测数据(单位:MPa)　　　表4-4-9

梁段号	位置	累计应力增量实测值	理论值	实测—理论
SZ26	上缘	-10.2	-12.6	2.4
	下缘	12.6	15.2	-2.6
SZ17	上缘	-42.3	-38.8	-3.5
	下缘	-59.6	-61.5	1.9
SZ08	上缘	-69.2	-71.4	2.2
	下缘	-68.8	-71.3	2.5
SZ01	上缘	-78.7	-77.5	-1.2
	下缘	-71.2	-74.7	3.5
SB08	上缘	-65.1	-68.3	3.2
	下缘	-72.8	-75.7	2.9
SB14	上缘	-67.4	-64.4	-3.0
	下缘	-43.9	-47.8	3.9
BH19	上缘	-30.3	-28.8	-1.5
	下缘	-34.0	-36.4	2.4
SB23	上缘	-3.6	-2.8	-0.8
	下缘	-49.7	-53.5	3.8

由以上数据可知,在成桥状态下,北塔江侧钢箱梁实测高程与理论高程最大偏差值为0.047m,北边跨混凝土箱梁实测高程与理论高程最大偏差值为-0.016m,南塔中跨侧钢箱梁实测高程与理论高程最大偏差值为0.044m,南塔边跨侧钢箱梁实测高程与理论高程最大偏差值为-0.057m,均满足规范要求的$\pm L/1000=\pm 0.082$m。

在成桥状态下,主梁轴线偏差绝大部分在±0.020m以内,轴线最大偏差为0.032m,均小于规范要求的±0.041m。在成桥状态下,斜拉索实测索力值与理论索力值偏差均控制在±5%之内,南北塔塔顶偏位实测值与理论塔偏值最大偏差为-0.025m,均满足设计及相关规范要求。在成桥状态下,主梁各应力控制截面应力实测值与理论值基本吻合,结构受力安全。

第 5 篇

四新技术研究与应用

1 设计技术创新与新材料应用

1.1 设计技术创新

(1)针对钢锚梁-钢牛腿组合索塔锚固区钢混结合部传力特点,国内首次研发应用了斜拉桥索-塔锚固钢-混凝土结合开孔板连接新型结构,改善了塔柱锚固区受力性能,提高了该关键部位的结构耐久性,形成了组合索塔锚固设计方法,丰富了斜拉桥索-塔锚固构造形式。

钢牛腿壁板与塔壁间多采用剪力钉进行结合,剪力钉承受较大的竖向剪力和部分水平剪力,在牛腿承载面附近的剪力钉还承受拉拔力;在拉拔力和剪力共同作用下,加之剪力钉作用力分布的不均匀性,剪力钉的抗剪承载能力降低,不利于混凝土塔壁均匀受力。钢锚梁-钢牛腿组合索塔锚固区钢壁板采用开孔板连接件,开孔板同时起到加劲肋板的作用,使结合面作用剪力分布不易集中,作用的拉拔力极小。该结构取消了传统的焊钉结构,规避了柔性剪力键作用力分布的不均匀性的缺点。

①为了改善组合索塔锚固区钢混结合部的受力特性并提高其抗拉拔性能,提出了两种新型的索塔锚固区钢混结合部构造形式,即开孔板式壁板构造和箱格式壁板构造。

②通过锚固区局部承载性能模型试验和有限元计算,揭示了开孔板式壁板构造和箱格式壁板构造的索塔锚固区连接件作用剪力和拉拔力的受力机理,表明新型构造使拉拔力减小并且在横桥向分布均匀的受力特点。

③组合索塔锚固区钢混凝土结合部刚度变化大,传力机理复杂。为了方便设计,探讨了可用于混凝土塔壁抗裂验算和配筋设计的拉压杆理论模型,提出了可用于结合部连接件剪力计算的连续弹性介质层法,给出了钢锚梁式组合索塔锚固结构的设计流程。

(2)北边跨宽幅混凝土箱梁研究应用了"地面预制+支架存梁"的短线法整幅节段预制拼装施工技术,使边跨宽38.5m箱梁全面实现了节段化、标准化、工厂化的整幅预制安装,显著减小了混凝土收缩、徐变效应的不利影响,降低了宽幅PC箱梁开裂的风险,大幅提升了混合梁施工质量和耐久性。

针对PC箱梁节段超宽(宽38.5m)、超重(节段重1100t)、开裂控制难度高的技术难点,研制了"地面预制+支架存梁"的节段法设计与施工技术,全面实现混合梁节段化、标准化、工厂化的制作和安装,大幅提升了PC宽箱梁的施工质量和耐久性,对于实现钢梁与混凝土梁同等寿命具有重大意义。

①选用双边箱PK断面,提高了主梁断面受力效率,同时该断面具有较少、较厚的板肋,兼顾了边跨压重需要,对提升梁段预制质量创造了良好条件。

②宽幅PC箱梁的采用"体外+体内"组合高性能预应力体系,体内束采用$\phi50$大直径钢棒,体外束采用包裹PE的镀锌钢绞线,有效减少PC箱梁体内预应力管道数量,提升了施工的便利性、混凝土浇筑质量和预应力的可靠度。

③预制节段类型构造尺寸尽量统一(外模尺寸不变,内模尺寸变化少),以节省模板;梁段端面采用大尺寸剪力键,以减少剪力键槽数量,方便施工和梁端脱模。

④加强对节段胶缝防水,在箱梁节段拼接缝顶面设置专用防水层,并研制相应材料和工艺,大幅提高节段拼接缝的耐久性。

(3)开发了混合梁新型超高性能钢混结合段结构,研制了相应的超高性能填充混凝土(RPC)及传力剪力键,大幅提升了钢混结合段承载力和耐久性。

针对超大跨混合梁斜拉桥主梁轴向压力巨大的特点,主梁钢混结合段采用新型"大尺寸钢格室+PBL剪力键"结构,并填充性能优良的活性粉末混凝土(RPC),实现"承压+传剪式"组合传力;相较于传统构造,其承载能力和耐久性均提高2倍以上。同时将结合段传统的现浇施工工艺创新为预制拼装工艺,大幅降低混凝土收缩徐变等不利效应,且施工便利,质量易控。

①结构构造创新。将钢混结合段以"承压"为主的传统受力模式创新为"承压+传剪"复合传力模式;钢混结合段结构设置"PBL剪力键+钢格室",该新型结构承剪传力占总轴力的比例达50%,显著提升了钢混结合段承载力;钢梁与PC箱梁之间设置钢格室过渡段,有效解决了传统结构传递轴力能力有限、承压板应力集中、易开裂等问题。

②填充材料创新。钢混结合段钢格室内一般采用普通混凝土作为填充材料,其流动性一般、粗集料难以进入格室内部,收缩较大、易脱空、难以保证混凝土与钢格室的结合紧密,混凝土脱空和开裂导致钢混结合部和PBL剪的性能难以达到设计预期。针对钢混结合段钢格室普遍采用自密式混凝土作为填充材料易出现脱空、开裂、疲劳性能不足等问题,新型超高性能钢混结合段结构填充材料创新性采用施工性能好、力学性能优良、体积稳定性好的活性粉末混凝土(RPC),将钢混结合段轴向承载力进一步提升50%以上,且延长了钢混结合部的耐久性。

(4)编制了正交异性钢桥面板结构的U形纵肋与桥面板的全熔透焊接工艺的设计细则和质量检验、返修技术标准。显著提高了正交异性钢桥面板的焊接质量和疲劳性能,大幅提升了我国钢箱梁整体焊接工艺水平。

(5)主桥塔梁纵向阻尼装置研究应用了新型电涡流阻尼器。

1.2 新材料应用

(1)边跨混凝土箱梁采用"体外+体内"组合预应力体系,体内束采用$\phi 50$钢棒,体外束采用镀锌钢绞线,有效减少了箱梁体内预应力管道数量,提高了施工的便利性、混凝土浇筑质量和预应力的可靠度。

(2)宽箱梁预制拼装采用超高性能环氧树脂胶粘剂,该材料具备较长的适用期和开放时间,具备优异的触变性、良好的挤出性、高耐热性、低收缩率、低吸水率和低溶水率,同时还具备优良的力学性能和耐久性。

(3)主梁钢混结合段采用强度高、韧性好、耐久性好、施工性能优良的活性粉末混凝土(RPC)填充材料。

(4)钢箱梁采用TMCP钢材,改善了钢材的力学性能和焊接性能;桥面两侧设U形集水槽,采用321+Q345qD复合钢板,耐久性好,经济环保,后期维护简便。

(5)斜拉索采用"锌-铝镀层钢丝+高密度聚乙烯(HDPE)护套+缠包双层PVF胶带"的多层防腐结构,外层PVF胶带防护层具有可更换性,可大幅延长斜拉索使用寿命。

2 桩基组合后压浆技术研究与应用

2.1 桩基组合后压浆技术试验研究

2.1.1 概况

1）试桩概况

主桥及滩桥试桩根数共6根。根据桥梁结构形式并结合桥位区水文及地质条件,试桩的具体位置选择及有关参数见表5-2-1。

主桥 SSSZ-01～SSSZ-06 试桩布置表　　表5-2-1

试桩编号	试桩位置	桩径(m)	地勘钻孔编号	桩底高程(m)	桩长(m)	单桩容许承载力(kN)
SSSZ-01	主桥2号墩(全桥编号101号墩)左前桩	2.2	CS1-BD-01	-59.75	90	43582
SSSZ-02	主桥2号墩(全桥编号101号墩)右前桩	2.2	CS1-BD-01	-64.28	95	45827
SSSZ-03	主桥3号墩(全桥编号102号墩)左前桩	2.2	CS1-BD-02	-85.42	115	57847
SSSZ-04	主桥3号墩(全桥编号102号墩)右前桩	2.2	CS1-BD-02	-90.5	120	60576
SSSZ-05	滩桥15号墩(全桥编号121号墩)左后桩	2.0	XK-TD-31	-78.84	110	49888
SSSZ-06	滩桥15号墩(全桥编号121号墩)右后桩	2.0	CS1-ND-27	-83.86	115	51929

北引桥(88号、99号墩)及南引桥(226号、227号墩)、南干堤大桥(243号、244号墩)试桩根数共8根。根据桥梁结构形式并结合桥位区水文及地质条件,试桩的具体位置选择及有关参数见表5-2-2。

引桥 SSSZY-01～SSSZY-08 试桩布置表　　表5-2-2

试桩编号	试桩位置	桩径(mm)	地勘编号	桩底高程(m)	桩长(m)	单桩容许承载力(kN)
SSSZY-01	北引桥88号墩1号桩	2.0	CZK103	-16.2	50	7670
SSSZY-02	北引桥88号墩4号桩	2.0	CZK103	-16.2	50	7670
SSSZY-03	北引桥92号墩1号桩	2.0	CZK104	-19.2	52	7910
SSSZY-04	北引桥92号墩4号桩	2.0	CZK104	-19.2	52	7910
SSSZY-05	南引桥226号墩4号桩	1.8	CZK131	-23.3	54	7910
SSSZY-06	南引桥227号墩4号桩	1.8	CZK131	-23.3	54	7910
SSSZY-07	南干堤大桥243号墩1号桩	1.5	CZK136	7.4	40	7220
SSSZY-08	南干堤大桥244号墩2号桩	1.5	CZK136	8.3	40	4921

主桥试桩 SSSZ-01～SSSZ-02 采用试验桩,加载一次,待压浆达到强度后再进行静载试桩。主桥试桩 SSSZ-03～SSSZ-06 均采用试验桩,加载两次,第一次静载试桩完成后进行桩端桩侧组合压浆加强,待

压浆达到强度后再进行第二次静载试桩,验证桩端桩侧组合压浆的承载力及各土层摩阻力提高幅度。

2)检测方法及仪器设备

自平衡法是基桩静载试验的一种较先进的方法。该法是把一种特制的加载装置——荷载箱和钢筋笼焊接在一起埋入桩内,将荷载箱的高压油管引到地面,然后浇筑成桩。由高压油泵在地面向荷载箱充油加载,荷载箱将力传递到桩身,其上部桩身的摩擦力与下部桩的摩擦力及端阻力相平衡—自平衡来维持加载。根据向上向下 Q-s 曲线、s-$\lg T$ 曲线、s-$\lg Q$ 曲线以及等效转换曲线确定基桩承载力,示意如图 5-2-1、图 5-2-2 所示。

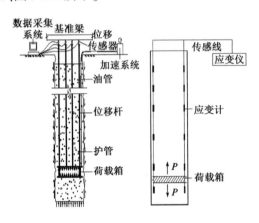

图 5-2-1　自平衡测试示意图　　图 5-2-2　现场测试电子位移传感器照片

检测时每根桩采用 6 只电子位移计量测试桩位移量的变位,通过磁性表座固定在基准梁上,2 只用于量测荷载箱顶板的向上位移,2 只用于量测荷载箱底板的向下位移,2 只用于量测桩顶向上位移。

加载采用慢速维持荷载法,测试按《基桩静载试验自平衡法》(JT/T 738—2009)进行,即:①成桩至试验间隙时间,在桩身强度及桩端注浆后达到设计要求。②荷载分级,每级加载为预估加载值的 1/15,第一级按两倍荷载分级加载。③位移观测,采用慢速维持荷载法。每级加(卸)载后在第 1h 内应在第 5min、15min、30min、45min、60min 各测读一次,以后每隔 30min 测读一次。达到相对稳定后方可加(卸)下一级荷载。卸载到零后应至少观测 2h,测读时间间隔同加载。电子位移传感器连接到电脑,直接由电脑控制测读,在电脑屏幕上显示 Q-s、s-$\lg t$、s-$\lg Q$ 曲线。④稳定标准,每级加(卸)载的向上、向下位移量在最后 30min 内均不大于 0.1mm 时,即可认为稳定。⑤终止加载条件,总位移量大于或等于 40mm,本级荷载的下沉量大于或等于前一级荷载的下沉量的 5 倍时,加载即可终止。取此终止时荷载小一级的荷载为极限荷载;总位移量大于或等于 40mm,本级荷载加上后 24h 未达稳定,加载即可终止。取此终止时荷载小一级的荷载为极限荷载;总下沉量小于 40mm,但荷载已达荷载箱加载极限或位移已超过荷载箱行程,加载即可终止。⑥卸载及测试,卸载应分级进行,共分 5 级卸载。每级荷载卸载后,应观测桩的回弹量,观测办法与沉降相同。直到回弹量稳定后,再卸下一级荷载。回弹量稳定标准与加载位移量稳定标准相同;卸载到零后,应维持 3h,观测残余变形。测读时间间隔同加载。

2.1.2 试桩结果分析

1)试桩测试结果

由于荷载箱离桩端较近,所以桩底没有设置钢筋应变计。通过荷载箱加载值和桩身应变计的换算可以得到不同荷载下的桩端阻力,还可以通过加载过程中测得的位移量得到不同桩端阻力对应的桩端位移,并且可以据此绘制出桩端阻力-位移的关系曲线。主桥、引桥各试桩压浆前后桩端阻力-桩端位移曲线如图 5-2-3、图 5-2-4 所示。

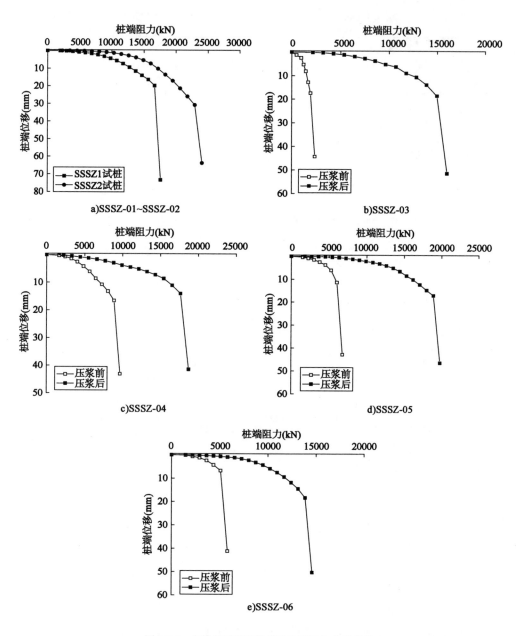

图 5-2-3 主桥各试桩压浆前后桩端阻力-位移曲线

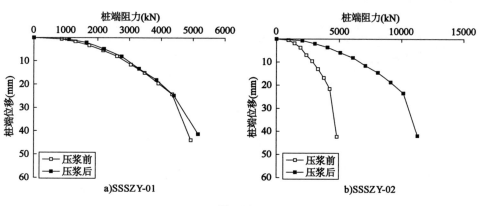

图 5-2-4

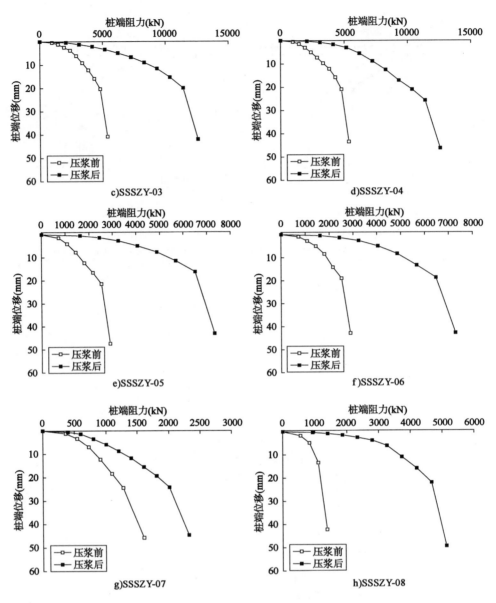

图 5-2-4 引桥各试桩压浆前后桩端阻力-位移曲线

自平衡静荷载测试结果须转换为传统静载试验等效的桩顶荷载—桩顶位移曲线。根据相关规程中的方法转换得到桩顶荷载 Q-桩顶位移 s 关系曲线,如图 5-2-5、图 5-2-6 所示。

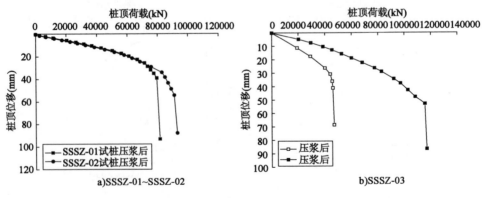

图 5-2-5

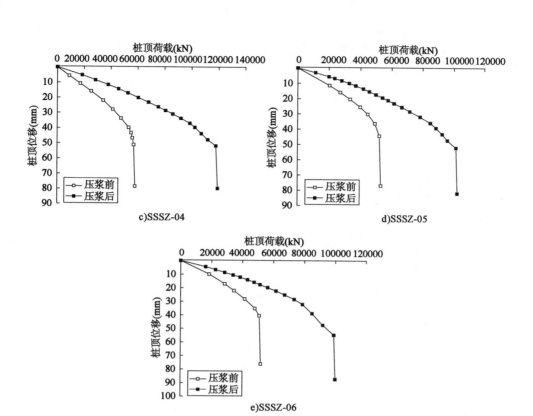

图 5-2-5　主桥各试桩压浆前后等效转换 $Q\text{-}s$ 曲线

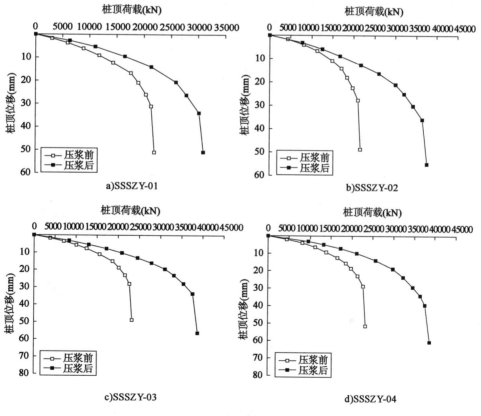

图 5-2-6

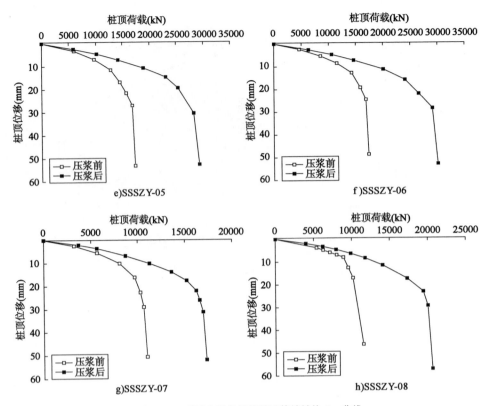

图 5-2-6 引桥各试桩压浆前后等效转换 $Q\text{-}s$ 曲线

2）后压浆桩荷载传递特性

各试桩的极限承载力及侧阻力、端阻力所占比例见表 5-2-3、表 5-2-4。

试桩的极限承载力及其位移　　　表 5-2-3

桩　号	桩端持力层	压浆量（t）	压浆前 极限承载力（kN）	压浆前 位移（mm）	压浆后 极限承载力（kN）	压浆后 位移（mm）
SSSZ-01	粉细砂	11.78	—	—	79523	38.91
SSSZ-02	粉细砂	9.88	—	—	90844	54.18
SSSZ-03	粉细砂	11.24	45937	40.98	115537	52.85
SSSZ-04	粉细砂	12.0	57115	50.95	117943	51.53
SSSZ-05	粉细砂	9.8	52225	44.28	101445	51.86
SSSZ-06	含砾黏土	9.9	50899	40.34	99119	54.42
SSSZY-01	细砂	4.8	21321	31.03	30178	33.91
SSSZY-02	细砂	7.0	21046	27.74	36513	35.96
SSSZY-03	细砂	7.0	22676	28.07	37648	33.59
SSSZY-04	细砂	7.0	22676	28.8	37648	39.5
SSSZY-05	细砂	6.02	16905	26.95	28291	30.47
SSSZY-06	细砂	6.0	16905	24.47	29091	28.32
SSSZY-07	细砂	2.5	10645	29	16923	31.25
SSSZY-08	细砂	4.8	10195	17.02	20023	29.35

试桩侧阻力、端阻力及其比例 表5-2-4

桩号	压浆前			压浆后			侧阻提高（%）	端阻提高（%）
	总侧阻	总端阻	端阻力所占比例(%)	总侧阻	总端阻	端阻力所占比例(%)		
SSSZ-01	—	—	—	62869	16654	20.94	—	—
SSSZ-02	—	—	—	67914	22930	25.24	—	—
SSSZ-03	44034	1903	4.14	100574	14963	12.95	128.40	6.86
SSSZ-04	48244	8871	15.53	100320	17623	14.94	107.94	0.99
SSSZ-05	46222	6003	11.49	84663	16782	16.54	83.16	1.80
SSSZ-06	46472	4427	8.70	85258	13861	13.98	83.46	2.13
SSSZY-01	16975	25777	20.38	25777	4401	14.58	51.85	0.01
SSSZY-02	16803	26365	20.16	26365	10148	27.79	56.91	1.39
SSSZY-03	17878	26235	21.16	26235	11413	30.32	46.74	1.38
SSSZY-04	17897	26258	21.08	26258	11390	30.25	46.72	1.38
SSSZY-05	14385	21784	14.91	21784	6507	23.00	51.44	1.58
SSSZY-06	14565	22618	13.84	22618	6473	22.25	55.29	1.77
SSSZY-07	9370	14916	11.98	14916	2007	11.86	59.19	0.57
SSSZY-08	9091	1104	10.83	15353	4670	23.32	50.96	3.23

由表5-2-3可知，压浆后桩的极限承载力均有所提高，压浆效果显著。由主桥试桩SSSZ-01～SSSZ-06及引桥试桩SSSZY-05～SSSZY-06、SSSZY-08压浆前后的 Q-s 曲线可知，在相同的荷载作用下，桩端压浆后的桩基沉降减小。

各试桩未压浆时下段 Q-s 曲线在很小的荷载下出现陡降段，桩端阻力所占比例小、差别很大，变化范围为4.14%～15.53%，说明桩底存在沉渣（虚土），且施工质量不稳定。桩底沉渣（虚土）的存在既降低了桩端阻力，也不利于桩侧阻力、桩端阻力的共同作用。压浆前，端阻占总承载力的比例为4.14%～15.53%，基本属摩擦型桩。桩端压浆可固结孔底沉渣，还可在压力浆液作用下对持力层进行填充、渗透、劈裂和挤密桩端土体，桩端土层强度大幅度提高，桩端阻力大幅度提高（图5-2-4、图5-2-5）。端阻占总承载力的比例为12.95%～25.24%，并且端阻力提高幅度为0.99～6.86倍。同时，可以减少普通灌注桩施工质量的离散度，压浆后端阻力占总承载力也有所提高，属端承摩擦桩，即由摩擦桩转变为端承摩擦桩。

由表5-2-4可知，压浆后整个桩侧摩阻力提高50.14%～128.40%。桩侧压浆可以改善和消除桩孔护壁泥皮，充填挤密桩身混凝土与桩侧周围土体间的间隙和桩身混凝土固化缩径形成的间隙，增强桩侧混凝土与桩周土体之间的黏结力，从而提高了桩侧摩阻力。并且桩端压浆浆液会沿着桩侧泥皮上渗泛出，加固泥皮、充填桩身与桩周土体的间隙并渗入桩周土层一定宽度范围，浆液固结后调动起更大范围内的桩周土体参与桩的承载力，改善了桩土接触面的条件，使得桩侧阻力再次得到提高。

未压浆桩在桩顶荷载作用下，轴力逐渐往下传递，侧阻力由上而下逐步发挥，待桩顶位移达到一定程度后，端阻力才开始起作用。而压浆桩在桩端压力作用下，对桩由下而上施加了一个预应力，能使桩身微微上抬，当桩在承受竖向荷载时，此反向预应力将承担部分荷载，从而桩端阻力提前参与作用。同时，桩端土体及一定范围的桩周土预先完成了一部分变形，使桩端阻力提前参与了作用，从而较充分地发挥土体的强度，可较大地提高承载力和减少沉降。

2.2 桩基组合后压浆技术应用及设计优化

2.2.1 桩基设计优化

根据研究成果,对主桥桩基进行了优化,并对引桥和接线桥梁当时未施工部分的桩基长度进行优化,优化后节约的工程量统计及优化情况见表5-2-5、表5-2-6。

主桥、滩桥、引桥及接线桥桩基优化工程量统计表　　表5-2-5

桩基直径(m)	优化长度(m)	HPB300(kg)	HRB400(kg)	混凝土量(m³)
1.5	144	923.3	24642.7	254.5
1.6	448	8111.5	41148.8	900.8
1.8	711	11484	55185.9	1809.3
2	180	4374	21679.2	565.5
2.5	696	21481	105402	3416.5

主桥、滩桥、引桥及接线桥桩基优化统计表　　表5-2-6

桩径(m)	1.5	1.6	1.8	2.0	2.5
优化桩基根数	15	51	58	18	116
优化前总长度(m)	754	2794	3336	1008	14500
优化前平均桩长(m)	50.27	54.78	57.52	56	125
优化总长度(m)	144	448	546	180	696
优化后平均桩长(m)	40.67	46	48.1	46	119
平均优化长度	9.6	8.78	9.41	10	6

由表5-2-6可知,桥梁桩基平均优化长度达8.78~10.3m,优化桩长比例为15.18%~17.85%,达到了较好的桩基优化效果。整个项目优化桩基混凝土量约21180m³,节省了大量工程投资,取得了较好的技术经济效果。

2.2.2 桩基组合后压浆作业指导工艺

根据现场试桩的施工工艺研究,制订了针对本项目的桩基后压浆作业指导工艺。

1)压浆前要求

(1)钻孔桩灌注桩浇筑前应核对地质资料,确认持力层地质条件和设计文件一致后方可灌注混凝土;若持力层地质与设计不符,需报设计确认并完善后压浆设计。

(2)桩基施工中严格按照设计和规范要求控制沉淀层厚度,严格进行清孔工艺,不得用加深钻孔深度的方式代替清孔;钢筋笼下放前应核查沉渣层厚度是否满足施工规范和设计文件要求。

(3)每根桩基础压浆施工前,应根据工艺指导书和设计文件计算控制压力、压浆量等参数,并获得监理工程师确认。

(4)压浆阀及配套设备工作压力应不小于12MPa。压浆泵必须配备卸荷阀,压浆泵最大流量不小于75L/min。应在桩顶压浆管管口设置压力表和卸压阀,进行浆液水灰比、压浆流量和压力实时监测。

(5)对压力表及配套设备进行检定。使用时间超过6个月或使用次数超过300次,需重新进行检定。压力表出现异常情况,或设备更换配件后,需重新进行检定。

(6)压浆设备宜采用高速制浆机(转速不低于1000r/min),且制浆、储浆能力与压浆功率相匹配,确保压浆过程的连续性。

(7)以每个墩为单独作业面,每次转场必须对压浆设备、机具、电路、防护设施等全面检查。

(8)指挥部、监理、施工各单位应制定专项管理办法,成立专项管理机构,落实责任制。

(9)后压浆应组织有经验的队伍进行施工,施工前应对有关人员进行技术培训和安全教育。若后压浆施工人员调整,并重新进行技术交底和培训。

(10)压浆工作宜于桩身达到设计强度80%并经过桩身完整性超声波检测合格后开始,压浆作业与其他成孔作业点的距离不宜小于8~10m。

2)压浆管制作和安装

(1)压浆管采用低压液体输送管制作,质量应符合现行国家标准《低压流体输送用焊接钢管》(GB/T 3091)的规定。

(2)每节压浆管的连接处应强度可靠、不渗水,且内径不应减少,确保浆液通过能力不减弱。

(3)压浆管布置:桩端后注浆导管及注浆阀数量宜根据桩径大小设置。对于直径大于1200mm而不大于2500mm的桩,宜对称设置3根;桩侧后注浆管阀设置数量应综合地层情况、桩长和承载力增幅要求等因素确定,可在离桩底5~15m以上、桩顶8m以下,每隔15~20m设置一道桩侧注浆阀,当有粗粒土时,宜将注浆阀设置于粗粒土层下部。

(4)压浆口建议采用定制单向阀(图5-2-7),也可自制,单向阀的出浆口直径为8~10mm,可由四层组成:第一层为比钢管外径小3~5mm的橡胶带,用以固定图钉;第二层为能盖住孔眼的图钉;第三层为同钢管外径的橡胶胎;第四层为密封胶带,盖住橡胶带两端各2cm,确保两端扎紧。注浆阀应能承受1MPa以上静水压力。注浆阀外部保护层应能抵抗砂石等硬质物的剐撞而不致使管阀受损。

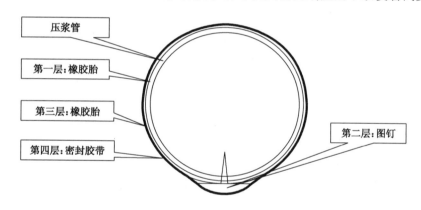

图5-2-7 单向阀剖面示意图

(5)压浆管应沿钢筋笼主筋绑扎牢固(图5-2-8)。

图5-2-8 桩端、桩侧压浆管

(6)在钢筋笼下放过程中,每节压浆管应注入清水,以检验管路的密封性。若出现漏水应重新连接补焊,确保压浆管路的密封性。

3）浆液配制

（1）压浆应采用 P.O.42.5 的普通硅酸盐水泥。

（2）水泥浆强度要求：7d 强度不宜小于 10MPa。

（3）浆液的水灰比应根据土的饱和度、渗透性确定，对于饱和土水灰比宜为 0.5~0.6、对于非饱和土水灰比宜为 0.7~0.9（砂砾宜为 0.5~0.6）；低水灰比浆液宜掺入减水剂。

（4）应严格控制浆液配比，搅拌时间不少于 2min。

（5）浆液应具有良好的流动性，不离析，不沉淀，浆液进入储浆桶时必须用 16 目纱网进行二次过滤。

（6）必须通过试桩压浆试验确定浆液配合比、外加剂参量及性能指标等，经试桩荷载试验验证浆液指标的合理性，报计批准后使用。

4）压浆工艺

压浆工艺流程见图 5-2-9。

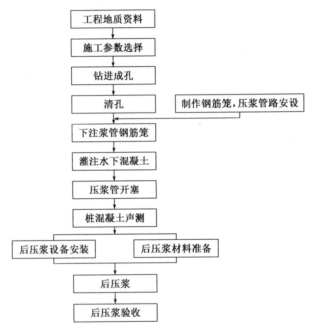

图 5-2-9　压浆工艺流程

（1）压浆顺序。

①对于饱和土中的复式注浆顺序宜先桩侧后桩端；对于非饱和土宜先桩端后桩侧；多断面桩侧注浆应先上后下；桩侧桩端注浆间隔时间不宜少于 2h。

②桩端注浆应对同一根桩的各注浆导管依次实施等量注浆。

③对于桩群注浆宜先外围、后内部。

（2）压浆应遵循"细流慢注"原则，最大流量不应大于 75L/min。

（3）对于群桩基础宜先外围、后内部。

（4）压浆孔开塞应在桩基首灌混凝土浇筑完成后 18~24h，由压浆泵用清水将压浆管底压浆孔冲开，确保压浆管路系统畅通。

（5）压水开塞时，若水压突然下降，表明单向阀已打开，应立即停泵，封闭阀门 10min，以消散压力。若观察到有水外喷现象，应继续关闭阀门，每 2~5min 后再次观察，直至管内压力消散。

5）压浆要求及终止压浆条件

（1）保证压浆管畅通，开塞顺利。桩侧压浆管必须全部通畅，桩端 3 个压浆管必须保证最低 2 个通畅。开塞时如压力超过压浆泵额定压力，可以采用高压油泵先开塞，然后用压浆泵进行疏通。

(2)压浆总体控制严格按规范执行:实行压浆量与压力双控,以压浆量(水泥用量)控制为主。

压浆量:2.5m 桩径,桩端为 4.8t。

2.2m 桩径,桩端为 3.96t,桩侧每层为 1.82t。

2.0m 桩径,桩端为 3.6t,桩侧每层为 1.68t。

1.8m 桩径,桩端为 3.0t,桩侧每层为 1.52t。

1.5~1.6m 桩径,桩端为 2.5t,桩侧每层为 1.2t。

压浆压力:桩端压力不小于 4MPa;桩侧压力从上至下分别为:第一排不小于 1.8MPa;第二排不小于 2.5MPa;第三排不小于 3.2MPa;第四排不小于 3.0MPa。

(3)桩端压浆应对同一根桩的各压浆回路按照分回路压入、各回路等量原则实施压浆,最终以单桩压浆总量控制。压浆前应检查回路是否通畅,若有不通畅回路,应重新计算单回路压浆量。

(4)压浆施工实行压浆量与压力双控,以压浆量控制为主,压力控制为辅。压浆控制压力和压浆量均按单个回路分别控制。

(5)桩端注浆终止注浆压力应根据土层性质及注浆点深度确定,对于饱和土层注浆压力宜为 1.2~4MPa,软土宜取低值,密实黏性土宜取高值。

(6)压浆量达到设计要求,压浆压力达到控制压力并持荷 5min,可终止压浆。

(7)若压浆量达到设计要求但压浆压力未达到控制压力要求:

①若压浆压力≥0.8倍最低控制压力,应增加压浆量至 120%后封压。

②若压浆压力<0.8倍最低控制压力,应增加压浆量至 150%后封压。

(8)若压力达到设计要求但压浆量未达到控制压力要求:

若压浆压力≥2倍最低控制压力,压浆量达 0.8 倍设计值后封压。

2.3 结论与创新点

(1)完善了桥梁桩端桩侧组合压浆的施工工艺,研发了适用于桥梁桩端桩侧组合压浆的施工机具。

(2)自主研发了自动控制器及数据采集系统,通过流量计、压力计及电子称重计等电子设备记录现场压浆数据,并由电脑统一控制,可将现场记录数据通过无线传输,实现远程同步接收,便于远程监控。

(3)编制了桥梁钻孔灌注桩组合压浆操作规程,该规程适用于桥梁钻、挖、冲孔的灌注桩桩端桩侧组合压浆设计、施工和检验验收。

(4)根据主桥和引桥各试桩的资料,对压浆前后极限承载力一系列数据进行对比统计分析,得出了侧阻力增强系数 β_{si} 和端阻力增强系数 β_p。

(5)提出适用于不同桩端土层的超长大直径桩的后压浆沉降影响系数,并对《公路桥涵地基与基础设计规范》(JTG 3363—2019)沉降计算公式中的沉降经验系数 ψ_s 作相应修正。

(6)根据研究成果和现场施工实际情况,对石首长江公路大桥部分桩基长度进行了优化,节省了大量工程投资,取得了较好的技术经济效果。

3 索塔锚固结合部钢混结合技术研究

3.1 钢锚梁索塔锚固结合部技术发展

世界上第一座采用钢锚梁锚固结构的斜拉桥是加拿大的 Annacis 桥,主跨 465m,建于 1986 年。此后,钢锚梁组合锚固形式也在我国的上海南浦大桥、东海大桥主航道桥、江苏灌河大桥中取得了应用。这些早期的斜拉桥桥塔常采用混凝土牛腿实现钢锚梁与塔壁的连接,如图 5-3-1 所示。

由于混凝土牛腿受力较复杂且凸出塔壁不利于滑模施工,近年出现了采用钢牛腿的结构形式,如九江长江公路大桥、望东长江大桥等。钢牛腿焊接在一块钢壁板上,吊装定位后与劲性骨架连接,钢壁板上焊接连接件与塔壁连成一体,如图 5-3-2 所示。

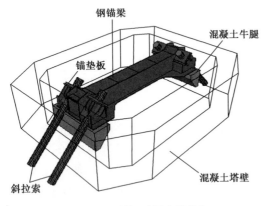

图 5-3-1 混凝土牛腿支承形式

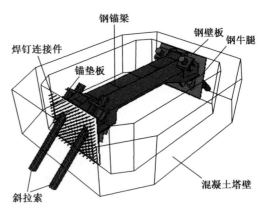

图 5-3-2 钢牛腿支承形式

2007 年建成通车的桂林南洲大桥是钢牛腿在国内的索塔锚固区应用的第一座桥梁,其结构形式如图 5-3-3 所示。其剪力连接件采用的是剪力群钉,竖向索力通过钢壁板上的群钉传递到混凝土桥塔承担,钢锚梁承担水平索力。

舟山金塘大桥采用了新型钢锚梁构造形式,其构造如图 5-3-4 所示。针对空间索面横向水平力问题,将斜拉索锚固构造焊在锚固梁两侧,一根钢锚梁连接 4 根斜拉索,横向水平力由钢锚梁自身平衡。针对钢锚梁锚固施工不便的缺点,采用钢牛腿代替混凝土牛腿,并利用端壁板连接钢牛腿和混凝土塔柱,端板设置连接件保证和塔柱混凝土的可靠连接。端板沿上塔柱通长设置,这是改进方案的主要亮点,通长布置的端板同时作为混凝土施工的模板,因此内壁亦可以方便地利用滑模施工。

荆岳长江大桥为平行双索面斜拉桥,主桥索塔锚固结构采用了钢锚梁组合索塔锚固形式。钢锚梁结构采用单个梁锚固两个斜拉索的锚固方案,同时采用钢牛腿和钢壁板的结构形式,如图 5-3-5 所示。为降低塔壁混凝土分配的拉力,斜拉索张拉过程中钢锚梁与塔壁钢牛腿一端固结、一端滑动;拉索锚固后,钢锚梁与塔壁钢牛腿两端固结;考虑运营期在换索、拉索失效等工况下混凝土塔壁的受力安全,在索塔锚固区混凝土塔壁设置了少量的预应力钢筋。

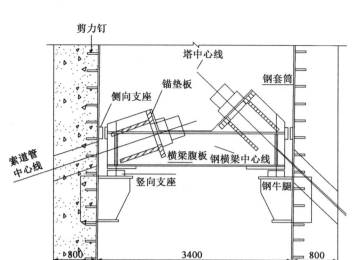

图 5-3-3 南洲大桥索塔锚固结构形式(尺寸单位:mm)　　图 5-3-4 金塘大桥钢锚梁构造

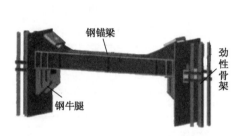
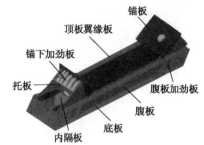

图 5-3-5 荆岳长江大桥钢锚梁锚固构造

可见,钢锚梁锚固结构能适应各种形式的索面,具有较强的结构适应性,且具有参与大跨径斜拉桥索塔锚固方案的竞争力。并且钢锚梁、钢壁板和连接件等构件均能实现工厂预制和现场拼装,使桥塔的施工较采用混凝土牛腿支承方案时更加方便,在近年的斜拉桥索塔锚固中得到了广泛的应用。部分索塔钢锚梁锚固结构斜拉桥工程实例见表 5-3-1。

钢锚梁应用工程实例　　表 5-3-1

编号	桥　名	主跨跨径(m)	国　家	建成年份(年)	牛腿形式
1	Annacis 桥	465	加拿大	1986	混凝土牛腿
2	上海南浦大桥	423	中国	1991	混凝土牛腿
3	上海徐浦大桥	590	中国	1997	混凝土牛腿
4	招宝山大桥	258	中国	2001	混凝土牛腿
5	东海大桥主通航孔	420	中国	2005	混凝土牛腿
6	江苏灌河大桥	340	中国	2006	混凝土牛腿
7	天兴洲大桥	504	中国	2009	混凝土牛腿
8	Suramadu 桥	434	印度尼西亚	2009	混凝土牛腿
9	上海闵浦大桥	708	中国	2010	混凝土牛腿
10	松花江大桥	268	中国	2011	混凝土牛腿
11	丁字河口大桥	200	中国	2012	混凝土牛腿
12	西固黄河大桥	360	中国	2017	混凝土牛腿
13	南洲大桥	144	中国	2007	钢牛腿

续上表

编号	桥 名	主跨跨径(m)	国 家	建成年份(年)	牛腿形式
14	舟山金塘大桥	620	中国	2009	钢牛腿
15	荆岳长江大桥	816	中国	2010	钢牛腿
16	黄墩大桥	165	中国	2011	钢牛腿
17	厦漳跨海大桥	780	中国	2013	钢牛腿
18	九江长江大桥	818	中国	2013	钢牛腿
19	思南乌江三桥	155	中国	2013	钢牛腿
20	鸭绿江大桥	636	中国	2014	钢牛腿
21	舟山小干大桥	300	中国	2014	钢牛腿
22	界河公路大桥	636	中国	2014	钢牛腿
23	永川长江大桥	608	中国	2014	钢牛腿
24	黄舣长江大桥	520	中国	2014	钢牛腿
25	赤石大桥	380	中国	2016	钢牛腿
26	望东长江大桥	638	中国	2016	钢牛腿
27	石首长江大桥	820	中国	2019	钢牛腿
28	南溪仙源长江大桥	572	中国	2019	钢牛腿
29	青山长江大桥	938	中国	2020	钢牛腿

当斜拉桥主跨超过500m时，若选用钢锚梁型锚固结构，配合钢牛腿使用将是以后钢锚梁型组合锚固结构的发展趋势。且连接件形式有多种备选方案：开孔板连接件、焊钉连接件或二者的结合等，均可保证钢混连接部结合面的可靠连接和索力的有效传递。

钢牛腿的钢壁板与混凝土塔壁间如果采用焊钉连接件（剪力钉）进行结合，由钢牛腿传递而来的拉索全部竖向分力以及部分水平分力都由钢壁板上的剪力钉传给混凝土塔壁。剪力钉不仅受到很大的竖向剪力，而且还受到水平向剪力作用，特别是在牛腿承载面附近钢壁板上的剪力钉，还可能承受拉拔力，而在剪力和拉拔力共同作用下，加之剪力钉作用力分布的不均匀性，剪力钉的抗剪承载能力大为降低，有时达不到设计预想的结果。

本项目专门对钢壁板与混凝土塔壁结合部受力机理以及混凝土塔壁的抗裂性进行研究，采用抗剪能力更强、抗剪和拉拔力分布更均匀的开孔板连接件（PBL剪力键）的新型结合形式，完全取消了剪力钉。新型结合形式包括开孔板连接件结合部和箱格式连接结合部两种。通过开展模型试验，检验其承载能力和抗裂性能。

3.2 索塔锚固钢混结合部承载能力模型试验设计

3.2.1 概述

石首长江公路大桥斜拉索在塔端的锚固方式包括混凝土锚固和钢牛腿式钢锚梁锚固两种，最下面的3对斜拉索由于与竖向角度较大，因此直接锚固在混凝土底座上；其余斜拉索锚固在钢锚梁上，设置于上塔柱中。每座桥塔上布置23片钢锚梁，自下而上依次编号为4号~26号。钢锚梁布置及构造设计见第2篇相关内容。

3.2.2 模型试件设计与制作

石首长江公路大桥的钢锚梁由横向对称的两个小型钢锚梁拼合而成,之后再安置于通过钢壁板与混凝土塔壁结合的钢牛腿上。由结构受力与构造的对称性,从中提取出单个斜拉索锚头对应的钢牛腿与混凝土结合的局部区域开展模型试验。考虑到模型试件对应节段需具备承受索力较大、受力比较复杂、构造具有代表性和试验加载方便等要求,选取 24 号节段 1/2 钢混结合部开展局部模型试验,如图 5-3-6 所示。由于试验区域在横桥向近似满足对称条件,为了方便试件加工、试验测量和后期数据处理,将该局部模型作对称设计。模型试件共 2 个。第一个试件基于实桥进行缩尺设计,为开孔板式壁板构造,简称开孔板式试件;第二个试件参考实桥设计,箱格式壁板构造,简称箱格式试件。

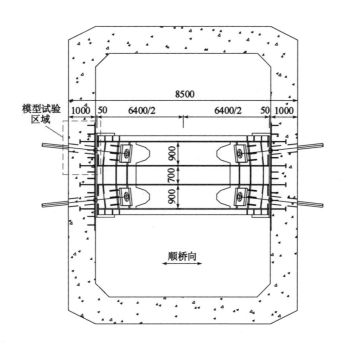

图 5-3-6 局部模型选取位置(尺寸单位:mm)

由于场地和起吊设备的限制,难以对原有节段进行足尺模型试验,而缩尺试验的比例过小时,试验结果又较容易失真。故依据试验条件和研究需要,对结合部进行 1:2 等比例缩尺。

钢壁板高度按实桥方案中竖向相邻斜拉索锚点间距 2500mm 进行缩尺,即模型钢壁板高度 1250m;钢壁板宽度在设计方案基础上考虑对称性要求取为 1125mm,厚度调整为 16mm。开孔板的外部尺寸及内部开孔按缩尺比变为设计值的一半,开孔板的间距统一调整为 150mm。为保证荷载作用下钢牛腿具有足够的强度,仅将钢牛腿各板件的长度、宽度缩减为设计值的一半,而厚度与设计值保持一致。

实桥混凝土塔壁的厚度为 1000mm,缩尺后为 500mm。模型试件需要锚固在地面上,综合考虑试验场地条件和模型边界条件,模型混凝土尺寸拟定为 2200mm × 2800mm × 500mm,并在保证与实桥配筋率一致的条件下配筋,模型试件尺寸如图 5-3-7 所示。

试件钢结构在加工厂进行加工,之后运到试验场地。图 5-3-8 和图 5-3-9 分别为加工好的开孔板式壁板和箱格式壁板实物图。由于试件水平放置浇筑,为了保证壁板下混凝土浇筑的密实度,混凝土从一侧浇筑并振捣,使其流至另一侧。

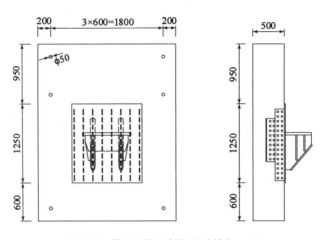

图 5-3-7　模型试件尺寸图(尺寸单位:mm)

a)正面

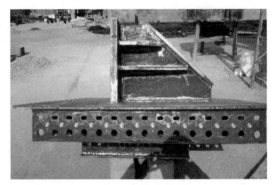
b)侧面

图 5-3-8　开孔板式壁板实物图

a)正面

b)侧面

图 5-3-9　箱格式壁板实物图

3.2.3　试验加载方案

选取的钢锚梁节段对应斜拉索的设计拉索力为9182.052kN,竖向分力为6433.578kN。试验中对节段局部进行了1∶2缩尺,根据应力等效原则,对试件施加的1倍设计荷载为 $P = 6433.578 \times 1/4 = 1608(\text{kN})$。

试件加载方式如图5-3-10所示,以开孔板式试件为例,利用2个300t千斤顶对结构进行水平加载,用水平推力来模拟斜拉索经由钢锚梁传递而来的竖向力。千斤顶一端通过分配梁、挡块和垫板顶在反力墙上,另一端通过分配梁作用在试件钢牛腿上;混凝土壁通过地锚锚在地面上以防止加载时被掀起,同时远反力墙侧顶在反力梁上以传递水平力。反力梁通过8根40mm精轧螺纹钢与反力墙锚固,从而形成一个自平衡体系。混凝土壁和反力梁底部垫上混凝土垫层来调整加载的高度。由于试验场地的限制,试件不能紧贴反力墙放置,需保证1280mm的距离。

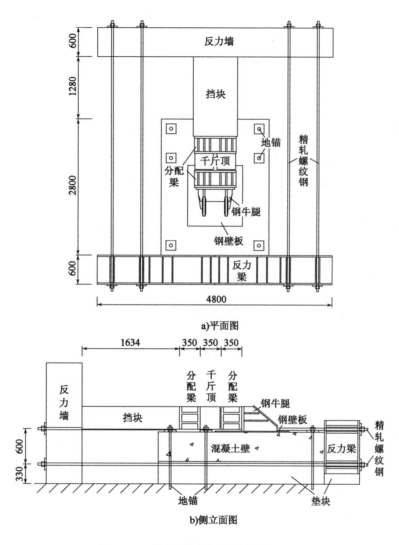

图5-3-10 模型加载示意图(尺寸单位:mm)

3.2.3.1 预加载

考虑到试验加载系统采用千斤顶配合油压表的方式进行,千斤顶张拉吨位较大,同时油压表的表盘精度有限,正式加载之前,先以0.4倍设计荷载进行预加载,以检查加载系统安全性和可靠性,并调试测试仪器以消除初始非线性影响。预加载时,斜拉索索力竖向分力分4级施加,每级增加0.1倍设计荷载,同时每级荷载持荷15min,预加载完成后卸载至0,预加载过程如图5-3-11所示。

3.2.3.2 正式加载

正式加载时,按各级增量$0.1P$加载至$2.5P$,除$2.5P$持荷30min外,各级持荷15min,正式加载过程如图5-3-12所示。

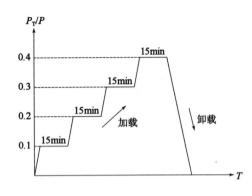

图 5-3-11 预加载荷载历程图

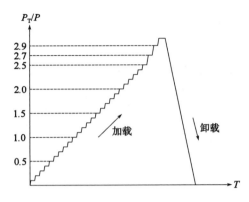

图 5-3-12 正式加载荷载历程图

3.2.4 试验测试方案

3.2.4.1 钢板应变测试

为了研究索塔锚固区钢结构应力分布、混凝土受力情况及钢混结合面传力机理等方面的内容，在关键位置布置应力应变测点。

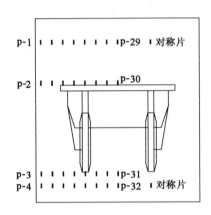

图 5-3-13 钢壁板上应变片布置图

钢壁板上竖向应力一定程度上反映了索力竖向分力在结合部的传递规律，因此在开孔板肋位置及肋间布置了 32 个单向应变片，应变片位置及编号如图 5-3-13 所示。由于结构的对称性，主要在钢壁板一侧布置了应变片，在另一侧布置了两个对称片。

开孔板的受力情况是本次试验关注的重点。一般情况下，可以通过在相邻孔间布置应变片来计算单个连接件的剪力。但是由于试验模型开孔板孔间距较小，孔间应力变化大，无法准确测量连接件受力。因而考虑在相邻四孔的中间区域布置三向应变片测试开孔板的应力分布及主应力方向。由于结构的对称性，仅在一侧的 a~d 板上布置应变片，应变片位置及编号如图 5-3-14所示。

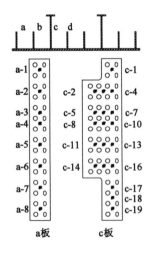

a)开孔板式试件

图 5-3-14

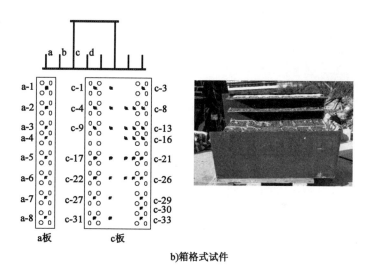

b)箱格式试件

图 5-3-14　开孔板上应变片布置图

3.2.4.2　钢筋应变测试

普通钢筋与混凝土形成黏结，混凝土未开裂前，黏结处普通钢筋与混凝土应变一致。而混凝土抗拉强度较低，当混凝土中产生的拉应力大于其抗拉强度时，便会发生开裂，混凝土退出工作，此时将由混凝土中的普通钢筋代替混凝土承受拉力。据此，参考有限元计算结果在混凝土拉应力较大位置的钢筋上布置应变片，以判断对应位置混凝土是否开裂。钢筋测点位置及编号如图5-3-15所示，穿孔钢筋上每处有两个应变片，一个布在上表面（较大编号），另一个布在下表面（较小编号）。

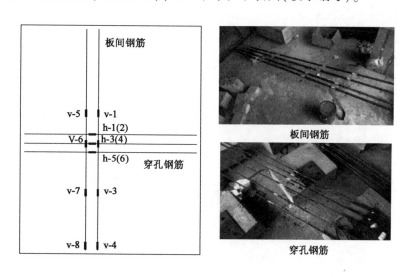

图 5-3-15　钢筋上应变片布置图

3.2.4.3　相对滑移及变形测试

为了得到试验模型在荷载作用下钢与混凝土的水平方向及拉拔方向相对滑移，在试验模型的关键位置处布置位移计，如图5-3-16所示。位移计总计为8个，其中，WY-3～WY-7测试钢壁板和混凝土间的相对滑移，WY-8测试钢壁板顶部和混凝土间的脱离量。

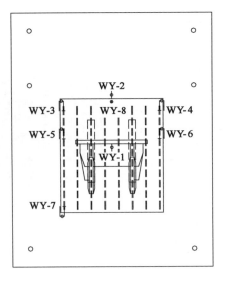

图 5-3-16　位移计布置图

3.3　模型试验结果分析

3.3.1　开孔板式试件测试结果分析

3.3.1.1　加载过程

开孔板式试件加载如图 5-3-17 所示。当荷载增加到约 $1.9P$（1.9 倍设计荷载）时，混凝土上表面出现第一条裂缝。随着荷载增加，裂缝进一步扩展；当荷载增加至 $2.1P$ 时，试件右侧对称位置出现裂缝。随着荷载持续增加，可以听到响声，混凝土表面裂缝进一步发展、连通；当荷载增加到 $2.5P$ 时，混凝土表面两侧均有大面积剥离现象；继续增加荷载，可以听到闷响声；当荷载增加到约 $2.9P$ 时，听到连续两声大的响声，试件发生破坏，裂缝整体呈"几"字形，如图 5-3-18 所示。

图 5-3-17　开孔板式试件加载图

3.3.1.2　钢板应力

图 5-3-19 为钢壁板在 $1.0P$、$1.7P$ 和 $2.5P$ 荷载作用下实测的 Y 向应力分布，局部坐标系如图中所示。可以看出，钢壁板上与钢牛腿连接部位应力水平较高，而其他区域应力水平整体较低。牛腿顶板对

应部位受拉,而钢牛腿支撑板下部对应部位集中受压。具体而言,在 1.0P 荷载作用下,测点 Y 向最大拉应力为 106.5MPa,最大压应力为 76.6MPa,均小于材料屈服强度,说明钢结构安全可靠。在 2.5P 荷载作用下,测点 Y 向最大拉应力为 297.4MPa,最大压应力为 211.6MPa。

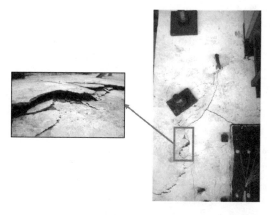

a)左侧局部　　　　　　　　　b)壁板上侧

c)整体

图 5-3-18　破坏时试件表面裂缝

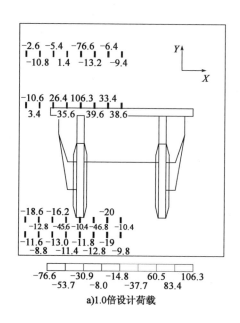
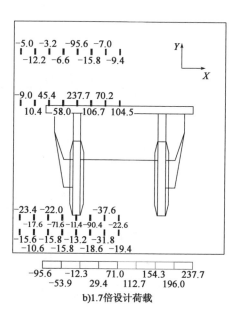

a)1.0倍设计荷载　　　　　　　　b)1.7倍设计荷载

图　5-3-19

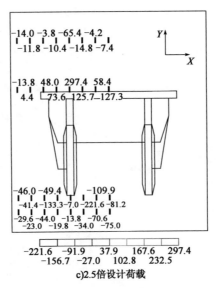

c) 2.5倍设计荷载

图 5-3-19　钢壁板上测点 Y 向应力实测值(单位:MPa)

图 5-3-20 为钢壁板上部分测点 Y 向应力随荷载变化曲线。可以看出,受拉区应力在 1.9P 之前随着荷载增大而增加,1.9P 之后,应力缓慢减小;受压区压应力值随荷载增大而增加,且荷载超过 1.9P 后增加更快。

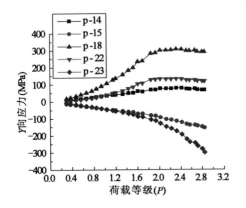

图 5-3-20　钢壁板上测点 Y 向应力曲线

图 5-3-21 ~ 图 5-3-24 为开孔板在 1.0P、1.7P 和 2.5P 荷载作用下的实测 Mises 应力分布,图中未标注 Mises 应力值的测点为无效测点。从图中可以看出,开孔板上测点 Mises 应力随高度变化有明显的规律。从第 1 排孔往下,Mises 应力逐渐增加,在第 6 排孔附近达到极大值;继续往下,Mises 应力先减小后增加,在第 12 排孔附近出现第二个峰值,最后再减小。在 1.0P 荷载作用下,开孔板上有效测点最大 Mises 应力为 121.3MPa,出现在 c 板第 13、14 排孔之间;在 1.7P 荷载作用下,开孔板上有效测点最大 Mises 应力为 153.8MPa,出现在 c 板第 6、7 排孔之间近钢壁板处;在 2.5P 荷载作用下,开孔板上有效测点最大 Mises 应力为 261.2MPa,出现在 c 板第 3、4 排孔之间远离钢壁板处。对比不同板件,c 板受力最大,为主要受力板件;离 c 板最远的 a 板受力最小。

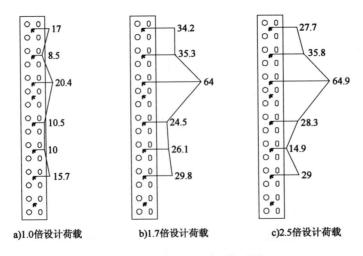

图 5-3-21　a 板测点 Mises 应力实测值(单位:MPa)

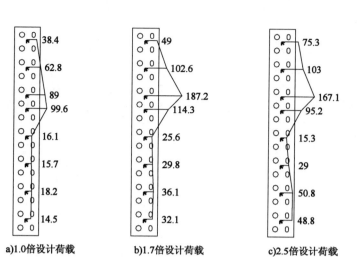

图 5-3-22　b 板测点 Mises 应力实测值(单位:MPa)

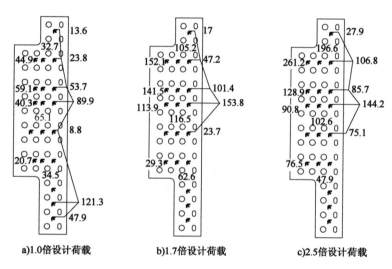

图 5-3-23　c 板测点 Mises 应力实测值(单位:MPa)

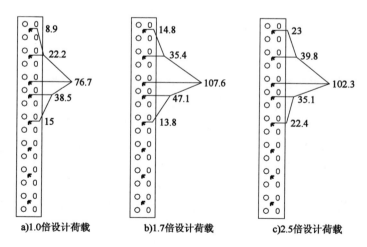

图 5-3-24　d 板上测点 Mises 应力实测值(单位:MPa)

图 5-3-25 为开孔板上部分测点 Mises 应力随荷载变化曲线。可以看出,不同测点 Mises 应力随荷载增加而变化的趋势比较接近。大部分测点在荷载低于约 1.9P 时,应力随荷载增加而增加;荷载超过约 1.9P 时,应力随荷载增加而减小。这是因为在荷载增加到约 1.9P 时,试件上表面出现了第一条裂缝,结构刚度有所变化,力的分配关系发生了变化,导致测点应力随荷载变化趋势而变化。

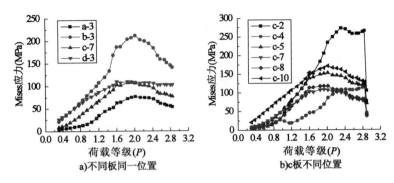

图 5-3-25 开孔板上测点 Mises 应力曲线

3.3.1.3 钢筋应力

图 5-3-26 为 1.0P、1.7P 和 2.5P 荷载作用下实测的板间钢筋上测点轴向应力分布。2.5P 时,v-1 和 v-5 两测点应变数值溢出,未能得到其应力值。可以看出,左侧纵向主筋比右侧的受力更大。在 1.0P 荷载作用下,钢筋上测点最大拉应力为 63.0MPa,最大压应力为 45MPa;在 1.7P 荷载作用下,钢筋上测点最大拉应力 167.7MPa,最大压应力为 89.4MPa;在 2.5P 荷载作用下,由于 v-1 和 v-5 两测点的应变输出溢出,最大拉应力值无从得知,最大压应力为 143.5MPa。

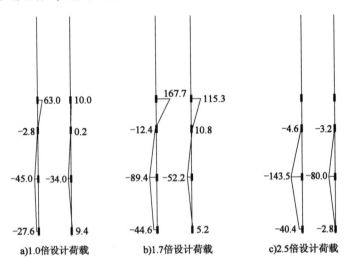

图 5-3-26 板间钢筋上测点轴向应力实测值(单位:MPa)

图 5-3-27 为板间钢筋上部分测点轴向应力随荷载变化曲线。受拉区测点 v-1 和 v-5 对应曲线斜率逐渐增加;荷载超过 1.7P 后,v-1 和 v-5 两测点应变数值突然增大直至溢出,说明测点附近混凝土出现了裂缝,钢筋上应力突然增大导致了应变值的溢出。当荷载不超过 2.4P 时,受压区测点 v-3 和 v-7 对应曲线斜率几乎不变,说明该处结构处于弹性阶段。图 5-3-28 为穿孔钢筋上测点轴向应力随荷载变化曲线。穿孔钢筋整体受力水平较低,最大拉应力为 69.0MPa,最大压应力为 71.6MPa。穿孔钢筋上表面测点受拉,下表面测点受压,且荷载低于 1.4P 时,数值几乎相等。这是由于作用在牛腿顶面的荷载对上部连接件有一个拉拔作用,穿孔钢筋过孔处会向下弯曲,从而表现为上部受拉,下部受压。

3.3.1.4 钢-混相对变形

图 5-3-29 为钢壁板和混凝土相对滑移量随荷载变化曲线,对称位置处的测点取平均值。可以看出,随着荷载的增加,滑移量增加的越来越快,且测点 WY-3 和 WY-4 对应的曲线在 1.9P 和 2.6P 两处曲线斜率明显增大,说明这两处结构刚度有明显降低。图 5-3-30 为钢壁板和混凝土脱离量随荷载变化曲线。可以看出,当荷载较小时,脱离量随荷载增加线性增加;当荷载超过 1.4P 后,曲线的斜率开始增加,同样在 1.9P 和 2.6P 时曲线斜率明显增加,说明这两处结构刚度有明显降低。

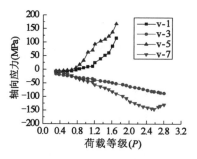
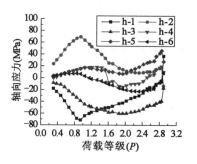

图 5-3-27　板间钢筋上测点轴向应力曲线　　图 5-3-28　穿孔钢筋上测点轴向应力曲线

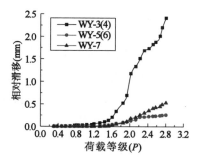
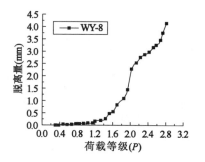

图 5-3-29　钢-混相对滑移曲线　　图 5-3-30　钢-混脱离量曲线

3.3.2　箱格式试件测试结果分析

3.3.2.1　加载过程

箱格式试件加载如图 5-3-31 所示。由于加载设备原因，最后只加载到 $2.5P$，试验过程中未观察到明显裂缝，仅在加载到 $1.5P$ 左右时听到几声闷响。

图 5-3-31　箱格式试件加载图

3.3.2.2　钢板应力

图 5-3-32 为钢壁板在 $1.0P$、$1.7P$ 和 $2.5P$ 荷载作用下实测的 Y 向应力分布，局部坐标系如图中所示。可以看出，钢壁板上与钢牛腿连接部位应力水平较高，而其他区域应力水平整体较低。牛腿顶板对应部位受拉，而钢牛腿支撑板下部对应部位集中受压。具体而言，在 $1.0P$ 荷载作用下，测点 Y 向最大拉应力为 217.4MPa，最大压应力为 84.4MPa；在 $1.7P$ 荷载作用下，测点 Y 向最大拉应力为 454.6MPa，最大压应力为 119.1MPa。

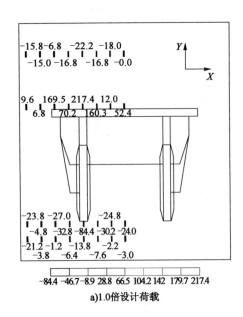
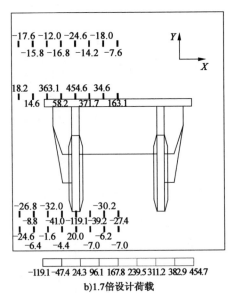

a) 1.0倍设计荷载　　　　　　　b) 1.7倍设计荷载

图 5-3-32　钢壁板上测点 Y 向应力实测值（单位：MPa）

图 5-3-33 为钢壁板上部分测点 Y 向应力随荷载变化曲线。可以看出，除 p-22 测点外，其他测点的 Y 向正应力随荷载增加基本保持线性增长。

图 5-3-34、图 5-3-35 为开孔板在 1.0P、1.7P 和 2.5P 荷载作用下的实测 Mises 应力分布（为节省篇幅，仅输出 a、c 板）。图中未标注 Mises 应力值的测点为无效测点。从图中可以看出，开孔板上测点 Mises 应力随高度变化有明显的规律。从第 1 排孔往下，Mises 应力逐渐增加，在第 6 排孔附近达到极大值；继续往下，Mises 应力先减小后增加，在第 12 排孔附近出现第二个峰值，最后再减小。在 1.0P 荷载作用下，开孔板上有效测点最大 Mises 应力为 171.6MPa，出现在 c 板第 5、6 排孔之间；在 1.7P 荷载作用下，开孔板上有效测点最大 Mises 应力为 379.2MPa，出现在 c 板第 5、6 排孔之间近钢壁板处；在 2.5P 荷载作用下，开孔板上有效测点最大 Mises 应力为 406.9MPa，出现在 c 板第 12、13 排孔之间。对比不同板件，c 板受力最大，a 板受力最小。

图 5-3-33　钢壁板上测点 Y 向应力曲线

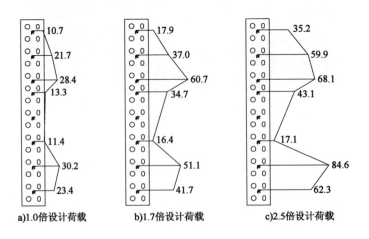

a) 1.0倍设计荷载　　b) 1.7倍设计荷载　　c) 2.5倍设计荷载

图 5-3-34　a 板上测点 Mises 应力实测值（单位：MPa）

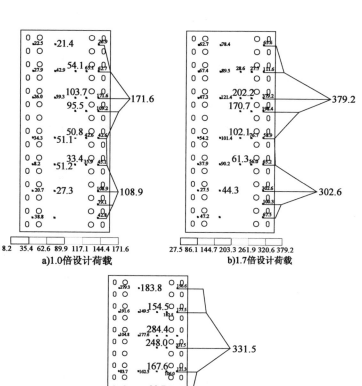

图 5-3-35 c 板上测点 Mises 应力实测值(单位:MPa)

图 5-3-36 为开孔板上部分测点 Mises 应力随荷载变化曲线。可以看出，测点 Mises 应力随着荷载的增加而增加，c-13 号测点在约 $1.8P$ 时 Mises 应力达到 430MPa，局部钢板已屈服。

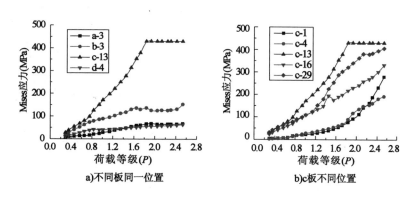

图 5-3-36 开孔板上测点 Mises 应力曲线

3.3.2.3 钢筋应力

图 5-3-37 为 $1.0P$、$1.7P$ 荷载作用下实测的板间钢筋上测点轴向应力分布。可以看出，左侧纵向主筋比右侧的受力更大。在 $1.0P$ 荷载作用下，钢筋上测点最大拉应力为 23.6MPa，最大压应力为 26.8MPa；在 $1.7P$ 荷载作用下，钢筋上测点最大拉应力 170.3MPa，最大压应力为 57.4MPa。

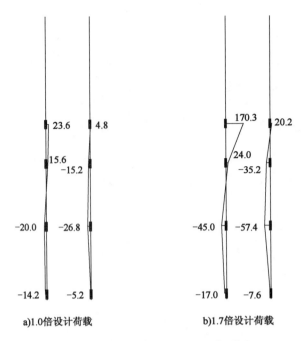

a) 1.0倍设计荷载　　　　b) 1.7倍设计荷载

图 5-3-37　板间钢筋上测点轴向应力实测值(单位:MPa)

图 5-3-38 为板间钢筋上部分测点轴向应力随荷载变化曲线。当荷载低于 1.2P 时,各测点曲线斜率几乎保持不变,说明测点附近局部处于弹性阶段;当荷载超过 1.2P 后,v-5 测点对应曲线斜率开始明显增加,说明测点附近混凝土进入塑性段,钢筋分担力的比例开始增加;其余三个测点对应曲线的斜率在荷载超过约 1.7P 后开始增加,但并不明显。图 5-3-39 为横向穿孔钢筋上测点轴向应力随荷载变化曲线。可以看出,横向钢筋整体受力水平较低,整体表现为受压状态,最大拉应力为 13.4MPa,最大压应力为 60.2MPa。

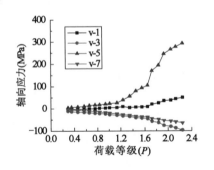
图 5-3-38　板间钢筋上测点轴向应力曲线

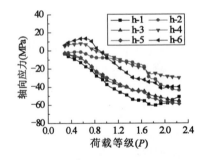
图 5-3-39　穿孔钢筋上测点轴向应力曲线

3.3.2.4　钢-混相对变形

图 5-3-40 为钢壁板和混凝土相对滑移量随荷载变化曲线,对称测点的测试结果取平均值。可以看出,当荷载低于 1.0P 时,钢-混相对滑移量随荷载增加保持线性增长;当荷载超过 1.0P 后,相对滑移量增加得越来越快。图 5-3-41 为钢壁板和混凝土脱离量随荷载变化曲线。可以看出,当荷载较小时,脱离量随荷载增加基本呈线性增加;当荷载超过 1.4P 后,曲线的斜率开始持续增加。

3.3.3　两试件测试结果比较

3.3.3.1　钢板应力

对比两个试件的钢板应力测试结果可以发现,两种构造形式下,钢板上应力分布规律相似。以 a 板为例,从 a-1 号测点到 a-3 号测点 Mises 应力增加,然后先减小再增加再减小,第二个峰值点位于 a-7 号测点处,如图 5-3-42 所示。

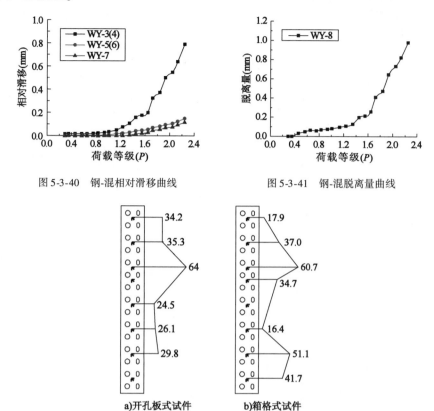

图 5-3-40　钢-混相对滑移曲线　　　　图 5-3-41　钢-混脱离量曲线

图 5-3-42　1.7P 时 a 板上测点 Mises 应力分布(单位:MPa)

图 5-3-43 为两个试件开孔板上相同位置处测点应力比较。可以看出,开孔板式试件上测点 Mises 应力值在荷载超过 1.9P 后开始减小;箱格式试件上 b-3 号测点 Mises 应力曲线在荷载达到 1.7P 后会出现一段平台,然后在荷载达到约 2.4P 后开始增加;d-3 号测点 Mises 应力值分两段线性增加,斜率变化点约在 0.9P。

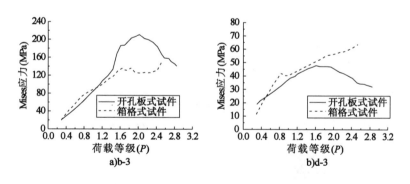

图 5-3-43　两试件相同位置测点 Mises 应力变化曲线

图 5-3-44~图 5-3-46 为 c 板上的测点应力比较。可以看出,当荷载加到 1.0P 时,第 1、2 列孔间 3、4 测点 Mises 应力较大,说明拉拔力主要由测点附近连接件来承担;而当荷载加到 1.7P 和 2.5P 时,左上角测点的 Mises 应力变得很大,说明测点附件承受了较大拉拔力。

3.3.3.2　钢筋应力

图 5-3-47 为两试件板间受力主筋上 v-5 号测点轴向应力随荷载变化曲线。可以看出,开孔板式试件在荷载超过 0.8P 后,曲线斜率开始增加,说明钢筋分担力的比例在增加,测点附近混凝土已表现出

非线性;而箱格式试件曲线斜率在荷载超过1.2P后才开始增加。此外,当荷载超过1.7P后,开孔板式试件上 v-5 测点应力值突增,说明此时测点附近混凝土出现了与应变测试方向垂直的裂缝;而箱格式试件上测点并无此现象。

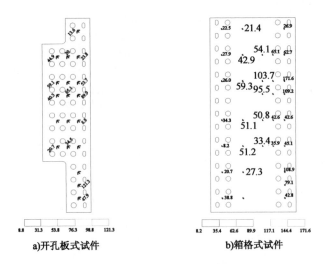

图5-3-44　1.0倍设计荷载时 c 板上测点 Mises 应力(单位:MPa)

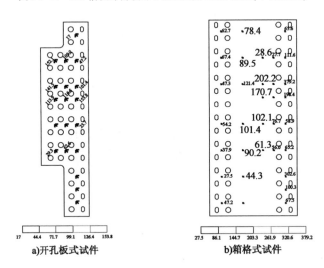

图5-3-45　1.7倍设计荷载时 c 板上测点 Mises 应力(单位:MPa)

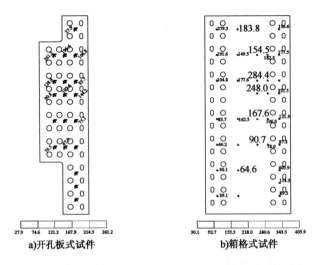

图5-3-46　2.5倍设计荷载时 c 板上测点 Mises 应力(单位:MPa)

3.3.3.3 钢-混相对变形

图 5-3-48 为两试件钢壁板和混凝土相对滑移量比较。可以看出,加载初期,两试件的抗剪刚度几乎相同,钢-混相对滑移量也比较接近;在荷载分别达到 1.6P 和 1.9P 时,开孔板式试件对应曲线斜率有两次明显的增加,说明结构刚度有明显变化,这也使得开孔板试件的钢-混相对滑移要明显大于箱格式试件。图 5-3-49 为两试件钢壁板和混凝土脱离量比较。可以看出,开孔板式壁板和混凝土脱离量曲线斜率要大于箱格式壁板,说明箱格式试件的抗拉拔刚度要大于开孔板式试件。箱格式试件的脱离量曲线斜率增加得比较缓慢,而开孔板式试件对应的曲线在 1.7P 和 2.7P 两处斜率明显增加。

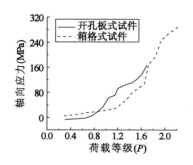
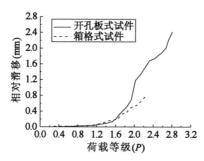
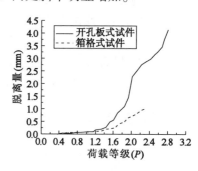

图 5-3-47 v-5 测点轴向应力变化曲线　　图 5-3-48 钢-混相对滑移曲线　　图 5-3-49 钢-混脱离量曲线

3.3.3.4 混凝土裂缝

开孔板式试件加载到 1.7P 时,c 板第 1 排孔附近混凝土已有裂缝形成,但由于位于钢壁板下部且裂缝初期形成与混凝土内部,试验过程中无法观测到;随着荷载进一步增加到 1.9P,裂缝发展出钢壁板遮挡区域而被观测到,此时结构刚度明显降低;随着荷载进一步增加,新裂缝不断形成,旧裂缝不断发展并连接成为一个"几"字形的面,整体有明显的向外被拉起的趋势;当荷载增加到 2.9P 左右时,听到两声较大的响声,结构刚度又有明显降低,结构破坏。

箱格式试件在整个加载过程中,只在荷载增加到 1.5P 时听到几声闷响,加载到 2.5P 后未在试件表面观察到明显的裂缝。

3.4　结论与创新点

3.4.1　主要结论

1) 开孔板式结合部

根据模型试验可知,采用开孔板连接构造的索塔锚固结合部极限承载力超过两倍设计荷载值,具有较高的承载能力。最终破坏形态为混凝土塔壁内表面的开裂与剥落。

钢结构板件在约两倍设计荷载值之前应力随荷载等级呈线性变化,在 2.5P 荷载时最大应力小于钢材的屈服强度,说明开孔板连接构造索塔锚固结合部受力性能良好,结构安全可靠,具有较好的适用性。

塔壁表观开裂荷载约为 1.9P,大于塔壁内部开裂荷载 1.0P,说明开孔板连接构造钢壁板—塔壁锚固结合部抗裂性能良好,具有较好的耐久性。

2) 箱格式结合部

根据新型组合索-塔锚固箱格式结合部 1:2 缩尺模型试验可知,在 1.8P 荷载作用时,除钢壁板与钢牛腿上承板结合部和 c 号开孔板局部达到屈服强度外,其余钢结构和普通钢筋均处于弹性工作状态,说明箱格式连接构造承载性能良好,结构安全可靠。

从钢筋应力和相对位移结果来看,塔壁开裂荷载约为 $1.2P$。由于箱格式连接构造外面板对塔壁混凝土形成"套箍"作用,$2.2P$ 荷载作用下最大脱离量仅约 1.0mm,最大竖向滑移量仅不到 0.8mm,结构具有良好的整体刚度。

试件加载至 $2.5P$ 时塔壁表面未出现明显开裂,表明新型壁板构造具有较好的抗裂性,有利于提高组合索塔锚固结构的耐久性。

3)实施方案

模型试验结果表明,箱格式结合部由于封闭的钢格箱对内部混凝土形成了"抱箍"作用,因此其应力分布的均匀性比开孔板式结合部的要好,相应也具有相对更好的抗裂性和耐久性。但结合钢结构制造、安装及现场钢筋安装、混凝土施工的方便性以及材料用量等方面的综合考虑,最终本项目仍实施采用了开孔板式结合部,在受力优越性和结构耐久性方面已比剪力钉结合部有大幅度提升。箱格式结合部新型结构为后续类型桥梁积累了经验和借鉴。

3.4.2 创新点

针对钢锚梁-钢牛腿索塔锚固区钢混结合部传力特点,国内首次研发应用了斜拉桥索塔锚固钢混结合开孔板连接新型结构,改善了塔柱锚固区受力性能,提高了该关键部位的结构耐久性,丰富了斜拉桥索塔锚固构造形式。

4 活性粉末混凝土在钢混结合段中的研究与应用

4.1 钢混结合段灌注材料的性能需求研究

4.1.1 研究目标

针对混合梁斜拉桥钢混结合段存在不同程度的脱空、开裂、疲劳性能不足等问题,提升灌注材料的工作性能、力学性能和体积稳定性是解决上述问题的关键。考虑到普通混凝土性能提升的幅度有限,为此采用活性粉末混凝土 RPC 作为灌注材料,结合 RPC 国家标准、钢混结合段设计构造、相关设计规范,确定适用于钢混结合段灌注的 RPC 性能指标。

4.1.2 力学性能指标

混合梁斜拉桥钢混结合段不仅要求能可靠、顺畅地传递钢梁与混凝土梁之间的各种内力,同时还应尽可能使两部分梁体外形协调一致,避免主梁刚度和强度突变,保证结合段具有良好的抗疲劳性和耐久性。因此为确保钢梁与混凝土梁刚度的平顺过渡,钢混结合段灌注材料 RPC 的力学性能应介于钢材与普通混凝土之间。

根据我国材料标准《活性粉末混凝土》(GB/T 31387—2015)可知,RPC 的性能等级按照抗压强度进行分类,如表 5-4-1 所示,RPC 的最低强度标准为 100MPa,高于 C55 混凝土的抗压强度。通常钢混结合段中灌注材料的最大应力不超过 15MPa,因此采用 RPC100 活性粉末混凝土灌注钢混结合段完全能够满足受力要求。而 RPC 的弹性模量均大于 40GPa,比普通 C55 混凝土的弹性模量约大 20%,因此与普通 C55 混凝土相比 RPC100 能够更好地完成钢混结合段过渡的作用。

RPC 性能等级 表 5-4-1

等 级	抗压强度(MPa)	抗折强度(MPa)	弹性模量(GPa)
RPC 100	≥100	≥12	≥40
RPC 120	≥120	≥14	≥40
RPC 140	≥140	≥18	≥40
RPC 160	≥160	≥22	≥40
RPC 180	≥180	≥24	≥40

注:当对于混凝土的韧性或延性有特殊要求时,混凝土可由抗折强度决定,抗压强度不应低于100MPa。

钢纤维掺量是影响混凝土抗折强度的重要指标,与普通混凝土相比,微细钢纤维不仅能大幅度提高 RPC 的抗折强度,还能小幅提高 RPC 的抗压强度。PBL 剪力键承载力主要由灌注材料与钢板的黏结作用力、孔内榫作用力和贯穿钢筋作用力三部分组成,而孔内榫作用力与混凝土的抗压强度和抗折强度有关。相关 RPC 的试验研究表明:当钢纤维体积掺量小于 1.5% 时,RPC 表现出拉伸软化,而当钢纤维体积掺量不小于 1.5% 时,RPC 则表现出希望的拉伸强化。通常 RPC 最佳的钢纤维掺量为 2%~3%,而采用钢纤维含量为2%的RPC的抗折强度可达到12MPa,满足RPC100的要求。

综上所述,适用于钢混结合段灌注的RPC的力学性能指标按照国家标准《活性粉末混凝土》(GB/T 31387—2015)中的RPC100选定,即抗压强度为100MPa、弹性模量为40GPa、抗折强度为12MPa。

4.1.3 工作性能指标

钢混结合段通常布置有大量剪力键,同时混凝土梁段的纵向受力钢筋也多伸入结合段内部,与锚固于承压板上的预应力钢绞线相互交错,致使钢混结合段格室内混凝土的灌注空间较为狭小,混凝土只能通过顶板上预留的浇筑孔进入,不便振捣施工。钢格室腹板及抗剪钢板上开有 $\phi65mm$ 圆孔,并穿有 $\phi20mm$ 钢筋,与进入该圆孔的混凝土包裹在一起形成钢筋混凝土剪力键(PBL键),若采用流动性欠佳或集料粒径过大的灌注材料,混凝土灌注质量将难以得到保证。为保证混凝土浇筑的密实性,应确保RPC的工作性能具备自流密实、高填充性和抗离析性,并达到自密实混凝土相关要求。

根据《自密实混凝土应用技术规程》(JTJ/T 283—2012)中对自密实性能的要求可知,自密实性能可分为填充性、间隙通过性和抗离析性。由于RPC不含粗集料以及水胶比较低,因此其间隙通过性和抗离析性均能满足自密实混凝土的要求。此外,填充性采用坍落扩展度进行分类,钢纤维的掺入以及低水胶比是影响RPC坍落扩展度的关键因素。若坍落扩展度太小,RPC的填充性可能不足以穿过PBL圆孔,导致灌注密实性的降低;若坍落扩展度太大,可能会导致RPC中钢纤维沉底,影响RPC的力学性能。而通常RPC的坍落扩展度在750mm以下时,钢纤维并不会发生沉底的现象。因此RPC的工作性能按照《自密实混凝土应用技术规程》(JTJ/T 283—2012)中SF2等级设计,坍落扩展度控制在650~750mm。

4.1.4 体积稳定性能指标

在上部车辆荷载以及混凝土自身收缩共同作用的情况下,钢结合段格室顶板与混凝土极易出现脱空,上部雨水经铺装层裂缝渗入格室内部,将严重影响结合段的耐久性,甚至危及结构受力,不利于剪力键抗剪作用的发挥。若能保证钢板与混凝土的相互黏结,钢混结合段的力学性能、耐久性能、抗疲劳学性能都可以得到极大的提升。因此,为了保证钢板与混凝土的相互黏结,除了保证浇筑的密实性外,还需要提升混凝土本身的体积稳定性。

普通混凝土的水灰比较高,毛细空隙中含有大量的自由水,且空隙较大,其自收缩值较小,测定值只有 $50\times10^{-6}\sim100\times10^{-6}$,根据清华大学的一项研究结果显示,水灰比为0.27的混凝土1周龄期自收缩可达 320×10^{-6},4周龄期约为 350×10^{-6},水灰比越低,自收缩越大,自收缩在整个收缩中所占的比例越大。低水胶比与矿物掺合料、高效减少剂的加入使RPC与普通混凝土相比在硬化结构和内部结构上有很大的不同。由于RPC这种水泥基材料中没有粗集料,导致对基体收缩的限制作用明显降低,使产生的塑性收缩及自收缩较普通混凝土大大增大。自然养护的RPC自收缩高达 600×10^{-6}。因此,RPC的自收缩值要比普通混凝土大得多。

根据《公路钢管混凝土拱桥设计规范》(JTG/T D65-06—2015)中对自密实补偿收缩混凝土体积稳定性能的规定:密闭环境下混凝土自由膨胀率应控制在 $2\times10^{-4}\sim6\times10^{-4}$,其中稳定收敛期应小于60d。考虑到目前在RPC中掺膨胀剂的研究并不多,且效果也并不理想,因此将自由膨胀率适当放宽到 $0\sim6\times10^{-4}$,并提出7d水中限制膨胀率的指标 $0\sim4\times10^{-4}$。

4.1.5 小结

通过理论分析确定了混合梁斜拉桥钢混结合段灌注材料RPC合理的力学性能指标、工作性能指标和体积稳定性指标,结果如表5-4-2所示。

RPC 性能需求指标　　　　　表 5-4-2

编号	检测项目	技术要求	技术依据	试验依据
1	坍落扩展度	700mm±50mm	《自密实混凝土应用技术规程》（JGJ/T 283—2012）	《普通混凝土拌合物性能试验方法标准》（GBT 50080—2016）
2	初凝时间	≥12h	施工条件要求	《普通混凝土拌合物性能试验方法标准》（GBT 50080—2016）
3	终凝时间	≤48h	施工条件要求	《普通混凝土拌合物性能试验方法标准》（GBT 50080—2016）
4	7d 抗压强度	≥70MPa	施工条件要求	《活性粉末混凝土》（GB/T 31387—2015）
5	28d 抗压强度	≥100MPa	《活性粉末混凝土》（GB/T 31387—2015）活性粉末混凝土及设计要求	《活性粉末混凝土》（GB/T 31387—2015）
6	7d 抗折强度	≥6MPa	施工条件要求	《活性粉末混凝土》（GB/T 31387—2015）
7	28d 抗折强度	≥12MPa	《活性粉末混凝土》（GB/T 31387—2015）活性粉末混凝土及设计要求	《活性粉末混凝土》（GB/T 31387—2015）
8	7d 弹性模量	≥25GPa	施工条件要求	《活性粉末混凝土》（GB/T 31387—2015）
9	28d 弹性模量	≥40GPa	《活性粉末混凝土》（GB/T 31387—2015）活性粉末混凝土及设计要求	《活性粉末混凝土》（GB/T 31387—2015）
10	28d 自由膨胀率	0%~0.06%	《公路钢管混凝土拱桥设计规范》（JTG/T D65-06—2015）、《自密实混凝土应用技术规程》（JGJ/T 283—2012）	《普通混凝土长期性能和耐久性能试验方法标准》（GB/T 50082—2009）
11	7d 限制膨胀率	0%~0.04%	《公路钢管混凝土拱桥设计规范》（JTG/T D65-06—2015）、《自密实混凝土应用技术规程》（JGJ/T 283—2012）	《混凝土膨胀剂》（GB/T 23439—2009）

4.2 钢混结合段灌注材料的配制技术研究

虽然 RPC 具有优越的性能，但是它自身的缺陷也是无法忽视的，常温养护下的 RPC 的硬化结构和普通混凝土差异很大，结构的差异带来诸多性能突破的同时，也带来了本质上的缺点。因此本书研究以配制出满足钢混结合段灌注材料性能需求指标的 RPC 为核心，研究膨胀剂对工作性能、体积稳定性和力学性能的影响、水泥用量对 RPC 水化热的影响以及 RPC 的长期收缩徐变性能，总结出各个参数对 RPC 性能的影响规律，为配制适合钢混结合段灌注的 RPC 提供理论和试验依据。

4.2.1 原材料

制备 RPC 的主要原材料由水泥、硅灰、粉煤灰、石英粉、石英砂、高效减水剂、高性能混凝土膨胀剂、普通膨胀剂、水和钢纤维等组成。

1）水泥

采用 52.5 普通硅酸盐水泥，其化学组成、胶砂强度实测值分别见表 5-4-3、表 5-4-4。

P.O.52.5 的普通硅酸盐水泥化学组成（单位:%）　　表5-4-3

水泥化学成分	Fe$_2$O$_3$	Al$_2$O$_3$	SO$_3$	CaO	SiO$_2$	MgO
P.O.52.5	2.7	5.5	1.9	65.4	21.1	3.4

P.O.52.5 的普通硅酸盐水泥强度指标（单位:MPa）　　表5-4-4

水　泥	抗压强度			抗折强度(MPa)		
	3d	7d	28d	3d	7d	28d
P.O.52.5	28.0	38.4	57.7	6.5	7.2	8.4

2）硅灰

硅灰外形为灰白色粉末,其化学组分见表5-4-5。

硅灰的化学组成（单位:%）　　表5-4-5

组分名称	SiO$_2$	CaO	C	K$_2$O	Fe$_2$O$_3$	MgO	Na$_2$O	Loss
含量	94.1	1.65	1.05	0.87	0.58	0.26	0.15	2.25

3）粉煤灰

选用Ⅰ级粉煤灰,外形为灰白色粉末,主要化学组分和技术指标见表5-4-6。

粉煤灰的化学组成（单位:%）　　表5-4-6

化学组分	SiO$_2$	Al$_2$O$_3$	Fe$_2$O$_3$	CaO	SO$_3$	MgO	Loss
该组分含量	52.52	32.62	9.35	4.63	1.21	0.73	3.86

4）其他材料

石英粉为325目,密度为2.625g/cm^3,平均粒径为50.2μm。石英砂采用20~40目石英砂。减水剂采用聚羧酸减水剂,固含量为40%,减水率大于30%。钢纤维采用长度为13mm外形为平直的镀铜钢纤维,直径0.2mm。膨胀剂采用高性能混凝土膨胀剂,与传统膨胀剂相比,具有膨胀性能高、稳定性好、安全可靠的特点。

4.2.2　试验方法

1）RPC的成型

本试验成型仪器采用强制式搅拌机,RPC的成型步骤如下：

（1）提前称量好所有材料的用量,将水泥、硅灰、粉煤灰、石英粉、石英砂、膨胀剂依次倒入搅拌机内,干拌10min。

（2）缓缓加入事先称量好的水和高效减水剂后搅拌5min。

（3）用筛孔孔径为5mm的筛子,将钢纤维均匀筛入搅拌机后搅拌5min。

（4）将拌好的RPC装入模具。

2）体积稳定性能试验

RPC自收缩试验方法采用《普通混凝土长期性能和耐久性能试验方法》(GB/T 50082—2009)中的非接触法进行自收缩试验,试验设备为CABR-NES型非接触式混凝土收缩变形测定仪。

RPC自收缩试验步骤：

（1）先在自收缩试模内涂刷润滑油,然后在试模内铺设两层塑料薄膜,每层薄膜上均匀涂抹一层润滑油,保证RPC在试模中的自由变形。

（2）将拌好的RPC倒入自收缩试模中,立即移入温度为20℃±2℃、相对湿度为60℃±5%的恒温恒湿室,将U形标靶插入试模两端的RPC内,并立即将用塑料薄膜密封试模顶面,防止水分散失。

(3)安装位移传感器,并调整至最佳位置,设置测试的时间间隔,开始试验。

(4)RPC的自收缩从初凝时间开始计算,因此在RPC自收缩试件成型的同时,应按照GB/T 50080的要求测定混凝土的初凝时间。

3)力学性能试验

RPC抗压强度、抗折强度与弹性模量参照《活性粉末混凝土》(GB/T 31387—2015)进行测试。RPC抗压强度采用200t压力试验机进行测试,试件为边长100mm的立方体;RPC抗折强度采用60t抗折强度试验机进行测试,试件为100mm×100mm×400mm的棱柱体;RPC弹性模量采用60t万能试验机进行测试,试件为100mm×100mm×300mm的棱柱体。

4)工作性能试验

RPC工作性能测试分流动度测试与坍落扩展度测试,配合比试验采用流动度测试,确定最佳配合比后再通过坍落度扩展度进行测试,并以坍落扩展度作为RPC工作性能的评价标准。

流动度测试按《水泥胶砂流动度测定方法》(GB/T 2419—2005)进行测定。坍落扩展度测试按照《普通混凝土拌合物性能试验方法标准》(GB/T 50080—2016)进行坍落扩展度法测试。

5)水化热试验

RPC水热试验参照《水泥水化热测定方法》(GB/T 12959—2008)中的直接法试验,试验仪器采用武汉博泰斯特PTS 12S数字式水泥水化热测量系统。

6)长期收缩徐变试验

RPC的长期收缩徐变试验参照《普通混凝土长期性能和耐久性能试验方法标准》(GB/T 50082—2009)中的受压徐变试验进行,试验仪器采用700kN的混凝土徐变测定仪;加载装置采用1000kN液压千斤顶;变形测量装置采用外贴振弦式应变计,在每个收缩和徐变试块侧面对称的粘贴两个应变计。收缩和徐变试块尺寸均为100mm×100mm×400mm,加载龄期为7d,加载应力水平为0.5。

RPC长期收缩徐变的试验步骤:

(1)成型RPC收缩、徐变与棱柱体试块,拆模后进行标准养护。

(2)标准养护7d后进行棱柱体抗压强度试验;在收缩试件和徐变试块对称的两个侧面粘贴振弦式应变计;对徐变试件进行加载,加载值为棱柱体抗压强度值的0.5,并测试加载后的初始应变数据;将收缩试件放置在徐变仪两侧并测试初始应变数据;徐变应变即为徐变试件的应变与收缩试件的应变的差值。

(3)分别在加载后的1d、3d、7d、14d、28d、45d、60d、90d、120d、150d、180d、270d、360d、720d测试徐变试件和收缩试件的应变值。

4.2.3 膨胀剂对RPC体积稳定性的影响

通过试验研究膨胀剂种类、膨胀剂掺量和水胶比对RPC体积稳定性的影响。

试验结果表明:膨胀剂的种类、膨胀剂掺量和水胶比对RPC自收缩的影响较大。高性能膨胀剂的减缩效果优于普通膨胀剂;虽然膨胀剂掺量和水胶比越大,RPC自收缩的补偿效果越好,但可能会对其工作性能和力学性能产生不利影响。基于以上分析,采用0.18水胶比以及4%掺量的高性能膨胀剂的组合能够满足RPC体积稳定性的性能需求。

4.2.4 膨胀剂对RPC工作性能的影响

通过试验研究膨胀剂掺量和水胶比对RPC工作性能的影响。

试验结果表明:高性能膨胀剂的使用以及低水胶比均会导致RPC工作性能的下降,因此应谨慎控制高性能膨胀剂的掺量。在水胶比为0.18、高性能膨胀剂掺量为4%、钢纤维掺量为2%的情况下,RPC

坍落扩展度的试验值为720mm,满足RPC工作性能的性能需求。

4.2.5 膨胀剂对RPC力学性能的影响

通过试验研究膨胀剂对RPC工作性能的影响。

RPC抗压抗折强度以及弹性模量的试验结果如表5-4-7所示,掺入2%的钢纤维后,未加膨胀剂的E7组的7d和28d抗压强度、抗折强度以及弹性模量均略低于加入高性能膨胀剂的H8组,表明加入高性能膨胀剂后可提高RPC的强度,但提高幅度不大。养护龄期为7d时,由于基体强度不高,钢纤维对抗压强度、抗折强度和弹性模量起重要作用,与钢纤维比起来,膨胀剂的水化产物对结构强度的影响不大,因此E7组和H8组7d的抗压强度、抗折强度和弹性模量差别不大;养护龄期为28d时,基体强度增大,钢纤维与混凝土的黏结作用更强,此时膨胀性能的发挥使混凝土内部结构更加密实,因此H8组在28d的抗压强度、抗折强度和弹性模量比E7组稍高。

RPC抗压强度、抗折强度与弹性模量 表5-4-7

实验组别	抗压强度(MPa)		抗折强度(MPa)		弹性模量(GPa)	
	7d	28d	7d	28d	7d	28d
E7	84.5	117.4	11.1	15.5	35	40
H8	88.7	124.1	12.6	16.1	36	42

综上所述,0.18水胶比、4%掺量高性能膨胀剂以及2%掺量的钢纤维能够满足RPC力学性能的性能需求。

4.2.6 水泥用量对RPC水化热的影响

1) RPC材料水化热试验

RPC材料的水化热试验的配合比如表5-4-8所示,1号为基准配合比,2号为低水化热配合比(在基准配合比1号的基础上用200kg/m³的粉煤灰代替200kg/m³水泥)。

RPC水化热试验的配合比(单位:kg/m³) 表5-4-8

配合比	水泥	硅灰	粉煤灰	膨胀剂	石英粉	石英砂	钢纤维	水	液体外加剂
1号	650	165	65	40	100	1080	157	180	13
2号	450	165	265	40	100	1080	157	180	13

1号基准配合比和2号低水化热配合比的温升曲线、胶凝材料的水化热曲线和水化放热速率曲线分别如图5-4-1、图5-4-2和图5-4-3所示,水化热的特征参数见表5-4-9。

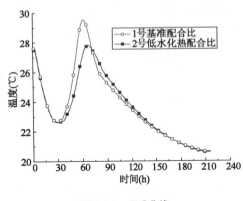

图5-4-1 温升曲线

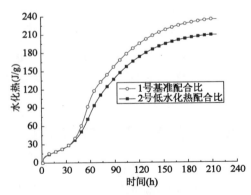

图5-4-2 胶凝材料的水化热曲线

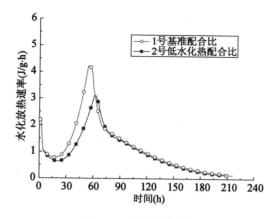

图 5-4-3 水化放热速率

水化热特征参数 表 5-4-9

编 号	温度最高值（℃）	温度最高值出现时间（h）	温升（℃）	168h 水化热（J/g）	水化放热速率峰值（J/g·h）	水化放热速率峰值出现时间（h）
1 号基准配合比	29.6	61	7	235.1	4.22	54
2 号低水化热配合比	27.8	67	5.2	209.3	3.11	61

由图 5-4-1～图 5-4-3 和表 5-4-9 可知,1 号基准配合比最高温度和温升分别为 29.6℃和 7℃,2 号低水化热配合比的最高温度和温升分别为 27.8℃和 5.2℃,2 号温升与 1 号相比降低 25.7%;1 号 168h 的水化热为 235.1J/g,2 号 168h 的水化热为 209.3J/g,2 号 168h 的水化热与 1 号相比降低 11%;1 号基准配合比的放热速率峰值与时间分别为 4.22J/g·h 和 54h,2 号低水化热配合比的放热速率峰值与时间分别为 3.11J/g·h 和 61h,2 号的水化放热速率峰值与 1 号相比降低了 26.3%,2 号的水化放热速率峰值出现的时间与 1 号相比推迟低了 7h。

因此,与 1 号基准配合别相比,2 号低水化热配合比的温升值、水化热和水化放热速率均显著降低,达到预期效果。

2）RPC 构件水化热试验

采用 1 号基准配合比 RPC 和 2 号低水化热配合比 RPC 作为灌注材料,各浇筑 2 块尺寸不同的大体积结构物(分别为 A 和 B),并分别进行温度测试。

1 号基准配合比结构物 A 的测试结果如图 5-4-4 所示;1 号基准配合比结构物 B 的中心温度的测试结果如图 5-4-5 所示。2 号低水化热准配合比结构物 A 的测试结果如图 5-4-6 所示;2 号低水化热准配合比结构物 B 的测试结果如图 5-4-7 所示。1 号基准配合比和 2 号低水化热配合比的水化热特征参数如表 5-4-10 所示。

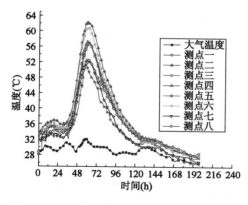

图 5-4-4 1 号基准配合比结构物 A 的温度曲线图

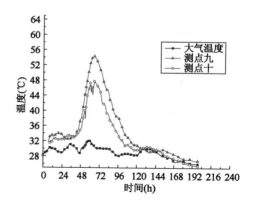

图 5-4-5 1 号基准配合比结构物 B 的温度曲线图

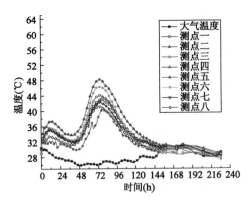
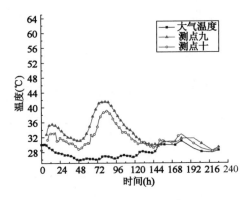

图 5-4-6　2号低水化热配合比结构物A温度曲线图　　图 5-4-7　2号低水化热配合比结构物B温度曲线图

结构物的水化热特征参数表　　表 5-4-10

名　称	入模温度（℃）	大气温度平均值（℃）	峰值温度/时间（℃/h）	温升（℃）	最大内表温差（℃）
1号配合比结构物A	34.2	29.3	62.2/60	28	13.3
1号配合比结构物B	34.2	29.3	54.3/65	10.1	9.7
2号配合比结构物A	34.2	27.7	48.2/74	14	10.9
2号配合比结构物B	34.2	27.7	41.5/80	7.3	6.1

从图 5-4-4~图 5-4-7 和表 5-4-10 可知,1 号基准配合比结构物 A 的最高温度、温升和峰值温度出现时间分别为 62.2℃、28℃ 和 60h,2 号低水化热配合比结构物 A 的最高温度、温升和峰值温度出现时间分别为 48.2℃、14℃ 和 74h;1 号基准配合比结构物 B 的最高温度、温升和峰值温度出现时间分别为 54.3℃、10.1℃ 和 65h,2 号低水化热配合比结构物 B 的最高温度、温升和峰值温度出现时间分别为 41.5℃、7.3℃ 和 80h。

1 号基准配合比的结构物 A 和结构物 B 中,结构物 A 的最高温度和温升分别比结构物 B 高 12.7% 和 63.9%;2 号低水化热配合比的结构物 A 和结构物 B 中,结构物 A 的最高温度和温升分别比结构物 B 高 13.9% 和 47.8%。说明同一种配合比,结构物的最高温度和温升值随结构物尺寸的增大而升高。

结构物 A 中,2 号的最高温度和温升值分别比 1 号低 22.5% 和 50%;结构物 B 中,2 号的最高温度和温升值分别比 1 号低 23.6% 和 27.7%。说明与 1 号基准配合比相比,2 号低水化热配合比的 RPC 的温升值显著降低,达到预期效果。

3）RPC 配合比试验结果

1 号基准配合比和 2 号低水化热配合比的工作性能、力学性能和体积稳定性等性能的试验结果如表 5-4-11 所示。

RPC 配合比试验结果　　表 5-4-11

编号	检测项目	技术要求	1号基准配合比	2号低水化热配合比
1	坍落扩展度	700mm±50mm	720	740
2	初凝时间	≥12h	24	32
3	终凝时间	≤48h	30	38
4	7d 抗压强度	≥50MPa	88	58
5	28d 抗压强度	≥100MPa 或 80MPa（大体积混凝土）	124	95
6	60d 抗压强度	≥100MPa	131	106
7	90d 抗压强度	≥100MPa	140	115

续上表

编号	检测项目	技术要求	1号基准配合比	2号低水化热配合比
8	7d抗折强度	≥6MPa	10	8
9	28d抗折强度	≥12MPa	16	14
10	7d弹性模量	≥25GPa	31	28
11	28d弹性模量	≥40GPa	42	40
12	28d自由膨胀率	0~0.06%	0.018%	0.021%
13	7d限制膨胀率	0~0.04%	0.015%	0.018%

通过1号基准配合比和2号低水化热配合比的试验结果可知,1号基准配合比可以满足所有的技术要求,2号低水化热配合比由于水泥用量大幅降低导致28d强度小于100MPa,但90d强度可以达到115MPa,按照大体积混凝土规范采用90d龄期评定混凝土的强度,说明2号低水化热配合比可以满足规范要求。

4.2.7 RPC的长期收缩徐变

RPC100与C55的养护条件均为标准养护,加载龄期均为7d,持荷时间均达到720d,唯一不同在于RPC100的应力水平为0.5,而C55的应力水平为0.4。

通过试验得出以下结论:

(1)RPC100的收缩应变小于C55混凝土,主要有两个原因:首先本试验收缩测试的起点为混凝土浇筑后的第7d,RPC的自收缩主要是在早龄期快速发展,7d后的自收缩不大;其次,RPC的微观结构十分致密,其内部水分的迁移速度比C55混凝土慢,因此,7d后RPC的干燥收缩远小于C55混凝土。

(2)RPC100的徐变应变大于C55混凝土,主要有两个原因:首先是由于RPC100加载的应力水平大于C55,导致其变形的增加;其次是由于RPC100不含粗集料,粗集料对变形有一定的抑制作用,因此粗集料含量越小,徐变应变越大。

(3)RPC100的徐变系数和徐变度小于C55混凝土,原因如下:虽然RPC100的徐变应变比C55混凝土大,但由于RPC不含粗集料以及初始加载的应力水平比C55混凝土高,导致其初始弹性变形远大于C55混凝土,因此RPC的徐变系数小于C55混凝土。此外,由于RPC的微观结构致密以及内部水分较少,使其在单位应力作用下的变形远低于C55混凝土,因此RPC的徐变度小于C55混凝土。

4.2.8 小结

(1)膨胀剂有利于提高RPC的体积稳定性能和力学性能,但对RPC的工作性能有不利的影响,在水胶比为0.18,高性能膨胀剂掺量为4%,钢纤维掺量为2%的情况下能同时满足RPC工作性能、体积稳定性和力学性能的性能需求。

(2)通过使用粉煤灰代替水泥的方法,降低RPC的水泥用量,可有效降低RPC的水化热,有利于降低工程结构开裂的风险。

(3)RPC在7d后的收缩应变、徐变系数和徐变度均小于C55混凝土。

4.3 钢混结合段剪力键性能试验研究

4.3.1 剪力键模型试验设计及加工

1)试件设计

插入式推出模型旨在研究不考虑约束作用的钢混结合段剪力键力学性能。试验参数包括混凝土类型、剪力键种类、钢板/混凝土黏结状态、混凝土榫和贯穿钢筋的设置状态、钢纤维掺量以及贯穿钢筋强度等,设计并制作了21组,每组2个,共42个插入式推出试件。试件编号及主要参数见表5-4-12。

插入式试件设计与主要参数　　　　　　　　　　　　　　　表5-4-12

编　号	试件说明	承载力组成			混凝土类型	PBL构造(mm)			焊钉构造(mm)
		界面黏结	混凝土榫	贯穿钢筋		等级	孔径	钢筋直径	杆径×杆长
PC-b1r0d0	纯黏结试件	√			C55	—	—	—	
PR-b1r0d0		√			RPC	—	—	—	
PF-b1r0d0		√			RPCF	—	—	—	
PC-b0r0d1	无黏结纯榫试件		√		C55	—	60	—	
PR-b0r0d1			√		RPC	—	60	—	
PF-b0r0d1			√		RPCF	—	60	—	
PC-b1r0d1	含黏结纯榫试件	√	√		C55	—	60	—	
PR-b1r0d1		√	√		RPC	—	60	—	
PF-b1r0d1		√	√		RPCF	—	60	—	
PC-b1r1d0	含黏结钢筋试件	√		√	C55	HRB335	21	20	
PR-b1r1d0		√		√	RPC	HRB335	21	20	
PF-b1r1d0		√		√	RPCF	HRB400	21	20	
PC-b0r1d1	无黏结PBL试件		√	√	C55	HRB335	60	20	
PR-b0r1d1			√	√	RPC	HRB335	60	20	
PF-b0r1d1			√	√	RPCF	HRB400	60	20	
PC-b1r1d1	标准PBL试件	√	√	√	C55	HRB335	60	20	
PR-b1r1d1		√	√	√	RPC	HRB335	60	20	
PF-b1r1d1		√	√	√	RPCF	HRB400	60	20	
PC-b1S1	焊钉试件				C55	—	—	—	22×150
PR-b1S1					RPC	—	—	—	22×150
PF-b1S1					RPCF	—	—	—	22×150

图5-4-8和图5-4-9为插入式模型构造示意图。模型由混凝土块和竖直钢板组成,钢板底部预留凹槽以消除端部混凝土的承压作用。PBL试件圆孔和焊钉均位于钢板中央,焊钉沿钢板两侧对称布置。

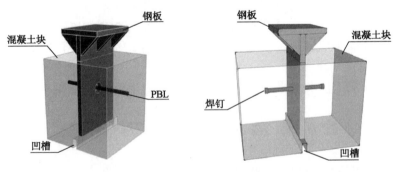

图5-4-8　插入式PBL试件示意　　　图5-4-9　插入式焊钉试件示意

表5-4-12中共包括18组PBL试件和3组焊钉试件。试件编号"PC""PR"和"PF"分别表示该插入式试件(Plug-in type specimen)采用C55普通混凝土、RPC、RPCF制作;"b,r,d"则分别代表开孔板/混凝土间黏结作用(bond)、贯穿钢筋(rebar)和混凝土榫(dowel of concrete);字母后的数字1和0分别表示有、无该字母代表的参数。如PF-b1r0d1表示采用RPCF浇筑的插入式试件,开孔板/混凝土黏结完好,钢板孔内有混凝土榫但无贯穿钢筋。焊钉试件编号"S"代表焊钉(stud),其余字母和数字含义同PBL

试件。

2）试件加工

钢构件均在工厂完成加工，然后运抵实验室，插入式试件钢板底部通过塑料泡沫条形成竖直凹槽。

钢板/混凝土间无黏结作用的试件，钢板表面涂油并覆盖塑料薄膜以彻底消除黏结。焊钉采用专用高压电弧焊机组装，贯穿钢筋固定在钢板开孔几何中心。混凝土通过一次浇筑成型。

3）加载方案

插入式推出试件加载采用量程2000kN的试验机，钢板顶部与试验机顶板间安放球铰，混凝土块与试验机底板之间设置橡胶垫层，图5-4-10为推出试验的加载装置。每组试件正式加载前按50kN进行两次预加载，以检查仪器、位移、应变采集系统的工作情况，同时消除初始缺陷影响。试件加载至10kN，所有位移传感器（LVDT）初始读数归零。

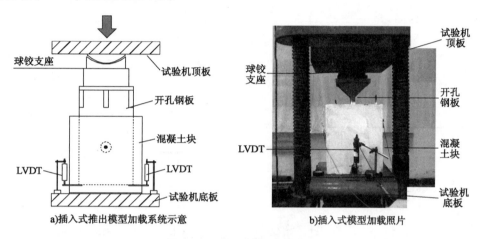

图5-4-10 插入式模型加载装置

试件正式加载分两阶段，第一阶段为预估弹性极限加载（V_e），每级荷载增量为$0.2V_e$，每荷载步持荷5min，采集应变与滑移数据；第二阶段为极限承载力加载（V_u），以$0.2V_e$为荷载增量加载至V_e，然后按平均加载速率5kN/s加载至V_u；为获得峰值荷载后的荷载-滑移曲线，试件加载至峰值荷载后转为位移加载，加载速率0.2mm/min。采集的竖向位移大于30mm时结束加载。

4.3.2 试验结论

基于试验结果，对模型试件的破坏形态、极限承载力、滑移能力、荷载-滑移曲线及荷载-应变曲线等进行了简要分析。主要结论如下：

(1) 钢纤维RPC的插入式PBL试件的承载力比C55和素RPC试件分别高72%和42%。

(2) 钢纤维RPC的栓钉试件的承载力比C55和素RPC试件分别高37%和26%。

(3) 钢纤维RPC的插入式PBL试件的承载力比栓钉试件高40%。

4.4 钢混结合段RPC浇筑质量检测方法研究

4.4.1 钢格室模型的RPC浇筑质量检测试验

对石首长江公路大桥钢格室模型的RPC浇筑质量进行检测，根据钢格室模型内部缺陷的冲击回波信号响应特征，建立浇筑缺陷的回波信号综合评定规则，在回波信号响应特征中解读缺陷信息。

1）试件设计

选取位于单侧边箱底部的五个钢格室开展混凝土浇筑及压浆工艺的试验模型研究，即图5-4-11中框选的 A 与 B 两个区域。为保证主桥钢混结合段的施工工艺能在钢格室浇筑模型中得到充分的反映，拟定钢格室浇筑模型的大小尺寸及混凝土浇筑流程与实际结构一致，模型的尺寸布置如图 5-4-12 所示。浇筑模型的钢格室采用 16mm 厚的 Q235B 钢板制作，浇筑前的钢格室模型如图 5-4-13 所示。

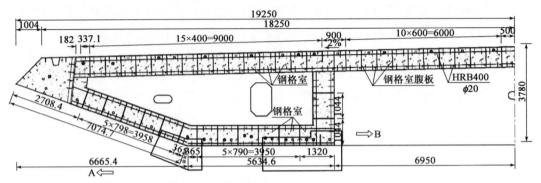

图 5-4-11 钢混结合段构造图(尺寸单位:cm)

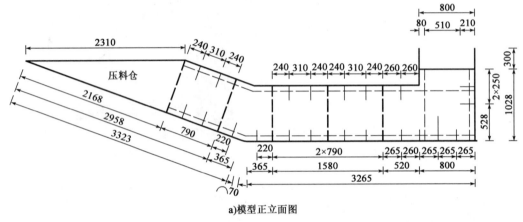

a)模型正立面图

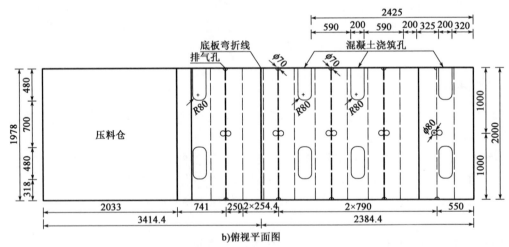

b)俯视平面图

图 5-4-12 局部模型构造图(尺寸单位:mm)

2) 钢格室模型的 RPC 浇筑

根据格室尺寸特征，拟定钢格室模型的 RPC 浇筑流程。RPC 浇筑示意图如图 5-4-14 所示。整个模型的浇筑共分为两个阶段：第一阶段，RPC 先从模型的下格室浇筑孔灌入，直至填满整个下格室空间；第二阶段，当挤入斜腹板与竖腹板格室中的 RPC 与下格室灌注孔有着相同的液面高度时，移动料斗至斜腹板与竖腹板顶部的浇筑孔，继续向模型内灌注 RPC 直至所有的钢格室内均填充密实为止。

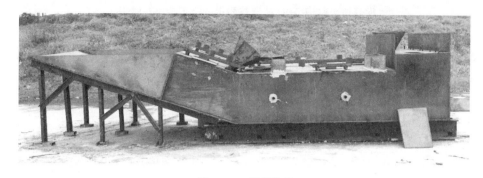

图 5-4-13　局部模型

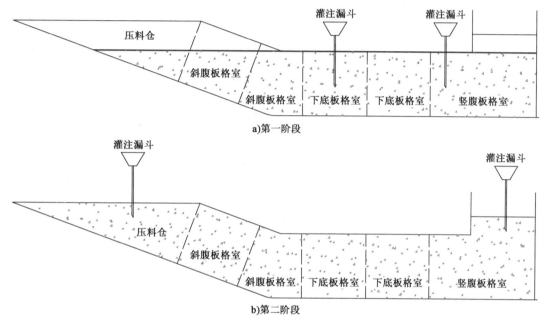

图 5-4-14　钢格室模型的混凝土施工步骤

钢混结合段模型在 2018 年 1 月 16 日 16 时开始浇筑,同日 22 时结束浇筑作业,RPC 的浇筑方量约为 9m³,气温在 5～10℃ 之间,入模温度为 12℃。RPC 的坍落扩展度的现场测试值为 695mm,满足 700mm±50mm 的要求。

然而,在现场实际的浇筑作业中,未能严格保证斜腹板与竖腹板格室中的混凝土液面与下格室相同,随即开始第二阶段的 RPC 灌注。实际的 RPC 浇筑作业可能导致下格室顶板灌注欠密实,抑或是灌注压力不够,可能导致钢板与 RPC 间的黏结失效。此外,实际浇筑作业完成后,压料仓的顶部并未完全填满混凝土灌注料,可能导致斜腹板钢格室顶部存在灌浆欠密实,存在脱空缺陷。

3) 测试结果与分析

锤击法初检能通过激振声音的特点初步确定钢格室模型中疑似缺陷分布的区域,有着快速、简便的特点。但锤击法初检无法评估格室内混凝土内部脱空缺陷存在与否,无法准确识别脱黏缺陷与空鼓缺陷。此外,锤击法初检定级的评估结果因人而异。因此锤击法初检结果可作为混凝土浇筑期间对疑似缺陷分布区域采取补充振捣、浇筑孔二次接高和补灌等措施的决策依据。

根据弹性固体中回波信号的传播理论与回波信号在缺陷位置处的特点,在回波信号实测主频成像结果的基础上,通过信号的时域特征初步判定测点位置处的缺陷类型。然后,通过回波信号的时域、频域、时频特征以及功率谱的时变特征等多个角度解读回波信号中所携带的缺陷信息,能实现钢格室内部混凝土的脱黏缺陷、脱空缺陷及空鼓缺陷的判定。对钢格室模型部分测点的混凝土浇筑质量检测结果汇总于表 5-4-13 中。

钢混结合段模型 RPC 浇筑质量的检定结果对照表　　　　表 5-4-13

测 点 编 号	锤击法初检	冲击回波法复检	钻芯、钻孔结果
3B	无第二类缺陷	密实无脱空缺陷	浇筑密实
2B	疑似空鼓缺陷与脱黏缺陷分布	脱黏缺陷	脱黏缺陷
4B	疑似空鼓缺陷与脱黏缺陷分布	脱黏缺陷	脱黏缺陷
4E	疑似空鼓缺陷与脱黏缺陷分布	脱黏缺陷	—
7D	疑似空鼓缺陷与脱黏缺陷分布	脱黏缺陷	脱黏缺陷
7G	疑似空鼓缺陷与脱黏缺陷分布	空鼓缺陷	空鼓缺陷（脱空高度约 2mm）

对钢格室浇筑模型的混凝土浇筑质量检测表明，对比锤击法初检、冲击回波法复检以及有损钻芯钻孔验证的结果，采用冲击回波法复检的分析结果与模型的有损检测结论一致。证实了冲击回波法运用于检测钢混结合结构内部的混凝土浇筑质量的可行性，并得到钢格室内部缺陷的评定规则：

规则 1：当回波信号频率峰值清晰且时域信号无波形复杂、振幅衰减缓慢的特征时，实测主频值与计算主频的差值若大于该区域内主频平均值的 2 倍，据此可判断脱空缺陷发生与否。

规则 2：对于脱黏缺陷与空鼓缺陷的回波信号响应特征，两者的时域均呈现为波形复杂、振幅衰减缓慢特征。由于两种缺陷的信号都具有短时平稳的特点，故无法通过信号傅里叶变换的时域、频域特征完成缺陷评估。

规则 3：对于脱黏缺陷的回波信号时频特征，信号的能量具有向高频迁移的特征，并逐级稳定于计算主频附近的频段。于信号的功率谱曲线中，钢板激振后的共振能量随采样时间的增加逐渐衰减，最终与回波信号在激振后 30ms 内停止功率输出。基于此特征，即可综合评估为脱黏缺陷。

规则 4：当回波信号的时频特征存在不稳定的能量迁移现象，最终的功率输出主频值远小于测区的计算主频值。此外，功率谱曲线中剧烈起伏的特征一直延续至尾波时刻，根据此特征，可综合判定测点区域内存在混凝土填充欠密实的空鼓缺陷。

规则 5：激振后有着明显的空腔共振的声音特征，且在回波信号的频谱结果中形成特定基频的共振峰。基于此特征，即可判定混凝土填充欠密实，测区内混凝土存在空鼓缺陷，在钢材下方形成了封闭的气室。

4.4.2　钢混结合段的混凝土浇筑质量检测

基于钢混组合结构中浇筑质量缺陷评定的五个规则，采用锤击法初检和冲击回波法复检的方式，对石首长江公路大桥主梁钢混结合段进行混凝土浇筑质量检测，实现了采用冲击回波法对钢混组合结构中浇筑质量缺陷的评估，在评定钢混结合段内部混凝土浇筑质量缺陷的同时，为缺陷区域的钻孔补浆作业提供了决策依据。

钢混结合段各测点的 RPC 浇筑质量检测结果汇总于表 5-4-14 中。

钢混结合段混凝土浇筑质量检定结果对照表　　　　表 5-4-14

测区编号	锤击法初检	冲击回波法复检	钻孔结果
测区 B	无第二类缺陷	密实无脱空缺陷	—
测区 C	无第二类缺陷	密实无脱空缺陷	—
测区 D	无第二类缺陷	密实无脱空缺陷	—
测区 E	无第二类缺陷	密实无脱空缺陷	—
测区 F	无第二类缺陷	密实无脱空缺陷	—
测区 K	无第二类缺陷	密实无脱空缺陷	—
测区 L	无第二类缺陷	密实无脱空缺陷	—

续上表

测区编号	锤击法初检	冲击回波法复检	钻孔结果
测区 M	无第二类缺陷	密实无脱空缺陷	—
测区 N	无第二类缺陷	密实无脱空缺陷	—
测区 O	无第二类缺陷	密实无脱空缺陷	—
测区 N1	疑似空鼓缺陷与脱黏缺陷分布	脱黏缺陷	脱黏缺陷
测区 N2	疑似空鼓缺陷与脱黏缺陷分布	空鼓缺陷	空鼓缺陷(脱空高度约2mm)
测区 N3	疑似空鼓缺陷与脱黏缺陷分布	空鼓缺陷	空鼓缺陷(脱空高度约2mm)
测区 N4	疑似空鼓缺陷与脱黏缺陷分布	空鼓缺陷	空鼓缺陷(脱空高度2~5mm)
测区 N5	疑似空鼓缺陷与脱黏缺陷分布	空鼓缺陷	空鼓缺陷(脱空高度5~13mm)
测区 N6	疑似空鼓缺陷与脱黏缺陷分布	空鼓缺陷	空鼓缺陷(脱空高度5~16mm)
测区 N7	空腔共振的空鼓缺陷分布	空鼓缺陷	空鼓缺陷
测区 N8	疑似空鼓缺陷与脱黏缺陷分布	空鼓缺陷	空鼓缺陷(脱空高度2~4mm)
测区 N9	空腔共振的空鼓缺陷分布	空鼓缺陷	空鼓缺陷
测区 N10	空腔共振的空鼓缺陷分布	空鼓缺陷	空鼓缺陷

对钢混结合段的钻孔验证结果表明,基于冲击回波信号的时域、频域、时频及功率谱曲线特征的综合缺陷评定规则,所检定的钢混组合结构混凝土浇筑质量具有与有损钻孔检测相同的结果。

根据表5-4-14中结合段内部混凝土浇筑空鼓缺陷的脱空高度及空鼓气室的大小估计值,参考《公路钢管混凝土拱桥设计规范》(JTG/T D65-06—2015)中的条文建议,对脱空高度大于5mm或者脱空率大于0.6%的空鼓缺陷分布区域需采取相应的补浆措施。因此,根据钻孔验证结果,测区N8需要采取补浆措施;测区N5、N6、N7、N9和N10五个测区内存在较为明显的空鼓缺陷特征,五个测区均需要采取补浆措施。

2018年3月21日,项目组对补浆后的N5、N6、N7、N9和N10的五个测区进行冲击回波测试复检,以评估空鼓缺陷区域的补浆有效性。实际的测试结果表明,五个测区内的实测主频值与密实区域的理论主频值2.449kHz相近,为2.317~2.642kHz,表明注浆脱空缺陷的补浆措施有效和可靠。

4.5 结论与创新点

4.5.1 结论

(1)基于石首长江公路大桥钢混结合段的特点、RPC国家标准、钢混结合段设计构造、相关设计规范,确定了适用于钢混结合段灌注的RPC性能指标。

(2)以配制出满足钢混结合段灌注材料性能需求指标的RPC为核心,研究了膨胀剂对工作性能、体积稳定性和力学性能的影响、水泥用量对RPC水化热的影响以及RPC的长期收缩徐变性能,总结出各个参数对RPC性能的影响规律,为配制适合钢混结合段灌注的RPC提供理论和试验依据。

(3)根据混合梁斜拉桥钢混结合段的构造特征,设计并制作了42个插入式模型试件,对采用C55普通混凝土、RPC和RPCF的剪力键进行了推出试验。基于试验结果,对模型试件的破坏形态、极限承载力、滑移能力、荷载-滑移曲线及荷载-应变曲线等进行了简要分析。钢纤维RPC的插入式PBL和栓钉试件的承载力分别比C55混凝土高72%和37%。

(4)采用锤击法初检和冲击回波法复检的无损检测方法对灌注RPC的钢格室模型和钢混结合段进行了检测,并采用取芯的有损检测方法验证无损检测的结果。该方法能有效识别钢混结合段中的脱黏缺陷、脱空缺陷以及空鼓缺陷。为混凝土缺陷的修补措施提供了可靠的决策依据,实现了冲击回波法检测钢混组合结构施工质量缺陷的可靠运用。

4.5.2 创新点

（1）研发了适于混合梁斜拉桥高性能钢混结合段应用的活性粉末混凝土（RPC）材料的配制技术，系统研究了材料的物理力学性能及其应用和施工技术，确保了依托工程高性能钢混结合段的优质建成。

（2）研发了基于活性粉末混凝土（RPC）灌注的混合梁斜拉桥高性能钢混结合段结构体系，系统研究了这种结构体系及其内 PBL 剪力键的受力性能，成功应用于工程实际，有效解决了普通混凝土灌注的钢混结合段普遍存在的脱空、开裂和剪力键布置过于密集等问题，显著提高了结构的耐久性和承载能力，与普通混凝土灌注的钢混结合段结构相比，耐久性提高 100% 以上，承载能力可提高 50% 以上。

5 节段预制拼缝材料关键技术

5.1 性能需求指标

5.1.1 性能需求

用于节段预制拼装接缝的环氧树脂胶黏剂性能及施工和养护的质量,对接缝拼装效果影响显著。环氧树脂胶黏剂应具有:可施胶时间和可黏结时间长、早期强度高、耐久性好、触变性优异等特点,并能与预制节段拼装施工的工艺和进程良好匹配。

经查询石首的历史天气情况和天气预报情况,石首长江公路大桥节段拼装地区的环境温度的变化幅度大,而温度对环氧树脂胶黏剂固化速度的影响显著。在不同环境温度下需要使用不同配方的环氧胶黏剂,可按温度区间划分如下:

①当环境温度为 5~20℃时,使用快速反应的Ⅲ型配方。
②当环境温度为 15~30℃时,使用中等反应速度的Ⅱ型配方。
③当环境温度为 25~40℃时,使用慢速反应的Ⅰ型配方。

节段预制拼装接缝材料的性能需求主要有以下方面:

1)可施胶时间、可黏结时间长

可施胶时间长,能保证施工人员有充足的时间进行匹配面涂刮作业,降低漏涂、少涂的概率,提高涂刮质量。可黏结时间长,则可为待拼节段与已拼节段的定位和调整提供宽松的工作时间。

(1)可施胶时间对应的性能指标为适用期。

石首长江公路大桥宽箱梁节段拼接面面积大,涂抹工作量大,增加胶黏剂的适用期对涂抹质量的保证是有利的。适用期的实验室检验测试是在对应型号材料的上限温度下进行的,温度越高,适用期越短。针对石首长江公路大桥的应用环境情况,性能指标中分别给出上限温度和下限温度对应的适用期。

石首长江公路大桥宽箱梁节段拼装难度大,现场拼装情况复杂,对于接缝材料适用期的要求难以明确。可根据拼装前的模拟试验或现场第一次拼装的情况,确认现有型号接缝材料是否满足施工的要求,必要时可对接缝材料的适用期进行调整。

(2)可黏结时间对应的性能指标为开放时间。

石首长江公路大桥宽箱梁节段拼装难度大,适当增加胶黏剂的开放时间可以让拼接操作的时间更加充裕,对涂抹质量的保证是有利的。针对石首长江公路大桥的应用环境情况,性能指标中分别给出上限温度和下限温度对应的开放时间。

可根据拼装前的模拟试验或现场第一次拼装的情况,确认现有型号接缝材料是否满足施工的要求,必要时可对接缝材料的开放时间进行调整。

2)A、B组分颜色区分度大

A剂为白色,B剂为黑色,混合后呈灰色。在现场配制胶黏剂时,能通过色泽均匀程度来表征混匀程度,保证胶黏剂的正确配置。

3)优异的触变性

触变性是用来表征在指定的施工温度范围内,胶黏剂在垂直表面施工时不发生流坠的能力。因接缝拼装主要是立面施工,该项性能尤为重要。优异的触变性可使涂刮轻松并能保证足够的胶层厚度,且在张拉临时预应力时,保证挤出的多余胶黏剂不会滴落。

石首长江公路大桥宽箱梁节段的混凝土收缩变形比普通宽度节段的要大,相邻两片梁体之间的拼接缝隙可能会超过3mm。为了最大限度地确保接缝的填充密实程度,触变性的性能指标要求需要一定程度的提高。

4)高黏结强度

胶黏剂涂覆在节段的匹配面上,高黏结强度可确保其与混凝土通过有效黏结来形成一个整体共同受力,并保证接缝的密封防水效果。如果黏结强度不足,后期结构在应力作用下,胶黏剂极易发生剥离和脱落,严重影响接缝的密封效果。

黏结强度可用抗剪强度(斜剪)、钢对钢拉伸抗剪强度、钢对混凝土正拉黏结强度等来表征。

抗剪强度(斜剪)表征的是胶黏剂对混凝土的黏结抗剪能力,可以定性地测量胶黏剂与混凝土之间的黏结抗剪效果。

钢对混凝土正拉黏结强度表征的是胶黏剂对钢材和混凝土的黏结能力。与抗弯强度相比,钢对混凝土正拉黏结强度指标可以让业主、监理等非材料单位人员更直观、定量地认识和了解黏结效果。

钢对钢拉伸抗剪强度是胶黏剂常用的黏结强度指标,在石首长江公路大桥节段拼装的实际应用工况中,胶黏剂可能会遇到拉伸剪切的受力情况,需要对胶黏剂的抗拉剪性能加以管控。

5)高早期强度和最终强度

胶接缝施工中,当胶黏剂涂刷完毕,即开始张拉临时预应力筋。待胶黏剂基本固化后,才能张拉永久预应力并完成主梁的安装工作。因此,胶黏剂需具有一定的早期强度以配合施工进度的要求。国内外的材料标准中一般采用12h、24h的抗压强度来表征胶黏剂的早期强度性能。

预制拼接结构的受力性能和工作情况与接缝的可靠性密切相关,拼接构造必须能保证拼接缝自身的强度不能成为结构的薄弱环节,因此胶黏剂应具有较高的最终强度。

6)良好的挤出性

具有良好挤出性的胶黏剂在压力作用下能挤出形成一层同质均匀的胶黏层,使接缝被胶黏剂密实填充,进而确保接缝的密封防水效果。

7)高耐热性

环氧胶黏剂属于热固性高分子材料,固化后本身不溶不熔,具有优异耐温性,当环境温度较低时,高分子链段空气不能运动,材料表现为固体状,在外力作用下只会发生较小的形变;而当温度升高到一定范围后,高分子链段的运动增加,同等外力作用下材料的形变量增加,但这种形变的增加对桥梁结构整体性的形成不利,因此需要对材料的耐热性做出规定。

8)高模量

胶黏剂的高模量,可确保胶黏剂在压力下的变形量小,减少预应力损失。

9)低收缩率

施工完毕后胶黏剂只是薄薄的一层,过大的收缩会影响胶层的黏结效果,使构件的整体性达不到要求。

10)低吸水率和低溶水率

环氧胶固化后结构致密,可以隔绝水和其他介质的渗透,该指标的设立可以表征胶黏剂固化的程度。

11)低挥发物含量

控制胶黏剂的不挥发物含量,可降低挥发性有机化合物(VOC)的排放,减少对施工工人的身体健康的危害,降低发生过敏性反应的概率。

控制胶黏剂的不挥发物含量还能确保胶黏剂固化物的体积稳定性,有利于保证环氧胶层的致密性。

12)能适应不同环境因素的影响

(1)环境温度。

常温固化型的双组分环氧树脂胶黏剂,两个组分的主要成分分别是环氧树脂和胺类固化剂,两者混合后即可发生交联反应。施工期间环境温度对环氧胶黏剂的使用性能影响极为显著,温度越低胶黏剂固化速度越慢。因此,同一配方的结构胶不能适用于所有不同的环境温度,故同一工程上使用的胶黏剂亦应按环境温度的不同划分为不同类型。目前拼梁使用的环氧树脂胶黏剂,适用的施工气温一般要求不低于10℃,最低也均不能低于5℃。对于适用气温为0℃或更低温度的材料,其性能指标与室温固化型同品种胶黏剂的合格指标相比,强度的要求应有所降低。

(2)养护条件。

环氧胶的养护条件相对简单,除在其固化过程中应避免扰动外,不需要其他的特殊养护条件。

5.1.2 技术要求

专用于桥梁预制节段施工的拼梁胶,国内尚无对应的国家或行业标准对其进行明确规定。本项目拼梁胶的具体指标将参考国际预应力混凝土协会的相关标准 Proposal for a standard for acceptance tests and verification of epoxy bonding agents for segmental construction(FIP/9/2/1978)、行业标准《预应力混凝土桥梁预制节段逐跨拼装施工技术规程》(CJJ/T 111—2006)、《预应力混凝土节段预制桥梁设计规范》(征求意见稿)和《工程结构加固材料安全性鉴定技术规范》(GB 50728—2011)的相关规定予以提出。

FIP/9/2/1978 更为全面地规定了拼缝材料的性能要求;《工程结构加固材料安全性鉴定技术规范》(GB 50728—2011)对以混凝土为基材的结构胶的湿热老化性能做了相应规定。应当指出的是,虽然 FIP/9/2/1978 对拼缝胶黏剂在低温、高温、潮湿等环境下应用指标和耐久性指标的考虑仍不够周全,但在国内尚无对应标准的情况下,依然是最为详细和适用的材料规范。

综合上述标准,并结合前面接缝材料的性能目标分析及石首长江公路大桥的工程实际,石首长江公路大桥节段预制拼装用环氧树脂胶黏剂的技术参数如表 5-5-1 所示。

节段拼装用环氧树脂胶黏剂技术参数 表 5-5-1

编号	检测项目		技术要求	技术要求依据
1	颜色		硬化后与节段混凝土表面颜色相近(灰色)	FIP/9/2
2	适用期(min)		≥20(上限温度) ≥40(下限温度)	FIP/9/2 要求≥20
3	开放时间(min)		≥60(上限温度) ≥90(下限温度)	FIP/9/2 要求≥60
4	触变性		10mm 以上无流坠	设计要求、FIP/9/2 要求 3mm 以上无流坠
5	挤出性 (mm²)	15kg	≥3000	FIP/9/2
		200kg	≥7500	FIP/9/2
6	收缩率(%)		≤0.4	FIP/9/2
7	耐热性(℃)		≥50	FIP/9/2
8	吸水率(%)		≤0.5	FIP/9/2
9	溶水率(%)		≤0.1	FIP/9/2
10	抗压弹性模量(MPa)		≥8000	FIP/9/2
11	抗压强度 (MPa)	12h	≥40	设计要求、FIP/9/2
		24h	≥70	设计要求、FIP/9/2 要求≥60
		7d	≥80	设计要求、FIP/9/2 要求≥75

续上表

编号	检测项目	技术要求	技术要求依据
12	拉伸强度(MPa)	≥12	设计要求
13	抗弯强度(MPa)	完全为混凝土本体破坏	FIP/9/2
14	抗剪强度(斜剪,MPa)	≥15	设计要求、FIP/9/2要求≥12
15	耐湿热老化能力(%)	≤12	设计要求、GB 50728
16	钢对钢拉伸抗剪强度标准值(MPa)	≥15	GB 50728
17	钢对混凝土正拉黏结强度(MPa)	≥2.5且为混凝土内聚破坏	GB 50728
18	不挥发物含量(%)	≥99	GB 50728

注：上述技术要求对不同固化速度的配方均适用。

5.2 配方研究

5.2.1 环氧树脂的选择

环氧树脂是指大分子主链中含有两个(或两个以上)环氧基的缩聚物,是环氧树脂胶黏剂体系中的主要组分,胶黏剂性能的优劣主要由环氧树脂决定。为了使胶黏剂获得更好的性能,选择环氧树脂应注意以下几个问题：

(1)环氧树脂(或混合物)应当具有一定的流动性,以便能更好地润湿被黏物表面,确保其黏结强度,同时也方便现场施工。

(2)环氧树脂应具有一定极性。在节段预制拼接的应用对象中,混凝土、石材等都是极性材料,极性胶黏剂对极性被黏物有较好的黏结性,在一定的极性范围内,胶黏剂的黏结力与环氧树脂基团的极性和数量成正比,当然,极性过大或极性基团过多也会约束其链段的运动能力,减少其黏结效果。

(3)环氧树脂的分子量及其分布也会影响到黏结强度,同时分子量的不同其黏度和流动性也不同,所以应选择分子量适中的树脂,并考虑其分子量分布情况。

环氧树脂品种有很多,发展也不均衡,按化学结构大致分为缩水甘油醚、缩水甘油酯、缩水甘油胺、脂肪族环氧树脂、环氧化烯烃类、新型的环氧树脂六大类。缩水甘油醚类的环氧树脂包括双酚A型、双酚F型、双酚S型等几类。双酚F型、双酚S型环氧树脂属于低黏度树脂,但是其来源较少价格昂贵,在环氧建筑结构胶黏剂材料中,双酚A型环氧树脂用途最广、用量最大,也是环氧胶黏剂中应用最普遍、工艺最成熟的一种环氧树脂,占整个环氧树脂用量的85%以上。双酚A型环氧树脂结构单元中的环氧基和羟基提供反应性,树脂固化物具有很强的内聚力和黏结力,醚键和羟基有助于提高浸润性和黏附力,醚键和C-C键使大分子具有一定的柔韧性,苯环赋予聚合物以耐热性和刚性。

双酚A型环氧树脂按习惯分类如表5-5-2所示。

双酚A型环氧树脂性能　　　　表5-5-2

类　型	分子量范围	平均聚合度	外　观
低分子量	≤900	≤2	黏稠液体
中等分子量	900~1500	2~4	固体
高分子量	2900~8000	9~30	固体
超高分子量	10万~45万	—	固体

作为常温固化型的环氧结构胶,适宜采用低分子量的双酚A型环氧树脂。因为随着聚合度的增加,环氧树脂由液体变为固体,施工使用不便,同时,固化树脂的交联密度下降致使耐热性能不好。

几种常见的低分子量的双酚A型环氧树脂A1、A2和A3及其性能见表5-5-3,并考察了这几种环氧树脂对胶黏剂抗拉、抗弯和抗压强度的影响,见图 5-5-1。

常见的双酚 A 型环氧树脂及其性能　　　　　　　　　　　　表 5-5-3

品种	环氧值(mol/100g)	黏度(25℃,Pa·s)	软化点(℃)	性　　能
A1	0.52～0.56	5～10	—	环氧值高,黏度小,分子量低
A2	0.48～0.52	≤2.5	—	
A3	0.41～0.47	—	12～20	黏结力强,固化收缩小

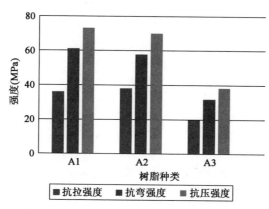

图 5-5-1　环氧树脂种类对胶黏剂力学性能的影响

环氧树脂 A1、A2、A3 结构式中的聚合度依次增加,环氧值依次降低。从图 5-5-1 中可以看出,随着环氧树脂中环氧值的增加,胶黏剂的抗拉、抗弯和抗压强度均呈现增加的趋势。这主要是因为,环氧树脂主链上除具有反应能力很强的环氧基外,还具有许多赋予环氧树脂韧性的醚键,醚键能使分子内旋容易而且易柔曲。随着聚合度的减小,双酚 A 型环氧树脂分子中醚键越少,环氧树脂的环氧值越大,固化物的交联密度增大,其固化物的强度增大。

A1 与 A2 制备的胶黏剂性能相当,从表 5-5-3 中可以看出,A2 的黏度低适合生产加工,加上其来源广、价格相对偏低,故选择 A2 为主树脂进行进一步考察。

5.2.2　固化体系的选择

环氧树脂本身属于热塑性聚合物,在常温和一般加热的情况下,无法发生固化,所以不能直接使用。只有在加入固化剂以后,其与环氧树脂分子结构中的环氧基团发生聚合反应生成网络交联结构的固化产物后才可以表现出各种优异的性能,才可用于实际工程中。

一旦环氧树脂确定之后,固化体系对环氧树脂组成物的工艺性和固化产物的最终性能起决定性作用,因此对固化体系的选择至关重要。根据节段预制拼装接缝材料的技术要求,胶黏剂的材料应该具备本体强度高、黏结性能好、可操作时间长但强度建立速度快、耐久性好等特点。在固化体系的选择上,将重点关注固化物的力学性能、适用期和耐湿热老化等方面性能。

固化剂分类的方式很多,按固化温度可分为低温固化剂、常温固化剂、中温固化剂以及高温固化剂。按化学结构可分为多元胺型、酸酐型以及聚硫醇型等。在节段预制拼装过程中,环氧胶黏剂的固化只能选择可常温固化的固化剂,常用的固化剂为胺类固化剂。

5.2.2.1　不同种类固化剂的固化特性

胺类固化剂通常有聚酰胺类、脂肪族类、芳香族类、脂环族类、酚醛胺和聚醚胺类。

聚酰胺类是由二聚、三聚植物油酸或不饱和脂肪酸与多元聚酰胺反应制得的,由于结构中含有较长的脂肪酸碳链和氨基,可使固化产物具有高的弹性和黏结力及耐水性,施工性较好,配料比例较宽,毒性小,基本上无挥发物,能在潮湿的金属、混凝土表面施工。但缺点是耐热性比较低,热变形温度仅 50℃左右;低于 15℃固化不完全,固化物的物理性能、机械性能均会下降,因此必须添加促进剂来调整其固化速度,但过量会导致固化物脆性加大。

脂肪族胺类固化剂在各种固化剂中用量仅次于聚酰胺。脂肪族胺类固化剂大多为液体,与环氧树脂有很好的混溶性,可以在常温下固化环氧树脂,反应时放热明显,释放出的热量进一步促使环氧树脂与固化剂的反应。因为固化放热,所以每次配料使用的环氧树脂数量不能太多,根据固化剂的具体特性掌握适当的配合量。

芳香族胺类固化剂的分子结构里都含有稳定的苯环结构,胺基与苯环直接相连。芳香二胺的碱性弱于脂肪族胺,加上芳香环的立体障碍,与环氧树脂的反应性比脂肪胺小。固化物的耐热性、电性能及力学性能比较好。

脂环族胺类为分子结构里含有脂环(环己基、杂氧、氮原子六元环)的胺类化合物。多数为低黏度液体,适用期比脂肪胺长,固化物的色度、光泽优于脂肪胺和聚酰胺;经改性后的材料可室温固化,透明性好,耐候性好,固化物的机械强度高。

酚醛胺类在结构中引入了酚醛骨架,提高了固化物的耐热性,同时在结构中引入了酚羟基,大大加强了固化反应活性。酚醛胺降低了低级胺的挥发性、刺激性和毒性,与环氧树脂易混合均匀,提高了环氧树脂与辅助材料的相容性和亲和性。

聚醚胺类一般都含有连接于聚醚主链一端的伯胺基,主链一般有环氧乙烷(EO)、环氧丙烷(PO)或EO/PO混合结构。聚醚胺交联的材料能增强固化物的弹性、韧性、抗冲击和可挠性。另外,聚醚胺具有较长的可操作时间,使得其在夏季配方中应用较广。

本试验选择了C1、C2、C3、C4、C5和C6共六种不同类型的固化剂进行评测。其中,C1为聚醚胺、C2为改性脂环胺、C3为聚酰胺、C4为酚醛胺、C5为改性脂肪胺、C6为改性芳香胺。

5.2.2.2 固化剂种类对力学性能的影响

按照第3章的测试方法进行制样,环氧组分采用E-51环氧树脂,固化剂的用量按照厂家的推荐比例。几款固化剂的基本力学性能数据见表5-5-4。

几款固化剂的力学性能数据　　　　　　　表5-5-4

固化剂	抗压强度(MPa)	拉伸强度(MPa)	抗剪强度(MPa)	拉伸弹性模量(GPa)
C1	85.31	43.91	14.72	2.36
C2	107.10	61.11	16.25	3.54
C3	59.62	30.31	23.18	1.49
C4	81.90	46.93	16.82	2.67
C5	94.43	42.61	19.84	2.16
C6	95.33	56.10	14.81	2.50

从表5-5-4中可以看出,C3固化剂的最终抗压强度仅为59.62MPa,低于技术要求中的70MPa,将其排除。其余几款固化剂的力学性能均比较理想。

5.2.2.3 固化剂种类对固化速度的影响

按照前述固化剂适用期评测方法,测定C1、C2、C4、C5和C6固化剂的适用期数据见表5-5-5。

几款固化剂的适用期　　　　　　　表5-5-5

固化剂	C1	C2	C4	C5	C6
适用期(min)	180	50	25	40	130
25℃黏度(mPa·s)	10	100	4200	300	2000

由表5-5-5可知,其中C1和C6的适用期较长,可用来调整胶黏剂在夏季高温环境下的固化速度,C1的固化速度更慢调整效果更好,且在25℃环境下,C1的黏度要明显低于C6,由于低黏度的体系能添加更多的填料,慢速固化剂优先选用C1。C2、C4和C5固化的适用期较短,其中速度最快的为C4,但其

黏度大,单独使用会造成体系黏度偏高。

5.2.2.4 固化剂对材料耐湿热老化能力的影响

高湿和高温的共同作用,极易使环氧胶黏剂中易水解结构水解引起大分子降解,其结果是胶黏剂老化。同时水分子的渗入破坏了胶黏剂与被黏物的黏结界面,造成界面分离,水分还会引起增塑作用,而使黏结性能劣化。因此,湿热老化对环氧胶黏剂黏结耐久性影响最大,湿热老化试验显得非常重要。湿热老化试验在各种调温调湿箱中进行,试验条件多为恒温恒湿。试验多数仅用于考核环氧胶黏剂的相对耐湿热老化性能或是耐湿热老化性的变化趋势。

结合环氧胶黏剂在节段预制拼装应用工程中这一特殊使用环境,拼梁胶处于节段间的隙缝之中,没有受到太阳光的直接照射。环氧胶黏剂的分子结构中没有不饱和键,而且大多数不是直接暴露在太阳光下,空气中的氧气和臭氧也不会直接引起环氧胶黏剂的材料老化。所以,一致认为湿和热是影响环氧胶黏剂的耐久性能的最主要因素。其中水分渗入胶层内部使得一些可溶性物质溶出,使胶层产生内应力,更重要的是水分子沿界面的渗入会造成胶黏剂与被黏物体表面强吸附力的解吸附。因此,在《混凝土结构加固设计规范》(GB 50367—2013)中,采用湿热加速老化的方法对环氧建筑结构胶的耐老化性能进行评价,A 级胶要求为钢-钢拉伸抗剪强度下降率低于 12%。不同类型固化剂的耐湿热老化能力见表 5-5-6。

不同类型固化剂的耐湿热老化能力 表 5-5-6

固化剂	C1	C2	C4	C5	C6
老化前钢-钢拉伸抗剪强度(MPa)	14.8	19.2	15.1	13.1	6.30
老化后钢-钢拉伸抗剪强度(MPa)	12.75	22.5	16.37	6.38	0
强度下降率(%)	13.8	-17.2	-8.4	51.4	100

注:强度下降率为负数时,说明老化后钢-钢拉伸抗剪强度相比老化前的增加了。

从上表结果可知,固化剂的类型对环氧胶黏剂的耐湿热老化性能有决定性的影响:改性芳香胺固化剂的耐湿热老化性能最差,聚醚胺固化剂和改性脂肪胺固化剂次之,改性脂环胺固化剂和改性酚醛胺固化剂的湿热老化性能最好。

聚醚胺 C1 属于柔性固化剂,水分子与其环氧树脂固化物作用力较强。这使得水分子更容易渗透到胶接接头的胶层和界面中去。首先,扩散进入胶层的水分子破坏聚合物分子之间的氢键和其他次价键,使聚合物发生增塑作用,并引起力学强度及其他物理性能如热变形温度的下降,这又促进了水分子在胶层中的扩散。然后,水分子扩散到胶结界面,大量的水分子沿着亲水性的金属氧化物表面很快地渗透到整个胶结界面,取代胶黏剂分子原先在金属表面上的物理吸附,从而引起黏附强度的下降。

改性脂环胺 C2 和酚醛胺 C4 老化前的强度分别达到 19.2MPa 和 15.1MPa,湿热老化后剪切强度上升。

改性脂肪胺固化剂 C5,经湿热老化后剪切强度从 13.1MPa 下降至 6.38MPa,强度下降率达 51.4%,下降程度较多。

改性芳香胺固化剂 C6,不仅湿热老化前剪切强度较低,且经湿热老化后的钢-钢拉伸抗剪试件完全从搭接处断开,无强度,耐湿热老化性能最差。与湿热老化前相比,胶层变硬,说明胶体本身的内聚强度增大。但由于界面在湿热老化条件下不能有效抵抗水分子的侵入,造成了接口破坏处的钢片上留有锈迹,黏结强度丧失。

综合表 5-5-5 和表 5-5-6 的数据,可以得知固化剂 C2 和 C4 可以完全满足环氧胶黏剂的耐老化性能、黏结性能和本体力学性能的要求,其中 C2 为低黏度材料优先选用。但固化剂 C2 为快速固化材料,设计不同温度区间适用的环氧胶黏剂时,需要使用慢速固化剂来调整固化速度,故可考虑将固化剂 C1

和 C2 进行复配。

5.2.2.5 固化剂多元复配对接缝材料性能的影响

基于固化剂 C1 和 C2 均具有较好的力学性能,着重考虑在复配时的适用期和开放时间数据,再对复配体系的力学性能进行验证。在适用期和开放时间的测试中,以 $m_{(胶液)}:m_{(填料)}=1:1$ 的配方来进行试验,由于固化剂 C2 在常温时适用期为 50min,低温时其固化速度会更慢,考虑适当添加固化促进剂。

固化剂复配时的适用期和开放时间数据如表 5-5-7 所示。

固化剂复配的适用期和开放时间数据　　　表 5-5-7

固化剂配比	23℃适用期(min)	开放时间(min)
C1:C2 = 100:0	230	>300
C1:C2 = 80:20	180	>300
C1:C2 = 50:50	130	300
C1:C2 = 20:80	90	230
C1:C2 = 0:100	75	180
C2:促进剂 = 100:3	25	55

从上表中数据可以看出,配方的适用期可在较广的范围内进行调整,对于冬季低温需要的快速固化配方和夏季高温需要的慢速固化配方,都有较好的选择空间。

将上述固化剂配比中选择两个方案进行力学性能验证,测得的力学性能数据见表 5-5-8。

固化剂复配的力学性能和耐老化数据　　　表 5-5-8

固化剂配比	24h 抗压强度(MPa)	7d 抗压强度(MPa)	拉伸强度(MPa)	抗剪强度(MPa)	抗剪强度下降率(%)
C1:C2 = 50:50	75.10	92.31	47.78	15.78	2.16
C2:促进剂 = 100:3	77.35	100.24	54.78	16.85	-9.15

由上表中数据可知,以固化剂 C1 和 C2 为主体的固化体系,力学性能表现比较理想,在保证了充足的适用期和开放时间的同时,早期强度发展速度较快,24h 强度可达 70MPa 以上。同时,耐湿热老化能力也远高于标准要求。

5.2.3　稀释剂的选择

稀释剂可以用来降低环氧树脂胶黏剂的黏度,增加其流动性,一方面使环氧树脂胶黏剂具有好的加工工艺性能,另一方面有利于胶液对被黏物表面的浸润,从而获得优良的黏结力。

稀释剂通常可以分为活性稀释剂和非活性稀释剂两类,两者的区别在于前者参与到胶黏剂固化过程中的化学反应,而后者不参与反应。稀释剂特别是非活性稀释剂的加入量对环氧树脂胶黏剂的性能影响很大。加入量太少,达不到改善流动性的目的;加入量太多,则会降低胶黏剂的力学性能。在胶黏剂固化过程中,非活性稀释剂不断从胶体中挥发出来,使固化物的体积收缩率,对各种性能尤其是黏结性能产生不利影响,所以在配制环氧树脂胶黏剂时原则上应优先选用活性稀释剂。

活性稀释剂又分为单环氧官能团和多环氧官能团稀释剂两种,一般来说,单官能团稀释剂的稀释效果比较好,脂肪族型稀释剂比芳香族型稀释剂有更好的稀释效果,长脂肪链的活性稀释剂可使抗弯强度、冲击韧性得到提高,但单官能团稀释剂的加入不可避免地会降低固化物的交联密度,进而影响固化物的力学性能。使用多官能团稀释剂对交联密度的影响相对较小,但稀释效果不如单官能团稀释剂,在满足施工工艺性能的要求下,尽量少加为宜。

一般来说,稀释剂的选用原则如下:

(1)优先选用活性稀释剂,它可以参与固化反应,成为环氧固化产物网络交联结构的一部分,在改善环氧胶黏剂操作性能的同时,不致带来太多的不利影响。

(2)因为稀释剂或多或少有一定的毒性,所以在选用稀释剂的时候,优先选用低挥发、气味小、毒性低的稀释剂,这样可以减少在使用胶黏剂时对人体的侵害。

(3)优先选用与环氧树脂化学结构相近的稀释剂,因为它们能参与到固化反应中,可有利于固化产物性能的改善。

(4)优先选用成本低、来源广泛的稀释剂。

用于节段预制拼装用的环氧树脂胶黏剂,液体料部分如果仅使用环氧树脂时会使得体系黏度偏高,为了降低体系黏度,通常会加入适量的活性稀释剂。

本项目依照稀释剂的选用原则选用了五种不同种类的活性稀释剂 X1、X2、X3、X4、X5 进行了试验。其中,X1 与 X2 属于单环氧基活性稀释剂,X3 和 X4 属于双环氧基活性稀释剂,X5 属于三环氧基活性稀释剂。

上述五种活性稀释剂是分子结构中均带有一个或者两个及以上环氧基的低分子化合物,它们可以直接参与到环氧树脂的固化反应中,成为环氧树脂固化产物三维交联网络结构组成的一部分。由于它们可参与环氧树脂的固化反应,所以对环氧固化产物性能的不利影响远远小于非活性稀释剂。其中某些活性稀释剂分子结构中含有柔顺性良好的长链段,在参与固化反应时,可在固化产物分子结构中引入柔性链段,所以有时还能增加环氧固化体系的柔韧性。

5.2.3.1 稀释剂的稀释效果研究

在环氧树脂中加入不同比例的稀释剂,混合均匀后测试体系的黏度。几种不同的稀释剂加入环氧树脂后的黏度数据如表 5-5-9 所示。

不同稀释剂及掺量对环氧体系黏度的影响 表 5-5-9

稀释剂掺量(%)	黏度(mPa·s)				
	X1	X2	X3	X4	X5
0	11150	11150	11150	11150	11150
10	2350	720	2865	6925	4475
20	900	450	1150	5360	3420
30	420	220	575	3750	2525

从表 5-5-9 可以看出,将稀释剂掺入到环氧树脂中能显著降低环氧树脂的黏度。随着稀释剂掺量的增加,环氧体系的黏度逐渐下降,但下降的幅度均呈变缓的趋势。当稀释剂掺量小于 10% 时,环氧体系的黏度下降相当明显,当掺量大于 10% 时,环氧体系黏度的下降程度趋于平缓。

稀释效果的明显程度:X2 > X1 > X3 > X5 > X4,可以得出单环氧稀释剂稀释效果最好,当 X2 掺量为 30% 时,黏度仅为 220mPa·s。一般来说,官能度高的稀释剂稀释效果较差,从表 5-5-9 中也可看出,稀释效果最差的为 X4,它本身含有双环氧基,且分子结构中含有芳香环,故在五种稀释剂中,表现出来的稀释效果最差。

5.2.3.2 稀释剂对环氧胶黏剂性能的影响

采用 E-51 基体树脂,研究了五种不同种类的稀释剂对环氧固化产物拉伸性能的影响,结果见表 5-5-10。

不同稀释剂及掺量对环氧胶黏剂拉伸强度的影响　　　　表 5-5-10

稀释剂掺量（%）	拉伸强度（MPa）				
	X1	X2	X3	X4	X5
0	30.6	30.6	30.6	30.6	30.6
10	11.05	15.82	22.0	31.4	26.0
20	5.56	8.30	18.47	35.4	25.4
30	1.86	2.13	10.55	37.5	24.7

单环氧稀释剂 X1、X2 的加入显著降低了整个固化体系的抗拉强度。在 X1 和 X2 掺量在 10% 以内，随着 X1、X2 掺量的不断增加，固化产物抗拉强度的下降相当显著，当掺量超过 10% 时，下降趋势变缓。当 X1、X2 的掺量为 30% 时，固化产物的抗拉强度分别下降至 1.86MPa 和 2.13MPa，下降幅度高达 94% 和 93%。

双环氧稀释剂 X3、X4 的掺入对体系抗拉强度的影响并不相同。随着 X3 掺量的增加，固化产物的抗拉强度呈下降趋势，当其掺量为 30% 时，固化产物抗拉强度为 18.47MPa，下降幅度约为 40%。随着 X4 掺量的增加，固化产物的抗拉强度反而呈现上升的趋势，当其掺量为 30% 时，固化产物的抗拉强度为 37.5MPa，较未掺入 X4 时提高了约 23%。造成这种现象的原因是其分子结构组成不同，虽然 X3 与 X4 分子结构中均含有双环氧基，但是就本体强度而言，由于 X3 属于线形结构，其固化产物的强度远低于环氧树脂本身强度，而 X4 分子结构中同时存在着芳香环，其固化产物的强度略高于环氧树脂本身强度，所以导致随着掺量的增加，掺入 X3 的环氧固化产物的抗拉强度不断降低，而掺入 X4 的环氧固化产物的抗拉强度不断升高。

随着三环氧稀释剂 X5 掺量的增加，环氧固化产物的抗拉强度呈下降趋势，但是下降程度较小。当 X5 掺量为 30% 时，固化产物的抗拉强度为 24.7MPa，下降幅度约为 19%。

虽然 X1 和 X2 的稀释效果较好，但是会显著降低固化物的力学性能；X4 的加入能很好地保持力学强度，但是稀释效果较差，且会明显降低固化物的柔韧性；X3 和 X5 的稀释效果和对力学性能的影响居中，但在较小的添加量时，X3 的稀释效果要更明显，且对力学性能的影响与 X5 差别不大，故选择 X3 作为环氧树脂的稀释剂进行后续试验。

5.2.4　触变剂的选择

触变剂加入树脂胶液中，能使树脂胶液在静止时有较高的黏度，在外力作用下变成低黏度液体，即具有剪切变稀的特性。这一特性对胶黏剂体系施工性能和储存稳定性有重要的意义，主要体现在以下三个方面：

(1) 储存期间使胶黏剂具有较高的黏度，防止填料和颜料等的沉降。
(2) 配胶时先单独搅拌后，容易从包装桶中取出，有利于施工。
(3) 施工后胶黏剂可保持施工时的形状，不下垂、不流淌，直至固化。

目前普遍使用的有气相二氧化硅、聚酰胺蜡、有机膨润土。

气相二氧化硅（白炭黑）为无定型白色粉末，是一种无毒、无味、无污染的无机非金属材料，呈絮状和网状的准颗粒结构，为球形状，其表面含有大量硅羟基，在剪切力作用下，氢键被破坏，黏度下降，当剪切力消除后，表面氢键结构重新形成，黏度上升。

气相二氧化硅的主要成分为纳米 SiO_2，单个的纳米 SiO_2 因表面作用能大，彼此接触团聚，形成二次结构，这种聚集结构可能存在硬团聚和软团聚，软团聚可以在剪切力作用下，可以再次被分散成一次结构，但硬团聚则是不可逆的，只能使纳米 SiO_2 的粒子越来越大，而无法将其再次分散开来。纳米 SiO_2 像其他纳米材料一样，表面都存在不饱和的残键以及不同键合状态的羟基，表面因缺氧而偏离了稳态的硅氧结构，故纳米 SiO_2 的分子简式可表示为 SiO_2-X（X 为 0.4~0.8）。正因如此，纳米 SiO_2 才具有很高的活性,具有很广泛的用途。

纳米 SiO_2 表面有大量羟基存在,如图 5-5-2 所示,因此相互间有氢键结合的倾向,这也是粒子间相互凝集形成三维网状结构的原因。在环氧树脂中由于纳米 SiO_2 形成的网状结构使物料的黏度上升,但一旦受到剪切作用,网状结构被破坏,体系的黏度迅速下降,剪切力一旦消失,纳米二氧化硅的三维网络结构再次使体系的黏度又很快上升。

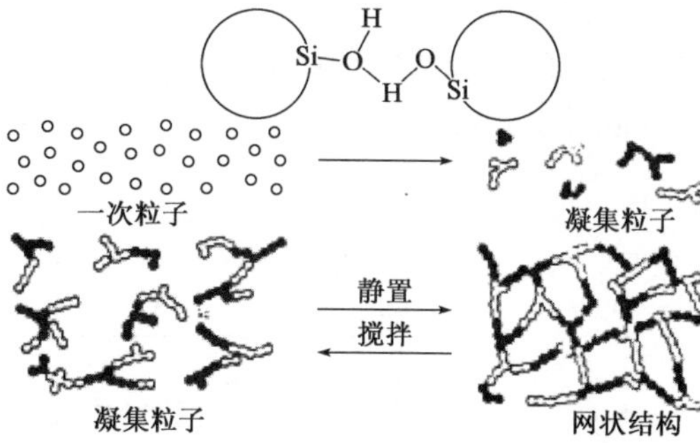

图 5-5-2 气相 SiO_2 粒子间的相互作用示意图

与气相二氧化硅依靠触变剂表面氢键产生触变性不同,聚酰胺蜡由于大分子链相互缠绕形成网状结构而具有触变性。在剪切力作用下,分子链分离,缠绕结构被破坏,黏度降低,剪切力消除后,分子链重新缠绕,黏度恢复。因此,聚酰胺蜡在使用时,需要在一定温度下进行剪切完成活化,使其分子链舒展后形成网状结构,在生产活化过程中需要对活化温度进行控制,活化温度过高或过低均不利于聚酰胺蜡的活化。

有机膨润土的触变性的产生机理也是依靠其表面氢键的作用。有机膨润土外观为粉状物质,微观上是附聚的黏土薄片堆。黏土薄片两面都附聚有大量的有机长链化合物,经分散并活化后,相邻薄片边缘上的羟基靠水分子联结,从而形成触变性的网络结构,外观则呈凝胶状态。为了保证触变效果,有机膨润土在使用前应先制成凝胶,在胶黏剂生产过程中再加入凝胶。其预凝胶原理为先在剪切力的作用下使溶剂或树脂溶液进入毛细孔隙中而将附聚的薄片堆润湿,使附聚的薄片堆解聚,这时体系的黏度显著增大。在剪切条件下加入活化剂,使薄片间的距离加大。继续剪切把薄片充分分散,即得到活化的触变结构,即膨润土凝胶。

5.2.4.1 不同触变剂的触变效果研究

选择了几款不同类型的触变剂 T1、T2 和 T3,添加到环氧胶黏剂的环氧组分中,从增稠效果、触变指数、热储存稳定性方面进行对比,见表 5-5-11。触变剂掺量均按环氧树脂用量为基准计算。

不同触变剂的增稠效果和触变指数 表 5-5-11

触变剂种类	触变剂掺量(%)	黏度(Pa·s)				触变指数
		6rpm	12rpm	30rpm	60rpm	
T1	1	3.10	2.75	1.98	1.71	1.81
	3	25.40	16.35	9.86	7.00	3.60
	5	66.00	38.40	19.84	—	—
T2	1	14.00	11.35	6.84	5.83	2.40
	1.5	22.32	18.71	10.08	7.11	3.14
	2	35.15	28.75	13.48	9.48	3.71
T3	3	16.17	12.05	7.77	5.15	3.13
	5	18.70	12.57	7.99	5.48	3.41
	7	20.01	13.40	8.24	5.98	3.34

从表 5-5-11 中可以看出,T2 的增稠效果最佳,当其添加量为 1.5% 时,体系黏度已经接近 3% 掺量的 T1 的效果和 7% 掺量的 T3 的效果,T1 的增稠效果次之,T3 的增稠效果随着掺量的提高没有非常明显的变化。三种触变剂的触变指数都达到了 3 以上,触变效果较为明显。为了方便比较,选择使体系达到相近黏度的触变剂掺量进行热储存稳定性测试,T1 的掺量选择为 3%,T2 的掺量选择为 1.5%,T3 的

掺量选择为7%。

将配制好的胶液置于40℃环境下储存,每隔一段时间进行体系黏度测试,经过30d的测试,结果如图5-5-3~图5-5-5所示。

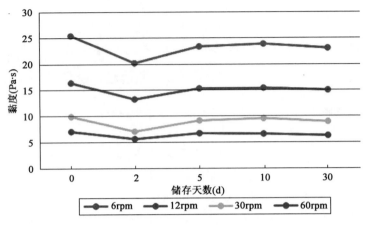

图5-5-3　储存时间对3% T1掺量的胶液黏度的影响

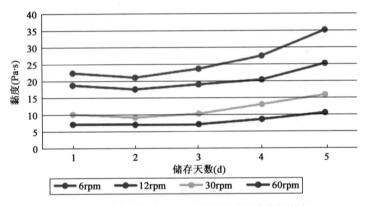

图5-5-4　储存时间对1.5% T2掺量的胶液黏度的影响

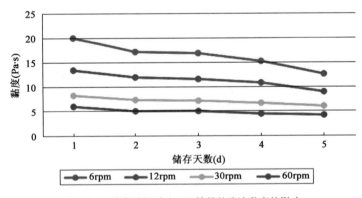

图5-5-5　储存时间对7% T3掺量的胶液黏度的影响

从图中可以看出,含3% T1的胶液在储存初期的黏度有所降低,随着时间的延长,体系黏度又恢复到接近初始水平,在整个储存过程中,胶液的触变指数保持得比较平稳。含1.5% T2的胶液黏度在储存过程中呈上升趋势,且暂未发现有停止增稠的迹象,这种状态不利于胶黏剂的应用,在放置一段时间后胶黏剂可能已经难以启用。含7% T3的胶液黏度则在储存过程中呈下降趋势,增黏效果的下降可能会导致填料的沉降增加、体系析油明显,对于立面或仰面施工也有不利的影响。因此,选择T1作为体系的触变剂。

5.2.4.2 触变剂对接缝材料性能的影响

将不同掺量的 T1 加入环氧胶黏剂中,测试其对胶黏剂的抗压强度、拉伸强度和钢-钢拉伸抗剪强度的影响。

表 5-5-12 为 T1 对环氧树脂胶黏剂抗压强度的影响,由结果可知,当 T1 的掺量小于 5% 时,胶黏剂的抗压强度随着 T1 的增加不断提高,环氧树脂胶黏剂的抗压强度最高 85.2MPa;当 T1 的掺量超过了 5%,胶黏剂的抗压强度略有下降,但仍处于较高的水平。试验表明,T1 的掺量在 1%~7% 之间变化时,胶黏剂的抗压强度都高于未加入 T1 的强度,它对胶黏剂的抗压强度没有不利的影响。

触变剂 T1 掺量对胶黏剂抗压强度的影响　　表 5-5-12

T1 掺量(%)	0	1	3	5	7	10
抗压强度(MPa)	75.1	76.3	82.4	85.2	83.1	73.2

表 5-5-13 为 T1 掺量对胶黏剂拉伸强度的影响,由数据可知,环氧胶黏剂的抗拉强度有一定试验波动,随着 T1 用量的提高,环氧胶黏剂的拉伸强度没有明显变化,在 T1 低掺量时,胶黏剂的拉伸强度略有提高,当掺量超过 5% 时,胶黏剂的拉伸强度略有下降,另外,掺入 T1 的试样断口角上都发现有小气泡,这是使环氧胶黏剂拉伸强度下降的原因之一。

触变剂 T1 掺量对胶黏剂拉伸强度的影响　　表 5-5-13

T1 掺量(%)	0	1	3	5	7	10
拉伸强度(MPa)	40.5	41.3	42.1	40.7	36.5	33.2

环氧胶黏剂的黏结性能主要以钢-钢拉伸抗剪强度来表征,试验采用了 23℃/7d 常温固化和 40℃/24h 中温固化两种固化方式,结果如表 5-5-14 所示。无论常温固化还是中温固化,加入 T1 的钢-钢拉伸抗剪强度均比基体高。

触变剂 T1 掺量对胶黏剂钢-钢拉伸抗剪强度的影响　　表 5-5-14

T1 掺量(%)		0	1	3	5	7	10
钢-钢拉伸抗剪强度(MPa)	常温固化	15.2	18.8	19.5	21.3	20.3	20.4
	中温固化	17.1	22.6	24.2	25.1	24.6	23.2

中温固化能提高环氧树脂结构胶的黏结性能,虽然体系使用的是常温固化剂,提高其固化温度,固化物的性能会有所提高,原因主要有两方面:一方面,它们和环氧树脂的混合物的流动性更好,表面张力更低,从湿润的角度来看,提高温度后胶黏剂更容易浸润试件表面,从而提高黏结效果;另一方面,提高温度环氧树脂和固化剂的反应活性更高,环氧树脂中的环氧基、羟基和固化剂发生反应的速度和程度得到提高,从而增强了体系的交联密度,改善了黏结效果。

T1 的加入减少了胶黏剂反应时产生的收缩,也就是对胶黏剂反应后产生的自收缩应力有一定的应力松弛作用,改善了固化后环氧树脂的结构。从填料的角度,T1 的加入对环氧胶黏剂是有一定的增韧效果的,韧性的提高必然会带来胶黏剂钢-钢抗剪强度的提高。

综合上述评测结果,优选 T1 作为触变剂,其掺量为 5%。

5.2.5 填料的选择

填料又称填充剂或填充料。在环氧胶黏剂中,它是一类在结构、性能上与环氧树脂完全不同的配合剂。它们的加入不仅是作为一种填充物、增量剂使用,而且能大大地降低成本,因此又可称为致廉助剂。更重要的是填料的配合使用,可改善环氧树脂胶黏剂的物理机械性能,如提高抗压、抗弯强度及弹性模量,提高黏结强度,改善耐热性能、电性能等,还可以提高耐介质性、耐老化性、耐水性,降低胶层固化过程中的热应力和体积收缩率,增加硬度、耐磨性,还可以赋予胶层各种颜色、阻燃等各种功能,同时因之加入还可改进其施工性能,如增黏、增稠、具有触变性,具有灰浆的和易、易抹性,延长使用期等。特别是随着科技的发展,功能性填料的出现,填充剂早已不仅是致廉助剂了,而是对改善胶黏剂性能、改善施工工艺性能及降低成本有着很重要的作用。

选用填料时,必须根据使用要求加以选择。一般来说,填料的选择应从以下几个方面加以考虑:

(1)从化学角度看,填料应为中性或弱碱性,不含结合水,对液体或气体的吸附性要很低。

(2)从操作应用角度看,填料粒度适宜,易于分散,应与树脂等有良好的亲和性,以保证黏结强度的改善,必要时要进行粒度搭配,在胶液中沉降性小。

(3)填料应经过干燥和清洗,不得有水、油污、杂质等,特殊的需要经过表面处理如偶联剂的处理。

(4)填料应是无毒、不易分解、非易燃易炸的均匀固体物。

填料的添加量应考虑两个因素:①保证良好的浸润性与加工性能。因此填料不宜过多,过多时会使得体系黏度变大,浸润困难,浸润效果变差;②保证体系性能满足要求,因此加入量也不宜过少,过少则达不到改善体系内应力的效果。

影响环氧树脂固化体系中填料加入量的因素很多:①填料本身特性,如填料的细度、密度、吸油值、含水率等;②固化树脂体系的用途与功能,如涂料中填料加入量相对浇筑料来讲要少一些,也更细一些。作为胶黏剂体系的填料细度和用量可根据加工工艺和力学性能要求做适当调整。

5.2.5.1 填料对接缝材料力学性能的影响

本试验考察了价格均低于环氧树脂的 F1、F2、F3 和 F4 这四种填料对胶黏剂抗压强度、拉伸强度、钢-钢拉伸抗剪强度和抗弯强度的影响。考虑到体系的黏度和可操作性,选取环氧胶黏剂液料比(液体份重量与填料份重量的比值)为 100:50 进行初步考察。测试结果见表 5-5-15 和图 5-5-6。

不同填料对胶黏剂力学性能的影响(单位:MPa)　　　　表 5-5-15

填　料	抗压强度	拉伸强度	钢-钢拉伸抗剪强度
无填料	96.5	41.0	15.6
F1	90.8	32.5	18.1
F2	97.7	33.7	20.5
F3	90.3	31.4	17.7
F4	82.2	28.7	16.8

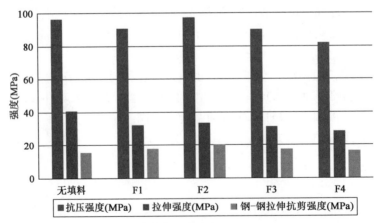

图 5-5-6　填料种类对胶黏剂力学性能的影响

从数据中可以看出,按液料比为 100:50 加入填料,会降低胶黏剂的拉伸强度,对抗压强度的影响则相对较小,四种填料均可以提高钢-钢拉伸抗剪强度。其中,以 F2 为填料的胶黏剂抗压强度有一定程度的提高,可能与 F2 的莫氏硬度较高有关,F2 经表面处理后,附着一层极薄而牢固的硅烷偶联剂膜,其表面的有机基团与环氧树脂和固化剂的反应基团在一定的条件下能够发生交联反应,因此,两者之间的界面结合力较强,制得的胶黏剂综合力学性能相对较优。F4 是纤维状单晶体,密度较小,加入相同质量的填料时,F4 的体积比其他三种填料的要大,体系黏度也很大,不利于其在环氧树脂中分散,使得材料的机械性能不理想。F1 和 F3 对材料力学性能的影响居中,F3 比其他几种填料均要便宜。

综合性能和成本问题,选择 F2 为主要填料,适当添加 F3 进行复配,进一步考察填料组成和用量对胶体力学性能的影响。

首先考察 F3 占总填料百分比对胶黏剂力学性能的影响。

从图 5-5-7 中可以看出,当 F3 百分含量为 20%(F3 与 F2 的比例为 1:4)时,胶黏剂的力学性能与全部用 F2 的相比没有明显下降,而此时的粉料搭配在成本是具有优势的,故以 F3 与 F2 的比例为 1:4 为基础,进行后续的研究。结果如图 5-5-8 所示。

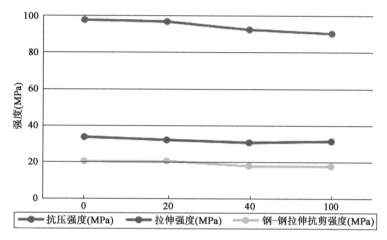

图 5-5-7　F3 用量对胶黏剂力学性能的影响

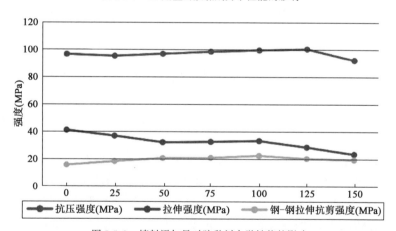

图 5-5-8　填料添加量对胶黏剂力学性能的影响

从图 5-5-8 中可以看出,随着填料用量的增加,胶黏剂的抗压强度和钢-钢拉伸抗剪强度呈现先增大后降低的趋势,拉伸强度则呈现前期平缓降低后期明显降低的趋势。抗压强度在填料添加量为 125 份时达到较高值,随后呈下降趋势,当填料量钢-钢拉伸抗剪强度在填料添加量为 100 份时达到较高值,拉伸强度在填料添加量为 125 份时相比初始值有了较明显的降低,但仍高于标准值要求。这是由于增加的填料在胶黏剂中起到了骨架的作用,使抗压强度增大,而当填料增加到一定程度,胶黏剂中环氧树脂的相对比例减少,使得拉伸强度和黏结强度受到影响。综合三项力学性能指标,较优的填料用量为 100 份。

5.2.5.2　填料对接缝材料施工性能的影响

填料的加入会影响力学性能,更直观的是会影响材料的外观、施工性能。纯液体的环氧胶黏剂,具有良好的流平性,但对于立面或仰面施工却相当不便,填料的加入,可以赋予环氧胶黏剂更大的黏度,同时与触变剂配合提供优异的触变特性,便于立面和仰面施工。

根据前文的研究结论,采用 F3 与 F2 的比例为 1:4 的填料搭配,进行不同填料含量的胶黏剂批刮性和储存稳定性测试。批刮性的测试主要观察在批刮过程中胶黏剂是否容易刮平、批刮手感和是否粘刀。储存稳定性测试对比胶黏剂材料在 40℃ 环境下储存 7d 后析油和沉底情况。试验结果如表 5-5-16 所示。

不同填料含量胶黏剂施工性能测试结果 表 5-5-16

填料用量	批 刮 性	储存稳定性
50	易批刮,手感轻,不粘刀	析油体积20%,轻微沉降
75	易批刮,手感适中,不粘刀	析油体积5%,无沉降
100	易批刮,手感适中,不粘刀	无析油,无沉降
125	易批刮,手感适中,不粘刀	无析油,无沉降
150	难批刮,手感重,粘刀	无析油,无沉降

注:填料份数为相对100份胶黏剂液体料用量。

在相同的条件下,填料用量低于 100 份时,体系黏度较小,胶黏剂固化成型过程中填料沉降明显,导致使用前需要重新搅拌均匀,影响施工效率,且一次性批刮厚度薄,手感过轻,析油形成的富树脂区域收缩率大,产生较大的内应力,富填料区域填料团聚,机械性能下降。填料用量超过 125 份时,体系黏度增大,批刮时难度加大,胶层厚度偏厚且不平整,胶黏剂粘刀明显,由于填料不易在环氧树脂中分散,使得填料与环氧树脂界面作用力弱,缺陷较多,造成机械性能下降。

综合力学性能和施工性能指标数据和成本考虑,填料添加量为 125 份时是适宜的,此时,体系黏度适宜,填料分散性与沉降现象较为平衡,胶黏剂力学性能较好。

5.2.6 材料颜色控制研究

为了满足节段预制拼装接缝材料技术要求中的固化物颜色应与混凝土颜色接近的要求,需要对胶黏剂的材料颜色进行控制。

混凝土的颜色呈灰色,且大量的混凝土试件越来越偏向于浅灰色。要使胶黏剂达到灰色的效果,一般常见的有两种方式:一种是将 A 组分(环氧树脂组分)和 B 组分(固化剂组分)的颜色分别做成白色和黑色,混合后呈现灰色;另一种是直接将 A 组分制备成灰色,B 组分为无色透明或浅色透明液体,混合后呈现灰色。两种方式各有优势,第一种方式 A、B 组分的颜色区分度大,在现场配制胶黏剂时,能通过色泽均匀程度来表征混匀程度,也能通过颜色的深浅判断 AB 组分的配比是否正常,从而可在实际应用过程中保证胶黏剂的正确配置;第二种方式则在 B 组分的称取方面较为便利,可以不用预先搅拌直接倾倒,同时,由于 B 组分组成简单,可在一定程度上降低成本。

为了确保现场施工的顺利进行和施工效果,本书采用将 A 组分(环氧树脂组分)做成白色、B 组分(固化剂组分)做成黑色的方式来控制材料颜色。白色浆选用钛白粉型色浆,黑色浆选用炭黑型色浆。在 A、B 组分中分别加入适量的白色浆和黑色浆来达到调色目的,为了简化试验过程,先确定 A 组分中色浆的添加量,再对 B 组分色浆加入量进行调整,相关数据如表 5-5-17 所示。

AB 组分色浆配比 表 5-5-17

编号	1	2	3	4	5
A 组分白色色浆用量(%)	2.5	2.5	2.5	2.5	2.5
B 组分黑色色浆用量(%)	0.05	0.15	0.25	0.35	0.45

5.2.7 潮湿面黏结性能研究

5.2.7.1 潮湿面黏结机理

胶黏剂通常的应用是在大气氛围中涂胶,进而固化。其过程可以理解为胶黏剂在被黏物表面铺展开,将被黏物的表面空气排开,两个涂胶表面相接触时,胶层表面形成均一的整体,固化后实现被黏物体表面的黏结。潮湿面黏结的特殊之处是被黏物表面存在大量水分子,水分子在被黏物表面形成一层水膜,如果胶黏剂要很好地浸润被黏物表面,就必须将表层水膜转移或排开,使被黏物体表面同胶黏剂充分接触形成胶层。此胶层还要能在潮湿环境中保持稳定性,两个胶层接触后能形成均一相并且能快速固化,防止水分子渗透到胶黏剂与被黏物界面。

实际应用中潮湿面黏结相对理论说明较为复杂,基于被黏物表面凹凸不平、水分子受到的毛细作用等,使被黏物表面的水分子很难完全被排开或转移,胶层和被黏物表面有一层水分子弱界面,如图 5-5-9 所示。

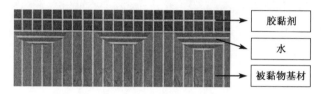

图 5-5-9 被黏物、水、胶黏剂之间的界面

胶黏剂的固化过程,是固化剂与环氧树脂发生生化学交联反应的过程。在潮湿面黏结时,这一固化过程中,固化剂一般直接和树脂反应,但也有的先和水反应,放出游离胺,游离胺再与环氧树脂进行反应,使环氧树脂胶黏剂固化产生结构需要的强度。

常用的潮湿水下环氧固化剂有以下几类:

(1)酚醛改性胺。由于分子结构物中含有羟基和羟甲基,对环氧树脂的固化有促进作用,固化速度较快,可以防止被排开的水分子轻易地重新渗透到被黏物与胶黏剂界面。

(2)酮亚胺类固化剂。属于常温潜伏型,一遇到水分即离解为多元伯胺和相应的酮,多元伯胺与环氧树脂固化反应,因此可作为潮湿性固化剂,离解出的酮则挥发掉。

(3)金属胺类固化剂。由金属氯化物、胺、醇组成,它的体系是多元混合物。所用的金属氯化物在反应过程中作为路易斯酸起催化作用,既是脱水反应的催化剂,也是环氧树脂开环的促进剂,而且本身又是很强的吸水剂。该固化剂组分中含有一定的亲水基团能使环氧树脂在潮湿环境固化,且对混凝土和钢筋混凝土结构有较强的黏结性能。

5.2.7.2 潮湿面黏结效果

胶黏剂的潮湿面黏结的核心问题是固化体系中的亲水亲油基团的平衡问题。基于前面所述潮湿面黏结机理,应考虑适中的胶黏剂固化时间,时间过短会影响黏结强度及耐水稳定性,时间太长水分子容易重新渗透到被黏物与胶黏剂界面。为了促进胶黏剂与被黏物表面自发地形成接触润湿,可在胶黏剂体系中加入偶联剂,形成更稳定的黏结接头。

以之前优先的固化体系的基础上,加入酚醛类固化剂 C4 进行复配,对比在潮湿环境下的黏结效果。基于拼梁胶的应用实际,选择在潮湿混凝土表面上的正拉黏结强度作为评判指标。试验结果如表 5-5-18 和图 5-5-10 所示。

拼梁胶对混凝土潮湿面正拉黏结强度　　　　表 5-5-18

编　号	固化体系:C4	正拉黏结强度
1 号	100:0	0.79MPa,黏结失效

续上表

编　号	固化体系:C4	正拉黏结强度
2号	90:10	2.94MPa,30%面积混凝土内聚破坏
3号	80:20	3.51MPa,100%混凝土内聚破坏
4号	70:30	3.25MPa,100%混凝土内聚破坏

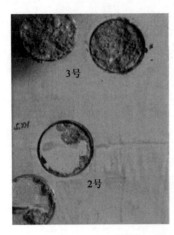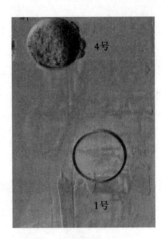

图 5-5-10　拼梁胶对混凝土潮湿面正拉黏结效果

由结果可以看出,加入C4固化剂后,对潮湿混凝土的黏结效果明显提升,当其用量占到固化体系的20%时,可以达到干燥条件下的100%混凝土内聚破坏的效果,再往上增加C4用量时,由于其本体黏度较大,会使得胶黏剂的黏度随之上升,导致施工体验下降。故优选C4用量占固化体系的20%。

5.2.8　节段预制拼装接缝材料性能结果

针对石首长江公路大桥边跨宽箱梁应用研究的拼梁胶,通过研究开发,确定出材料配方。

(1)基体环氧树脂应来源广、容易加工和性价比高,选用低黏度液体双酚A型环氧树脂。

(2)为了达到长的适用期、开放时间与快速抗压强度之间的平衡,单独用某一款固化剂无法达到目标,故固化体系采用低黏度的聚醚胺、改性脂环胺和酚醛胺复配方案。

(3)基于良好的稀释效果和对材料力学性能较小的负面影响,稀释剂选用双环氧基活性稀释剂。

(4)为了解决接缝材料易涂刮又需要不流坠、不流挂的问题,选择气相二氧化硅作为触变体系。

(5)考虑成本、力学性能和施工性能,采用两款填料复配的方案。

(6)考虑到将A、B组分进行颜色区分,通过色泽均匀程度来表征混匀程度,将白色浆加入A组分,黑色浆加入B组分。

材料性能满足技术要求,实验室测试结果如表5-5-19所示。

拼梁胶性能测试结果　　　表5-5-19

编号	试验项目	试验条件	技术要求	试验结果
1	颜色	A+B	硬化后与节段混凝土表面颜色相近	硬化后与节段混凝土表面颜色相近
2	适用期(min)	适用温度下	≥20(上限温度) ≥40(下限温度)	30(上限温度) 70(下限温度)
3	开放时间(min)	适用温度下	≥60(上限温度) ≥90(下限温度)	90(上限温度) 130(下限温度)
4	触变性	适用温度下	10mm以上无流坠	20mm无流坠
5	挤出性(mm²)	15kg	≥3000	5500
		200kg	≥7500	8000

续上表

编号	试验项目	试验条件	技术要求	试验结果
6	收缩率(%)	适用温度下	≤0.4	0.1
7	耐热性(℃)	—	≥50	68.5
8	吸水率(%)	适用温度下	≤0.5	0.2
9	溶水率(%)	适用温度下	≤0.1	0.03
10	抗压弹性模量(MPa)	瞬时抗压	≥8000	9000
11	抗压强度(MPa)	12h	≥40	58
11	抗压强度(MPa)	24h	≥70	78
11	抗压强度(MPa)	7d	≥80	94
12	拉伸强度(MPa)	23℃±2℃,7d	≥12	17
13	抗弯强度(MPa)	23℃±2℃,7d	完全为混凝土本体破坏	完全为混凝土本体破坏
14	钢对钢拉伸抗剪强度标准值(MPa)	23℃±2℃,7d	≥15	20
15	钢对C45混凝土正拉黏结强度(MPa)	23℃±2℃,7d	≥2.5且为混凝土内聚破坏	4.3且为混凝土内聚破坏
16	抗剪强度(斜剪,MPa)	适用温度下	≥15	30
17	不挥发物含量(%)	105℃±2℃	≥99	99.8
18	耐湿热老化能力(强度降低率,%)	90d	≤12	4

5.3 现场应用技术研究

5.3.1 施工现场准备

现场施工前应做好材料、工具、人员、温湿度监测的准备。

1) 材料准备

对拼梁胶的型号、性状和标识等进行检查。确定拼接面面积,计算出用胶量。拼梁胶应按单跨用胶量集中堆放在靠近施工面的区域内。

2) 工具准备

配制前准备好案秤、配胶用的干净容器、抹刀、搅拌器具等,并将A、B组分的取胶器具进行分开标识,避免混用。

3) 人员准备

分配好配胶人员和抹胶人员,安排专人管理拼梁胶并由专人配胶。根据拼接面面积和单人抹胶速度确定抹胶操作人数。

4) 温湿度监测

对环境的温湿度进行监测,根据环境温度来选择匹配的拼梁胶型号,并对可能存在的环境气候变化做出相应的预案。

5) 环境防护

当拼装涂抹作业下方开放交通时,必须在车道上方悬挂防护网或其他可靠设施防止拼梁胶滴落至车道。

6) 预应力孔道防护

妥善处理预应力孔道口,可采取粘贴橡胶垫圈或其他可靠措施,防止在预应力张拉过程中拼梁胶被挤入孔道中。这些密封构造设置不应影响接缝的贴合。

5.3.2 材料配制

环氧拼缝材料为双组分材料,按正确配比配制并且搅拌均匀对施工控制非常关键。一组拼梁胶包含一桶A剂和一桶B剂,环氧树脂组分为A剂,固化剂组分为B剂,须在现场按比例混合均匀才能固化。

A剂在拌和之前宜彻底搅拌10s,以使其达到匀质状态。然后将B剂全部加入A剂桶内,尽可能地减少B剂的残留和损耗。使用带有混合转子的手持式搅拌器进行搅拌,由于快速旋转会引入大量的气泡,而且会产生较多的摩擦热,并因此缩短适用期,故搅拌器转速不宜超过600rpm。

连续搅拌至没有黑白相间的条纹、拼梁胶的颜色为均匀的混凝土灰色为止,搅拌时间控制在3min左右。必须注意搅拌过程中应做到足时充分搅拌并保持其均匀性,以避免前后涂抹的胶体出现明显色差。搅拌过程中应用恰当的方式固定搅拌容器,防止拼梁胶被甩出。

如果条件允许,可以采用兜底搅拌的方式以获得更好的搅拌效果。即先将A、B剂搅拌1~2min,然后将拼梁胶刮出,全部倒入另一个干净的容器内,继续搅拌1min左右至颜色均匀一致即可。这种方式可有效避免桶底拼梁胶未完全混合均匀的情况。

在搅拌过程中,应上下左右前后移动搅拌器,并特别注意使搅拌片贴近容器底部和内壁,确保两种组分全方位地充分混合。搅拌地点应尽可能选择在阴凉处并靠近待粘混凝土件以避免运输浪费时间。

5.3.3 施工工艺

5.3.3.1 节段预制拼装结构的施工工艺

石首长江公路大桥北边跨的混凝土梁采用短线法预制拼装的施工方案。箱梁梁段共划分为14类,共36个梁段,节段采用整幅预制。梁段预制完成后,吊装运输至支架上存放,按梁段编号顺序(NJ01、NC01~NC36)从北塔向北岸方向进行拼装,将全部混凝土梁段和钢混结合段连接成形,再按主桥上部构造架设施工顺序张拉斜拉索、架设主跨钢箱梁梁段,直至全桥合龙。N1~N9梁段胶拼施工工艺流程图和N10~N36梁段胶拼施工工艺流程图分别如图5-5-11和图5-5-12所示。

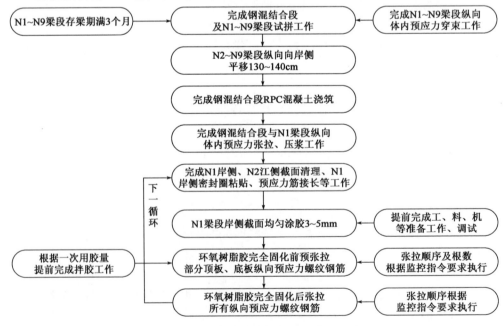

图5-5-11 N1~N9梁段胶拼施工工艺流程图

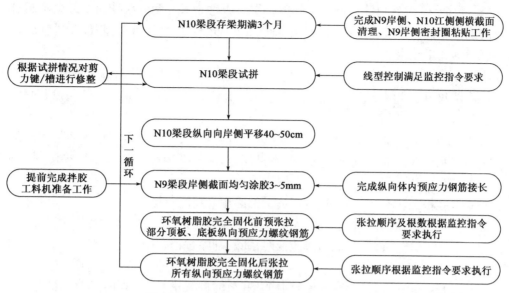

图 5-5-12　N10～N36 梁段胶拼施工工艺流程图

5.3.3.2　节段预制拼装接缝处的施工工艺

国内部分预制节段拼装桥梁运营后出现了节段间胶接缝的渗水问题,经分析,渗水病害的成因多是在施工期间造成的。可能的原因有:采用的环氧树脂胶流挂性差,拼接施工时接缝处大量胶体流失;节段接缝面胶接材料填充不密实;施工过程中因线形调整导致胶接缝局部产生缝隙;接缝位置施工吊孔未堵塞。

为确保施工质量,接缝处施工必须注意如下几点:

1)精心处理匹配面,确保匹配面的整洁

预制节段梁施工接缝较多,各梁段之间的施工缝应按要求严格进行处理。所有的匹配面必须洁净,除去油污等杂质,混凝土表面应尽量无明显缺陷,疏松表面层及附着的水泥应清除干净,涂胶前的匹配面应进行干燥处理。

2)严格控制环氧胶的现场配制质量

拼梁胶按正确配比配制并搅拌均匀是施工成功的关键。虽然环氧胶的现场配制较为简单,对于双组分环氧胶而言,按配比准确称量 A、B 组分,混合后用搅拌器以 400～600rpm 的转速搅拌 3min 左右,至胶黏剂的颜色及状态均匀即可,必须注意搅拌过程中应做到足时充分搅拌并保持其均匀性,以避免前后涂抹的胶体出现明显色差。现场管理人员应加强对工人的搅拌质量的监控。

3)严格控制匹配面环氧胶的涂刮质量

目前常用的环氧胶抹面施工:一是用涂抹工具进行涂刮,此种涂抹方式在剪力键等特殊位置的涂刮可能会有所不便;二是直接用手涂抹,此方式较为灵活,可适用各种复杂面的施工,在施工时应注意做好劳动防护。石首宽箱梁涂胶面大,所需涂胶工人多,在同一梁体上下部位均有人进行涂抹作业,涂抹过程中不可避免地会有部分胶体掉落。应为工人配备护目镜,防止胶体接触眼睛,并督促工人在涂抹作业时穿长袖衣物、佩戴橡胶手套,避免皮肤直接与胶体接触。现场配备医用酒精,衣服鞋帽沾有胶体时,可用医用酒精进行清洗。

涂刮胶时,应先上后下、方向一致并保证均匀。为加快进度,可分为几个工作面同时进行涂胶。涂胶厚度建议为 3mm 以上,可根据试拼时的间隙大小进行调整。对剪力键齿和键槽位置可进行双面涂胶并适当加大胶层厚度。涂抹均匀密实,覆盖整个匹配面,确保临时预应力张拉后节段匹配面四周都有胶黏剂挤出。

当抹胶厚度较厚时,一次涂抹的厚度可能无法达到理想的效果。可采取分 2 道涂抹的方式:先快速在匹配面涂抹一层胶体,然后再涂抹厚度稍厚的一层。因每个人分配的涂抹面积最大不超过 $1.8m^2$,涂抹 2 道的时间能控制在拼梁胶的适用期内。混凝土凹进部分要填平,涂刷过程以及拼装后 2h 之内要采取可靠措施,防止雨、水侵入。

涂胶完毕后,应对涂胶质量进行检查。检查有无漏涂区域,并用钢尺检查涂胶厚度,涂胶厚度不得低于试拼时的间隙尺寸。如有涂胶质量不达标的区域,应立即进行补涂,并再次检查该区域的涂胶质量。

涂刮过程中发现拼梁胶呈现出黑白相间条纹、明显偏白或明显偏黑等未搅拌均匀的现象时,禁止使用该拼梁胶进行涂刮作业。如果整桶出现这类不良现象,应重新搅拌均匀合格后再使用。如果桶底出现这类不良现象,应舍弃剩余胶料。

如不慎在衣服鞋帽上沾有拼梁胶时,可用适量的医用酒精进行擦除。

在匹配面环氧树脂全截面涂刮完毕后,及时安装预应力管道密封圈,移动待拼梁段,对位进行拼接。临时预应力束张拉后,挤出的多余环氧树脂应及时刮除,刮除过程中尽量减少对混凝土的污染。

4)高温时调整作业时间

高温天气下进行拼梁作业对拼梁胶的适用期和开放时间要求较高,应根据天气状况调整拼梁作业时间。

在桥面太阳直晒的情况下,拼梁胶所使用的铁桶吸热明显,导致胶体温度远高于环境温度,对拼梁胶的适用期和开放时间造成不利影响,进而使拼梁进程紧张。

在夏季高温季节,可以选择在第一天傍晚做好拼梁准备,第二天清晨即开始进行拼梁作业,可避免高温天气对涂胶带来的不利影响,同时也可减少高温时间段的工人的作业时间。

5.3.3.3 拼梁胶与预应力张拉工艺匹配性

按照设计要求,拼梁胶应具有一定抗压强度后才能进行永久预应力的张拉,拼梁胶的强度发展速度会影响节段拼装的效率,因此拼梁胶与预应力张拉工艺的匹配性研究很有必要。环境温度对环氧胶的固化速度有非常明显的影响,冬季低温最有可能影响拼梁胶强度发展速度,从而影响节段拼装进程。故选取冬季环境温度进行拼梁胶抗压强度发展速度的研究。

石首地区 2017 年冬季的温度区间为 $0 \sim 13℃$,在这个温度区间内建议采用快速反应的Ⅲ型配方。在该温度区间内选择了不同温度点,测试尺寸为 $100mm \times 100mm \times 100mm$ 的抗压试件的 24h 抗压强度,其抗压强度随环境温度的变化可参考表 5-5-20。

不同环境温度下拼梁胶的 24h 抗压强度　　　　　　　　　　表 5-5-20

环境温度(℃)	24h 抗压强度(MPa)
0	38
5	71
10	75
15	78

注:1. 表中环境温度指在实验室中连续保持的环境温度。
　　2. 当环境温度维持在 0℃时,抗压强度达到 70MPa 约需要 48h。

当环境温度维持在较低温度时,延长拼梁胶的固化时间至 48h,可达到张拉预应力的目标强度。

5.3.3.4 低温环境下施工性能改善

石首地区冬季环境温度较低,在低温环境下环氧树脂黏度明显增大,给胶黏剂拌和与涂抹施工带来不便。为了改善这种情况,可对胶黏剂进行保温处理。保温处理宜采用水浴加热的方式,水浴温度建议不超过 25℃。需要注意的是,环境温度超过胶黏剂的使用上限温度时,会导致适用期和开放时间明显缩短。根据现场的应用情况,必要时可对胶黏剂的适用期和开放时间进行调整。

5.3.4 质量保证措施

为了确保拼梁胶在现场的顺利施工,应当对其进行进场的现场检查和测试。受现场检验条件和检验时间的限制,现场检验的方法与实验室检验的方法不尽相同。现场检验指标的选择应简便、可行,同时能确保拼梁胶的质量。

1)拼梁胶的进场现场检验指标

国内外涉及拼梁胶现场检验的标准较少,国际预应力混凝土协会的标准 Proposal for a standard for acceptance tests and verification of epoxy bonding agents for segmental construction(FIP/9/2/1978)相对全面地规定了拼梁胶的现场检验指标。综合 FIP/9/2 中性能指标,并结合国内工程实际应用中的现场性能检验方法,对拼梁胶的现场检验指标建议见表 5-5-21。

拼梁胶的现场检验指标　　　　　　　　　　　表 5-5-21

编号	检测项目	技术要求	技术要求依据
1	性状	A 剂色泽均匀无杂质,无结晶或结晶后能融化且性能合格 B 剂无不能分散的硬块	FIP/9/2
2	颜色	与节段混凝土表面颜色相近	FIP/9/2
3	适用期(min)	≥20	FIP/9/2
4	开放时间(min)	≥60	FIP/9/2
5	触变性	10mm 无流坠	参考《节段预制拼缝材料性能指标和技术要求》
6	固化速度	≥70MPa (24h) ≥80MPa (7d)	参考《节段预制拼缝材料性能指标和技术要求》

2)拼梁胶的进场现场检验试验方法

环境温度会影响拼梁胶的适用期、开放时间、触变性和固化速度,在根据现场环境温度选择匹配的拼梁胶型号时,也要根据拼梁胶所对应的温度区间进行相关检验。如果在拼梁胶对应的适用温度范围之外进行检验,可能会导致检验结果与实际不符。

(1)性状。

A 组分(环氧树脂组分)、B 组分(固化剂组分)必须存放在其对应的环境温度之中(如快速反应的Ⅲ型材料应存放在 5~20℃ 环境中),且不宜超过一年。

①A 组分性状检查。

当存放期超过 3 个月或储存期间出现过大幅度(15℃以上的温差)的高低温交替变化时,有必要对 A 组分进行检查,观察是否出现结晶现象。如果发现存在结晶现象,必须将容器放入 70℃ 的水浴中加热 3~4h,并每隔 15~20min 对其进行搅拌,直到所有的结晶体完全融化,水浴过程中应防止水进入胶桶内。

树脂冷却后,测试拼梁胶的适用期、触变性和固化速度。如果在水浴加热后结晶未能融化,或者适用期不够,再或者触变性和固化速度不符合要求,则此环氧树脂组分不可使用。

②B 组分性状检查。

检查 B 组分性状时,应查看是否有不能被搅散或分散的硬块,如有这种现象则此固化剂组分不可使用。

(2)颜色。

搅拌均匀后的拼梁胶的颜色应与被粘混凝土节段的颜色进行比较,以检查两者颜色是否接近。

(3)适用期。

适用期现场检验方法通常有如下两种,可根据现场条件进行选择。在现场检验测得的适用期应不小于 20min。

①方法 1:通过拼梁胶发热升温至某个温度所需要的时间来测定适用期。

对于中速反应的Ⅱ型配方或快速反应的Ⅲ型配方,以温度达到40℃终止计时,对于慢速反应的Ⅰ型配方,以温度达到60℃终止计时。该记录的时间即在该环境温度下测得的适用期。

　　a. 试验前先将拼梁胶的A、B组分放置在施工现场16h以上进行状态调节。
　　b. 按照拼梁胶配制的方法,现场配制1.6kg拼梁胶。
　　c. 配制结束后,尽快将热电偶连接在记录仪上然后插入拌合物中心并开始计时。在试验终止时刻,记录计时设备读数。
　　②方法2:通过测试拼梁胶的涂抹性能来粗略测定适用期。
　　a. 按照拼梁胶配制的方法,现场配制1.6kg拼梁胶。
　　b. 配制结束后开始计时,每隔一段时间(5~10min)取出少量拼梁胶测试是否可以正常涂抹,至拼梁胶增稠至无法正常涂抹时终止计时,该记录的时间即在该环境温度下测得的适用期。
　　(4)开放时间。
　　开放时间现场检验方法通常有如下两种,可根据现场条件进行选择。现场测试的开放时间应不小于60min。
　　①方法1:可以通过观察铺展在石棉-水泥板上搭接接头的性能行为来粗略测定开放时间。
　　a. 将新拌拼梁胶涂抹在小块石棉-水泥板上,涂胶厚度约2mm,从拌和到涂抹拼梁胶的时间应控制在10min以内。
　　b. 在不同的时间间隔内,如60min、70min、90min或更长时间,将石棉水泥板用手压至涂抹好拼梁胶的石棉-水泥板上,以形成搭接接头(图5-5-13)。

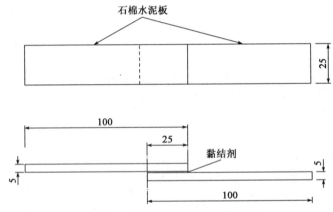

图5-5-13　开放时间现场测试示意图(尺寸单位:mm)

　　c. 在最后一片石棉-水泥板上的拼梁胶达到指干状态之后,所有的搭接接头均需要用手去测试是否能够分离。当搭接接头轻轻一碰即分离时,认为已经过了开放时间。当搭接接头触碰后未分离时,认为在当前环境温度下,拼梁胶未过开放时间。
　　d. 所测得的搭接接头拉扯后不分离的最长间隔时间,即拼梁胶在当前环境温度下的开放时间。
　　②方法2:可以通过用直接黏结混凝土基块,养护后进行拉拔试验来测试开放时间。
　　a. 将新拌拼梁胶在表面处理过的混凝土上涂抹3mm厚度,从拌和到涂抹拼梁胶的时间应控制在10min以内。
　　b. 在不同的时间间隔内,如60min、70min、90min或更长时间,将长宽高尺寸分别为40mm、40mm、10~20mm的混凝土基块粘结到涂抹胶的混凝土上,黏结面积为40mm×40mm。
　　c. 待拼梁胶完全固化后,对混凝土基块进行拉拔试验。如果在开放时间内进行黏结的,试件的破坏应发生在混凝土内部。如果破坏发生在胶接面或拼梁胶部分,则表明混凝土试件的黏结间隔已超出拼梁胶的开放时间。
　　d. 所测得的拉拔试件破坏发生在混凝土内部的最长间隔时间,即拼梁胶在当前环境温度下的开放时间。

(5) 触变性。

拼梁胶触变性的检验可通过在混凝土立面上的流坠情况来判断。现场测试的不发生流坠的胶层厚度应不小于 10mm。

选取一处混凝土的立面,清理其表面的浮尘及浮浆,并进行干燥处理并打磨平整。

将搅拌均匀后拼梁胶涂抹至表面处理后的混凝土立面上,分层涂抹同时用尺子测量胶层厚度,并观察 10min 内拼梁胶是否流坠。如无流坠则继续增加胶层厚度,直至拼梁胶出现明显流坠(流坠超过 10mm)现象时,记录此时胶层的厚度。

所测得的拼梁胶无明显流坠的最大厚度,即拼梁胶在当前环境温度下的触变性。

(6) 固化速度。

拼梁胶的固化速度可采用测试其抗压强度的方法来进行。通过抗压强度是否满足技术指标要求来判断拼梁胶的固化速度。

① 按照拼梁胶配制的方法,配制 6kg 左右的拼梁胶。

② 准备一组(不少于 3 个)尺寸规格为 40mm×40mm×160mm 的抗压试件模具,将拼梁胶倒入模具中,并进行插捣和震实,确保拼梁胶填充密实。

将拼梁胶放置在现场养护至 24h 或 7d 时,进行抗压强度测试。取 3 个抗压强度数据的算术平均值作为最终结果。

5.3.5 拼梁胶固化废弃物处理

拼梁胶为膏状环氧胶黏剂,A 组分主要包括环氧树脂、填料和助剂,B 组分主要包括固化剂、填料和助剂。

如需将拼梁胶进行处理时,建议将 A、B 组分混合均匀并待其基本固化后再作处理,固化后为三维网状结构的固体,具有以下特点:

(1) 化学性质稳定,不与其他化学物质发生反应。
(2) 不溶于水。
(3) 不含挥发性成分。
(4) 安全无毒。

基于拼梁胶的以上特点,其固化废弃物可以按普通建筑垃圾的处理方式进行处理。

5.3.6 应用情况

首次拼梁按照梁体试拼、涂抹拼梁胶、正式拼梁并张拉临时预应力和清理多余胶体的流程进行。

1) 梁体试拼

为缩短涂胶后梁段拼接时的调节时间,在梁段涂胶前须进行试拼。试拼时,调整待拼节段 NC02 梁段高程,将梁段拼接面向 NC01 梁段靠拢,间距约 8mm 时停止纵移,调整 NC02 梁段的高程、轴线至满足监控指令要求,检查梁段块件高程、中线和匹配面的情况及预应力孔道接头对位情况。如图 5-5-14 所示。

试拼完成后,将 NC02 梁段移开 40cm 以方便涂抹拼梁胶,NC02 梁段除纵向进行平移外,梁段的高程和倾斜度不做调整,纵向移动通过牵引千斤顶来实现。

2) 涂抹拼梁胶

将匹配面划分为若干个区域,每个区域按照涂抹难易程度安排 1~2 名工人进行涂抹作业,每个区域安排 1 名工人专门配胶,总计人数 30 人,划分的最大涂胶区域为 1.8m²,可确保在拼梁胶的适用期内完成涂胶工作。

配胶时将拼梁胶的 B 组分全部倒入 A 组分桶内,使用慢速大功率手提电钻进行搅拌,搅拌时间控制在 3min 左右,直到拼梁胶的颜色均匀一致。

图 5-5-14 梁体试拼

选择 NC01 梁段截面进行单侧涂胶作业,总原则是快速均匀并保证涂胶厚度,在预应力孔道口处适当减少拼梁胶的涂抹量。涂抹拼梁胶时佩戴人工橡胶手套或使用刮刀进行涂抹,由于试拼留下的间隙较大,为确保拼梁胶能完全充满梁段间隙,涂胶厚度控制不少于 7mm。拼梁胶涂胶结束后,检查涂胶质量,厚度不足处进行再一次涂胶,保证涂胶厚度。

为了监测拼梁胶的固化程度,现场制作了两组尺寸为 40mm×40mm×160mm 抗压试件,进行现场同条件养护。以该组试件的抗压强度作为能否张拉正式预应力的依据。

3)正式拼梁及张拉临时预应力

在全截面环氧树脂涂抹完毕后,将 NC02 梁体移动靠近 NC01 梁体。使用 12 台千斤顶同步张拉临时预应力,临时预应力的最低值为 0.3MPa,理想的挤压后状态为梁体四周有均匀的胶体被挤出。

在东边跨底部位置出现有均匀的胶体被挤出悬挂于梁底,在西边腔室里也有均匀的胶体被挤出,西边跨位置被挤出的胶则相对不够均匀,如图 5-5-15 所示。

图 5-5-15 梁底和腔室中挤出的拼梁胶

4)清理多余胶体

在拼梁胶固化前,对挤出的胶体进行清理。

从拌胶开始至张拉临时预应力,总计花费时间为 84min,时间控制到位,在拼梁胶的开放时间内完成了所有工序。其中,拌胶抹胶用时 30min,拼梁移梁用时 15min,安装千斤顶用时 27min,张拉临时预应力用时 12min。整个胶拼过程时间安排紧凑合理,顺利完成了首次拼梁作业。

5.4 结论与创新点

5.4.1 结论

(1)综合国内外节段预制拼装接缝材料相关标准,并结合接缝材料的性能目标分析及石首长江公路大桥的工程实际,提出了石首长江公路大桥节段预制拼装用环氧树脂胶黏剂的技术参数。

(2)研制的节段预制拼装接缝材料具有优异的力学性能、耐老化性能和施工性能,全面满足及石首长江公路大桥宽幅箱梁的拼接施工需求:

①解决了接缝材料易涂刮性与防流坠性的矛盾。材料优异的触变性能确保宽幅箱梁涂胶厚度要求从一般箱梁的不超过3mm增加至10mm以上时,仍能保证易涂抹与不流坠。

②耐老化性能可达到《混凝土结构加固设计规范》(GB 50367—2013)中A级胶的要求。

③对表面潮湿混凝土具备良好的黏结能力,进行正拉黏结试验时破坏形式为混凝土内聚破坏。

④延长了较一般标准预制拼装箱梁用的拼缝材料超过50%的适用期和开放时间,确保宽幅箱梁的大面积涂胶顺利进行。

⑤开发了适用于4个不同使用环境温度的材料,特别是针对石首长江公路大桥的冬季低温(0℃)环境,成功研制了快速固化材料,可在适当延长固化时间的条件下达到强度要求。

(3)提出了节段预制拼装接缝材料现场应用的质量保证措施,采用的进场检验指标可确保接缝材料的顺利应用。

5.4.2 创新点

(1)采用复配及助剂改性和迁移扩散技术,研制出具有优良的综合性能和施工性能的节段预制拼装接缝材料。固化速度与施工工艺匹配性高。初期固化速度慢,满足涂刷、张拉工序等工作时间的需求,后期固化速度快,胶黏剂24h抗压强度可达较高水平,满足施工进度的要求。

(2)采用纳米材料的原位分相增韧技术及与固化反应物基团的氢键综合技术,研制的节段预制拼装接缝材料具有优异的触变性,保证施工效果和接缝充盈。满足涂刮工作的要求,并且在固化过程中保持触变效果,不流挂、不流淌,在张拉预应力时可有效防止接缝处的胶体流失,保证填充效果以达到优异的防渗水性能。

(3)采用固化剂评测及多元复配技术,调节固化体系亲水亲油基团的平衡和固化速度,使材料适用于潮湿面黏结和不同环境温度下的应用,并达到长的适用期、开放时间与高早期抗压强度之间的平衡。

(4)采用色浆均匀分散技术,分别在A剂和B剂中均匀掺入白色浆与黑色浆,在不影响材料性能的情况下,巧妙地用颜色均匀程度来表征混匀程度,从而保障现场施工时A剂与B剂的混合搅拌质量。

6 节段预制桥梁桥面防水材料关键技术

6.1 研究内容

1)确定渗透修复型环氧基层处理剂的各性能指标

参考国内外桥面基层处理剂和 Healer Sealer 的相关规范或文献,并对比国外类似产品性能,在开发渗透修复型环氧基层处理剂前对材料的各项性能指标作出明确的规定。

2)渗透修复型环氧基层处理剂的开发与性能研究

(1)基层处理剂的原材料选择。

原材料选择的好坏对产品性能有较大影响,所以在确定基层处理剂的定位后,首先的任务就是从众多的材料中选择合适的产品作为产品研发原材料。

(2)基层处理剂配方初选。

在选定好原材料之后,为了确定最终配方,必须先确定各原材料的大致范围,通过单因素分析法测定关键指标来确定各原材料的用量范围。关键指标包括:

①与水泥混凝土板(干燥和潮湿)的黏结能力。

通过拉拔试验测基层处理剂与混凝土板之间的黏结性能,以此评价材料与混凝土板之间的黏结是否牢固。

②基层处理剂的力学性能。

通过拉伸试验测试基层处理剂本体的力学强度,以此评价基层处理剂在运行过程中抵抗外力作用的能力。

③基层处理剂的变形性能。

桥面在运行时由于行车荷载和风力等环境条件的作用下会产生一定的变形,故要求基层处理剂应具有一定的柔韧性来抵抗桥面产生的变形。通过拉伸试验测试基层处理剂的断裂伸长率,以此来评价防水黏结材料的变形性能。

④基层处理剂的渗透性。

由于基层处理剂很大的作用在于渗透到桥面混凝土微细裂缝中,对桥面混凝土进行修复补强,达到隔水隔汽的目的,所以其渗透性能要好。本项目通过黏度试验来评价基层处理剂的渗透性能。

(3)确定最优配方。

确定几组待选配方后,通过综合性能指标确定一组最优配方后进行后续实验。

3)组合试件应用性能试验验证研究

根据前述确定的最优配方成型组合试件,对其进行综合性能研究,包括层间剪切性能、黏结性能、裂缝修复能力、不透水性能、疲劳性能,并与其他防水材料进行综合比较。

4)接缝处防水材料施工工艺、养护方法及质量控制的研究

6.2 渗透修复型环氧基层处理剂配方选择及优化

环氧基层处理剂由最主要的四个基本组分组成,即环氧树脂、稀释剂、增韧剂以及固化剂,分别研究不同组分不同种类不同掺量对固化物拉伸强度、与混凝土黏结性能以及柔韧性能的影响,并根据试验结果,选出一组或多组适合作为桥面基层处理剂的配方。在经过后续综合性能试验进行配方优选,确定最适宜用作桥面基层处理剂的一组配方。

研究中将综合考虑以下两个问题:
(1)黏度与力学强度的平衡问题。
(2)柔性与力学强度的平衡问题。

6.2.1 环氧树脂的选择

主要研究了环氧树脂种类对固化产物拉伸性能的影响,并对其进行分析对比,选出了适宜于桥面基层处理剂的树脂基体。

环氧树脂可分为五大类:缩水甘油醚型环氧树脂、缩水甘油酯型环氧树脂、缩水甘油胺型环氧树脂、脂肪族环氧树脂以及脂环族环氧树脂。本节研究中选用了E1、E2、E3三种环氧树脂,其中E1(环氧值0.51)、E2(环氧值0.44)属于双酚A型环氧树脂,E3(环氧值0.58)属于双酚F型环氧树脂。

双酚A型环氧树脂E1、E2的原材料容易获取,材料成本较为低廉,因而在建筑胶黏剂产品中用量最大,应用范围最广。双酚F型环氧树脂E3也是一种较为常用的环氧树脂,它是为了降低双酚A型环氧树脂的黏度而研制出来的一种新型环氧树脂,通常使用二酚基甲烷与环氧氯丙烷在氢氧化钠的作用下反应生成的液态环氧树脂,它具有较低的黏度,且耐腐蚀性能优异。

通过对黏度、固化产物拉伸性能和黏结性能的测试可以得到以下结论:

(1)三种环氧树脂中,双酚F型环氧树脂E3的黏度最低,双酚A型环氧树脂E2的黏度最高。
(2)三种环氧树脂的拉伸强度与柔韧性相差不大,没有明显差异。
(3)三种环氧树脂的黏结强度没有明显差异,破坏形式均为混凝土内聚破坏,均能符合基层处理剂对黏结性能的要求。
(4)综合考虑黏度、拉伸性能以及黏结强度因素,基层处理剂选用双酚F型环氧树脂E3作为基体树脂更为适宜。

6.2.2 增韧剂的选择

桥面基层处理剂一定要有良好的变形协调能力,因为桥面板在行车荷载和风力等其他条件的作用下会产生一定程度的变形,因此要求桥面基层处理剂应具有一定的抗拉强度来抵抗桥面变形的能力。其次,桥面基层处理剂应具有一定的变形延伸性能,即对裂缝的跨越能力,当桥面板由于各种原因出现裂缝时,在裂缝处会产生局部的应力集中,且应力较大,这种情况下桥面基层处理剂需要有一定的变形能力来抵抗裂缝处产生的拉应力,保证桥面基层处理剂不会因此被拉断而产生破坏。

但是未经增韧改性的普通环氧胶黏剂的脆性较大,无法赋予基层处理剂足够的柔韧性来抵抗各种因素带来的变形,因此很可能发生断裂。而且当基层处理剂与桥面水泥混凝土基材变形的不一致时,会导致基层处理剂与基材界面黏结处产生较大的层间内应力,致使桥面水泥混凝土被拉裂或者基层处理剂从基材上发生剥离脱落,从而导致防水结构破坏,严重影响其耐久性能,所以有必要对普通环氧胶黏剂进行增韧改性。使用合适增韧剂能有效地降低胶黏剂的弹性模量和大大提高其断裂伸长率,赋予固化体系良好的柔韧性能。

常用的增韧剂一般为无机填料类、橡胶类、热塑性树脂类、互穿网络聚合物以及柔性链段固化剂等。由于环氧体系中无机填料的加入虽然可使环氧固化产物的韧性增加,但是对其弹性模量的降低和断裂伸长率的增加基本没有改善,故不予采用。

本书研究中选用了T1、T2、T3三种增韧剂。其中,T1为自制反应型长链脂肪族增韧剂;T2为含端巯基液态聚硫橡胶;T3为改性聚氨酯。

通过对黏度、固化产物拉伸性能和黏结性能的测试可以得到以下结论:

(1)T3虽然具有较好的力学强度,但是其柔韧性明显不足,断裂伸长率较低。故在原材料选择时不宜采用。

(2)T1和T2能在固化体系中引入长分子链段,赋予固化产物更好的柔韧性能,虽然会降低固化物的抗拉强度,但是仍在可接受范围内。综合对比T1和T2可知,T1的抗拉强度和断裂伸长率均明显优于T2,故T1更适宜用于基层处理剂的增韧。

(3)选用掺量为40%的T1增韧剂对环氧树脂基体进行增韧,此时固化产物抗拉强度为13.6MPa,断裂伸长率为61%,弹性模量为0.45GPa。

6.2.3 稀释剂的选择

基层处理剂应该具有较低的黏度,而降低黏度最有效的方法就是加入稀释剂。

一般来说,稀释剂的选用原则如下:

(1)优先选用活性稀释剂,它可以参与固化反应,成为环氧固化产物网络交联结构的一部分,在改善环氧胶黏剂操作性能的同时,不致带来太多的不利影响。

(2)因为稀释剂或多或少有一定的毒性,所以在选用稀释剂的时候,优先选用低挥发、气味小、毒性低的稀释剂。

(3)优先选用与环氧树脂化学结构相近的稀释剂,因为它们能参与到固化反应中,可有利于固化产物性能的改善。

本节研究中依照稀释剂的选用原则选用了五种不同种类的活性稀释剂D1、D2、D3、D4、D5进行了试验,其中,D1与D2属于单环氧基活性稀释剂,D3和D4属于双环氧基活性稀释剂,D5属于三环氧基活性稀释剂。

上述五种活性稀释剂可以直接参与到环氧树脂的固化反应,成为环氧树脂固化产物三维交联网络结构组成的一部分。其中某些活性稀释剂分子结构中含有柔顺性良好的长链段,在参与固化反应时,可在固化产物分子结构中引入柔性链段,所以有时还能增加环氧固化体系的柔韧性。

通过对黏度、固化产物拉伸性能和黏结性能的测试可以得到以下结论:

(1)D2稀释剂稀释效果最为优异,D4稀释剂的稀释效果最差。

(2)单环氧稀释剂较多环氧稀释剂对固化产物力学强度影响较大。稀释剂分子链段的长短与官能团的差异也会显著影响环氧固化产物的性能。

(3)虽然D3、D4、D5的力学性能较好,但是其稀释效果太差,不宜作为基层处理剂的稀释剂。综合对比D1、D2的各项性能可知,D2的各项性能均优于D1,故选择D2对固化体系进行稀释更为适宜。

(4)D2稀释剂掺量不宜过大,可选用掺量为10%的D2稀释剂对环氧体系进行稀释,此时,抗拉强度为8.82MPa,断裂伸长率为66%,弹性模量为0.02GPa。

6.2.4 固化剂的选择

通过对黏度、固化产物拉伸性能和黏结性能的测试可以得到以下结论:

(1)不同固化剂体系的力学性能有明显的差异。在经过23℃/7d固化后,固化产物按抗拉强度大小排序依次为C3 > C2 > C4 > C1;按断裂伸长率大小排序依次为C1 > C4 > C2 > C3。

(2) C4 固化剂固化时间过长,不适合用于基层处理剂,故而不考虑使用。其余三种固化剂各有优势,可作为待选固化剂,进入配方优选测试。

6.2.5 渗透修复型环氧基层处理剂配方优选

在以上的研究中,主要是以力学强度、柔韧性以及黏结性能作为主要考核指标,初步选出了三种配方 C1、C2 与 C3。由于基层处理剂不能单独作为防水层存在,一般是在基层处理剂上面涂刷防水材料,然后浇筑沥青混凝土后形成组合结构,共同起到防水作用。所以本书使用 SBS 改性沥青防水涂料作为防水层,普通沥青混凝土 AC20 作为面层浇筑料,对组合结构进行了部分力学性能试验,包括层间剪切强度和黏结强度。此外,基层处理剂从施工到使用,基层处理剂要经历基层处理剂铺设、沥青层铺筑、通车运营三个阶段,每个阶段都有其不同的特点,外界温度也随着不同的阶段而发生变化,所以有必要考察基层处理剂在不同温度下的稳定性,包括高温稳定性与低温柔韧性。

通过相关试验得到以下结论:

(1) 三种配方的力学强度、柔韧性能及与混凝土黏结性能均能满足技术要求。

(2) 渗透性一般可用黏度作为表征,黏度越低,渗透性越好,对混凝土表面的裂缝或者缺陷的效果也更好。三种配方的黏度均小于 150mPa·s,均符合技术要求。其中配方 C2 的黏度最小,为 115mPa·s。

(3) 基层处理剂的使用有效地提高了组合体系的层间剪切强度与黏结强度。

(4) 层间剪切强度与黏结强度会随着温度的增加显著下降,但是从层间剪切强度和黏结强度来看,配方 C2 不管是在 20℃还是 50℃情况下性能均为最佳,配方 C1 表现最差。

(5) 界面处理方式会显著影响无基层处理剂的防水黏结层的层间剪切强度和黏结强度,但是基层处理剂的使用能够几乎完全消除这种影响。

(6) 基层处理剂上碎石撒布率对层间剪切强度与黏结强度有一定影响,性能最佳时的碎石撒布率为 75%。

(7) 三种基层处理剂的配方均表现出良好的高温稳定性和低温抗开裂性能,表明其均可以在夏季高温天气和冬季寒冷天气良好工作。

(8) 配方 C2 在抗剪切试验和黏结试验中均表现出最佳的性能,可选择作为最终的基层处理剂配方进行后续试验。

6.2.6 小结

针对桥面基层处理剂,研究了各组分(包括环氧树脂、增韧剂、稀释剂和固化剂)对固化产物性能的影响,结合实际工程对基层处理剂的要求进行了配方优化。主要得到以下结论:

(1) 双酚 A 型环氧树脂 E1、E2 以及双酚 F 型环氧树脂 E3 的固化产物拉伸性能相差不大,但考虑到基层处理剂的黏度问题,基层处理剂还是选择 E3 环氧树脂作为基体树脂较为适宜。

(2) 增韧剂均能在不同程度上提高固化产物的柔韧性能,表现为断裂伸长率增加,弹性模量下降。T3 虽然能够保持较好的抗拉强度,但是其柔韧性能明显不足,弹性模量较高,断裂伸长率较低,不宜选用。T1 与 T2 均能显著提高固化产物的断裂伸长率并降低其弹性模量,适于增韧。综合比较 T1 和 T2 的拉伸性能可知,不管从抗拉强度来看,还是从断裂伸长率来看,T1 均优于 T2,所以基层处理剂选择自制反应型长链脂肪族增韧剂 T1 更为适宜。

(3) 稀释剂都可以在不同程度上降低环氧体系的黏度。稀释剂分子链段的长短与官能团的不同也会显著影响固化产物的性能。环氧官能度较高的双环氧稀释剂与三环氧稀释剂,对固化产物的力学强度的影响较小。单环氧稀释剂的稀释效果最好。综合考虑力学强度与稀释效果,D2 稀释剂更为适宜。

(4) 不同固化剂体系的力学性能有明显的差异,其中酚醛胺 C3 固化体系的抗拉强度最高,改性脂环胺 C1 固化体系的抗拉强度最低,但是其断裂伸长率最高。综合其他性能考虑,C1、C2、C3 固化体系可作为基层处理剂的初选配方。

(5)通过对基层处理剂三组备选配方进行综合性能测试,发现配方C2各项性能综合表现最优,所以选择基层处理剂配方C2作为最终基层处理剂配方进行后续试验。

6.3 渗透修复型环氧基层处理剂的工程应用性能研究

6.3.1 简述

理想防水黏结层要求防水黏结层必须具有良好的黏结性能,使得整个桥面系统在行车荷载的作用下保持良好的整体性,不至于因为行车荷载的水平剪应力而造成层间滑移,引起桥面拥包、坑槽等病害;另外,还必须具备优良的不透水性能,以保证在桥梁的使用期限内外界水分无法渗漏到桥面水泥混凝土内。

针对水泥混凝土桥面防水黏结层的重要性,对防水黏结层的性能做如下要求:

(1)抗渗性能。桥面防水黏结层不仅要抵抗雨水的渗透,阻隔雨水渗入桥面板;还要防止孔隙中的水分在车辆荷载的挤压作用下,产生很大的脉冲动态水压作用而产生的渗透。

(2)力学性能稳定。防水黏结材料须具有良好的力学性能以适应结构变形,在各种荷载作用下(包括垂直应力和水平剪力)或在急弯、陡坡区域不会脱层。且在极端环境下力学性能稳定,不致由于设置防水黏结层而导致面层早期破坏。

(3)黏结能力。在温度应力和行车荷载作用下,桥面板和铺装层会有一定程度的挠曲变形,而桥面防水黏结层的黏结能力是桥面沥青混合料铺装层与桥面板整体性,防止桥面铺装出现层间滑移、沥青铺装层剥离等病害,确保桥面铺装具有优良使用性能的保证。

(4)裂缝修复能力。由于节段预制拼装桥梁的特性及施工原因必然造成混凝土桥面或多或少存在裂缝,这些裂缝是水分侵入混凝土内部的便利通道,容易造成钢筋锈蚀。防水黏结材料应具有良好的裂缝修复能力,切断桥面水分侵入通道,提高桥面混凝土的耐久性。

(5)耐疲劳性能。防水黏结材料铺装在桥面板上,在荷载作用下桥面铺装结构会产生一定的挠度,由于桥面板本身具有很大的刚度,这种挠度在防水层底部产生的拉应力很小,一般不会造成防水黏结层材料的破坏。但是,在桥面板产生裂缝时,由于裂缝的存在,裂缝会向桥面铺装层扩展,加上行车荷载的作用,防水黏结层会出现疲劳破坏,使防水黏结层材料失去了应力吸收的能力,一旦防水黏结层出现破坏裂缝,会逐渐扩展至面层形成反射裂缝,最后造成面层的开裂。所以良好的耐疲劳性能也是保证桥面防水系统耐久性的重要因素。

综上所述,分析国内外标准规范,可将桥面防水黏结层应用性能评价关键指标归纳为层间剪切强度、黏结强度、不透水性能、裂缝修复性能以及耐疲劳性能五项,从这五个方面对常用防水黏结层方案进行对比研究。

6.3.2 试验方案

我国桥面防水材料种类繁多,目前水泥混凝土桥梁防水材料使用较多的是涂膜类和卷材类。每种防水材料都有自己的优缺点,在选择的时候必须结合具体的工程实际情况选取最适合的材料。

根据已有研究成果,结合本项目特点,选取如下典型桥面防水材料(热熔型SBS改性沥青、改性SBS防水卷材、溶剂型防水黏结材料、MMA防水黏结材料)以及二阶反应型环氧防水材料,进行防水构造方案对比试验,进行试验包括层间剪切性能试验、拉拔强度试验、抗渗试验、裂缝修复试验及三点弯曲疲劳试验,共五项。

除了对比不同桥面防水材料的性能外,本项目还将使用热熔型SBS改性沥青作为防水层对环氧基层处理剂的应用效果进行对比。试验方案如图 5-6-1 所示。

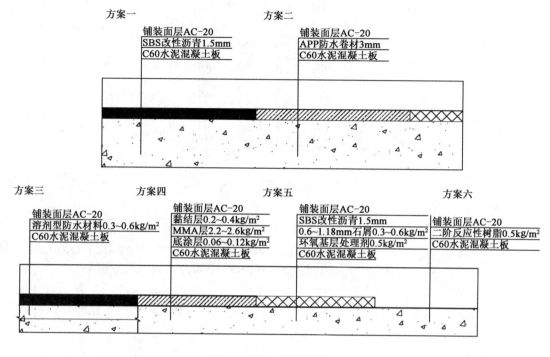

图 5-6-1　防水构造试验方案

6.3.3　层间剪切性能

层间剪切强度测试结果如表 5-6-1 和图 5-6-2 所示。

层间剪切强度测试结果　　　　　　表 5-6-1

防水方案	温度（℃）	技术要求（MPa）CJJ 139—2010	试验结果（MPa）	判　定
方案一	20	≥0.5	0.75	合格
	50	≥0.15	0.18	合格
方案二	20	≥0.5	0.52	合格
	50	≥0.15	0.11	合格
方案三	20	≥0.5	1.55	合格
	50	≥0.15	0.23	合格
方案四	20	≥0.5	2.31	合格
	50	≥0.15	0.45	合格
方案五	20	≥0.5	1.63	合格
	50	≥0.15	0.25	合格
方案六	20	≥0.5	1.79	合格
	50	≥0.15	0.33	合格

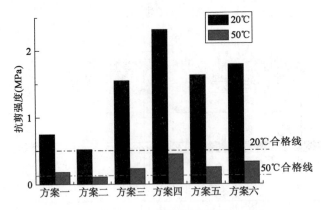

图 5-6-2　各方案抗剪切强度

根据试验结果可以得到以下结论：

(1) 根据《城市桥梁桥面防水工程技术规程》(CJJ 139—2010)中表 6.3.4-2 防水层强度要求可知，方案一 SBS 改性沥青在 20℃时的剪切强度为 0.75MPa，大于规范要求的 0.50MPa，在 50℃时的剪切强度为 0.18MPa，大于规范要求的 0.15MPa，说明方案一 SBS 改性沥青的剪切性能合格。方案二防水卷材在 20℃时的剪切强度为 0.52MPa，大于规范要求的 0.50MPa，在 50℃时的剪切强度为 0.11MPa，大于规范要求的 0.10MPa，说明方案二防水卷材的剪切性能合格。其余方案材料的剪切性能并无规范要求，若参照上述规程，其余方案的剪切性能均满足要求。

(2) 各方案的剪切强度均随试验温度的升高而急剧降低，减小的幅度均在 70% 以上。

(3) 当试验温度为 20℃时，抗剪强度按从大到小的顺序为：方案四 > 方案六 > 方案五 > 方案三 > 方案一 > 方案二。当试验温度为 50℃时，抗剪强度按从大到小的顺序为：方案四 > 方案六 > 方案五 > 方案三 > 方案一 > 方案二。

(4) 对比方案一和方案五可知，不论是在 20℃时还是在 50℃时，基层处理剂的使用均大幅度增强了抗剪性能。20℃时，抗剪强度增幅达 117%，50℃时，抗剪强度增幅达 39%。且剪切破坏面均发生在 SBS 改性沥青防水层中，所以可认为基层处理剂本身的性能还要优于以上数据。

6.3.4　黏结强度

进行防水黏结层的抗拉拔强度试验目的，是为了保证在施工期间不被施工车辆黏结破坏，与水泥混凝土桥面保持良好的黏结。抗拉强度采用拉拔试验进行评价，拉拔试验可用以评价铺装层施工和运营期间的黏结强度。本项目参考《城市桥梁桥面防水工程技术规程》(CJJ 139—2010)附录 B，采用直接拉拔法进行试验。拉拔强度如表 5-6-2 与图 5-6-3 所示。

黏结强度测试结果　　　　　表 5-6-2

防水方案	温度(℃)	技术要求(MPa) CJJ 139—2010	试验结果(MPa)	是否合格
方案一	20	≥0.35	0.86	合格
	50	≥0.2	0.21	合格
方案二	20	≥0.35	0.38	合格
	50	≥0.15	0.15	合格
方案三	20	≥0.35	1.40	合格
	50	≥0.2	0.32	合格
方案四	20	≥0.35	1.65	合格
	50	≥0.2	0.51	合格

续上表

防水方案	温度(℃)	技术要求(MPa) CJJ 139—2010	试验结果(MPa)	是否合格
方案五	20	≥0.35	1.39	合格
	50	≥0.2	0.30	合格
方案六	20	≥0.35	2.08	合格
	50	≥0.2	0.46	合格

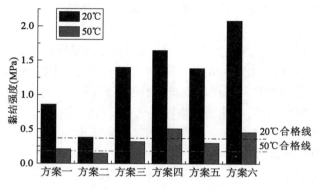

图 5-6-3 各方案黏结强度

由以上试验结果可以得到以下结论：

(1) 根据《城市桥梁桥面防水工程技术规程》(CJJ 139—2010)表 6.3.3-2 防水层黏结强度要求可知，方案一 SBS 改性沥青在 20℃时的黏结强度为 0.86MPa，大于规范要求的 0.35MPa，在 50℃时的黏结强度为 0.21MPa，大于规范要求的 0.20MPa，说明方案一 SBS 改性沥青的黏结性能合格。方案二防水卷材在 20℃时的黏结强度为 0.35MPa，大于规范要求的 0.30MPa，在 50℃时的黏结强度为 0.15MPa，等于规范要求的 0.15MPa，说明方案二防水卷材的黏结性能也合格。其余方案材料的黏结性能并无规范要求，但是参照上述规程，其余方案的黏结性能均满足要求。

(2) 六种方案的黏结强度均随试验温度的升高而急剧降低，减小的幅度均在 60% 以上。

(3) 当试验温度为 20℃时，黏结强度按从大到小的顺序为：方案六＞方案四＞方案三＞方案五＞方案一＞方案二。当试验温度为 50℃时，黏结强度按从大到小的顺序为：方案四＞方案六＞方案三＞方案五＞方案一＞方案二。

(4) 对比方案一和方案五可知，不论是在 20℃时还是在 50℃时，基层处理剂的使用均大幅度增强了黏结强度。20℃时，黏结强度增幅达 60%；50℃时，黏结强度增幅达 43%。且破坏面均发生在 SBS 改性沥青防水层中，所以可认为基层处理剂本身的性能还要优于以上数据。

6.3.5 抗渗性能

抗渗性能试验结果如表 5-6-3 所示。

各方案不透水性试验结果　　　　表 5-6-3

防水方案	抗渗压力(MPa)	试验时间(h)	混合料碾压损伤情况
砂浆标定试件	0.3	4	—
环氧基层处理剂试件	1.4	16	无可见硌破
方案一	0.3	4	防水层被刺穿
方案二	1.4	16	表面硌破，未刺穿
方案三	0.4	5	防水层被刺穿

续上表

防 水 方 案	抗渗压力(MPa)	试验时间(h)	混合料碾压损伤情况
方案四	1.4	16	无可见硌破
方案五	1.4	16	SBS表面硌破,未刺穿
方案六	1.4	16	无可见硌破

注:试验设备为SS-15型渗透仪,最大渗透压力1.5MPa,加压速率为0.1MPa/h。表中大于1.4MPa表示在达到仪器量程的情况下,试件仍未发生渗水。

从试验结果表5-6-3可以得知:

(1)方案二、方案四、方案五、方案六均表现出良好的不透水性能,在1.5MPa水压情况下,可以保持长时间不渗漏,说明防水层抗渗性能优异,且在高温混合料施工过程中抗施工损伤性能良好。

(2)方案一SBS防水层与方案三溶剂型沥青防水层,由于在高温混合料碾压过程中被刺穿,导致抗渗试验中水可从防水层刺破处渗透,防水层失效。因此,以上两个方案渗水压力为砂浆本身的抗渗压力。

(3)方案二防水卷材在高温混合料碾压后也被碎石明显硌破,但是由于防水层较厚,另外方案二卷材中有胎体保护,未形成贯穿性刺破,因此其抗渗性能仍然良好。

(4)环氧基层处理剂由于其本身结构十分致密,加之表面撒布细集料的保护作用,在碾压过程中无硌破现象,同样表现出来良好的抗渗性能。

(5)对比环氧基层处理剂试件、方案一和方案五可看出,环氧基层处理剂不仅可以渗透修复基层裂缝,切断基层渗水通道,而且其本身抗渗性能良好,可作为防水的二道屏障。因此,环氧基层处理剂能有效地整体提高桥面防水体系的抗渗能力。

6.3.6 裂缝修复性能

试验结果如表5-6-4和图5-6-4所示。

各方案抗折强度试验结果   表5-6-4

防 水 方 案	抗折强度(MPa)	破坏模式
方案一	0.05	原有破坏面再次破坏
方案二	0.03	原有破坏面再次破坏
方案三	2.30	原有破坏面再次破坏
方案四	4.75	砂浆上出现新破坏面
方案五	4.90	砂浆上出现新破坏面
方案六	1.01	原有破坏面再次破坏

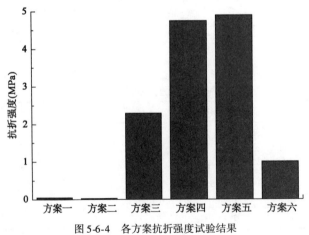

图5-6-4 各方案抗折强度试验结果

从表 5-6-4 和图 5-6-4 可以得知：

(1) 方案一、方案二均无法对混凝土裂缝进行渗透修复，其在混凝土裂缝上只是形成了一层薄薄的涂层，在荷载作用下，无法提高混凝土裂缝处的强度与刚度。

(2) 方案三、方案四、方案五和方案六均具有一定的渗透能力，其中渗透修复性能最优的是方案五，亦即使用基层处理剂与 SBS 防水材料组合而成的防水体系。这是由于该环氧基层处理剂黏度极低，很容易渗透进混凝土表面的微细裂缝，同时环氧材料的强度极强，能很好地修复裂缝，能使裂缝处的强度恢复到甚至高于未破坏时的强度。

6.3.7 疲劳性能

试验结果如表 5-6-5 和图 5-6-5 所示。

各方案疲劳试验结果　　　　　　　　　　　　　　　　　表 5-6-5

防水方案	疲劳加载次数（次）
方案一	1954
方案二	5168
方案三	517
方案四	10250
方案五	4539
方案六	5024

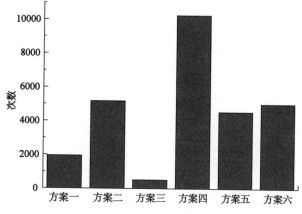

图 5-6-5　各方案疲劳试验结果

从表 5-6-5 和图 5-6-5 可知：

(1) 疲劳弯曲试验反映了各防水黏结层方案的抗疲劳破坏性能及桥面铺装抵抗反射裂缝的能力，各方案按抗疲劳破坏能力大小排序为：方案四 > 方案二 > 方案六 > 方案五 > 方案一 > 方案三。

(2) 对比方案一和方案五可知，底涂环氧基层处理剂，可大幅度提高桥面铺装的抗疲劳性能、抗反射裂缝能力。未使用环氧基层处理剂时抗疲劳性能为 1954 次，使用了基层处理剂时抗疲劳性能为 4539 次，提高幅度达 132%。

(3) 除方案五试件外，其他试件的开裂破坏位置均在混凝土小梁跨中裂缝处，而方案五试件破坏模式为跨中附近混凝土小梁开裂，后裂缝沿 45°斜向发展直至防水黏结层及混合料开裂、脱黏，最后试件达到最大变形试验结束。这种破坏模式的改变是由于环氧基层处理剂的渗透性及裂缝修复作用，导致抗疲劳性能增强，体现了渗透修复型环氧基层处理的渗透性及裂缝修复作用。

(4) 方案二卷材的破坏模式为跨中卷材与上层混合料黏结处在疲劳荷载作用下逐渐脱黏、开裂，裂缝形式为多数裂缝共同向上发展，同时与下层混凝土板逐渐脱黏，层间脱黏及混合料裂缝发展至试件最大变形时破坏,但卷材本身完好,未见损伤。说明卷材防水层韧性好,但黏结性能差。

(5)方案一、方案三试件均破坏非常快,破坏模式为一条主裂缝快速往面层发展至试件最大变形,这两种铺装形式基本没有抵抗疲劳荷载和反射裂缝的能力。

(6)方案四MMA防水黏结层的抗疲劳性能最优,MMA反应性树脂黏层在试验次数达到10250次时,底层沥青混凝土开始出现裂缝,裂缝细长,逐渐向上扩展,整个过程中没有出现伴随裂缝。

6.3.8 各方案综合比较

防水黏结层是桥面铺装的一部分,其设计使用寿命的长短直接关系到桥面铺装乃至桥梁的使用寿命。目前,我国桥梁的设计使用年限在100年左右,桥面铺装设计使用年限也在15年,所以采用长效防水黏结层是十分必要的。所谓的长效防水黏结层是防水黏结层在其设计使用年限内,充分发挥其使用性能,保证桥面铺装不因为防水黏结层破坏而发生病害。所以长效防水黏结层的设计使用年限最少要大于桥面铺装的设计使用年限即15年,甚至更久。

推荐防水方案的确定是建立在对桥面防水实际使用条件、组合结构的性能研究、施工条件以及成本分析的基础上,通过综合比较来确定合理的桥面防水方案。见表5-6-6。

各方案综合性能对比　　　　表5-6-6

防水方案	一	二	三	四	五	六
20℃剪切强度(MPa)	0.75	0.52	1.55	2.31	1.63	1.79
50℃剪切强度(MPa)	0.18	0.11	0.23	0.45	0.25	0.33
20℃拉拔强度(MPa)	0.86	0.38	1.40	1.65	1.39	2.08
50℃拉拔强度(MPa)	0.21	0.15	0.32	0.51	0.30	0.46
抗渗压力(MPa)	0.3	1.4	0.4	1.4	1.4	1.4
高温稳定性能	一般	一般	一般	优	一般	一般
低温柔韧性能	优	优	一般	一般	一般	一般
裂缝修复性能	差	差	良	良	优	良
是否需要现浇水泥混凝土调平层	是	是	是	否	否	否
施工条件要求	中	高	中	高	中	高
施工抗碾破性	良	优	差	良	良	良
材料费用(元/m²)	35	48	53	150	40	120

通过综合比较,可认为以上六种方案具有如下特点:

(1)方案一,SBS改性沥青具有优良的防水性能,国内外有大量的应用,施工工艺成熟,自身成本最低,但SBS改性沥青黏度过大,力学性能相对偏弱,无法修复节段预制拼装桥面板混凝土的裂缝与开孔,因此需额外设置一层80mm厚的水泥混凝土调平层,但调平层的布置使该方案大大增加了桥面荷载,大大增加了材料费用,且必须进行精细化施工,导致整体施工工艺变得较为复杂。

(2)方案二,防水卷材具有优良的防水性能,国内外也有大量的应用,施工工艺成熟,缺点是力学性能差,且施工时对混凝土基面要求高,需设置水泥混凝土调平层,成本也不占优势。

(3)方案三,溶剂型防水黏结层具有良好的力学性能和防水性能,缺点是在沥青铺装层的碾压过程中易破坏,防水效果迅速降低,其次,溶剂型的防水层由于有机溶剂的挥发,对环境有严重的污染,最后施工时对桥面板的干燥程度要求比较高,施工条件较为苛刻。最后,由于沥青基材料对接缝处环氧胶的的黏结不足,容易造成脱黏,所以一般要在预制桥面板上再浇筑一层现浇混凝土层。

(4)方案四,MMA防水黏结层具有优良的防水性能,力学性能为六种方案中最佳,缺点是成本太高,经济性差,同时该材料为新型材料,没有太多成功案例可循,且施工过程中对桥面板的干燥程度要求较高,施工条件苛刻。

(5)方案六,二阶反应型环氧防水黏结层具有优良的力学性能和防水性能,抗施工碾破性能也较为良好。但是其价格昂贵,对施工工艺要求较高,且国内使用的案例极少,不好比较和参考。

(6)相较于方案一,方案五基层处理剂+SBS改性沥青的组合体系大幅度增强了防水构造体系的剪切性能与黏结性能,同时对基底混凝土地渗透性优异,可以很好地渗入混凝土板的裂缝与孔隙中,对其进行有效的封闭,能增强基底混凝土的表面性能,产生更牢靠的防水作用。同时,方案六由于不用设置80mm厚水泥混凝土调平层,所以可以有效降低桥面荷载并且简化施工工艺。但是,方案六的成本较方案一有小幅度上涨,不过相较于其他方案而言,其成本仍然具有一定优势。

对比六种方案可知,方案五既可以保证对基底混凝土的裂缝和孔隙进行有效的修复,又可以大幅度增强SBS改性沥青的黏结性能,同时基层处理剂与SBS改性沥青还可以起到双重防水屏障作用,使得整个防水体系更加牢靠。相较于其他方案,方案五的成本仍然具有一定优势,故而在进行节段预制拼装桥梁防水时推荐使用方案五,即环氧基层处理剂+SBS改性沥青的组合形式。

6.3.9 小结

通过上述分析,对本项目在进行桥面防水结构体系设计时有以下几点建议:

(1)合适的基层处理剂的使用能对桥面板裂缝起到修复补强的作用,同时起到一道防水的屏障作用,并且可以大幅度提升防水层与基底混凝土的黏结性能,所以无论防水层使用何种材料,均建议涂布一层基层处理剂作为加强层,以保证防水构造体系具有更加优异的服役性能。

(2)本项目研究了六种防水构造体系的性能,从其力学性能、高温稳定性、防水性、施工工艺、材料成本等来看,各种构造各有优缺点,根据其综合性能建议采用环氧基层处理剂+SBS改性沥青的方案对桥面混凝土进行防水处理。

(3)建议环氧基层处理剂技术性能指标以及本项目开发的基层处理剂测试结果如表5-6-7所示。

环氧基层处理剂技术性能指标 表5-6-7

编号	检测项目		技术要求	测试结果	要求依据
1	黏度(mPa·s)		≤150	115	GB 50728—2011
2	表干时间(h)		≤4	2.5	GB/T 16777—2008
3	不挥发物含量(%)		≥99	99.3	GB 50728—2011
4	拉伸强度(MPa)		≥14	27.2	ACI 548.5R—16
5	断裂伸长率(%)		≥30	38	ACI 548.5R—16
6	与混凝土黏结强度(MPa)	干燥基面	≥2.5	4.0	JC/T 2217—2014
		潮湿基面	≥1.8	3.5	JC/T 2217—2014
7	与桥面防水层黏结强度(MPa)		≥1 或防水层破坏	1.39	JC/T 2217—2014
8	涂层抗渗压力(MPa)		≥1.0	≥MPa	JC/T 2217—2014
9	耐热性		80℃无流淌、无鼓包	无流淌、无鼓包	JC/T 1069—2008
10	低温柔性		0℃无裂纹	无裂纹	JC/T 1069—2008
11	耐介质(酸、碱、盐)侵蚀性		涂层无开裂、起皮、剥落	无开裂、起皮、剥落	JC/T 2217—2014
12	抗冲击性(落球法)		涂层无开裂、脱落	无开裂、脱落	JC/T 2217—2014

注:环境温湿度的调节及试验环境如无特殊说明,胶黏剂应在温度为23℃±2℃,相对湿度为50%±5%的环境中固化7d,到期立即在同等条件下测试。

(4)建议SBS改性沥青防水涂料满足《道桥用防水涂料》(JC/T 975—2005)表1中所提出的性能指

标要求,如表 5-6-8 所示。

SBS 改性沥青防水涂料技术性能指标 表 5-6-8

序号	检验项目		技术要求	
			I	II
1	耐热度(℃)		140,无流淌滑动滴落	160,无流淌滑动滴落
2	不透水性(0.3MPa,30min)		不透水	不透水
3	低温柔度(℃)		−15,无裂纹	−25,无裂纹
4	拉伸强度(MPa) ≥		0.50	1.00
5	断裂延伸率(%) ≥		800	800
6	盐处理	拉伸强度保持率(%) ≥	80	80
		断裂延伸率(%) ≥	800	800
		低温柔度(℃)	−10,无裂纹	−20,无裂纹
		质量增加(%) ≤	2.0	2.0
7	热老化	拉伸强度保持率(%) ≥	80	80
		断裂延伸率(%) ≥	600	600
		低温柔度(℃)	−10,无裂纹	−20,无裂纹
		加热伸缩率(%) ≤	1.0	1.0
		质量损失(%) ≤	1.0	1.0
8	与水泥混凝土的黏结强度(MPa) ≥		0.40	0.60

6.4 接缝处防水施工工艺、养护方法及质量控制

6.4.1 基面处理

桥面防水层基面处理效果是整个桥面铺装施工的关键,不当的基面处理方法及效果会造成桥面防水材料与基层桥面板的黏结失效,导致桥面铺装的脱黏、推移等破坏。为提高铺装防水材料与桥面板之间的黏结性能,有必要对桥面板基面处理方法及效果做出进一步的要求。

6.4.1.1 基面处理要求

参考《城市桥梁桥面防水工程技术规程》(CJJ 139—2010)、《桥面防水工程技术规程》(DB 11/T 380—2016)、《公路钢箱梁桥面铺装设计与施工技术指南》(交公便字〔2006〕274号)的桥面铺装基面处理要求,并结合预制节段拼装桥梁施工特点,做出如下要求:

(1)基层混凝土表面粗糙度应为 0.5~1.0mm。基层混凝土表面粗糙度处理方式宜采用抛丸打磨。抛丸打磨要求对桥面进行抛丸直至桥面全部露出带有集料的坚实混凝土面,一般抛丸次数不少于 2 次。对于铣刨机与抛丸机不能达到的边角与沟槽及桥面仍未能清除的污渍,用手砂轮人工打磨至基材混凝土露出粗集料。

(2)混凝土的基层平整度不应超过 5.0mm。节段拼接缝两侧的平整度超过 5.0mm 的需进行铣刨抛丸处理,直至符合要求。

(3)基层面应坚实、平整、干净,不得有杂物、油类物质、有机质等。混凝土桥面板间的各种拼接缝、施工缝、伸缩缝内应清理干净,并去除表面浮尘。缝间嵌填的密封材料应黏结牢固、封闭严密。

(4)防水层施工前,应对混凝土桥面板进行缺陷处理。原混凝土基材内部存在的疏松、松软集料及表面小缺陷(孔洞、破损等)需用电钻逐一凿除并进行修复加固,包括节段预制拼装桥梁施工期内的节

段起吊、临时预应力张拉等工序对混凝土桥面板造成的临时开孔修复等。

(5) 施工前应进行含水率测定,合格后方可进行抛丸与基层处理剂铺设。

(6) 桥面板基层混凝土强度应达到设计强度要求,经验收合格后,方可进行环氧基层处理剂和防水材料施工。基层处理剂及防水材料应直接铺设在混凝土表面上,不得在二者间加铺砂浆找平层。

6.4.1.2 施工质量控制要点与验收

桥面板混凝土基层处理检测项目应符合表 5-6-9 的规定。

桥面板混凝土基层处理检测项目　　　　　　表 5-6-9

检测项目	质量要求	检测方法
含水率(%)	<4	含水率检测仪
粗糙度(mm)	0.5~1.0	手工铺砂法
平整度(mm)	5	3m 靠尺、游标卡尺;测量最大间隙。沿桥纵向、横向各量一次,取大值
外观	(1) 表面应坚实、干净; (2) 蜂窝、麻面面积不超过总面积的 0.5%; (3) 裂缝控制符合设计规范的有关规定	观察检查

6.4.2 基层处理剂施工

6.4.2.1 施工工艺及施工要点

1) 天气适宜性评估

环氧基层处理剂施工宜在晴天进行,雨天、雾天及潮湿天气不得施工。施工前应注意天气变化,当预计在最小养护时间(表 5-6-10)内有雨时,不得进行施工。施工应选择在持续 3d 以上无雨的天气进行。

环氧基层处理剂施工技术参数表　　　　　　表 5-6-10

	材料用量(kg/m²)	养护时间(h)			
	环氧胶	5~10℃	10~20℃	20~30℃	>30℃
环氧基层处理剂	0.5	1~4	1~4	0.5~2	0.5~2

2) 温度适宜性评估

施工前测定桥面与环境温度,施工适宜温度为 15~35℃。当温度小于 5℃时,不得进行环氧基层处理剂铺设施工。当桥面与环境温度为 5~15℃时,应参照表 5-5-10,注意控制养护时间,合理进行施工组织。当桥面与环境温度超过 35℃时,应通过试验确定基层处理剂的可操作时间。

3) 细部构造及处理

施工前应先做好相关节点处理,封闭桥面板混凝土上的缝隙、孔洞、排水系统等,如拼接缝、施工缝、伸缩缝、排水口等,然后再进行大面积施工。细部构造及处理方法参考《城市桥梁桥面防水工程技术规程》(CJJ 139—2010) 中相关规定。

4) 区域划分与围挡

基面处理完成之后应用锥筒与警戒条带对完成的区域进行围挡封闭,防止其他人员或者车辆的进入,保护完成处理的基面不受污染。

于铺设施工前合理划分分段施工区域,并用胶带标出各段施工区域。

5) 配制环氧基层处理剂

环氧基层处理剂必须按相应的比例称量并完全混合才能保证充分反应,达到最佳性能。配置量根据标出的各段施工区域面积进行计算。

人工配制采用可调速电钻加配搅拌桨对倒入搅拌桶中 A、B 组分进行充分拌和,搅拌时转速为 400～600r/min,以尽可能减少气泡混入。搅拌 2min 后,将预搅拌均匀的胶液从一搅拌桶中翻倒至另一搅拌桶中,再次搅拌 1min,以确保充分搅拌均匀。

机械配制采用由设备制造商专门提供的施工机械,在专业摊铺车内进行环氧基层处理剂双组分的拌和,并通过管道泵送并撒布混合好的基层处理剂至桥面。

6) 涂刷环氧基层处理剂

为了保证桥面排水口、转角等处有效的黏结、避免基层处理剂施工时出现漏涂和堆积的现象,规定应用毛刷对桥面排水口、转角等处先行涂刷。

大面积涂刷时应保证在环氧基层处理剂可操作时间内将其均匀铺设于处理后的桥面板混凝土基面,可采用齿耙人工摊铺、喷涂或机械自动铺设。

人工摊铺将需要铺设的区域用美纹纸做好标记,并防止渗漏。涂刷按照 $500g/m^2$ 的用量,并用带齿的耙子将胶液均匀地涂刮在基面上。

喷涂基层处理剂时,应先对细部节点多遍涂刷,然后再进行大面喷涂,不得漏涂。

7) 撒布石屑

桥面板基层处理剂施工完毕后,应立即在其可操作时间(约 30min)内将 0.6～1.18mm 粒径的石屑均匀撒布至环氧基层处理剂表面,撒布率为 75%。可采用人工撒布或机械自动撒布方式。

人工撒布采用铁铲将石屑均匀撒播至涂抹有基层处理剂的基面。撒布量应根据各划分区域面积进行估算,撒布约至基面完全被石屑覆盖且不存在湿润的区域即可。

8) 养护

环氧基层处理剂施工完毕后,应进行养护并保护其表面,且应保持清洁。涂刷范围设围挡、锥桶进行保护,严禁各种车辆行驶和行人踩踏。养护时间宜大于 12h。

9) 回收多余石屑

养护时间过后用吸尘设备或人工扫除表面多余的石屑,并进行石屑的回收与筛选,用于下次施工。

6.4.2.2 质量检测方法与标准

参考《城市桥梁桥面防水工程技术规程》(CJJ 139—2010)、《桥面防水工程技术规程》(DB 11/T 380—2016)的质量检测要求与方法。

1) 检测单元与取样

检测单元按每 $10000m^2$ 为一个检测单元(不足 $10000m^2$ 的,按 $10000m^2$ 计算)划分,每个检测单元随机取样 10～15 个。

2) 黏结强度

检测方法采用拉拔试验法,具体步骤如下:

(1) 先用空心钻机垂直切割出一个直径为 50mm 的孤立圆形待测面,切割深度应深入基层混凝土 1cm 以上。

(2) 将圆形待测面表面浮尘擦拭干净;用快凝强力胶黏剂把直径为 50mm 的黏结拉头粘结到圆形待测面上,待其固化后进行测试。

(3) 测试时把黏结拉头连接到拉拔仪上,做拉拔试验。匀速、缓慢地摇动拉拔仪把手,记录强度值。

参考国外规范要求(ACI548.8M),环氧基层处理剂与桥面板混凝土间黏结强度应满足表 5-6-11 的要求。

环氧基层处理剂黏结强度质量要求　　　　表 5-6-11

试 验 项 目	技 术 要 求
与桥面板正拉黏结强度(MPa)	≥1.7 且为混凝土内聚破坏

3) 基层处理剂厚度(用量)

检验方法:采用割开法、超声波法或针刺法检测,每一测点连续读取数据5次,取平均值,仲裁法为割开法,按《建筑防水工程现场检测技术规范》(JGJ/T 299—2013)执行。

环氧基层处理剂设计厚度为0.4~0.5mm,最小厚度不得小于设计厚度的90%。不合格者应及时处理,直到复检合格。

4) 外观质量

基层处理剂施工外观质量应保证涂刷均匀,不得漏涂。

6.4.3 防水层施工

6.4.3.1 施工工艺及施工要点

防水黏结层施工质量控制重点为防水黏结材料的熔化升温和防水黏结材料SBS改性沥青洒布施工工艺参数控制。

1) 天气适宜性评估

严禁在雨天、雪天、风力大于或等于5级时施工。施工环境温度不宜低于10℃。

2) SBS改性沥青的制作与运输

改性沥青的制作与运输要求参考《公路沥青路面施工技术规范》(JTG F40—2004)中相关规定。

3) 洒布SBS改性沥青防水层

(1)整个铺筑过程直至铺设石屑保护层前严禁包括行人在内的一切交通。

(2)不洒黏层油,直接分2~3层喷洒或人工涂刷热融改性沥青的防水黏结层,必须均匀一致,且达到要求的厚度。

SBS改性沥青防水层的施工宜采用专用的智能洒布车施工,每幅之间应有30~60mm的宽度搭接,喷洒时要连续、均匀不间断地喷洒。施工过程中要求严格控制沥青的温度和洒布量。大面积施工前先进行小面积试洒,确定车辆的行车速度(行车速度宜控制在2~6m/min)、撒布宽度等参数符合设计及规范要求(宜控制在6~7.5m)。

沥青喷洒时温度不低于185℃,撒布厚度为1.5~2mm,撒布精度控制在±2%,满铺桥面。改性沥青应均匀撒布,厚度均匀,无露白、无油团堆积。

(3)在沥青撒布起始、终止部位,应铺设彩条布或其他手段,接多余沥青,防止对路面、伸缩缝等结构物的污染。

SBS改性沥青防水黏结材料洒布操作完毕后,应记录洒布工艺参数,如行驶速度、撒布宽度、液体流量(排、挡情况)。对于局部未洒到部位,进行人工补涂SBS改性沥青防水黏结材料达到要求的厚度。一般需补涂3~4遍,每次人工刷涂的厚度尽可能薄,一般不大于0.4mm,在前一次补涂的防水黏结材料完全固化后,方可进行下一次补涂,补涂应达到最低厚度要求。

4) 撒布石屑保护层

喷洒防水层黏结后应立即撒布一层洁净的尺寸为3~5mm的石屑作保护层,并用6~8t轻型压路机以较慢的速度碾压。石屑目测占施工面积的50%~60%,以现场看露出底层沥青,车辆和行人行走不黏结、不接触为标准。

5) 养护

桥面防水层施工完毕后封闭交通,禁止车辆在上面通行,并应对防水层进行保护,防止潮湿和污染。养护24h以上再进行沥青混凝土铺装层的施工。

6) 细部处理

细部构造及处理方法参考《城市桥梁桥面防水工程技术规程》(CJJ 139—2010)、《公路沥青路面施工技术规范》(JTG F40—2004)中的相关规定。

(1)阴角、转角部位的处理。

桥面防水层施工完毕后,应在防撞墙的阴角、转角等部位人工涂刷SBS改性沥青防水层,有必要时宜做细部增强处理,不得有削弱、断开、流淌和堆积现象。涂刷沥青膜厚度1.0~1.5mm,涂刷高度5cm。

(2)泄水孔处理。

防水层完成后,用改性沥青涂刷泄水孔边缘和内部,内部处理深度10cm以上,沥青厚度2~2.5mm。

(3)防水层接头处,应采用多遍涂布或采用密封材料封严。

6.4.3.2 质量检测方法与标准

参考《城市桥梁桥面防水工程技术规程》(CJJ 139—2010)、《公路沥青路面施工技术规范》(JTG F40—2004)的质量检测要求与方法。

1)检测单元与取样

检测单元按每10000m²为一个检测单元(不足10000m²的,按10000m²计算)划分,每个检测单元随机取样10~15个。

2)黏结强度

同基层处理剂黏结强度检测方法。SBS改性沥青防水层的层间黏结强度应满足表5-6-12的要求。

SBS改性沥青防水层黏结强度质量要求 表5-6-12

防水层表面温度(℃)	10	20	30	40	50
与桥面板正拉黏结强度(MPa)	0.4	0.35	0.3	0.25	0.2

3)SBS防水黏结层厚度及外观质量

SBS改性沥青防水黏结材料洒布质量主要是通过洒布量和洒布均匀性来衡量。

洒布厚度则用深度计测定。洒布厚度要求为1.5~2mm,精度控制在±2%,满铺桥面。

洒布均匀性主要通过观察来确定,要求防水层应均匀撒布,厚度均匀,不得漏涂,不得有气泡、空鼓和翘边,无露白、无油团堆积现象。

6.5 结论与创新点

6.5.1 结论

(1)将环氧基层处理剂与混凝土修复封闭剂的作用合二为一,提出了渗透修复型环氧基层处理剂的概念,使其兼具二者的优点,与SBS改性沥青一起组成新型的防水构造应用于节段预制桥梁接缝处及其他开孔处的防水是合适的。

(2)综合国内外相关桥面防水规范或者其他论文文献,以及对比国外类似产品性能,确定了节段预制桥梁拼缝处防水用基层处理剂的技术性能指标。

(3)本项目选用低黏度双酚F型环氧树脂,使用自制反应型长链脂肪族增韧剂T1作为增韧手段,掺入稀释效果良好的单环氧稀释剂D2对体系进行稀释,最后选用力学性能和施工性能均良好的胺类固化剂C2,制得了一种力学强度优异,柔韧性良好,黏结强度优异,并具有良好的施工性能和耐老化性能的节段预制桥梁拼缝处防水用基层处理剂。

(4)合适的基层处理剂的使用能对桥面板裂缝起到修复补强的作用,同时起到一道防水的屏障作用,并且可以大幅度提升防水层与基底混凝土的黏结性能,所以无论防水层使用何种材料,均建议涂布一层基层处理剂作为加强层,以保证防水构造体系具有更加优异的服役性能。

(5)本项目研究了六种防水构造体系的性能,从其力学性能、高温稳定性、防水性、施工工艺、材料成本等来看,各种构造各有优缺点,根据其综合性能建议采用环氧基层处理剂+SBS改性沥青的方案对桥面混凝土进行防水处理。

6.5.2 创新点

(1)将环氧基层处理剂与混凝土修复封闭剂的作用合二为一,提出了渗透修复型环氧基层处理剂的概念,使其兼具二者的优点,既能增强防水材料与基层之间的黏结力,提高防水材料的防水耐久性,又能对桥面板混凝土进行渗透修复补强,特别是对节段预制拼装桥梁接缝、开孔及其他面板混凝土裂缝、破损等处的补强,提升混凝土的刚性防水能力;同时其本身也具有一定的防水能力。

(2)通过查阅国内外文献、对比国内外类似产品,系统分析了节段预制桥梁拼缝处防水对环氧基层处理剂的性能要求,并明确了环氧基层处理剂技术指标。

(3)通过使用新型增韧剂和固化剂,解决了环氧基层处理剂固化产物的力学强度与柔韧性相矛盾的问题,通过使用综合性能良好的新型活性稀释剂,解决了环氧基层处理剂力学强度与渗透性相矛盾的问题。

(4)基于耐久性卓越的环氧体系,研制出了一款综合性能优异的节段预制桥梁渗透修复型环氧基层处理剂,并提出了一种新型的防水黏结层形式,即渗透修复型环氧基层处理剂+SBS改性沥青的防水形式,经试验验证,该防水形式表现良好,可用于节段预制拼装桥梁桥面防水施工。

7 钢桥面铺装研究

7.1 钢桥面铺装体系力学控制指标计算与分析

钢桥面铺装的使用条件与普通路面存在较大差异,其受力、变形特性受到桥型结构、支撑结构与外界环境等多因素的耦合影响。为准确把握石首长江公路大桥钢桥面铺装的受力变形特性,采用"全尺寸整桥—最不利箱梁段—最不利正交异性板"的多尺度力学分析方法,建立了石首长江公路大桥整桥、局部梁段与正交异性钢桥面铺装数值模型。根据钢桥面铺装的基本特点与基本假定,计算钢桥面铺装在最不利荷载下的响应,确定铺装体系的力学控制指标值,以此作为石首长江公路大桥铺装材料研发、性能提升与结构设计技术要求的理论基础。

7.1.1 钢桥面铺装力学控制指标

钢桥面铺装的主要病害表现为纵向及横向的断裂损伤,并逐步发展为大范围坑槽破坏,严重影响行车安全性。车辆(队)荷载作用下,钢桥面铺装结构存在较多受力敏感区域,如轮迹带范围、纵向加劲肋与横隔板等结构极易导致铺装结构的应力集中现象,从而造成铺装结构或黏结体系的极限破坏或疲劳开裂。根据铺装体系的受力特征与病害类型,本书研究将石首长江公路大桥钢桥面铺装体系的力学控制指标分为以下几类:

(1)铺装结构层横向拉应力:车辆(队)荷载作用于纵向加劲肋上方时,由于加劲肋的支撑作用导致钢桥面板局部变形或弯矩畸变,铺装结构表面产生横桥向的拉应力,出现沿纵桥向的裂缝病害。

(2)铺装结构层纵向拉应力:车辆(队)荷载作用于横隔板上方时,同样,由于横隔板的支撑作用使得钢桥面板出现局部变形,在铺装层表面产生纵桥向的拉应力,导致沿横桥向的裂缝病害,与纵向裂缝进一步发展形成网状裂缝、坑槽等严重病害。

(3)铺装结构层竖向位移:车辆(队)荷载作用导致的铺装结构竖向变形程度,过大的竖向位移表明铺装复合体系刚度较小,并且对钢箱梁结构受力敏感部位易造成疲劳影响。

(4)铺装体系层间剪应力:车辆(队)荷载与桥梁结构变形耦合作用下,由于铺装体系结构层间的刚度差异导致相对位移,出现层间剪应力,并造成层间断裂剥离,对铺装结构整体性能极为不利。

7.1.2 计算分析

采用"整桥—局部箱梁段—正交异性板"的"多尺度力学分析方法"对大桥钢桥面铺装体系进行了仿真分析,得到以下结论:

(1)通过整桥模型计算得到:在恒载及车辆荷载作用下,最大竖向弯矩出现在跨中处,故斜拉桥跨中箱梁段为受力最不利箱梁段。

(2)通过铺装受力最不利箱梁段模型计算得到:车队荷载作用下钢箱梁局部梁段受力最不利的位置位于钢箱梁段纵向18~22m、横向10~16m的局部范围节段,并在此节段取正交异性板细化计算。

(3)通过对钢桥面铺装正交异性板受力控制荷位分析得到:无论是以铺装上表面的最大拉应力为

控制指标,还是以铺装上表面的最大竖向位移或铺装层间的剪切应力为控制指标,横肋顶部附近是最不利荷位。对应的正交异性板铺装上表面最大横向拉应力为1.303MPa,最大纵向拉应力为1.022MPa,最大竖向位移为0.313mm,最大层间剪切应力为0.139MPa。

7.2 钢桥面防腐防水黏结材料性能研究

钢桥面防腐防水黏结层的有效性直接影响了桥面铺装结构的整体力学性能。防腐防水黏结材料的性能验证是石首长江公路大桥钢桥面铺装研究中的关注重点,其需要具有优异的黏结性能与耐久性能,同时还应具备良好的抗热冲击老化性能。针对石首长江公路大桥防腐黏结层的功能要求,对研发的高性能钢结构防腐黏结材料和目前钢桥面铺装中常用的环氧富锌漆两种防腐防水黏结材料进行性能试验,重点试验研究了材料的抗热冲击性能。同时考虑到钢桥面铺装实际情况,对防腐黏结复合层的黏结性能进行对比研究。

7.2.1 高性能钢结构防腐黏结材料性能研究

高性能钢结构防腐黏结材料属于树脂类材料,由甲、乙两组分组成,其中,甲组分为环氧树脂基材料及各种辅料,乙组分为专用固化剂。具体配合比见表5-7-1。

高性能钢结构防腐黏结材料配比 表5-7-1

配比比例	甲组分	乙组分	备注
	4~6	1	25℃时配比为5:1

防腐防水黏结层是保障铺装层与钢板协同变形的关键因素之一。黏结层与钢桥黏结性能的强弱不仅取决于黏结材料的特性,同时还取决于黏结层的厚度、黏结材料与防腐涂装材料的相容性,以及防腐涂装与钢板之间的附着力。防腐材料与钢板黏结强度在一定程度上对钢桥面铺装防水黏结体系的使用性能产生影响。

为测试防腐防水黏结材料与钢桥面板间的黏附性,采用如图5-7-1所示的试验测试高性能钢结构防腐材料与钢桥面板之间的附着力。

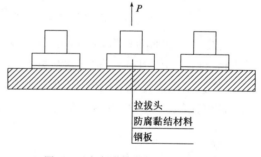

图5-7-1 钢板黏结强度试验示意图

7.2.1.1 材料最佳用量试验研究

防腐黏结材料的用量决定着防腐黏结层的厚度,进而直接影响防腐涂装与钢板的黏结强度。同时材料的用量会影响桥面铺装单位面积造价,故需要对防腐黏结材料的最佳用量进行研究。

参考已有研究成果,材料用量初步拟定为0.4kg/m²、0.5kg/m²、0.6kg/m²、0.7kg/m²、0.8kg/m²五种。试验在常温(25℃)条件下进行,试件养护时间为48h。试验结果如表5-7-2所示。

不同材料用量下的防腐黏结材料与钢板间黏结强度 表5-7-2

用量(kg/m²)	编号	破坏拉力(kN)	黏结强度(MPa)	平均值(MPa)
0.4	1	4.46	2.28	2.33
	2	4.70	2.40	
	3	4.55	2.32	
0.5	1	4.83	2.46	2.73
	2	5.88	3.00	
	3	5.37	2.74	

续上表

用量（kg/m²）	编号	破坏拉力（kN）	黏结强度（MPa）	平均值（MPa）
0.6	1	6.41	3.27	3.37
	2	6.80	3.47	
	3	6.61	3.37	
0.7	1	6.12	3.12	3.13
	2	5.96	3.04	
	3	6.31	3.22	
0.8	1	4.59	2.34	2.16
	2	3.84	1.96	
	3	4.30	2.19	

研究不同防腐黏结材料用量下的黏结强度平均值，如图5-7-2所示。

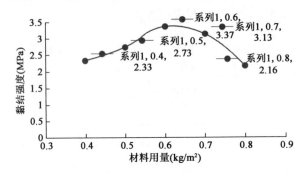

图5-7-2 不同材料用量下的防腐黏结材料与钢板间平均黏结强度

试验结果表明，当材料用量在0.6kg/m²时，钢板黏结强度为3.37MPa，满足《石首长江公路大桥钢桥面铺装技术标准》中关于防腐黏结材料的技术要求（3.3MPa）。分析在不同材料用量条件下的钢板黏结强度变化趋势可得，当材料用量在0.5~0.7kg/m²间变化时，钢板黏结强度会出现峰值。为满足防腐黏结材料技术要求，且综合考虑强度特性和经济因素，高性能钢结构防腐材料的最佳用量为0.55~0.65kg/m²。

7.2.1.2 材料最佳养生时间试验研究

防腐黏结材料的养生时间决定其黏结强度增长幅度与规律，进而影响防腐黏结层与钢桥面板的黏结状态。同时，施工工期和施工进程的制订也需要考虑材料的养生期，故需要对防腐黏结材料的最佳养生时间进行研究。

综合考虑材料的干燥时间和施工容许时间，试验选取24h、48h和30d作为不同的养生时间条件。试验在常温（25℃）条件下进行，材料用量为0.6kg/m²，分别测定其钢板黏结强度。试验结果如表5-7-3和图5-7-3所示。

不同养生时间下防腐黏结材料与钢板间黏结强度　　表5-7-3

养生时间	编号	破坏拉力（kN）	黏结强度（MPa）	平均值（MPa）
24h	1	1.65	0.84	0.71
	2	1.05	0.54	
	3	1.46	0.74	
48h	1	6.41	3.27	3.37
	2	6.80	3.47	
	3	6.61	3.37	

续上表

养 生 时 间	编号	破坏拉力(kN)	黏结强度(MPa)	平均值(MPa)
30d	1	9.41	4.80	4.81
	2	10.90	5.56	
	3	7.99	4.08	

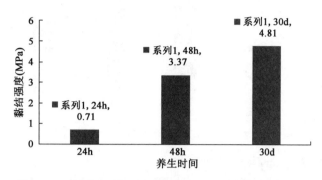

图 5-7-3　不同养生时间下防腐黏结材料与钢板间平均黏结强度

试验结果表明,当养生时间为24h时,高性能钢结构防腐材料的黏结强度仅为0.71MPa,尚未与钢板形成有效的黏结能力;当养生时间为48h时,材料的黏结强度达到相应的技术要求;当养生时间为30d时,材料的黏结强度持续增长,可达到4.81MPa,高于技术要求和常规的防腐黏结材料。考虑到施工工期等因素的影响,高性能钢结构防腐材料的最佳养生时间为48h。

7.2.1.3　材料抗热冲击性能试验研究

钢桥面铺装施工过程中沥青混合料的热摊铺会导致较高的温度,从而对防腐黏结材料的性能造成影响,因此对防腐黏结材料的抗热冲击性能进行了试验研究。试验将常温养生2d后的试件分别放入温度为150℃、175℃和200℃的烘箱中保存2h,测试防腐黏结材料与钢板的黏结性能,并设置常温养生相同时间的对照组。经历不同高温冲击后的试验结果如表5-7-4和图5-7-4所示。

高温冲击后防腐黏结材料与钢板间黏结强度　　表5-7-4

老化温度(℃)	编号	破坏拉力(kN)	黏结强度(MPa)	平均值(MPa)
常温未老化	1	6.41	3.27	3.37
	2	6.80	3.47	
	3	6.61	3.37	
150	1	9.64	4.92	5.03
	2	11.09	5.66	
	3	8.82	4.50	
175	1	10.05	5.13	6.16
	2	12.88	6.57	
	3	13.28	6.78	
200	1	10.39	5.30	4.85
	2	10.79	5.51	
	3	7.35	3.75	

试验结果表明,相比较常温条件下的黏结强度而言,高温热老化条件下高性能钢结构防腐材料的黏结强度均有提高,其中175℃条件下的黏结强度增幅最大,黏结强度达到6.16MPa,200℃时黏结性能虽然有所提高,但可见黏结材料已经出现碳化现象。造成该结果的原因可能是由于高性能钢结构防腐材

料为环氧树脂基材料,高温会加速其固化速度,使其强度增长更快,故在相同的材料用量和养生时间条件下,高温老化和常温未老化的黏结强度会出现较大的差异。但当温度持续升高时,较高的温度会破坏防腐黏结材料的化学组分,从而导致其黏结强度的下降。

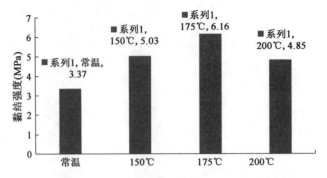

图 5-7-4 高温冲击后防腐黏结材料与钢板间平均黏结强度

由试验结果可以看出,高性能钢结构防腐材料在适当施工温度条件下,不会发生因老化而导致的与钢板黏结能力的损伤,相反会有助于黏结强度的提高,从而避免常规防腐黏结材料在高温条件下易发生的脱落情况。因此在实际施工过程中要结合各方面因素严格控制施工温度。

7.2.2 环氧富锌漆性能试验研究

结合南京长江二桥、舟山西堠门大桥等大跨径钢桥面铺装的实际工程案例,当采用"下层 EA + 上层改性 SMA"和"双层 EA"铺装方案时,防腐涂装材料一般采用环氧富锌漆。本试验采用 HEMPEL 环氧富锌漆材料开展防腐材料与钢板的黏结性能试验等验证工作。

将环氧富锌漆材料涂抹于钢板表面,确保其厚度达到 50～100μm,试验采用常温养生与 180℃作为影响温度,按照完全固化时间不大于 168h(7d)开展测试工作,试验结果如表 5-7-5 所示。

环氧富锌漆与钢桥面板黏结性能试验　　　表 5-7-5

测试温度(℃)	编号	黏结强度(MPa)	平均值(MPa)	备　注
常温	1	6.13	6.26	养生 7d
	2	6.39		养生 7d
	3	6.27		养生 7d
180	1	6.17	6.41	养生 7d 后放入 180℃烘箱 2h
	2	6.59		养生 7d 后放入 180℃烘箱 2h
	3	6.47		养生 7d 后放入 180℃烘箱 2h

由试验可知,环氧富锌漆材料与钢板间具有较好的黏结性能,试验中环氧富锌漆能较好地满足高温摊铺的要求,其黏结强度在经历高温摊铺热冲击影响后甚至有一定的增加,主要原因是高温作用后其固化程度更高引起。

7.2.3 防腐防水黏结复合层黏结性能试验研究

为对两种防腐黏结材料的性能进行对比验证,且考虑钢桥面铺装防腐防水黏结体系实际上是由防腐层与黏结层组成:传统上钢桥面板涂刷环氧富锌漆后,需要涂刷黏结材料确保下铺装层与钢桥面板之间的整体性能,本研究开展了"防腐材料 + 黏结材料"复合层与钢板的黏结性能试验,分别对"高性能钢结构防腐材料 + 环氧树脂黏结剂"与"环氧富锌漆 + 环氧树脂黏结剂"两类复合层结构在 60℃条件下养生 4d 并在 25℃条件下测试与钢板的黏结强度,试验数据如表 5-7-6 和表 5-7-7 所示。

"高性能钢结构防腐材料 + 环氧树脂"复合体系黏结强度试验 表5-7-6

用 量	编号	破坏拉力(kN)	黏结强度(MPa)	平均值(MPa)
高性能钢结构防腐材料:0.6 kg/m² 环氧树脂黏结剂:0.5kg/m²	1	6.45	3.31	3.22
	2	6.13	3.13	
	3	6.31	3.22	

"环氧富锌漆 + 环氧树脂"复合体系黏结强度试验 表5-7-7

用 量	编号	破坏拉力(kN)	黏结强度(MPa)	平均值(MPa)
环氧富锌漆:50~100μm 环氧树脂黏结剂:0.5kg/m²	1	6.11	3.12	3.12
	2	5.89	3.01	
	3	6.35	3.24	

对比表5-7-6与表5-7-7中所列的数据可知,"高性能钢结构防腐材料 + 环氧树脂黏结剂"相对"环氧富锌漆 + 环氧树脂黏结剂"而言其黏结强度有所提高,表明两类环氧类材料的层间黏结相对更为紧密。同时,通过试验结果的观测可以看出,黏结体系的破坏均为"防腐材料"与"黏结材料"之间界面的破坏,因此不同类型的黏结体系,其薄弱部位均为黏结界面。

7.3 钢桥面铺装层间黏结性能试验研究

在行车荷载、桥梁结构挠曲等共同作用下,钢桥面沥青铺装层间会产生较大的相对变形,从而导致剪切应力的出现,当层间黏结界面抗剪切性能较弱时,会导致层间黏结失效或产生脱层现象,从而降低双层铺装结构的复合作用,增加铺装层的内部应力,加速铺装结构的破坏。本研究针对石首长江公路大桥实际使用的环氧树脂层间黏结材料,开展了黏结材料性能验证和复合结构层间黏结性能的试验研究。

7.3.1 环氧树脂黏结材料性能试验研究

环氧树脂层间黏结材料是近年来钢桥面沥青铺装工程中使用较为广泛的一种黏结剂,为保证环氧树脂层间黏结料能够满足石首长江公路大桥实际使用条件,开展了黏结材料性能验证试验工作。

1)拉伸性能研究

环氧树脂黏结料的拉伸性能是确保层间相对滑移变形作用下黏结体系正常工作的重要指标,对石首长江公路大桥层间黏结体系所用材料开展拉伸试验,结果列于表5-7-8。环氧树脂防水黏结材料的拉伸强度和断裂延伸率均达到表中技术指标的要求,在常温25℃下黏结料的拉伸强度可达4.25MPa,断裂延伸率可达218%,显示其较好的强度和变形能力,可以满足石首长江大桥工程的使用条件。

环氧树脂防水黏结材料的拉伸试验结果 表5-7-8

试件编号	拉伸强度(MPa)	平均值(MPa)	技 术 要 求	断裂伸长率(%)	平均值(%)	技 术 要 求
1	4.15	4.25	≥3.0MPa	214	218	≥190%
2	4.33			221		
3	4.26			220		

2)抗剪切性能研究

层间黏结体系的抗剪切性能对抵抗剪切破坏起着关键作用。本书研究进行了常温25℃与高温70℃的黏结层斜剪试验,使用EA混合料作为铺装材料,试验结果如表5-7-9所示。

环氧树脂黏结料抗剪技术要求及实测值　　　　　　表5-7-9

技　术　指　标	技　术　要　求	实　测　值
25℃抗剪强度（MPa）	≥2.0	4.54
70℃抗剪强度（MPa）	≥0.3	1.24

由表5-7-9可知，环氧树脂黏结料的抗剪性能满足设计提出的技术要求，可以满足石首长江公路大桥的使用条件。

3）拉拔性能研究

钢桥面层间黏结体系除受到剪切作用外，同时会由于桥面系变形等因素产生层间拉拔力。本研究进行了常温25℃与高温70℃的黏结层拉拔试验，使用EA混合料作为铺装材料。试验结果列于表5-7-10。

环氧树脂黏结料拉拔试验结果　　　　　　表5-7-10

试　验　条　件	破坏拉力（kN）	黏结强度（MPa）	技　术　要　求	备　　注
25℃±2℃	5.96	3.04	≥2.75 MPa	破坏主要在铺装混合料内部
70℃±2℃	3.99	2.04	≥1.5 MPa	

由表5-7-10可知，在两种不同的温度下，环氧树脂黏结料与钢板的黏结性能均满足设计提出的技术要求，表明了环氧树脂黏结料能保证铺装与钢板及铺装层间均具有良好的黏结性能，同时能保证铺装结构的协同性，故环氧树脂黏结料满足石首长江公路大桥钢桥面铺装的黏结体系要求。

7.3.2 复合结构层间黏结性能试验研究

通过层间剪切强度和拉拔强度评价层间黏结性能，确定层间黏结材料的最佳用量和EA-10最佳养生时间对层间黏结性能的影响，为石首长江公路大桥钢桥面铺装实际施工提供试验基础。

7.3.2.1 层间黏结料最佳用量试验研究

1）EA+SMA复合结构试件制备

根据实际施工流程，首先轮碾成型下面层EA-10，经过不同养生时间后涂布环氧树脂黏结料，再在其上继续成型上面层SMA-13，制成复合结构双层车辙板。试验具体操作如图5-7-5所示。

复合结构双层车辙板制成后，对其进行钻芯和切割，分别得到供拉拔和剪切试验使用的试件。试验使用万能试验机UTM和桥面铺装专用拉拔仪进行层间剪切强度和拉拔强度的测试。

a）下面层EA-10成型

b）环氧树脂黏结料涂抹

图 5-7-5

c) 上面层SMA-13成型

d) 复合结构双层车辙板

图 5-7-5　EA + SMA 复合结构成型

2) 黏结性能试验结果及分析

试验测试了热拌环氧树脂黏结料不同用量对层间黏结性能的影响,根据已有工程经验,黏结料用量分别取为 $0.4 kg/m^2$、$0.5 kg/m^2$ 与 $0.6 kg/m^2$,试验结果如表 5-7-11 和表 5-7-12 所示。

黏结材料不同用量时拉拔试验结果　　　　　　　　　　　　　　　　表 5-7-11

用量（kg/m^2）	编号	破坏拉力（kN）	拉拔强度（MPa）	破 坏 位 置
0.4	1-1	3.75	1.91	黏结层附近
	1-2	3.59	1.83	黏结层附近
0.5	2-1	4.77	2.43	黏结层附近
	2-2	5.23	2.67	黏结层附近
0.6	3-1	4.62	2.36	黏结层附近
	3-2	4.72	2.41	黏结层附近

黏结材料不同用量时剪切试验结果　　　　　　　　　　　　　　　　表 5-7-12

用量（kg/m^2）	编号	破坏剪力（kN）	剪切强度（MPa）	破 坏 位 置
0.4	1-1	8.06	0.89	层间黏结层
	1-2	9.08	1.01	层间黏结层
0.5	2-1	10.21	1.13	层间黏结层
	2-2	9.49	1.05	层间黏结层
0.6	3-1	9.69	1.07	层间黏结层
	3-2	9.14	1.01	层间黏结层

通过上述试验结果可见,层间剪切强度对黏结材料的用量并不敏感,这主要是由于层间剪切强度受到上、下层表面的摩擦状况影响较大。因此,在具体施工过程中,除了有效撒布黏结材料外,还应从级配设计角度及其他角度出发,尽可能增大下层表面与上层底边的粗糙程度,加大层间的摩擦性能,提高层间黏结性能。

7.3.2.2　EA 养生天数对黏结性能的影响研究

为明确 EA-10 处于不同养生期间时,施工上面层 SMA-13 对层间黏结性能的影响,本书研究开展了在不同养生期 EA-10 上部碾压成型 SMA-13 的复合结构,并测定层间黏结强度的变化的试验工作。基于施工工期的考虑,试验设定 EA-10 养生期分别为 1d、2d、3d、7d、10d 和 14d。EA 层不同养生期下层间的拉拔强度试验结果如表 5-7-13 所示。

EA 层不同养生期下拉拔试验结果　　　　表 5-7-13

EA-10 层养生期 (d)	编号	破坏拉力 (kN)	拉拔强度 (MPa)	平均拉拔强度 (MPa)	破 坏 位 置
1	1-1	3.18	1.62	1.62	SMA 内部靠近黏结层附近
	1-2	2.93	1.49		拉拔头脱落
	1-3	3.70	1.89		拉拔头脱落
2	2-1	2.34	1.19	1.63	SMA 内部
	2-2	2.19	1.12		SMA 内部
	2-3	3.21	1.63		SMA 内部靠近黏结层附近
3	3-1	2.83	1.44	1.93	SMA 内部
	3-2	2.72	1.39		SMA 内部
	3-3	3.78	1.93		SMA 内部靠近黏结层附近
4	4-1	3.58	1.83	1.83	SMA 内部靠近黏结层附近
	4-2	2.94	1.50		拉拔头脱落
	4-3	1.98	1.01		SMA 内部
7	7-1	4.86	2.48	1.92	拉拔头脱落
	7-2	3.81	1.94		黏结层附近
	7-3	3.72	1.90		黏结层附近
10	10-1	3.59	1.83	1.87	黏结层附近
	10-2	—	—		—
	10-3	3.75	1.91		黏结层附近
14	14-1	3.53	1.80	1.83	黏结层附近
	14-2	3.63	1.85		黏结层附近
	14-3	4.23	2.16		黏结层附近

拉拔断面破坏情况如图 5-7-6 所示。

a) EA+SMA 复合结构

b) 拉拔试验

c) 破坏断面 1

d) 破坏断面 2

图 5-7-6　EA + SMA 复合结构层间拉拔试验

EA 层不同养生期下层间的剪切强度试验结果如表 5-7-14 所示。

EA 层不同养生期下剪切试验结果 表 5-7-14

EA-10 层养生期(d)	破坏剪切力均值(kN)	剪切强度均值(MPa)	破 坏 位 置
1	16.16	1.79	层间黏结层
2	14.14	1.57	层间黏结层
3	15.88	1.76	层间黏结层
4	15.02	1.66	层间黏结层
7	10.29	1.14	层间黏结层
10	10.01	1.11	层间黏结层
14	9.23	1.02	层间黏结层

剪切面破坏情况如图 5-7-7 所示。

a)剪切破坏面 1

b)剪切破坏面 2

图 5-7-7 试件剪切破坏图

通过拉拔试验结果可见,下面层 EA 处于不同养生期时进行层间黏结体系与上面层 SMA 施工,层间拉拔性能表现出较为明显的差异。从时间上,下面层 EA 铺装完毕后,需要至少等待 3d 以上,其层间拉拔强度会有较大的提高,其中养生 3d 后的层间拉拔强度最高。

由剪切试验实际结果可知,EA-10 + SMA-13 复合结构的层间剪切试验破坏主要发生在层间黏结处。下面层 EA 处于不同养生期时进行层间黏结体系与上面层 SMA 施工,层间剪切性能表现出较为明显的差异。在下面层 EA 养生 1~4d 的条件下层间剪切强度值较高,随着养生时间的进一步增加,层间剪切强度值逐渐减小。

因此,从层间黏结性能角度出发,下面层 EA 铺装后的最佳等待时间为 3~4d。为了量化时间影响,在不同养生天数对下面层 EA 的马歇尔强度进行试验,得到其马歇尔稳定度变化情况,如表 5-7-15 所示。

EA-10 不同养生期的马歇尔稳定度变化情况 表 5-7-15

编 号	下面层养生时间(d)	马歇尔稳定度(kN)
1	1	10.64
2	2	11.75
3	3	15.60

续上表

编 号	下面层养生时间(d)	马歇尔稳定度(kN)
4	4	22.84
5	7	30.24
6	10	41.33
7	14	55.42

可见，下面层EA的马歇尔稳定度需要达到20kN时，最有利于层间黏结性能的形成。因此，在具体施工过程中，应该根据当地气候条件严格控制上面层施工时间，确保下面层EA结构强度处于合适的范围内。

7.3.3 石首长江公路大桥钢桥面铺装层间黏结体系性能研究

7.3.3.1 研究概况

"下层EA+上层SMA"钢桥面铺装结构由性能优异的EA铺装下层作为防水保护基层和承重层，为铺装上层提供稳定的铺装基础，由改性沥青SMA作为铺装磨耗层，提供舒适、安全的行车环境。该结构可有效提高钢桥面铺装性能，延长钢桥面铺装的使用寿命，但在行车荷载和温度等共同作用下，钢桥面沥青铺装层间会引起较大的剪切变形，当层间黏结界面黏结力差、抗水平剪切力较弱时，会导致铺装结构层间黏结失效或产生脱层现象，从而降低双层铺装结构的复合作用，增加铺装层的内部应力，加速铺装结构的破坏。因此，实际工程中需要对"下层EA+上层SMA"铺装结构的层间黏结性能进行研究。

为保证湖北石首长江公路大桥钢桥面铺装的层间黏结性能满足实际使用要求，本书研究开展钢桥面铺装结构在黏结材料不同用量条件下的层间黏结性能试验，探究铺装结构层间黏结材料的最佳用量。

7.3.3.2 层间性能试验试件制备

为探究"下层EA+上层SMA"铺装结构层间黏结料的最佳用量，本书研究开展复合结构层间剪切试验和拉拔试验。根据施工经验和现有研究成果，拟定试验中黏结料的用量分别为$0.4kg/m^2$、$0.5kg/m^2$、$0.6kg/m^2$、$0.7kg/m^2$、$0.8kg/m^2$和$0.9kg/m^2$。试件制备流程示意图见图5-7-8。试验先在车辙板模具内轮碾成型下面层EA10，之后在EA层表面涂布不同用量的环氧树脂黏层油，再轮碾成型上面层SMA13，制成EA10+SMA13复合结构双层车辙板。为减小试验操作差异带来的影响，沿碾压方向将每块双层车辙板对称划分为两部分，分别进行切割和钻芯。其中一部分切割得到供剪切试验使用的9cm×9cm×7cm立方体试件，另一部分钻芯得到供拉拔试验使用的直径5cm的圆柱芯样。

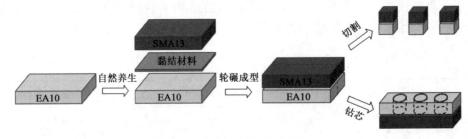

图5-7-8 复合试件成型步骤示意图

7.3.3.3 层间剪切试验

复合结构剪切试验使用的仪器为万能试验机UTM，试验首先将试件横置在剪切试验专用夹具内，并提供恒定的侧向力保证试件处于夹紧状态,然后在竖直方向施加荷载,加载方式采用位移控制,剪切速率为10mm/min。剪切试验具体示意如图5-7-9所示。

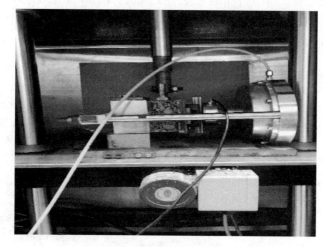

图 5-7-9 层间剪切试验图

"下层 EA + 上层 SMA"铺装结构层间黏结料不同用量下的剪切试验结果如表 5-7-16 所示。

黏结材料不同用量时剪切试验结果

表 5-7-16

用量（kg/m²）	编号	破坏力（kN）	剪切强度（MPa）	剪切强度均值（MPa）	破 坏 位 置
0.4	1-1	7.21	0.89	0.91	黏结层
	1-2	8.18	1.01		黏结层
	1-3	6.72	0.83		黏结层
0.5	2-1	9.15	1.13	1.10	黏结层
	2-2	8.51	1.05		黏结层
	2-3	9.05	1.12		黏结层
0.6	3-1	8.67	1.07	1.11	黏结层
	3-2	9.40	1.16		黏结层
	3-3	8.91	1.10		黏结层
0.7	4-1	8.42	1.04	1.08	黏结层
	4-2	8.75	1.08		黏结层
	4-3	9.07	1.12		黏结层
0.8	5-1	8.59	1.06	1.08	黏结层
	5-2	8.99	1.11		黏结层
	5-3	8.58	1.06		黏结层
0.9	6-1	8.67	1.07	1.07	黏结层
	6-2	8.19	1.01		黏结层
	6-3	9.15	1.13		黏结层

由试验结果可见,在黏结材料用量大于 0.5kg/m² 时,层间剪切强度较高,最大剪切强度为 1.11MPa。但层间剪切强度对黏结材料的用量并不敏感,这主要是由于层间剪切强度受到上、下层表面的摩擦状况影响较大。因此,在具体施工过程中,除了有效撒布黏结材料外,还应从级配设计角度及其他角度出发,尽可能增大下层表面与上层底边的粗糙程度,加大层间的摩擦性能,提高层间黏结性能。根据复合结构剪切试验结果,从黏结层剪切性能的角度出发,黏结材料的用量应不低于 0.5kg/m²。

7.3.3.4 层间拉拔试验

复合结构拉拔试验使用的仪器为桥面铺装专用拉拔仪。由于SMA表层与拉拔头之间不易黏结,试验选择从EA层往SMA层钻芯,然后使用AB胶黏结EA层表面和拉拔头,待AB胶达到一定强度时进行拉拔测试。拉拔仪加载方式采用位移控制,加载速率为10mm/min。拉拔试验具体示意见图5-7-10。

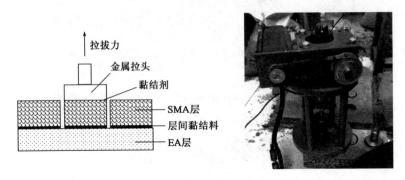

图5-7-10 层间拉拔试验图

"下层EA+上层SMA"铺装结构层间黏结料不同用量下的拉拔试验结果如表5-7-17所示。

黏结材料不同用量时拉拔试验结果　　　　表5-7-17

用量（kg/m²）	编号	破坏拉力（kN）	拉拔强度（MPa）	拉拔强度均值（MPa）	破 坏 位 置
0.4	1-1	3.16	1.61	1.66	黏结层附近
	1-2	3.68	1.88		黏结层附近
	1-3	2.90	1.48		黏结层附近
0.5	2-1	4.40	2.24	2.19	黏结层附近
	2-2	3.89	1.98		黏结层附近
	2-3	4.65	2.37		黏结层附近
0.6	3-1	4.63	2.36	2.27	黏结层附近
	3-2	4.72	2.41		黏结层附近
	3-3	4.00	2.04		黏结层附近
0.7	4-1	4.21	2.15	2.26	黏结层附近
	4-2	4.57	2.33		黏结层附近
	4-3	4.53	2.31		黏结层附近
0.8	5-1	4.17	2.13	2.14	黏结层附近
	5-2	4.31	2.20		黏结层附近
	5-3	4.08	2.08		黏结层附近
0.9	6-1	3.78	1.93	2.06	黏结层附近
	6-2	4.25	2.17		黏结层附近
	6-3	4.07	2.08		黏结层附近

由拉拔试验结果可知,层间拉拔性能随黏结料用量的变化有较明显的差异,拉拔强度随着黏结料用量的增加呈现先增大后略微减小的趋势,其中当黏结料用量为0.5~0.8 kg/m²时,层间拉拔性能较好;拉拔强度值均大于2MPa,其中在0.6kg/m²用量时达到最大拉拔强度值为2.27MPa。因此,结合复合结构拉拔试验结果,从层间拉拔性能的角度出发,推荐层间黏结料用量为0.65kg/m²±0.05kg/m²。

7.3.3.5 小结

(1)层间剪切性能对黏结材料的用量并不敏感,而层间拉拔性能随黏结料用量的变化有较明显的差异,且拉拔强度随着黏结料用量的增加呈现先增大后减小的趋势。

(2)当层间黏结料用量为 0.5~0.8kg/m² 时,层间剪切强度和拉拔强度值均较高,综合铺装结构剪切性能和拉拔性能要求,黏结料用量为 0.65kg/m² ±0.05kg/m²。同时考虑到铺装结构层对防水性能的要求,适当增大层间黏结材料用量。因此,结合黏结性能试验结果及实际工程经验,层间黏结料的最佳用量为 0.80kg/m² ±0.05kg/m²,按中值控制。

7.4 钢桥面铺装层结构性能试验研究

针对石首长江公路大桥结构特点、气候条件及交通条件对钢桥面铺装层性能提出的要求,开展了铺装层材料与结构性能试验研究。试验内容主要为 EA-10 配合比设计和 SMA 配合比设计。此外,对于下面层开展了短切纤维对于改善 EA 低温性能的可行性研究;上面层试验对比分析了高弹改性 SMA 和 SBS 改性 SMA、SMA-13 和 SMA-10 等不同结构的路用性能,并重点对石首长江公路大桥采用玄武岩纤维改善 SMA-13 高温稳定性能进行研究。

7.4.1 下面层 EA-10 配合比设计与性能优化

7.4.1.1 EA-10 级配设计

1)级配曲线

参考现行规范中的设计要求,确定 EA-10 的设计级配及级配曲线图。级配设计如表 5-7-18 和图 5-7-11 所示。

EA-10 混合料设计级配要求   表 5-7-18

级配	通过下列筛孔(方孔筛,mm)的质量百分率(%)								
	13.2	9.5	4.75	2.36	1.18	0.6	0.3	0.15	0.075
级配范围	100	100~90	30~50	22~30	17~25	15~22	12~20	10~18	9~12
设计级配	100	97.1	76.8	58.2	48.1	37.8	24.5	17.8	10.5

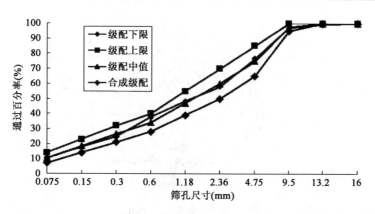

图 5-7-11 设计级配曲线

2)油石比确定

按确定的矿料组成,油石比在 5.5%~7.5% 范围内,每间隔 0.5% 变化一次,根据不同的油石比进行马歇尔试件的制作,两面各击 75 次。成型后的试件静置 24h 后脱模,48h 后测定其毛体积相对密度、空隙率、有效沥青饱和度等物理指标,再在 60℃ 水浴中浸泡 35min 后测定其马歇尔稳定度及流值。不同油石比下马歇尔试件各物理—力学指标汇总表见表 5-7-19。

马歇尔试验物理—力学指标测定结果汇总表　　　　表 5-7-19

油石比(%)	5.5	6.0	6.5	7.0	7.5
毛体积相对密度	2.441	2.478	2.498	2.504	2.496
稳定度(未固化,kN)	8.190	9.690	14.283	13.810	13.010
空隙率(%)	6.436	4.341	2.884	1.995	1.629
流值(0.1mm)	22.133	25.100	25.667	24.833	27.367
沥青饱和度(%)	65.624	75.726	83.616	88.800	91.174
矿料间隙率(%)	18.721	17.881	17.603	17.806	18.439

根据马歇尔试验结果,分别绘制密度、稳定度、流值、空隙率和沥青饱和度与油石比关系曲线,如图 5-7-12 所示。

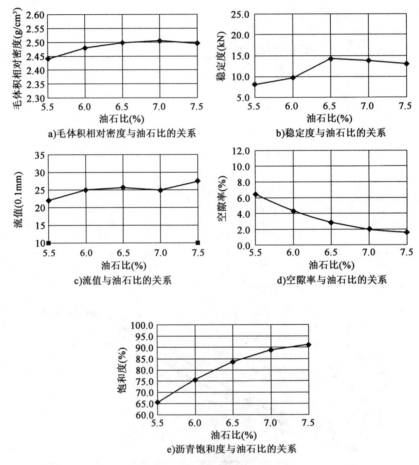

图 5-7-12　油石比与各控制指标的关系曲线

根据上述曲线,得到相应于最大密度的沥青用量 $a_1 = 7.0\%$;相应于最大稳定度的沥青用量 $a_2 = 6.5\%$;相应于空隙率 1.5% ~ 3.0% 中值的沥青用量 $a_3 = 6.5\%$。相应于沥青饱和度范围中值的沥青用量 $a_4 = 6.2\%$,得 $OAC1 = (a_1 + a_2 + a_3 + a_4)/4 = 6.55\%$。

然后根据各曲线,确定均符合规范要求的沥青用量范围 OACmin ~ OACmax。得出 OACmin ~ OACmax 为 6.4% ~ 6.7%,确定 $OAC2 = 6.55\%$。

因此,最终确定 EA-10 混合料最佳油石比为 $OAC ≈ (OAC1 + OAC2)/2 = 6.55\%$。以上配合比试验数据为初步数据,下一阶段研究将在此基础上开展进一步优化。

7.4.1.2 EA-10 路用性能测试

EA-10 混合料的性能试验分为高温试验、低温试验、抗水损试验等。所有试验均按《公路工程沥青及沥青混合料试验规程》(JTG E20—2011)的相关方法进行,试验用已固化试件,试验结果如表 5-7-20 所示。

EA-10 混合料的技术要求与实测值　　　　表 5-7-20

技术指标	试验条件	单位	技术要求	实测值
动稳定度	60℃,0.7MPa	次/mm	≥10000	18600
动稳定度	70℃,0.7MPa	次/mm	≥8000	15000
车辙深度	60℃,0.7MPa	mm	≤2	0.3
弯曲强度	−15℃,1mm/min	MPa	≥10	18.3
极限应变	−15℃,1mm/min	10^{-3}	≥2	3.72
劲度模量	−15℃,1mm/min	MPa	5000~15000	6752
线收缩系数	−15~5℃,−10℃/h	$10^{-5}℃^{-1}$	≤3.00	1.52
回弹模量	15℃,2mm/min	MPa	—	—
抗压强度	15℃,2mm/min	MPa	≥20	41
劈裂抗拉强度	15℃,50mm/min	MPa	—	5.83
极限应变	15℃,50mm/min	10^{-3}	≥10.0	12.7
劲度模量	15℃,50mm/min	MPa	—	860
TSR	25℃,50mm/min	%	≥70	77

由表 5-7-20 可知,所设计的 EA-10 的表面构造深度较小,但 EA-10 的线收缩系数跟钢板相近,高温性能和低温性能均较好,适合作为钢桥面铺装下层。

7.4.1.3 玄武岩纤维对 EA 低温性能的优化研究

本书研究以玄武岩纤维改性环氧沥青混合料为研究对象,对其低温抗裂等性能进行研究。环氧沥青混合料作为钢桥面铺装结构,其主要以裂缝类病害为主,特别是在低温环境下受荷作用更易产生路面开裂。通过对玄武岩纤维改性环氧沥青混合料进行试验,有效提高环氧沥青混凝土铺装结构的低温抗断裂性能,避免作为铺装下面层的 EA 结构由于裂缝病害导致承载性能下降,引起铺装结构更为显著的病害。

1) 玄武岩纤维改性环氧沥青结合料

根据《公路工程玄武岩纤维及其制品　第 1 部分:玄武岩短切纤维》(JT/T 776.1—2010),结合钢桥面铺装等特殊使用情况,研究所选用的用于环氧沥青混合料的玄武岩短切纤维技术指标如表 5-7-21 所示。

用于环氧沥青混合料的玄武岩短切纤维技术指标　　　　表 5-7-21

技术指标	技术要求	试验方法
玄武岩纤维长度(mm)	6±(1+10%)	JT/T 776.1—2010
密度(g/m^3)	≥2.600	GB/T 7690.1
吸油率(%)	≥50	JT/T 776.1—2010
断裂强度(MPa)	≥1200	GB/T 7690.3—2001
断裂伸长率(%)	≤3.1	GB/T 7690.3—2001
耐热性,断裂强度保留率(%)	≥85	GB/T 7690.3—2001
可燃性	明火点不燃	JT/T 776.1—2010

研究中先将不同比例的玄武岩与沥青原材料进行混合,形成玄武岩纤维沥青,并按照马歇尔配合比试验确定最佳油石比。根据换算,可确定试验所用玄武岩纤维在纤石比分别为0.2%、0.4%、0.6%、0.8%、1%。拉伸试验的主要指标是拉伸应力和断裂延伸率。

试验先将加热至150℃的环氧沥青及玄武岩改性环氧沥青浇入已烘至120℃的模具中,成型并固化6h后自然冷却(图5-7-13)。在60℃条件下养护96h。然后使用模具将试件切割为哑铃状,如图5-7-14所示。试验标准温度为23℃±2℃。在进行拉伸试验前,应先将哑铃状试件在23℃±2℃条件下养护至少3h。试验选用加载速率为500mm/min±5mm/min。然后在拉伸仪上将试件两端夹持,进行试验,直至试件断裂。测量试件断裂时的拉力和试件工作区的拉伸后的长度,然后计算出环氧沥青及玄武岩改性环氧沥青的抗拉强度和断裂延伸率。

图5-7-13 玄武岩纤维改性环氧沥青结合料拉伸试验试件

图5-7-14 哑铃状拉伸试验试件

环氧沥青结合料及玄武岩纤维改性环氧沥青结合料的拉伸试验结果如表5-7-22所示。

环氧沥青及玄武岩纤维改性环氧沥青结合料拉伸试验结果 表5-7-22

玄武岩纤维掺量(%)	拉伸强度(MPa)	断裂延伸率(%)
0	2.65	215
0.2	2.70	227
0.4	2.72	235
0.6	2.81	235
0.8	2.60	211
1	2.55	197

通过表5-7-22可以看出,普通环氧沥青结合料的拉伸强度和断裂延伸率分别为2.65MPa和215%,当玄武岩纤维掺量达到1%时,虽然拉伸强度为2.55MPa,符合要求,但是其断裂延伸率为197%;此外,玄武岩纤维掺量为0.8%时,其拉伸强度与断裂延伸率均未得到有效提高。因此,综合而言,玄武岩纤维掺量应小于或等于0.6%。

2)玄武岩纤维改性环氧沥青混合料低温弯曲性能研究

采用小梁弯曲试验得到不同玄武岩纤维掺量的改性环氧沥青混合料三点弯曲破坏荷载和相应的跨中挠度。计算出小梁试件的抗弯拉强度、最大弯拉应变与弯曲劲度模量,结果如表5-7-23及图5-7-15所示。

玄武岩纤维改性环氧沥青混合料低温弯曲试验结果 表5-7-23

玄武岩纤维掺量(%)	试件编号	最大弯拉应变(×10⁻³)	抗弯拉强度(MPa)	弯曲劲度模量(MPa)
0	1	3.675	37.5	10204.1
	2	3.703	39.2	10586.0
	3	3.683	37.8	10263.4
	平均值	3.687	38.2	10351.2
0.2	1	4.206	43.3	10294.8
	2	4.073	42.1	10336.4
	3	4.144	43.6	10521.2
	平均值	4.141	43.0	10384.1
0.4	1	4.314	46.3	10786.0
	2	4.452	46.8	10512.1
	3	4.389	47.3	10776.9
	平均值	4.385	46.8	10673.9
0.6	1	3.702	40.0	10804.9
	2	3.653	38.6	10566.7
	3	3.741	42.1	11253.7
	平均值	3.699	40.2	10875.1

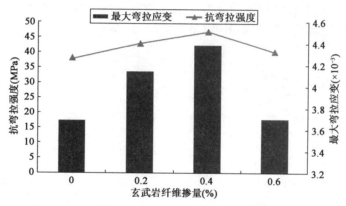

图5-7-15 玄武岩纤维改性环氧沥青混合料低温弯曲试验结果

通过表5-7-23及图5-7-15可知,在-10℃条件下,玄武岩纤维的掺入会使得改性环氧沥青混合料抗弯拉强度,当玄武岩纤维掺量为0.4%时,改性环氧沥青混合料的抗弯拉强度达到46.8MPa,比普通环氧沥青混合料的抗弯拉强度提高了22.5%,说明玄武岩纤维能够有效地增强环氧沥青混合料低温下承受荷载能力;玄武岩纤维的掺入会使得改性环氧沥青混合料的最大弯拉应变增大,当玄武岩纤维掺量为0.4%时,改性环氧沥青混合料的最大弯拉应变达到4.385×10^{-3},比普通环氧沥青混合料的最大弯拉应变提高了18.9%,说明玄武岩纤维能够有效地增强环氧沥青混合料低温下承受荷载时的变形能力。可知,玄武岩纤维改性环氧沥青混合料的临界弯拉应变和弯拉强度都比普通环氧沥青混合料的要高,弯拉劲度模量提高只说明了玄武岩纤维的掺入对弯拉强度的提升有着更明显的作用。

3)基于低温劈裂试验的低温性能研究

《公路工程沥青及沥青混合料试验规程》(JTG E20—2011)中的沥青混合料劈裂试验规程(T 0716—2011)适用于测定沥青混合料在规定温度和加载速率时劈裂破坏或出于弹性阶段时的力学性质。当用于评价沥青混合料低温抗裂性能时,宜采用试验温度为-10℃±0.5℃及加载速率1mm/min。试验仪器选用液压万能试验机,量程为300kN,精度为0.01kN。

将已成型的试件放在 -10℃ 空气箱中保温至少 6h,直至试件内部温度达到 -10℃ ±0.5℃ 为止,且保温时试件之间的距离不小于 10mm。然后取出试件,迅速置于试验台的夹具中安放稳定。低温劈裂试验在 -10℃ 条件下进行,试验时严格控制加载速率为 1mm/min。万能试验机内置的传感器将采集玄武岩纤维改性环氧沥青混合料马歇尔试件的荷载与位移,并传输到计算机中。每种不同玄武岩纤维掺量的改性环氧沥青混合料进行 2 次平行试验。

通过万能试验机记录的试验过程中的峰值荷载及峰值荷载时的竖向位移,可以计算出不同玄武岩纤维掺量的改性环氧沥青混合料的低温劈裂数据,如表 5-7-24 所示。

玄武岩纤维改性环氧沥青混合料低温劈裂试验结果   表 5-7-24

玄武岩纤维掺量 (%)	峰值荷载 P_T (kN)	峰值荷载对应的竖向位移 Y_T (mm)	水平位移 X_T (mm)	劈裂抗拉强度 (MPa)		破坏劲度模量 (MPa)	
0	101.62	2.04	0.30	10.65	10.73	2965.8	2974.3
	103.20	2.06	0.30	10.81		2982.7	
0.2	112.58	2.19	0.32	11.80	11.99	3060.7	3132.4
	116.24	2.16	0.31	12.18		3204.0	
0.4	118.25	2.24	0.33	12.39	12.36	3143.0	3121.1
	117.64	2.26	0.33	12.33		3099.2	
0.6	125.31	2.21	0.32	13.13	13.22	3375.9	3505.2
	126.97	2.08	0.30	13.30		3634.4	

将表 5-7-24 中不同玄武岩纤维掺量的改性环氧沥青混合料的低温劈裂强度和破坏劲度模量的平均值与玄武岩纤维掺量关系绘制成图,如图 5-7-16 和图 5-7-17 所示。

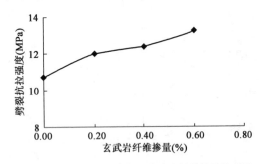
图 5-7-16 劈裂抗拉强度与玄武岩纤维掺量关系图

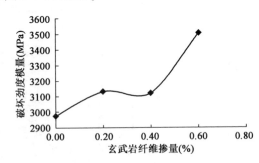
图 5-7-17 破坏劲度模量与玄武岩纤维掺量关系图

通过图 5-7-16 可以看出,改性环氧沥青混合料的低温劈裂强度随着玄武岩纤维掺量的增加而增大。普通环氧沥青混合料的低温劈裂强度约为 10.73MPa;玄武岩纤维掺量为 0.2%、0.4% 和 0.6% 的改性环氧沥青混合料的低温劈裂强度分别为 11.99MPa、12.36MPa 和 13.22MPa,分别比普通环氧沥青混合料的低温劈裂强度提高了 11.7%、15.2% 和 23.2%,说明玄武岩纤维能够有效地提高环氧沥青混合料的低温抗裂能力。

通过图 5-7-17 可以看出,改性环氧沥青混合料的破坏劲度模量随着玄武岩纤维产量的增加而先增加后减小。普通环氧沥青混合料的破坏劲度模量为 2974.3MPa;玄武岩纤维掺量为 0.2%、0.4% 和 0.6% 的改性环氧沥青混合料的破坏劲度模量分别为 3132.4MPa、3121.1MPa 和 3505.2MPa,均较普通环氧沥青混合料的破坏劲度模量提高了 5.3%、4.9% 和 17.5%。破坏劲度模量高说明在相同应力条件下,混合料的应变小;相同应变条件下,混合料的应变大。但是考虑到玄武岩纤维改性环氧沥青混合料的低温破坏强度的提升幅度远较破坏劲度模量提升的幅度大,因此可以认为相比较于普通环氧沥青混合料,玄武岩纤维改性环氧沥青混合料有着更优异的低温抗劈裂性能。

通过表 5-7-24 可以看出,普通环氧沥青混合料与玄武岩纤维改性环氧沥青混合料发生低温劈裂破坏时,玄武岩纤维掺量为 0.2% 和 0.4% 的改性环氧沥青比普通环氧沥青混合料在水平方向上的位移要大,而玄武岩纤维掺量为0.6%的改性环氧沥青则与普通环氧沥青混合料相差不大。这说明玄武岩纤维掺量为0.2%和0.4%的改性环氧沥青混合料有着比普通环氧沥青混合料更优异的变形性能,而当玄武岩纤维掺量大于0.4%时,变形能力会降低。

综合以上结论,基于玄武岩纤维改性环氧沥青混合料低温劈裂试验数据,玄武岩纤维掺量为0.4%的改性环氧沥青混合料比普通环氧沥青混合料及玄武岩纤维掺量为0.2%和0.6%的改性环氧沥青混合料有着更优异的低温抗裂性能。

7.4.2 上面层SMA配合比设计与性能优化

针对石首长江公路大桥上面层SMA的结构设计与性能优化,开展了高弹改性SMA-13、高弹改性SMA-10、SBS改性SMA-13和SBS改性SMA-10的配合比设计,通过对比确定最优铺装方案。

7.4.2.1 SMA结构级配设计

1)级配设计

SMA结构作为钢桥面铺装上面层,其具备较好的高温稳定性并能提供优异的抗滑性能。在本书研究的级配设计中,选用了构造深度大、抗滑性能好的粗型SMA级配。参考现行规范中SMA结构设计要求,研究中取SMA-13、SMA-10合成级配曲线图见图5-7-18、图5-7-19。

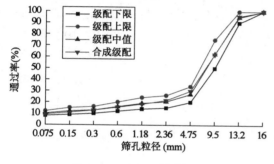

图5-7-18 SMA-13设计级配

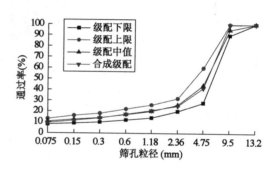

图5-7-19 SMA-10设计级配

2)油石比确定

SMA配合比设计一般采用马歇尔体积法设计法。根据我国《公路沥青玛蹄脂碎石路面技术指南》(SHC F40-01—2002)的规定,SMA配合比设计应遵循两点原则:①混合料必须具有相互嵌挤的粗集料骨架;②填充在SMA的粗集料骨架间隙中的沥青结合料应符合最小沥青用量的要求,马歇尔试件的空隙率必须在要求范围内。

按确定的矿料组成,高弹改性SMA-13的油石比在5.5%~7.5%范围内,初步选择5.5%,以不同的油石比间隔0.5%,木质纤维掺量取为0.3%,两面各击75次的方法制作马歇尔试件。成型后的试件静置12h脱模,48h后测定其毛体积相对密度、空隙率、有效沥青饱和度等物理指标,再在60℃水浴中浸泡45min后测定其马歇尔稳定度及流值,计算最大理论相对密度。不同油石比下马歇尔试件的物理-力学指标汇总见图5-7-20。

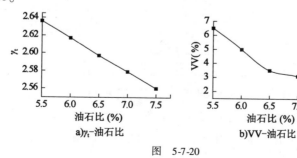

图 5-7-20

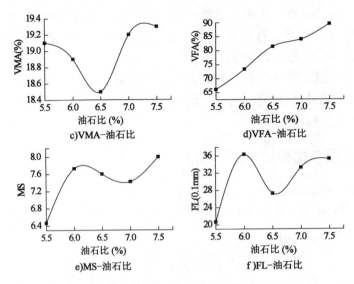

图 5-7-20　不同油石比的 SMA-13 马歇尔试件物理-力学指标

由图 5-6-20 计算可知：OAC1 = 6.1%；OAC2 = (OACmin + OACmax)/2 = 6.7%；OAC = (OAC1 + OAC2)/2 = (6.1 + 6.7)/2 = 6.4%。

根据实践经验和试验，最终确定高弹改性 SMA-13 最佳油石比为 6.4%，重复以上试验，SBS 改性 SMA-13 最佳油石比为 6.0%，高弹改性 SMA-10 最佳油石比为 6.6%，SBS 改性 SMA-10 最佳油石比为 6.1%。

7.4.2.2　SMA 路用性能试验研究

1）高温稳定性试验

采用车辙试验对沥青混合料高温稳定性进行研究，不同沥青混合料的高温车辙试验结果如表 5-7-25 所示。

不同沥青混合料车辙试验结果　　　　表 5-7-25

混合料类型	编 号	DS(次/mm)	平 均 值
高弹改性 SMA-13	1	8399	8596
	2	8636	
	3	8753	
SBS 改性 SMA-13	1	4860	4968
	2	4913	
	3	5132	
高弹改性 SMA-10	1	8076	8365
	2	8600	
	3	8420	
SBS 改性 SMA-10	1	5030	4732
	2	4516	
	3	4650	

由表 5-7-25 可知，高弹性改性沥青混合料具有最高的动稳定度，且其总变形量也最小。高弹改性 SMA-13 的动稳定度是 SBS 改性 SMA-13 的 1.73 倍，而高弹改性 SMA-10 的动稳定度是 SBS 改性 SMA-10 的 1.77 倍，说明高弹性改性沥青混凝土相对于 SBS 改性沥青混凝土能够提供更高的高温抗车辙能力，适应更大的交通量需求。

2）水稳定性试验

采用浸水马歇尔试验对高弹性改性沥青混合料和SBS改性沥青混合料的水稳定性进行研究。按规范规程T 0709—2011进行浸水马歇尔试验，在60℃恒温水浴30min后，测定其稳定度，另一组马歇尔试件在60℃恒温水浴48h后，测定其稳定度。按上述步骤测得不同沥青混合料马歇尔稳定度如表5-7-26所示。

不同类型沥青混凝土浸水马歇尔试验结果　　　　　　　　　　表5-7-26

沥青类型	试验条件	编号	稳定度（kN）	均值（kN）
高弹改性SMA-13	浸水48h	1	7.82	8.06
		2	8.14	
		3	7.90	
		4	8.38	
	浸水0.5h	1	8.71	8.40
		2	7.99	
		3	8.63	
		4	8.25	
SBS改性SMA-13	浸水48h	1	13.41	13.13
		2	12.85	
		3	14.68	
		4	11.58	
	浸水0.5h	1	13.52	14.93
		2	15.35	
		3	15.84	
		4	15.01	

由表5-7-26计算可知，高弹SMA-13的浸水残留稳定度为96.0%，比SBS改性SMA-13的87.9%高8.1%。分析认为，高弹性改性沥青与矿料有更好的黏附作用，此外，高弹改性SMA-13的油石比较大，增加了矿料表面的有效沥青膜厚度，能有效防止水对沥青与矿料界面的破坏。

3）冻融劈裂试验

按规程T 0729—2000进行冻融劈裂试验。采用马歇尔劈裂试验仪测出压裂时的压力值，计算劈裂抗拉强度，再计算冻融劈裂抗拉强度比TSR。试验结果见图5-7-21。

分析图5-7-21可知，浸水马歇尔稳定度与冻融劈裂试验结果可知：高弹性改性沥青混合料的冻融劈裂试验强度比TSR为95%，比SBS改性沥青混合料高12%。说明高弹性改性沥青对沥青混合料水稳定性有明显的提高，具有良好的抗水害能力。

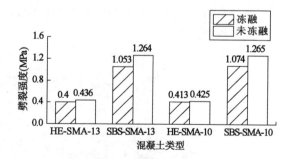

图5-7-21　不同类型沥青混凝土冻融劈裂试验结果

在多次冻融循环作用下，沥青混凝土的性能将迅速衰减，导致在施工完成几年后就出现大规模的早期损害现象。冻融作用增大了沥青混合料稳定蠕变期的蠕变速率，提高了沥青混合料高温稳定性、疲劳寿命对应力水平的敏感性，随着冻融循环次数的增加，沥青混合料的抗压强度、抗压回弹模量与抗疲劳性能降低、空隙率呈明显上升趋势。因此本节研究马歇尔试件的体积和性能变化，通过冻融循环过程中试件的空隙率及性能的变化。马歇尔试件冻融循环步骤如下：

（1）按照规程中沥青混合料冻融劈裂试验中规定的冻融方法，将不同类型沥青混凝土马歇尔试件进行 4 次、8 次、12 次、16 次、20 次的冻融。

(2) 每 4 次冻融循环后,将试样置 105℃±5℃烘箱中烘干至恒重,称取干燥沥青混合料试样的总质量 m_a、水中质量 m_w、表干质量 m_f。

(3) 按照规范规程 T 0716—2011 试验标准测定不同冻融循环次数下的劈裂抗拉强度 RT,相同冻融循环次数下的试件数不少于 3 个。

计算不同冻融次数下各组试件的空隙率并测定其劈裂抗拉强度,结果如图 5-7-22、图 5-7-23 所示。

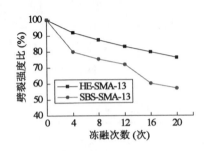 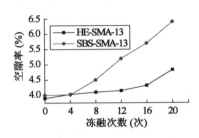

图 5-7-22　沥青混合料劈裂强度比随冻融次数变化　　图 5-7-23　沥青混合料空隙率随冻融次数变化

由图 5-7-23 可知:

随着冻融次数的增加,高弹性改性沥青混凝土和 SBS 改性沥青混凝土的劈裂强度都呈减小的趋势,经过 4 次冻融循环后,SBS 改性沥青混凝土的劈裂强度比为 79%,小于 80% 的技术要求,而高弹性改性沥青混凝土经过 16 次冻融循环后,劈裂强度比小于技术要求。

经过 20 次冻融循环,SBS 改性沥青混凝土的空隙率由初始的 4.0% 增加到 6.4%,4 次冻融循环后,空隙率迅速增加,而高弹性改性沥青混凝土经过 20 次冻融循环后,空隙率由 3.9% 增加到 4.83%,变化在 1% 以内。

分析表明,由于冻融循环次数的增多,马歇尔试件所产生的温度疲劳效应越大,而在冻融作用下,进入空隙后的水体积膨胀,导致空隙率增加,高弹性改性沥青有良好的弹性恢复和延展性能,在沥青混合料经历冻融作用体积增大之后,能良好地恢复到原有的状态,从而有效减少温度疲劳及空隙内水体积膨胀引起的损害,故空隙率变化远小于 SBS 改性沥青混凝土。

4) 小梁弯曲试验

为评价铺装层的低温抗裂性,采用 -10℃ 低温弯曲试验进行评价,试验按照规程 T 0715—2011 在 UTM-100 上进行。小梁弯曲破坏时的弯拉强度、曲劲度模量、最大弯拉应变,分别按规程 T 0715—201 中公式进行计算。

小梁弯曲试验沥青混合料试件破坏形状如图 5-7-24 所示,不同类型低温弯曲试验荷载—挠度关系如图 5-7-25 所示。

a) 高弹改性 SMA-13 破坏图　　b) SBS 改性 SMA-13 破坏图

图 5-7-24　不同类型沥青混合料小梁试件弯曲试验破坏图

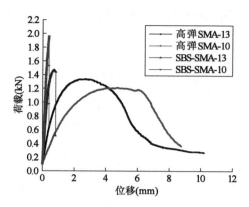

图 5-7-25　不同类型沥青混合料低温弯曲试验荷载—挠度对比

由试件破坏图可以看出，-10℃下试件破坏后，高弹性改性沥青的试件仍然保持整体状态，裂缝并未发展至试件顶面，而普通 SBS 改性沥青的试件已断裂为两段，裂缝贯穿整个试件，分析认为，高弹性改性沥青与 SBS 改性沥青相比有更高的延展性，其混合料的低温弯曲试验结果如表 5-7-27 所示。

不同类型沥青混合料低温弯曲试验结果　　表 5-7-27

沥青混凝土类型	弯拉强度(MPa)	极限弯拉应变($\mu\varepsilon$)	弯曲劲度模量(MPa)	断裂能(J)
高弹改性 SMA-13	18.3	7611	2593	0.515
SBS 改性 SMA-13	13.8	3807	3625	0.351
高弹改性 SMA-10	20.5	10063	2037	0.619
SBS 改性 SMA-10	13.4	4142	3235	0.382

分析低温弯曲指标试验结果数据可知：

-10℃温度下，无论是 SMA-13 还是 SMA-10，高弹性改性沥青混合料的弯拉强度均比 SBS 改性沥青混合料的高 30% 以上，而极限弯拉应变均比 SBS 改性沥青混合料的高约 100%。这表明低温下高弹性改性沥青有更好的变形能力，而 SBS 改性沥青混合料更容易断裂。

高弹 SMA-10 的断裂能约是普通 SBS 改性沥青混合料的 1.6 倍，表明-10℃下高弹性改性沥青混合料储存的能量多，破坏时消耗的能量要大，其低温抗裂性能远好于普通 SBS 改性沥青混合料。

7.4.2.3　SMA-13 高温性能优化研究

针对石首长江公路大桥夏季温度较高的气候条件，为满足钢桥面铺装结构对高温稳定性能的要求，开展了 SMA-13 的高温性能优化研究。研究从 SMA-13 混合料的高温变形机理分析出发，重点开展 SMA 养生条件和纤维掺加条件对 SMA-13 高温稳定性的影响研究，本研究所用沥青结合料为 SBS 改性沥青混合料。

1）SMA 养生条件对高温性能的影响探究

针对施工后 SMA 沥青混合料养生期（通车前）对高温性能的影响，本试验设定养生温度分别为 20℃、30℃和 40℃，养生龄期分别为 1d、2d，研究 SMA 沥青混凝土结构在不同温度下养护不同时间后，其高温性能的变化规律曲线。

车辙试验是评价沥青混合料在规定条件下抵抗塑性流动变形能力的方法，目前，我国采用的是室内小型往复式车辙试验机试验，试验轮的往返行走速度为 42 次/min，试验温度为 60℃，实验过程中可以观察到轮辙形成的全过程。

本试验以养生完成的 SMA 车辙板分组进行测试，考察不同养生温度下，各个养生龄期内的动稳定度的变化。

试验养生条件结束后即进行车辙试验，在车辙仪内 60℃保温 5h 后测得动稳定度，并进行数据处理。各养生温度和养生龄期下，SMA-13 沥青混合料（不掺加玄武岩纤维）车辙动稳定度汇总如表 5-7-28 所示。

SMA-13 沥青混合料车辙动稳定度（单位：mm/次） 表 5-7-28

养生温度（℃）	养生龄期（d）	
	1	2
20	4221	4565
30	3928	4132
40	4424	4513

对试验结果分析可知，SMA-13 动稳定度随着养生龄期的延长而增长，针对此现象，热拌改性沥青混合料试件成型之后，聚合物改性沥青还有一个固化的过程，而混合料的强度与聚合物改性沥青的固化程度密切相关。

整体上来看，养生温度对动稳定度也有明显的影响，在养生龄期相同的情况下，在30℃下的动稳定度小于20℃和40℃，表明20℃和40℃的温度养生条件对于混合料的高温稳定性的提升效果高于30℃的温度养生条件，进一步说明聚合物的固化效果在不同温度下发生了一定的变化。

对施工的指导建议：综合考虑经济、工期及车辆通行的便利性等因素条件，对于改性沥青混合料路面，在沥青路面施工结束后，应养护1~2d，使聚合物得到充分固化，沥青混合料强度得到提升，从而提高路面高温稳定性。

2）玄武岩纤维对SMA高温性能的影响探究

作为石首长江公路大桥上面层SMA-13沥青路面抗高温变形性能研究的深化，结合高温车辙病害的研究成果，开展了掺加玄武岩纤维的普通改性SMA-13沥青混凝土高温性能试验。分别添加长度为3mm、6mm、9mm、15mm以及20mm的玄武岩纤维。

试验结果表明，6mm的玄武岩纤维具有更好的高温性能改善作用，因此本书研究着重开展了6mm纤维的掺量试验工作。采取0.1%、0.2%、0.4%、0.6%四种不同掺量，以研究掺入玄武岩纤维对沥青路面高温性能的影响，达到进一步提高沥青路面高温稳定性能的目的。试验结果如表5-7-29所示。

不同掺量下混合料的动稳定度 表 5-7-29

掺量(%)	0	0.1	0.2	0.4	0.6
SMA-13 动稳定度(mm/次)	3495	4034	5059	5852	5126

分析试验结果可以看出，沥青混合料的动稳定度随着纤维掺量的改变而变化，在纤维掺量为0.2%~0.4%时，SMA-13的动稳定度达到最大值，然后随着纤维掺量继续增加，当达到某一纤维掺量的时候，沥青混合料的动稳定度开始变小，原因可能是纤维掺量比较小时，纤维容易分散，分散的纤维对沥青混合料起到连接加筋的效果，从而能够增加沥青混合料的高温稳定性，当纤维掺量达到饱和时，纤维在沥青混合料的搅拌过程中不易分散，容易出现结团现象，这种纤维掺量过大而结团的现象在之前制备沥青混合料的拌锅搅拌过程中已然发现，故导致纤维在混合料中分散不均匀，对混合料的高温性能的提升效果反而不如纤维掺量较少时明显。

可见，在SMA-13混合料中掺加玄武岩纤维能显著地提高SMA-13结构的高温抗变形性能，但在具体施工中需对纤维材料的分散均匀性开展实时监控。

7.4.3 钢桥面铺装结构性能研究

钢桥面铺装结构由上、下面层与黏结体系有效结合，对铺装结构性能的试验研究是评价各结构层材料与结构性能是否充分发挥的关键，也是评估复合结构设计是否合理的重要依据。本书研究将包含铺装下层、铺装上层与黏结体系的多层结构成为铺装组合结构，以高温稳定性试验与低温弯曲试验分别测试"下层EA+上层SMA"(简称组合结构Ⅰ)铺装组合结构的高温性能与低温性能,同时与"双层EA"(简称组合结构Ⅱ)和"下层GA+上层SMA"(简称组合结构Ⅲ)铺装组合结构的路用性能开展对比。此外,将包含钢板、防腐防水黏结体系、铺装下层、铺装上层与黏结体系的多层结构称为铺装复合结构,开展"钢板+防腐防水黏结层+下层EA"(简称"钢板+下面层"复合结构)与"钢板+防腐防水黏结层+下层EA+防水黏结层+上层SMA"(简称"钢板+铺装层"复合结构)的抗疲劳性能试验。

组合结构与复合结构的成型按实际铺装的施工顺序进行,对于复合结构而言,即先对钢板进行相应的喷砂除锈与防腐材料的前处理工作,然后再按"防水黏结层→铺装下层→黏结层→铺装上层"的顺序成型试件。对于浇筑式沥青混合料,成型时采用人工抹平的方式,其他混合料采用轮碾法成型。

7.4.3.1 铺装组合结构高温性能试验

采用组合结构车辙试验考察三种铺装结构方案的高温稳定性,以动稳定度(次/mm)与车辙深度(mm)两项指标反映。试验温度为60℃,铺装组合结构的高温车辙试验结果如图5-7-26和表5-7-30所示。

图5-7-26 钢桥面铺装组合结构高温车辙试验

铺装组合结构车辙试验结果 表5-7-30

技术指标铺装结构	动稳定度(次·mm^{-1})		车辙深度(mm)	
	试验结果	技术要求	试验结果	技术要求
组合结构Ⅰ	9345	≥3000	0.71	≤2.00
组合结构Ⅱ	12570		0.32	
组合结构Ⅲ	3158		1.74	

由表5-7-30可知,各铺装结构的高温稳定性与抗车辙能力差别较大,"双层EA"和"EA+SMA"结构的动稳定度较高,并且车辙深度均小于2mm,表明具备较好的高温稳定性,抗车辙能力强;"GA+SMA"铺装结构的动稳定度相对较低,表现出高温性能不足,易发生车辙病害。

7.4.3.2 铺装组合结构低温性能试验

研究铺装结构的低温性能采用低温弯曲试验,对铺装结构低温时的强度与变形特性进行考察。其中三种铺装结构的复合梁试件尺寸分别为"250mm×70mm×40mm""250mm×60mm×40mm""250mm×75mm×40mm",从铺装组合结构车辙板试件上切割。试验温度为-10℃,加载速率为1mm/min。各铺装结构的弯曲试验结果见表5-7-31。

铺装组合结构低温弯曲试验结果　　　　表 5-7-31

技术指标铺装结构	弯曲强度(MPa)		极限应变(10^{-3})	
	试验结果	技术要求	试验结果	技术要求
组合结构Ⅰ	14.5	≥10.0	3.01	≥2.00
组合结构Ⅱ	17.2		3.35	
组合结构Ⅲ	10.5		4.71	

由表 5-7-31 可见，三种铺装结构的弯曲强度和极限应变均满足《石首长江公路大桥钢桥面铺装技术标准》中提出的技术要求，"EA+SMA"结构具备较好的低温强度性能介于"双层EA"与"GA+SMA"之间。

7.4.3.3 钢桥面铺装复合结构抗疲劳性能研究

钢桥面铺装复合结构的疲劳性能是评判复合结构整体性能的关键指标，本书研究中疲劳寿命主要针对"下层EA+上层SMA"结构开展，主要包括以下两类结构试验：

(1)"钢板+防腐防水黏层+下层EA"，简称"钢板+铺装下层"复合结构：验证钢板、防腐防水黏结体系与下面层复合结构的疲劳寿命，并检测钢板与下层EA的变形协调性。

(2)"钢板+防腐防水黏结层+下层EA+防水黏结层+上层SMA"，简称"钢板+铺装层"复合结构：验证石首长江公路大桥钢桥面铺装复合结构整体抗疲劳性能，着重评估铺装上层使用期限内的性能状况。

复合梁疲劳试验在 MTS 810 材料试验系统上进行，试验荷载取 5kN，试验频率为 10Hz，试验温度为 70℃。复合梁结构"钢板+铺装下层"与复合梁结构"钢板+铺装层"的疲劳试验结果分别如表 5-7-32 与表 5-7-33 所示。

"钢板+铺装下层"复合结构疲劳试验结果　　　　表 5-7-32

铺 装 结 构	加载次数(万次)	备　　　注
"钢板+铺装下层"复合结构	1800	防腐防水黏结体系与下层EA结构均未见病害

"钢板+铺装层"复合结构疲劳试验结果　　　　表 5-7-33

铺 装 结 构	加载次数(万次)	备　　　注
"钢板+铺装层"复合结构	1000	未见明显病害

由试验结果可知，"钢板+铺装下层"复合结构与"钢板+铺装层"复合结构的加载次数均能达到 1000 万次以上，即连续作用受荷 10d(每秒作用 10 次)以上均未见明显的破坏，其中，"钢板+铺装下层"复合结构加载 1800 万次后，各功能层均未见病害出现，表明各结构层间良好的抗疲劳性能与协同变形性能。按照标准轴载作用换算，假设每车道相同位置每天受到车辆荷载作用 3000 次(车载以 50%的概率通过同一点)，则整桥年平均日交通量 20000 辆时，石首长江公路大桥钢桥面铺装上面层使用寿命至少 15 年以上，且未出现明显病害；石首长江公路大桥钢桥面铺装下面层与防腐防水黏结层使用寿命至少 20 年以上，且未出现病害。试验结果表明，钢桥面铺装结构的抗疲劳性能满足预定目标要求。

7.4.3.4 钢桥面铺装结构性能对比分析

根据以上试验数据，汇总三种铺装组合结构与复合结构的关键技术性能试验结果如表 5-7-34 所示。

三种铺装复合结构性能试验结果汇总　　　　表 5-7-34

铺装结构类型	动稳定度 (次·mm^{-1})	车辙深度 (mm)	弯曲强度 (MPa)	极限应变 (10^{-3})	加载次数 (万次)
组合结构Ⅰ	9345	0.71	14.5	3.01	>1000(复合结构)
组合结构Ⅱ	12570	0.32	17.2	3.35	—
组合结构Ⅲ	3158	1.74	10.5	4.71	—

由表 5-7-34 可知,"双层 EA"铺装结构的整体性能优异,但其造价较高,同时存在表面层抗滑性能不足与维修困难的不足;"下层 GA + 上层改性 SMA"铺装结构的高温稳定性能较弱,疲劳性能较差,但其低温弯曲变形能力和抗滑性能较好。石首长江公路大桥钢桥面铺装方案"下层 EA + 上层改性 SMA"铺装结构具有较好的高温稳定性与力学强度,低温弯曲变形能力优异,可满足车辆车载的长期作用;铺装结构下层体系使用寿命达到 20 年以上,可提供耐久性承重基于与钢桥面板保护层;上层结构使用寿命达到 15 年以上,结构强度稳定且具备较好的维养便利性。

7.5 结论与创新点

针对大跨径桥面铺装体系研究与建设现状难点,结合湖北省石首长江公路大桥所处气候、交通环境特点并考虑桥梁结构差异影响,以钢桥面铺装长寿命为目标,开展了复杂条件下大跨径桥面铺装体系高性能材料和结构优化的研究工作。

1) 钢桥面铺装体系力学控制指标计算与分析

研究采用"整桥-局部箱梁段-正交异性板"的多尺度力学分析法,通过建立石首长江公路大桥整桥模型、局部梁段模型和正交异性板钢桥面铺装模型,结合钢桥面铺装各类破坏模式对应的力学控制指标,计算钢桥面铺装体系在最不利荷位下的力学响应,为后续铺装结构设计以及铺装材料研发提供理论基础。

研究结果表明,在恒载及车辆荷载作用下,最大竖向弯矩出现在整桥跨中处;车流荷载作用下钢箱梁局部梁段受力最不利的位置在纵轴的 18~22m 节段,在横轴的 10~16m 节段;最不利荷位下正交异性板铺装结构上表面最大横向拉应力为 1.3MPa,最大纵向拉应力为 1.0MPa,最大竖向位移为 0.3mm,最大层间剪切应力为 0.1MPa。依据上述力学计算结果,结合相关技术规范及工程经验,提出相应控制指标下铺装材料及结构性能的技术要求。

2) 钢桥面防腐防水黏结材料性能研究

通过材料与钢板黏结强度试验测试高性能钢结构防腐黏结材料的黏结性能,重点验证防腐黏结材料的抗热冲击性能。与传统防腐黏结材料对比,确定石首长江公路大桥防腐黏结层材料参数。

研究结果表明,当高性能钢结构防腐黏结材料的用量在 $0.5 \sim 0.7 kg/m^2$ 间变化时,钢板黏结强度会出现峰值;防腐材料与钢板的黏结强度随养生时间的增加持续增长,综合考虑施工工期等因素的影响,推荐高性能钢结构防腐材料的最佳养生时间为 48h;高温热老化条件下高性能钢结构防腐材料的黏结强度较常温条下有所提高,其中 175℃ 条件下的黏结强度增幅最大,黏结强度达到 6.16MPa,之后虽温度进一步升高,黏结强度略有降低。

3) 钢桥面铺装层间黏结性能试验研究

开展石首长江公路大桥钢桥面铺装复合结构层间剪切强度与拉拔强度试验,探究层间黏结料用量和结构层养生天数对层间黏结性能的影响规律,通过与数值模拟的计算结果对比,确保钢桥面铺装结构体系的整体强度满足使用要求。

研究结果表明,当层间黏结料的用量为 $0.5 kg/m^2$ 时,复合结构层间拉拔强度达到峰值,而层间剪切强度对黏结材料的用量并不敏感;下面层 EA 处于不同养生期时进行层间黏结体系与上面层 SMA 施工,层间拉拔性能表现出较为明显的差异,当 EA 的养生天数在 3d 以上时,其层间拉拔强度有较大的提高,当 EA 养生时间为 1~4d 时,层间剪切强度值较高。综合试验结果可知,下面层 EA 的马歇尔稳定度需要达到 20kN 左右时,最有利于层间黏结性能的形成。因此,从层间黏结性能角度出发,下面层 EA 铺装后的最佳等待时间为 3~4d。

4) 钢桥面铺装层材料及结构性能试验研究

针对石首长江公路大桥结构特点、气候条件及交通条件对钢桥面铺装层性能提出的要求,进行 EA-10 和 SMA-13 结构的配合比设计以及性能试验,重点研究玄武岩纤维对 EA 低温性能和 SMA 高温性能的影响。

　　试验结果表明,EA-10 和 SMA-13 优化设计后的路用性能均符合项目提出的技术要求;小梁弯曲试验和低温劈裂试验结果表明,短切玄武岩纤维有利于改善 EA 混合料的低温性能;SMA 高温性能试验表明,长度为 6mm 的玄武岩纤维具有更好的高温性能改善作用,SMA-13 的动稳定度随着纤维掺量的改变而变化,在纤维掺量为 0.2%~0.4% 时,SMA-13 的动稳定度达到最大值。

8　施工技术创新

（1）针对桥位区基岩埋藏深、长江粉细砂覆盖层物理力学性质差、厚度普遍达180m以上的建设技术难题,开发了超厚粉细砂地层钻孔灌注桩"桩端+桩侧"组合后压浆施工技术,即通过注浆管路用高压注浆泵压注水泥为主剂的浆液,促使桩基周边土体固结,从而提高注浆区的土体强度,以提高桩端承载力和桩侧摩阻力,大幅降低了桩基施工风险,缩短了施工周期,取得了显著的经济效益。

①提升了桥梁桩端桩侧组合压浆的施工工艺,形成了适用于桥梁桩端桩侧组合压浆的施工机具。

②自主研发了自动控制器及数据采集系统,通过流量计、压力计及电子称重计等电子设备记录现场压浆数据,并由电子计算机统一控制,可将现场记录数据通过无线传输,实现远程同步接收,便于远程监控。

③编制了桥梁钻孔灌注桩组合压浆操作规程,该规程适用于桥梁钻、挖、冲孔的灌注桩桩端桩侧组合压浆设计、施工和检验与验收。

（2）北边跨超宽混凝土箱梁采用了"地面预制+支架存梁+高空胶拼"的短线法整幅节段预制拼装施工工艺,实现了在总长250m范围内的全干缝拼装,大大提高了边跨混凝土的施工质量,控制了混凝土裂纹裂缝的产生,确保了结构的耐久性。

①研制并实桥应用了"天湖号"1100t门式起重机设备、适用于宽梁全幅预制的整体式液压模板系统和箱梁预应力大循环智能压浆系统。

②采用吊装、滑移自动控制技术解决了大断面箱梁吊装易损坏问题,保证了大吨位PK断面箱梁节段提升、运输的质量。

③开发了适用于PC宽箱梁的节段预制、吊装、滑移和拼装成套施工工艺,有效地保证了北边跨宽箱预应力混凝土梁的施工质量和耐久性。

（3）钢混结合段施工将传统现浇工艺改为预制拼装施工,在钢梁与PC主梁结合面预设拼接缝,PC箱梁梁段先预制并存梁3个月以上,再与钢梁拼装连接,最后浇筑钢格室填充混凝土。该施工工艺完全摒弃了传统的现浇工艺,预制存梁后大幅降低了混凝土收缩徐变等不利效应,且施工便利,质量易保证。

（4）创新性地采用工作性能、力学性能以及体积稳定性更好的活性粉末混凝土(RPC)代替普通混凝土灌注钢混结合段,并研发了活性粉末混凝土(RPC)灌注施工工艺,从根本上解决了钢混结合段易出现脱空、开裂、疲劳性能不足等问题。

（5）在钢箱梁正交异性钢桥面板制造加工中,广泛应用多头门式焊机+双向反变形胎架、全自动U肋内焊系统等先进设备,研发了U肋与正异性钢桥面板之间的熔透型、双面成型的T形焊接工艺,有效地控制了桥面板疲劳裂纹的产生。

9　施工控制技术创新

（1）北边跨混凝土宽幅箱梁采用"地面预制—提升—支架存梁—逐段胶拼"的施工方法，梁段数量多，类型多，总长达250m，不设湿接缝，施工过程中安全风险大，结构线形控制难度大，给施工控制带来很大挑战。本项目施工控制通过横向预应力分次张拉保证了预制梁段在脱模、支点转换、提升、滑移期间梁段的安全性；通过考虑收缩徐变对梁段进行全过程的精确空间变形分析，避免了齿键齿槽在空间位置上发生干涉，有效控制了相邻梁段预应力孔道间的错位量，确保了梁段顺利拼接；在胶拼过程中通过毫米级的精确调位和索力的精确张拉，在保证结构安全的前提下，实现了主梁线形的精确控制（线形误差在±20mm以内），全面实现了北边跨混凝土宽幅箱梁的施工控制目标。

（2）斜拉索的张拉是斜拉桥施工中的控制工况，本项目通过施工控制理论计算实现了所有梁段的斜拉索在悬臂施工过程中只张拉一次，中跨合龙后仅调5对斜拉索的最优化调索方案，既保证了施工过程中的结构安全，也最大限度地保证了成桥目标，同时大大地减少了斜拉索的张拉次数，简化了施工，节约了工期，取得了较好的经济效益和综合效益。

（3）中跨合龙施工是斜拉桥的关键施工工况，本项目采用无应力法控制思路，提前两个梁段确定了中跨合龙段的无应力制造尺寸；采用顶推法调节中跨合龙口的宽度，避免了中跨合龙段的现场配切；采用合龙段单边起吊，先临时将合龙段与北侧悬臂端连接，然后通过起重机卸力调节合龙口两侧荷载，最后缝接合龙的方式实现了中跨合龙段的精确合龙，既节约了工期，又保证了合龙精度和合龙安全，对其他同类型工程具有较强的借鉴意义。

参 考 文 献

[1] 徐国平,张喜刚,刘玉擎,等.混合梁斜拉桥[M].北京:人民交通出版社,2013.
[2] 张喜刚,刘玉擎.组合索塔锚固结构[M].北京:人民交通出版社,2010.
[3] 刘玉擎.组合结构桥梁[M].北京:人民交通出版社,2005.
[4] 湖北省鄂东长江公路大桥工程建设指挥部,湖北鄂东长江公路大桥有限公司.鄂东长江公路大桥工程[M].北京:人民交通出版社,2012.
[5] 陈虎成,张家元,刘明虎,等.石首长江公路大桥主桥总体设计[J].桥梁建设,2017,47(05):6-11.
[6] 刘明虎,张门哲,陈虎成,等.石首长江公路大桥桥塔设计与技术创新[J].公路,2019(1):131-136.
[7] 孟凡超,刘明虎,吴伟胜,等.港珠澳大桥设计理念及桥梁创新技术[J].中国工程科学,2015,17(1):19-28.
[8] 刘明虎,谭皓.桥梁钢—混凝土混合结构设计[C]//中国公路学会桥梁和结构工程分会2009年全国桥梁学术会议论文集.北京:人民交通出版社,2009:115-122.
[9] 刘明虎,徐国平,刘峰.鄂东大桥混合梁钢-混凝土结合部研究与设计[J].公路交通科技,2010,27(12):78-85.
[10] 刘明虎,刘玉擎.钢锚梁式组合索塔锚固结合部技术研究[R].上海:同济大学,2018:1-6.
[11] 吴威,刘明虎,刘玉擎,等.斜拉桥组合索塔锚固区开孔板连接结合部模型试验研究[J].世界桥梁,2019,47(01):32-37.
[12] 黄运林,刘明虎,刘玉擎,等.斜拉桥组合索—塔锚固箱格式连接受力机理试验研究[J].公路交通科技,2019,36(11):68-74.
[13] 刘明虎,孙鹏,胡广瑞,等.港珠澳大桥青州航道桥"中国结"形钢剪刀撑设计与施工[J].桥梁建设,2016,46(01):81-87.
[14] 郑双杰,刘玉擎,徐海军.组合索塔锚固区钢牛腿—塔壁作用机理分析[J].工程力学,2014,31(5):197-202.
[15] 邵旭东,何东升,李立峰.钢锚梁—钢牛腿组合结构水平受力机理试验[J].中国公路学报,2014,27(04):55-61+68.
[16] 郑双杰,刘玉擎.钢牛腿支承锚梁型索塔锚固结构传力机理分析[J].中国铁道科学,2014,35(5):19-23.
[17] 阳先全,李艳.PBL剪力键承载能力试验研究[J].桥梁建设,2015,45(1):85-90.
[18] 张奇志.内置式钢锚梁索塔锚固结构试验研究[J].铁道建筑,2012(12):1-4.
[19] 陈向阳,王昌将,白雨东,等.金塘大桥钢牛腿钢锚梁组合结构足尺模型试验研究[J].公路,2011,(08):1-4.
[20] 励晓峰,陈何峰,郑本辉.桂林南洲大桥索塔钢锚梁结构受力分析[J].建筑结构,2008(9):106-107.
[21] 彭琼.九江长江公路大桥钢锚梁索塔锚固区受力研究[D].南昌:南昌大学,2012.
[22] Viest I M. Investigation of stud shear connectors for composite concrete and steel T-beams [J]. Journal of the American Concrete Institute,1956,27(8):875-891.
[23] Ollgaard J G., Slutter R G, Fisher J W. Shear strength of stud connectors in lightweight and normal-weight concrete. AISC Engineering Journal,1971,8(2):55-64.
[24] 蔺钊飞,刘玉擎,贺君.焊钉连接件抗剪刚度计算方法研究[J].工程力学,2014,31(7):85-90.
[25] Oehlers D J,Coughlan C G,The shear stiffness of stud shear connections in composite beams [J]. Journal of Constructional Steel Research,1986;6(4):273-284.
[26] 王倩,刘玉擎.焊钉连接件抗剪承载力试验研究[J].同济大学学报(自然科学版),2013,41(5):

659-663.

[27] 胡贵琼,郑舟军.荆岳长江公路大桥钢锚梁索塔锚固区单节段模型有限元分析[J].世界桥梁,2010,2010(2):40-44.

[28] 李军,陈学兵.厦漳跨海大桥北汊主桥索塔及其钢锚梁研究[J].公路交通技术,2012(04):54-60.

[29] 刘昌鹏,张喜刚,王仁贵,等.组合结构的索塔锚固区受力及结构特点研究[J].公路,2012(01):117-121.

[30] 方志,夏旻.上海长江大桥索塔锚固区整体空间分析[J].中原工学院学报,2009,20(03):36-41.

[31] 伍彦斌,黄方林.螺栓接触非线性对钢牛腿-钢锚梁组合结构受力状态的影响研究[J].公路交通科技,2017,34(2):81-87.

[32] 陈建华.斜拉桥索塔锚固区模型试验研究[D].成都:西南交通大学,2009.

[33] 郑双杰,刘玉擎.开孔板连接件初期抗剪刚度试验[J].中国公路学报,2014,27(11):69-75.

[34] 杨允表,吕忠达.大跨度斜拉桥索塔锚固区钢-混凝土结构竖向受力机理的有限元法[J].工程力学,2008,25(12):153-161.

[35] 刘玉擎,陈聪,郑双杰.钢锚箱嵌固型索塔锚固结构受力机理分析[J].桥梁建设,2015,45(01):33-38.

[36] 柳扬清,刘玉擎,郑双杰.肋板间距对开孔板连接件抗剪刚度影响分析[J].工程力学,2016,33(09):179-185.

[37] 韩林海,杨有福.现代钢管混凝土结构技术[M].北京:中国建筑工业出版社,2004.

[38] 黄生根,龚维明,张晓炜,等.钻孔灌注桩压浆后的承载性能研究[J].岩土力学,2004,25(8):1315-1319.

[39] 戴国亮,龚维明,程晔,等.自平衡测试技术及桩端后压浆工艺在大直径超长桩的应用[J].岩土工程学报,2005,27(6):690-694.

[40] 刘明虎,张门哲,亢寒晶,等.桥梁嵌固式基础中央分隔带钢护栏安全性分析[J].中外公路,2019,39(6):291-296.

[41] 张门哲,刘明虎,亢寒晶,等.桥梁嵌固式基础中央分隔带混凝土护栏安全性分析[J].城市道桥与防洪,2018(12):159-171.

[42] 闫书明,惠斌,李巍,等.基于碰撞分析的特高防撞等级桥梁护栏安全评价[J].特种结构,2010,27(1):66-70.

[43] 闫书明,郑斌,李黎龙,等.梁柱式型钢护栏设计优化及安全性能评价[J].公路交通科技,2012,29(1):139-144.

[44] 闫书明.有限元仿真方法评价护栏安全性能的可行性[J].振动与冲击,2011,30(1):152-156.

[45] 陈虎成,刘明虎,唐守峰,等.跨线小半径曲线连续组合梁桥设计[J].公路,2019(7):119-122.

[46] 邵长宇.主跨105m连续组合箱梁桥的技术特色与创新[J].桥梁建设,2008(3):33-36.

[47] 邵长宇.九堡大桥组合结构桥梁的技术构思与特色[J].桥梁建设,2009(6):42-45.

[48] 罗扣,王东晖,张强.港珠澳大桥浅水区非通航孔桥组合梁设计[J].桥梁建设,2013(3):99-102.

[49] 张先蓉,胡佳安.武汉二七长江大桥6×90m钢—混组合连续梁设计[J].世界桥梁,2012(4):11-14.

[50] 齐书瑜,张彦玲,张德莹.曲线组合梁在负弯矩和扭矩联合作用下受力性能的试验研究[J].石家庄铁道大学学报(自然科学版),2016(3):1-6.

[51] 李杰,张云龙,丛晓辉,等.钢—混凝土组合梁的研究现状与展望[J].吉林建筑大学学报,2016(6):19-24.

[52] 刘沐宇,万杰,张强.剪力钉集束式与均布式布置下钢—混组合梁桥受力分析[J].土木工程与管理学报,2014(3):1-6.

[53] 刘飞.连续钢混组合梁负弯矩区处理措施[J].北方交通,2015(1):33-35.

[54] 朱家海.连续组合梁桥负弯矩区支点顶升施工受力研究[J].中外公路,2014(3):110-113.

[55] Taylor P R, van Selst A M, Hodge W E, et al. Annacis cable-stayed bridge-design for earthquake[J]. Canadian Journal of Civil Engineering,1985,12(3):472-482.

[56] 涂光亚,雍郡,吕香华.宽幅短线预制混凝土箱梁横向预应力分次张拉研究[J].世界桥梁,2019(2):67-71.

[57] 涂光亚,李辉,李亮辉.超大跨度混合梁斜拉桥中跨合龙温度影响及对策[J].中外公路,2020(1):61-64.

[58] 黄运林,杨聪,万和安,等.石首长江公路大桥宽幅短线预制混凝土箱梁横向受力有限元计算模型分析[J].中外公路,2019(1):101-104.

[59] 张门哲,涂光亚,王双喜,等.短线拼装法施工的宽幅多节段混凝土箱梁的预制控制[J].中外公路,2018(6):148-152.

[60] 张家元,詹建辉,丁望星.石首长江公路大桥短线法预制PC主梁设计研究[J].世界桥梁,2019(1):16-21.

[61] 赵健,王元清,宋伟俊,等.石首长江公路大桥北边跨主梁施工关键技术[J].桥梁建设,2018(4):102-107.

[62] 魏奇芬,丁望星,叶文海.石首长江公路大桥主梁钢混结合段设计及有限元分析[J].城市道桥与防洪,2018(3):68-71.

[63] 戴国亮,万志辉,龚维明,等.基于沉降控制的组合后压浆灌注桩承载力计算研究[J].岩土工程学报,2018(12):2172-2181.

[64] 万志辉,戴国亮,龚维明.超厚细砂地层大直径后压浆桩荷载传递计算与分析[J].岩土力学,2018(4):1386-1394.

[65] 万志辉,戴国亮,龚维明,等.超厚粉细砂地层组合压浆桩压浆效果试验[J].中国公路学报,2018(3):59-67.

[66] 李春江.石首长江公路大桥主塔下横梁施工技术[J].铁道建筑技术,2019(6):79-83.

[67] 赵健,田亮,高伟.混凝土水化效应的抗裂性能优化与数值模拟分析[J].铁道建筑技术,2017(8):5-8.

[68] 张门哲,唐守峰,刘明虎.开孔板连接式组合索塔锚固结构参数敏感性分析[J].桥梁建设,2019(6):72-77.

[69] 石金刚.大跨度混合梁斜拉桥中跨合龙段施工技术[J].工程建设与设计,2019(14):159-160.